Derrière les murs

Du même auteur

La Vinha dins l'ort, La Vigne dans le jardin, Escòla Jaufre Rudel, 1968. Prix Jaufre Rudel.

La Terre douce, Traces, 1970. Prix Traces.

Saumes pagans, I.E.O., collection « Messatges », 1974. Prix Paul Froment.

Sorcellerie et magie en Limousin, in Lemouzi, 1982.

Lo Sang de las Peiras, Lo Leberaubre, 1983. Prix Méridien.

Louanges pour la femme, Friches, 1985.

Natanael jos lo figier, Nathanaël sous le figuier, Lo Leberaubre, Lo Chamin de Sent Jaume, 1987.

Los Contes dau pueg Gerjant, Les Contes du mont Gargan, in Lemouzi, 1988.

L'Ort jos la luna, Le Jardin sous la lune, Lo Chamin de Sent Jaume, 1988.

Le Paysan, l'arbre et la vigne, in Lemouzi, 1988.

La Trauchada, Le Passage, Lo Chamin de Sent Jaume, 1989.

Lo Cocotin de l'argfuelh, La Petite Baie du houx, Lo Chamin de Sent Jaume, 1991.

L'Histoire dérisoire, Fédérop, 1991.

Les Chemins creux, une enfance limousine, Payot, 1993.

Récits de vie/Payot

Marcelle Delpastre

Derrière les murs

Les années de pension

ÉTAIT-CE le premier octobre? Ou le 30 septembre? Ce devait être un dimanche, et la veille de la rentrée. Ce jour se leva sur une angoisse nouvelle; l'éblouissement du soleil encore bas, quand je traversai la cour, m'est resté dans les yeux. Il y eut l'auto de la Marcelle – la Marcelle de chez Fontaine – et ce bruit de moteur, pourtant attendu, que je reçus à plein cœur comme une bouffée de poison. Il y eut la route, et cet étonnement pour moi, d'une longue ligne droite, passé Linards, comme coupée d'un vallonnement tel que je n'en avais jamais vu. Il y eut, en arc au-dessus d'une étroite entrée, l'inscription « École primaire supérieure de jeunes filles », et au bout d'une espèce de boyau, encore une entrée sur une sorte de petit parc aux arbres beaux, la cour d'honneur. Trois marches – parloir, salle d'attente, bureau de Madame la directrice. Une femme imposante et peut-être belle, mais raide dans sa rondeur. On monta la malle au grenier. Trois étages. Mon père dit qu'il avait aperçu mes cousines Tounissoux. Je ne les repérai pas. En bas, il y eut des embrassades avec le cousin Henri, de Saint-Gilles, qui avait dû amener Germaine et ses bagages. On fit bande ensemble, on visita la ville, on cassa la croûte à la Boule d'Or, et puis ils repartirent. On s'embrassa. Ma mère y alla d'une petite larme. Je me retrouvai avec la Germaine. Seule. Inoccupée. Je ne savais que faire. Je finis par éclater en sanglots. La Germaine me consola d'un geste affectueux et je la suivis.

La Germaine était une grande, c'était sa troisième année, je crois – une jeune fille déjà. Elle se tenait droite, elle avait un visage grave et des gestes stricts. Avec le temps, je l'appréciai beaucoup. Je savais, sans le dire, et même sans me le dire, que je pouvais compter sur elle. Toutefois, passé ce premier jour, nous n'eûmes guère de contacts, même au grenier quand nous prenions nos vêtements dans nos malles voisines, même au réfectoire où nous étions proches; mais si je n'ai gardé aucun souvenir des mots échangés dans ces brèves rencontres, il m'en reste un sentiment de sécurité, comme un inexprimable bien-être. Et c'est vrai qu'elle me fut d'un grand secours – tenez, ce soir, bien plus tard, que j'avais perdu mon porte-monnaie, avec mon peu d'argent, mes clefs... Elle osa redescendre au réfectoire bravant l'obscurité et les pionnes, et me le retrouva! Je vous le dis : on pouvait compter sur elle.

En ce jour de rentrée, je me contentai de la suivre. Elle avait retrouvé, elle, d'anciennes compagnes, et je suivais toujours, sous la galerie, dans les allées. Nous finîmes par nous asseoir sur un banc vert, adossé à la salle de récréation, et là ces demoiselles se mirent à raconter leurs souvenirs de vacances, si bien que, dans l'enthousiasme du moment, je me mis à raconter moi aussi des événements aussi pathétiques que l'histoire de Carabas, lorsque René l'avait pris pour le loup. Sourire de ces dames. Mépris de ces jeunes personnes, qui m'entra jusqu'au ventre, pour de tels enfantillages. C'est vrai – c'était vrai – c'est toujours vrai : je n'étais pas à jour. Pas au niveau. Pas dans le secret. Quel secret? Le secret des grandes. Le secret des filles entre elles. Certes! Je le sentais. J'éprouvais la blessure, un vrai coup de couteau. Mais comment l'aurais-je formulé? Ou même compris? Comment en aurais-je tenu compte dans un comportement futur? Je n'avais pas de repère, pas de point de comparaison. Je ne savais même pas qu'il y eût un secret, bien loin d'en connaître le code, d'imaginer qu'il y en eût un.

Toutefois, j'évitai par la suite de raconter à tout venant mes souvenirs d'enfance, si bien que j'ai attendu le temps venu de la vieillesse sans avenir pour oser replonger dans ce passé qui est le mien. Encore n'est-ce pas tant pour ce qu'il m'est propre que parce qu'il peut rendre vivant témoignage pour un temps, une culture, un peuple, autrement qu'en statistiques et notes administratives, parce que j'ai vécu tout cela, dans mon âme et dans ma chair, et que j'en garde la mémoire.

Ce jour passa. A sept heures le dîner emplit le réfectoire aux toiles cirées à carreaux rouge et blanc. Six alignées sur chaque banc, et la treizième au bout sur une table, le chef de table chargé de distribuer les parts, les corbeilles de pain, les carafes d'eau, la cuvette d'eau chaude où tremper nos couverts.

Les premiers jours, je n'avais pas mon couvert d'argent, resté chez le marchand pour être gravé à mon numéro. Germaine m'en obtint un de la cuisine. C'est seulement deux ou trois jours plus tard que j'entendis la surveillante, celle que nous appelions la mère Cane, crier d'une voix tragique et monocorde tout le long des rangs :

– Cent quarante-quatre... cent quarante-quatre...

Cent quarante-quatre, c'était moi. J'étais un numéro, comme ma cuillère et mon couteau, et tout le jeu de mon linge.

Dans un autre sens, il apparut très vite à tout le monde que j'en étais un. Pourtant je me tenais sage, tranquille. Pas un mot pendant la classe. Pas de bruit en étude. La surveillante comme l'institutrice auraient pu jurer de mon application et de ma docilité. Mais comment les « grandes », et surtout les petites grandes, celles qui venaient tout juste de sortir de ce cours préparatoire où l'on m'avait rangée, comment eussent-elles renoncé, pendant la récréation, à venir me demander les unes après les autres :

– Comment t'appelles-tu ?

– Marcelle Delpastre.

– D'où es-tu ?
– De Germont.
– C'est où, Germont ?
– Près de Chamberet.

Mais elles ne savaient pas où était Chamberet et, au début, je m'efforçais de leur expliquer – La Croisille, Surdoux, Treignac, les Monédières, le mont Gargan... Le mont Gargan surtout les intriguait. Qu'est-ce que c'était que ce mont ridicule dont elles n'avaient jamais entendu parler ? qui n'était pas sur les cartes de géographie ? qui n'existait pas ?... J'eus vite fait de comprendre qu'au-delà de la bonne volonté naïve que je mettais à les informer, ce dont elles se délectaient c'était de m'entendre rouler les *r*. Plus il y en avait, plus elles jubilaient. Car je roulais les *r*, terriblement – férocement – plus dur qu'on ne casserait des pierres à coups de masse. C'était des *r* secs, roulés de la langue, à l'occitane, et non point crachés de la gorge, ni mâchés entre les dents, non pas de ceux dont riait la Marraine :

– *Parla gras ! Parla gras en las merdas.* Il parle gras ! Il parle gras dans les merdes...

Et moi j'entendais ce grasseyement au sens propre comme une mastication de merdes grasses – pouah ! Que s'ils croyaient se sauver par là du roulement des *r* ! ou de celui des roues de leurs charrettes chaussées de fer comme leurs sabots !... N'empêche que, maintenant, le roulement des *r* n'était pas de mise. Et le petit jeu méchant continuait, blessant et bête. Je n'y cédai pas pour autant, et de toute l'année je ne fis pas le moindre effort pour polir cet accent au demeurant plutôt rude. Je me contentai de ne plus répondre à la provocation, ou de le faire avec une telle insolence que la rieuse riait jaune, pauvre de moi ! à telles enseignes que j'en avais honte pour elle.

Était-ce à cause de cela, était-ce par une antipathie naturelle, quelques-unes ne désarmèrent jamais envers moi d'une inimitié inaltérable autant qu'injustifiée.

Ou peut-être le mépris haineux de ces filles de notables – d'épicier, de boucher, d'artisan, voire d'instituteur – demoiselles du bourg, et de la grand-rue du bourg s'adressait-il surtout à la fille de paysans que j'étais, que je suis, qui n'était pas de leur bord, qui n'en serait jamais. Je n'en suis pas certes.

C'est vrai : les enfants se jugent et ne se trompent pas. Je ne suis pas de ce bord-là, non. Et je m'en flatte.

Le jeu, il est vrai, eut tôt fait de se révéler particulièrement pervers, dès la première composition française. Je ne me rappelle rien de ce texte héroïque, sinon qu'il avait pour sujet la rentrée des classes, et que j'obtins une note mirifique dont le bruit se répandit aussitôt par toute l'école. Dès lors, il parut moins évident que l'on pût me tourner en dérision sur cette question de langue où, justement, je surpassais mes comparses. A la vérité, je n'y avais pas grand mérite.

Pour en revenir au jour de la rentrée, je ne me souviens guère du repas, sinon que j'avais admiré le beau pain blanc à pleines corbeilles. Aussitôt après, il nous fallut monter au grenier chercher la literie que nous dûmes transporter nous-mêmes au petit dortoir. Ce dortoir n'était pas plus petit que certains autres, mais on y reléguait les petites, paradoxalement, parce qu'il était à l'autre bout des bâtiments, au second étage, juste au-dessus des appartements où logeaient les instituteurs de l'école primaire, et au-delà de ceux qu'occupait notre institutrice, celle du cours préparatoire, qui, entrebâillant la grande porte qui séparait l'étage par le travers en deux parts égales, n'avait qu'à suivre le couloir pour nous rejoindre dans la classe claire qui nous était dévolue à l'angle opposé.

J'ai habité deux ans dans le petit dortoir. Ce soir-là, je trouvai une place à côté de la première fenêtre. Lily avait déjà pris l'angle que je convoitais – mais je n'eus pas à me plaindre de ce voisinage, et déjà ce n'était pas rien. Où les choses furent épiques c'est un peu plus tôt, quand après nous avoir fait attendre je ne sais combien de temps dans l'escalier, tout notre barda d'édredon, de couvertures, de draps, de nécessaire à toilette sur les bras, sur le dos, autour du cou... tout à coup on nous dit d'avancer. D'aucunes s'élancèrent, d'aucunes s'accrochèrent, on se tirait, on se poussait, je tombai, je roulai sur les marches, on me marcha dessus – dans un grouillement imbécile de petits cris, de piaillements, de gémissements... J'aurais pu croire qu'on jouait au « bonhador »... Mais pourquoi courir comme ça? Je finis par courir aussi, sans demander mon reste. A peine le lit fait, j'y tombai d'un sommeil de pierre, jusqu'à ce que ma voisine, déjà à demi vêtue, m'éveillât.

Dans le lavabo, petite pièce attenante, il y avait quatre dérisoires lavabos, mais chacune de nous devait se munir d'une cuvette, d'un broc, d'une petite glace à main, et de tout le reste, savon, serviettes, peignes et brosses, que l'on rangeait dans une boîte de fer ou de bois, sur des étagères. Ma boîte était en métal, une ancienne boîte à gâteaux en forme de coffret que j'ai dû traîner dans toute ma carrière.

Toilette faite, lit retapé, on se rangeait vers la porte, par deux – je ne me souviens pas que l'on fît l'appel comme le soir. Mais peut-être que si, en cas d'évasion nocturne malgré la serrure et la hauteur des fenêtres. Enfin la surveillante tournait la clef et nous suivions silencieusement le couloir des instituteurs, malgré la tentation ouverte de l'escalier d'angle, en glissant sur nos chaussons de feutre. Il fallait monter au grenier pour se chausser avant de descendre au réfectoire. Café au lait toute la semaine, chocolat le dimanche et le jeudi. Pain à volonté, mais celle qui voulait du beurre devait le garder dans sa pochette avec le couvert roulé dans la serviette et coiffé du verre. La serviette nous servait aussi de torchon pour le couvert, et si peu que nous eussions bu de vin – il y en avait toujours un litre entre les carafes d'eau – l'essuyage du verre en tachait indélébilement la blancheur comme d'une encre brunâtre qui, lavage après lavage, virait au bleu.

L'école se chargeait de notre linge sale, pour les parents qui voyaient là une facilité. Pour moi, le transport eût été si complexe, de l'école à la gare, de l'autre gare au Pissechien, que c'était une nécessité. C'est ainsi que chaque dimanche matin nous faisions un paquet de nos hardes, et par groupes de six ou sept on nous conduisait à la buanderie. La buanderie était au sous-sol, sous les écoles primaires. A l'autre bout de la galerie, il nous fallait descendre l'escalier d'angle, suivre encore un couloir... Une pionne nous accompagnait, sans doute pour nous soustraire à la tentation de quelque porte ouverte, plutôt que pour nous protéger des mauvaises rencontres – mais sait-on jamais! Tout au fond, une pièce à l'éclairage de cave puait la sueur, la crasse et le sang sec de notre macération hebdomadaire. Chacune déballait son sac et disposait par catégories, en criant le nom et le nombre des pièces :

– Une toilette, un gant, trois hygiéniques, quatre mouchoirs, deux culottes, une chemise de laine, une serviette de table!...

Tandis qu'une femme, la dame des bains, cochait sur notre carnet un à un les éléments de la liste.

Il y aurait un jour de la semaine, le mercredi soir, je crois, où nous devrions aller à la lingerie récupérer tout cela, je dois dire assez bien lavé et soigneusement repassé. Mais malheur aux chemises de laine! Dès le premier lavage on me les rendit feutrées, rapetissées, raides... Où était ce tricot si doux, si confortable, que ma mère avait choisi pour moi chez la tricoteuse, la si gentille Maria Roulant chez qui nous étions allées, elle et moi, un beau jour de l'été dernier, dans son atelier si plaisant d'une de ces « maisons des escaliers » qui donnent sur la route d'Eymoutiers, là-bas à la sortie du bourg...? J'avais aimé cet endroit, la tiédeur du lieu dans la lumière douce et les couleurs de laine, la machine complexe, et comme magique, les nombreuses pelotes sur le dévidoir, le charme de la Maria, le choix, des modèles et des laines, la blancheur teintée ivoire de celle qui serait mes chemises, le bleu de roy intense du pullover... J'avais tout juste dépassé l'illusion auditive selon laquelle un « pullo » doit être vert. – L'ai-je dépassée?...

La buanderie s'ornait au fond de deux énormes cuves en forme de vases, hautes, larges et ventrues, comme crépies d'un blanc grisâtre avec leur petit foyer dessous. J'imaginais que c'était là qu'on faisait bouillir notre linge, et sans doute en avait-il été ainsi, dans un indéfinissable autrefois. A cette époque, une entreprise – de Limoges je crois – s'en chargeait avec des produits et des machines aussi durs pour la saleté que pour les fibres.

C'est aussi dans ce sous-sol que s'installait la coiffeuse, du moins en cette année 1937, qui fut pour moi la première de l'internat. C'est là qu'un jour je me fis couper les cheveux, quelques jours avant de passer le concours des Bourses. Nous étions, rien que dans ma classe, seize candidates à cette épreuve très convoitée qui ne tolérait que peu d'élus – douze pour le département autant que je me souvienne. Chacune de nous était descendue à la buanderie pour faire toilette. Les quatre cabines de bain contiguës ne chômaient pas.

Moi, cependant, je refusai obstinément les charmes de l'eau tiède et du courant d'air qui traversait les cabines en toute saison. Certes, on était au mois de mai, mais cela n'empêchait pas le froid de vous tomber sur les épaules comme une grande serviette glacée. Bien portant, il y avait de quoi prendre la crève, oui ! Et moi qui traînais depuis quelques jours un de mes rhumes habituels, je savais que je ne supporterais pas la baignade. On eut beau me menacer, m'insulter et une fois de plus me couvrir de ridicule, je tins bon, et d'autant que la dame des bains déclara qu'en effet, avec mes joues suantes, mes yeux rouges et mon nez gonflé, je serais mieux à l'infirmerie qu'à faire trempette ou qu'à courir la chance d'un fallacieux concours. Fut-ce l'autorité de cette personne, ou la perspective qu'en tout état de cause je ne pourrais pas me présenter ? Les persécutions cessèrent d'un coup. Je pus dormir en paix, la toux s'apaisa, même les sources qui semblaient me couler du nez tarirent, et, la veille, qui était un mercredi jour de « plein air », je pus m'asseoir au jardin avec mes compagnes dans les tiédeurs toutes neuves du soleil printanier.

A la prime aube on nous tira du lit. Je ne me sentais ni bien ni mal, mais d'humeur plutôt sombre. Un autobus nous mena jusqu'à Limoges, que je voyais pour la première fois – que je voyais au ras de mon visage, assise, juste le bas des immeubles en ligne continue, de pierre taillée toute grise, coupée de fenêtres et de portes alignées. Ville fermée sur soi, imposante et triste. Le car nous lâcha dans la rue des Anglais, en bas d'une sorte de sentier tout encombré de parents aux embrassades de qui l'appel nous arrachait par petits morceaux d'individus précipités vers le haut à la conquête de quelque classe claire où suer le meilleur de soi pendant quatre heures, jusqu'à midi. Mon père était venu, j'eus le temps d'un baiser tout à peine, en me dégageant de la bousculade.

La classe était claire, et j'aurais pu penser à ce jour que j'étais entrée tôt dans celle de Surdoux inondée de soleil levant. Y pensais-je ? Il y avait des gravures aux murs, en couleurs, et de vieilles tables noircies. Comme je me trouvais à l'aise, tout d'un coup ! Il y eut la dictée, et mon rire étouffé quand je m'aperçus que, dans ces « escaliers qui n'étaient pas faits pour mes petites jambes », j'avais oublié le *s* de faits... Un peu plus d'inquiétude, lorsque je remarquai que j'avais résolu tout un problème avec la même erreur dans toutes les opérations : neuf fois neuf, quatre-vingt-onze... J'en avais aligné, des neuf! Et chacun calligraphié comme je ne l'aurais pas cru possible. Mais qu'à cela ne tienne! Je rayai la solution fausse d'un trait ferme, et, recopiant le raisonnement, je me contentai de refaire toutes les opérations, en comptant cette fois : neuf fois neuf, quatre-vingt-un. C'était moins décoratif que tous ces neuf... tant pis. Je n'eus guère le temps de m'y attarder, ce fut la rédaction qui, nous demandant de raconter un jour de congé, me porta vers des sommets de nostalgie retrouvée et d'extrême aisance, dans un style qui ne témoignait en rien d'un hypothétique roulement des *r*...

Nous rentrâmes par le même autobus, fort excitées, arborant à bout de bras nos plus jolis pots de colle, chacune inquiète, sans doute, mais encore engluée dans les délices de l'incertitude où tout reste possible. Au réfectoire, nous retrouvâmes après nos consœurs les inévitables pois cassés au jambon du jeudi – jambon, ou rôti?... Cependant, plus le soir approchait, plus nous étions énervées, courant à nous poursuivre autour des piliers de la galerie. Personne ne se dérangea pour nous communiquer les résultats, malgré notre impatience. Toutefois, Pierrette, la plus jeune fille de la directrice, laissa entendre à quelques-unes que j'étais reçue. Seule reçue. Le regard furtif qu'elle me lança du haut de ses quelque huit ans m'assura que c'était vrai.

Il y avait dans le regard de cette petite fille tant de mépris, tant de rancune, tant de haine naïve, et je devrais peut-être dire : tant de haine native – une telle répulsion spontanée que j'en ressens encore, à travers une si longue mémoire, la petite brûlure de glace au fond du cœur. J'eus le temps de me dire :

– Mais qu'est-ce que je lui ai fait?

Je ne lui avais rien fait, certes! Je ne lui ai jamais rien fait. A peine me suis-je efforcée, en tout temps, de ne pas rencontrer son chemin. Sans doute se trouva-t-elle d'autres souffre-douleur... ce n'est pas mon histoire. (Mais... me suis-je demandé, dans mon regard à moi, ce que pouvait voir, lire, refuser de voir, la petite fille?... Oui, ceci est une autre histoire.)

Pour l'instant, notre histoire était l'incertitude de mon succès ou prétendu tel. La question ne fut résolue que lorsque, sur le chemin du petit dortoir, quelques-unes osèrent frapper à la porte de l'institutrice qui confirma l'information. Je n'avais eu droit à aucune communication officielle, je n'eus droit à aucun compliment, je dus me contenter du blâme qui tomba sur mes compagnes :

– Et qui vouliez-vous qui soit reçu d'autre?

Telle me fut la fête de mon premier triomphe, celui qui, après tout, m'assurant la continuité d'études secondaires, a dû conditionner toute ma vie.

J'allai me coucher, tout de même contente, et dès le lendemain fis parvenir à mes parents une lettre toute gonflée de la joyeuse vanité que je croyais devoir manifester, que j'éprouvais peut-être, que je pensais qui ferait plaisir chez nous... Peut-être, oui peut-être était-ce une des premières fois – sinon la première – que je me regardais prendre l'attitude que je croyais qu'on attendait de moi. J'en étais toute surprise, et certes n'aurais pas su dire ce qu'il entrait là de prise de conscience, ou de naïve perversité. C'est vrai : je m'en souviens comme d'un étonnement, et d'un malaise.

Cependant mon rhume s'était réveillé. Les joues brûlantes, essoufflée, je me revois courant après Yvonne, la toute petite encore plus petite que moi, avec qui j'avais noué des liens de bonne amitié. Riant :

– Laisse-moi! disais-je. Je sens que je vais être malade. Je suis malade, j'ai la rougeole!

J'étais malade. J'avais la rougeole. Le dimanche, ma mère et ma grand-mère, venues toutes deux pour me sortir et passer une journée exceptionnelle – et ce fut la seule fois –, ma mère et ma grand-mère me trouvèrent au lit. On m'enroula dans mon édredon, dans ma couverture, et on m'assit tout emballée au fond de la voiture qui avait dû les amener. Fouette cocher! J'avais froid, j'avais chaud, j'étais mal. Je ballais dans une perpétuelle nausée que les virages et les descentes accentuaient à tout moment. Mais enfin les pentes du Gargan furent gravies et l'auto me déposa devant la porte comme une merde, dans un dernier soupir qui me parut être le mien. Enfin mon lit tout chaud cessa ce vertige de balançoire ou de barque au long cours. Enfin j'y pus dormir huit jours de fièvre et d'éruptions enflammées sur le corps et sur le visage. Et puis je me levai, bien-être et fatigue d'une longue convalescence. Soleil des promenades tout odorantes d'herbes et de jeunes feuilles. Je ne rentrai qu'à la mi-juin. C'était le temps des dernières compositions. Une année venait de passer.

Une année venait de passer, que m'en restait-il?

Dès le lendemain de la rentrée, à ma grande surprise, je fus appelée au parloir où je trouvai mon père, sur le coup de midi, qui m'emmena déjeuner dehors. C'était lundi, le premier lundi du mois et la foire à Saint-Léonard; il avait pris ce prétexte pour venir me voir, entre le train du matin et le train du soir, l'autobus du soir après l'autobus du matin, ce gros scarabée jaune que je voyais passer de dos, sur la route du Pissechien, depuis la petite enfance. C'est ce train-là, cet autobus-là, que je devrais prendre désormais à toutes les petites vacances.

Je le pris en effet, fin octobre, pour les vacances de la Toussaint. A la gare de Châteauneuf-Bujaleuf, je trouvai mon grand-père, venu m'attendre à pied par les innombrables raccourcis qu'il pouvait connaître entre Saint-Gilles, Sussac, et la forêt de Châteauneuf, des sentiers et des villages dont j'ignore même le nom. Eh! si je m'étais perdue en traversant la gare! Une telle crainte n'aurait pas germé dans la tête de mon grand-père, mais dans celle de la Marraine – de la Mémé – de ma mère, oh que si! Et le grand-père avait tellement hâte de me revoir, il se réjouissait tellement de cette longue traversée champêtre, qu'il ne fit rien pour les contrarier, bien au contraire. D'une rapide accolade où je retrouvai le contact frissonnant de sa belle moustache, il me dit comment toute la ferme m'attendait, les poulets, le feu, les vaches... Et dans la nuit tombée je retrouvai ainsi le feu, la chaleur du feu, la présence mouvante du père, des femmes, de la famille. J'en avais comme un léger vertige – et leurs ombres sur le mur.

La soupe trempée à l'ancienne me déçut quelque peu. On n'avait pas eu le temps de préparer le dîner de fête qui serait pour le lendemain. Le lendemain, tard levée, je sus que la mère Louise m'attendait pour manger les châtaignes blanchies. J'y allai tout de suite et je retrouvai mes copains, le René et le Matou. Nous nous embrassâmes timidement. Je compris aussitôt que mes relations avec les Petits ne seraient plus aussi simples et faciles qu'elles l'avaient été, ce qui ne nous empêcha pas de nous gaver des belles quarives dorées que la mère Louise versait à plein deschou devant nous sur la table.

Ces vacances et les autres passèrent comme un jour. A la fin de l'année, muni de son certificat, le René fut placé chez son oncle Rabi qui tenait une ferme au Montraire, ou peut-être au Puy-Razit, loin, là-bas, plus loin que Meilhards. Je devais toutefois retrouver le Matou aux grandes vacances. On n'en était pas là.

On en était à ce premier lundi, que j'avais retrouvé mon père au parloir. Après déjeuner, avons-nous visité la ville ? Sans doute, puisque j'entrai dans la classe en retard, les autres ayant déjà leurs cahiers ouverts sur un devoir de grammaire – un devoir qui m'étonna beaucoup, car il consistait à disséquer la phrase non pas en mots, mais en membres aussi divers que fonctionnels, un exercice qui, presque dès l'abord, m'enchanta. Plus je le pratiquais, plus il m'enchantait. Et, en effet, plus j'entrais dans la connaissance et la pratique de structures qui eussent pu m'apparaître comme abstraites, voire artificielles, plus je me familiarisais, me semblait-il, avec ce qui était la matière même autant que l'âme de la langue, son organisation la plus profonde – le rythme et la respiration de la phrase, et à tout prendre ce que je ne savais pas encore être sa poésie.

La poésie, elle, nous était présentée à part, comme une espèce de fleur rare, spécialement cultivée en serre, ou comme une excroissance du langage, à travers ce qu'on appelait des poésies et plus rarement des poèmes, qui nous venaient comme à l'école primaire par le truchement de la récitation. Quelques-uns de ces textes étaient pourtant jolis, bien jolis :

Printemps, je veux dire en mes vers
tous tes verts...

Et encore :

C'était dans la nuit brune
sur le clocher jauni

la lune
comme un point sur un i...

Ou bien :

Au tintement de l'eau dans les porphyres roux,
les rosiers de l'Iran mêlent leur frais murmure
et les ramiers rêveurs leur roucoulement doux...

Mais ce qui me ravissait, moi, c'était le *Bocquet-Perrotin*, un petit livre qui, de citations merveilleuses en vers incompressibles, était un véritable traité des sensations, et bien au-delà, une initiation au meilleur de la poésie dans ce qu'elle a de plus authentique. Et sans doute pourrait-on n'y voir qu'un émiettement d'œuvres consistantes que l'on saccagerait ainsi, mais je ne le considérais pas de cette façon. Car de la macération on peut obtenir la liqueur aussi bien que la pourriture, et ce que je trouvais là n'était point la pourriture, mais bel et bien la liqueur. C'est de ce temps, et de cette étonnante dissection, que date la profonde admiration que je nourris encore pour le poète Jean de La Fontaine. Non pas le conteur, je dis bien, non pas le fabuliste, mais le poète. Le poète libre, en un temps où la liberté n'était pas de mise, libre parce que tous ses vers sont libres, chacun de ses vers. Libre au point de sembler respecter les règles, alors qu'il n'obéit qu'aux seules lois.

Ne l'ai-je pas dit encore? Les lois sont immenses et immuables, sinon éternelles. Il y a les lois de la gravitation, de la biologie, de la poésie... les lois de l'amour, de la grâce, de la poésie... de l'acoustique, de l'intelligence, de la poésie... Pour inéluctables et absolues qu'elles soient, les lois sont difficiles à appréhender, à apprivoiser, à contenir, à utiliser dans l'usage trivial de la vie courante, c'est pourquoi on leur substitue des réglementations, des décrets, des règles qu'on appelle loi. Ainsi en est-il de la loi morale, qui ne s'applique qu'en règles sociales – ainsi en est-il de la prosodie, qui n'est qu'un ramassis de règles. Ainsi chacun peut-il, comme l'on dit, *faire des vers*, des vers même qui ne soient pas mauvais, qui puissent se recommander de toutes les règles. Mais qui peut *faire de la poésie*? Celui-là seulement, libre des règles, qui reçoit et respecte les lois éternelles, mouvantes et libres de la poésie. L'image de la mer, qui se déplace de flux en reflux, implacablement dans sa masse en un seul sens, et qui rejette comme par jeu où cela lui plaît d'imperceptibles franges d'écume – la liberté.

Pourquoi dites-vous que ce ne sont point là mes souvenirs d'enfance? La formulation, certes, n'est que d'aujourd'hui. Mais le sentiment est d'alors, la profonde conscience, celle qui, justement ignorante des règles, se dit amour, sans regrets, sans vergogne, se dit amour sans nul besoin de justification.

Des justifications, il est vrai qu'à cette époque on en avait besoin pour tout, et des règles il y en avait partout. Des heures pour chaque cours – pour se lever – pour se laver – pour se coucher – pour déjeuner – pour la récréation – pour l'étude – pour la promenade ou le cinéma. Et ne pas dépasser sous la galerie le niveau de la classe enfantine, ni dans le parc l'allée médiane et le petit bois. Ne pas se trouver, hors des heures permises, dans l'escalier ni le couloir, le dortoir, le grenier ni la classe, le réfectoire ou les allées. Ne pas s'asseoir sur la pelouse ni marcher dans les carrés de choux. A la saison des pommes, certaines allées même étaient défendues... En toute saison, bien se tenir et ne pas sortir des rangs. Peut-être bien ne pas sortir du rang. Et ne pas regarder les garçons, même de loin, à moins qu'ils ne fussent frères. Nous en venions à envier peu ou prou celles qu'un frère appelait au parloir, un garçon de la « boîte » d'en face, qui venait là parmi d'autres, sous la garde d'un surveillant. Et, s'il leur arrivait de traverser le parc, nous ne devions pas voir Georges, le frère d'Yvette, et encore moins Jean, le fils de la directrice.

En fait, nous ne disions pas la directrice, mais Madame, et cela m'amusa, plus tard, de penser que cette personne imposante, dont nous avions si grande crainte, portait un titre de maquerelle. « Madame », sous-maxé du grand bordel de vierges sages, école primaire supérieure de jeunes filles de Saint-Léo... C'est vrai qu'elle veillait à notre chasteté, et comment! Jeudis et dimanches, un appel téléphonique la renseignait sur le circuit de promenade des garçons. Allaient-ils sur Bujaleuf? Nous prenions vers Royères. Et vers Sauviat s'ils s'en allaient vers Farebout. Ainsi nous ne les rencontrions jamais. N'eût été le mari de Madame, qui surveillait le parc, jetant sur tant de chair fraîche des regards peut-être moins innocents qu'il n'eût convenu, n'eût été le père Jean, jardinier-factotum et mari de notre infirmière-lingère-bonne à tout faire, n'eût été Georges et Jean, nous aurions pu croire que la moitié du monde était mort, l'espèce mâle révolue, et la Femme maîtresse de l'univers et de son destin.

Le jeudi après-midi, promenade. Par deux ou par trois, en rangs serrés, au pas, nous traversions la cour d'honneur, trop brève dans ses beaux arbres, nous suivions l'étranglement jusqu'à la ville et nous prenions le boulevard en face. Ou bien nous remontions jusqu'à l'angle de la rue : route de Bujaleuf. Ou bien nous redescendions en longeant le champ de foire : route de Sauviat. Ou bien nous tournions à gauche, vers Farebout. Ou bien nous plongions sur Noblat – magnifiques platanes, écorces grises rapiécées de blanc, feuilles si belles dans leurs palmes, vert acide, rose de vin, vermillon vif... Ou encore nous sortions par la petite porte, derrière Pékin – merveilleuses roses d'été sur la maison à gauche. En fait, nous n'étions pas obligées de marcher au pas, même dans les rangs ; mais il n'est pas facile, en rangs, de garder la vitesse sans tenir le rythme, et le rythme sans accord du pas. Au reste, cela devenait un jeu.

Dès la sortie de la ville, les rangs étaient rompus, des groupes se formaient, se brisaient, se retrouvaient, affinités du cœur ou de la marche, hasard d'un arrêt bref ou d'une petite course. Et puis quelques-unes commençaient à traîner la jambe, de fatigue, de soif, de chaleur, d'ennui... On retournait. A moins que l'on ait pris à travers bois quelque chemin de terre – une piste – un raccourci. A moins que nous eussions escaladé les douces pentes du « bois des amoureux », et que nous fussions déjà assises là, dans la douceur de la lumière toute dentelée d'ombres, qui argentait la mousse et l'herbe sèche à travers les branchages. En bas, il y avait des prés, un ruisseau, et même des pêcheurs le long du ruisseau, des enfants, toute une famille.

Le dimanche après-midi, encore la promenade, toute pareille mais tout autre, ailleurs... la montagne de Clovis... Limoges... des villages qui n'ont plus de nom. Parfois, le foot.

Un aigre vent battait le terrain de jeu, que nous recevions en pleine face, si bien que souvent nous tournions le dos à ces pauvres garçons en culotte courte et grosses chaussettes, venus là pour quel public? aux courses desquels nous ne comprenions rien. Ou si peu. Nous applaudissions tout de même, de confiance, et parce que les garçons de l'autre « boîte », parqués eux de l'autre côté du terrain, applaudissaient, peut-être à bon escient.

Dimanche matin, pour celles qui voulaient, il y avait la messe, dans la belle église dont le clocher s'inscrivait en pointe sèche jusque dans le ciel de notre salle de classe. Une surveillante nous y amenait en rangs. On nous installait par-derrière l'autel dans le déambulatoire tout baigné de lumière pâle, blanche, éblouissante et froide. Triste. Nous n'entendions pas grand-chose, nous ne voyions rien. De tout ce temps, je ne fréquentai guère l'église.

Quelquefois, le jeudi, pour trois francs, c'était le cinéma. Il semblait que la salle nous fût réservée. Une douzaine de jeunes gens tout au plus s'installait aux premiers rangs, largement séparés de nous – des étudiants ou des externes, les mêmes que nous apercevions parfois aux terrasses des cafés, déambulant dans la ville, ou même suivant de loin nos promenades. Le film était drôle, ou tendre, ou touchant, ou instructif... Pasteur... Maria Chapdelaine... Laurel et Hardy... On sortait tout en larmes dans la nuit fumeuse et glacée. Le boulevard, avec ses platanes et ses ombres, était plus attirant, plus angoissant, plus profond peut-être que la plus profonde forêt.

Surtout, il y avait l'entracte, avec les bonbons, les chocolats glacés, et ces somptueuses bouchées au nougat dont je n'étais jamais rassasiée. Il y avait l'entracte, avec ses musiques, cinq ou six airs à la mode, qui recommençaient et que nous reprenions ensemble :

Mon cœur
a reçu un coup de soleil
sous le charme sans pareil
d'une femme...

– d'une fâme!...

Ou encore :

Siffler en travaillant...

C'était les mêmes que nous serinions en promenade, avec l'éternelle

Bohémienne aux grands yeux noirs...

qui nous emportait le cœur dans le *nec plus ultra* de la mélancolie amoureuse. Certaines, pourtant, préféraient des airs plus entraînants, et Germaine ne manquait guère d'entonner :

Un jorn dins l'estolhas
Gardave m'ovelhas...

Un jour dans les éteules, je gardais mes brebis... Et le reste.

Les grandes connaissaient bien d'autres chansons, celles si à la mode de Tino Rossi, mais aussi d'autres que mon père chantait à la maison. Se tenant à quatre ou cinq par le bras, par la taille ou par les épaules, deux groupes se faisaient face, les unes reculant, les autres avançant, tour à tour d'un bout à l'autre de la galerie ou d'une allée proche, et elles chantaient. Ou quelquefois parlaient ensemble de ces choses que les petites n'entendaient pas. Bien que petite, je faisais partie, parfois, de ces colloques ambulants, happée par l'une ou l'autre grande pitoyable à ma solitude. Mais le plus souvent je les regardais, je les écoutais, savourant à part moi comme un mystère délicieux ce qu'exhalait de joie, de jeunesse et de secret le petit groupe dansant dans la lumière parcimonieuse du ciel vespéral et des lampes sous la galerie.

Je vis, et je vécus si peu que ce soit ces manifestations heureuses deux ans de suite, jusqu'à la guerre. Au-delà, la nuit baignait le parc, le jet d'eau soupirait par petites rafales, et quelque léger souffle de vent frémissait au long corps des cyprès tout noirs. C'est que nous avions un parc! un vrai parc dans ses murs qui nous paraissait grand – dans ses murs mais ouvert, au fond, sur les prés, la campagne, le paysage dont ne le séparait qu'un vague grillage dissuasif qu'on aurait arraché d'une main. Plus sérieux nous semblait le grillage du jardin des instituteurs, dans lequel nous n'entrions pas, mais où nous pouvions admirer de beaux légumes, les agrès où Georges s'exerçait parfois au grand soleil, et surtout quelques touffes serrées de jonquilles jaunes, l'hiver finissant.

Notre parc lui-même avait ses légumes, les artichauts du père Jean, le long du mur en contre-allée, un endroit où nous n'allions guère, sait-on pourquoi, bien que ce ne fût pas interdit, les petits pois et que sais-je encore! Il avait ses fleurs, même si nous ne profitions bien que des derniers dahlias et des premières roses, pas du tout des fleurs de l'été. Il y avait les pavots, rouges avec le cœur noir, les cœurs de Marie où semble couler une eau tendre, le pommier du Japon, les roses autour de la rocaille, les anémones, violettes ou roses, les iris à Pékin, sous le figuier, et sur un pan de la cabane une merveilleuse clématite, bleue et mauve, plus belle et plus large que je n'en ai jamais vu. Il y avait les rosiers rouges, au long de l'allée, non loin du petit bois, et le grand rosier blanc qui montait à l'étage, devant la galerie. Suffisait d'une nuit d'orage, d'une violente pluie, l'allée au matin était jonchée de pétales, et même de fleurs entières, d'un parfum tendre, émouvant, aussi fort que l'essence de roses – un massacre peut-être, une merveille certainement. Je me demande toutefois si je ne préférais pas encore les violettes de la pelouse, que je cueillais parfois, cachée par les buissons... les liserons roses des allées... les roses rares de décembre, aux petits rosiers sous les tilleuls, redevenus presque sauvages... et surtout ces pervenches blanches, qui fleurissent tout l'hiver.

Je l'ai déjà dit, le mercredi après-midi était consacré au « plein-air », comme le samedi aux « loisirs ». Je ne me rappelle pas à quoi nous occupait l'institutrice le samedi. Mais le mercredi, quelquefois après une heure d'exercices corporels auxquels nous initiait le professeur de culture physique, si le temps le permettait nous partions herboriser. Elle nous avait invitées à faire un herbier. J'ai eu à cet effet un cahier ordinaire, dont je n'ai rien fait. Il eût fallu cueillir les plantes, les sécher soigneusement, les classer en ordre, les coller... Cueillir, je le faisais, et avec grand plaisir. Déterminer le nom, l'apprendre, je le faisais, avec grande joie. Depuis la plus petite enfance, j'étais curieuse de cela, je le suis encore. Quel bonheur, de reconnaître en marchant une fleur, éclatante ou minime, de l'admirer, de la saluer par son nom! Bonheur imprescriptible. Rapporter avec soin la plante arrachée jusqu'à l'école (ou jusqu'à la maison), bien l'étaler entre des buvards, surveiller la dessiccation... Non. Je n'en étais point capable.

Tournée la page, trop d'autres choses me sollicitaient, de curiosités, d'inquiétudes... C'est qu'à toute chose il faut de la passion et de la patience – de la persévérance. Si j'avais les unes et l'autre, même incultes, ce n'était pas à dessécher des fleurs que j'entendais les appliquer. Oh! j'avais essayé. La déception fut telle, en retrouvant morte, aplatie, fripée, décolorée, cette feuille qui m'était apparue comme une dentelle vivante, et que j'avais peut-être cru garder ainsi, que – non! je ne pouvais plus m'y résoudre. Il est vrai que j'ai vu, que j'ai admiré des herbiers magnifiques, de véritables œuvres d'art. C'est qu'il y a des trucs, plein de trucs pour disposer la fleur, l'écraser à son avantage en belle posture – un sens de la perfection. Je n'avais ni les trucs, ni la patience de les apprendre ou de les expérimenter. Et puis, non. Je n'aime pas les herbiers, qui ne sont que des cimetières. Tout de même, à l'époque, me pesait cette incapacité à réaliser de jolies choses, somme toute faciles, auxquelles les mains de mes compagnes réussissaient si complaisamment – le tricot, la couture, les planches d'herbier... J'en reparlerai.

Quoi qu'il en soit, je garde de ces heures où nous découvrions l'anémone blanche en tapis dans le jeune sous-bois, la scille bleue au penchant des talus, le gaillet-croisette et la véronique, la pulmonaire et la saponaire et la stellaire intermédiaire et le jeune coucou, oui, j'ai de ces moments des souvenirs ensoleillés, de la même lumière qui descendait entre les branches menues des buissons.

Et une autre fois nous partîmes au repérage des châteaux. Malplane, le Repaire, Lussac et le Château-Gaillard – ou bien ce dernier ne serait-il qu'un songe? une confusion?

C'est cette même institutrice – Mme Auzemery, pourquoi ne la nommerais-je pas? – qui nous fit connaître la Font-

Pinou. Quand on monte du pont de Noblat, après avoir passé sous le viaduc, par la route des platanes, juste à l'entrée de la ville, et face à celle de la rampe qui mène à la cour d'honneur de l'école, on peut prendre un chemin à gauche qui remonte au bout de quelques pas sur le boulevard. Il descend jusqu'à ce lieu antique où l'on pourrait s'asseoir sur des bancs qui furent sans doute pierres tombales. Au retour d'une promenade, brûlées de soif et de soleil, parfois nous descendions là. Une fontaine y coule, où nous lavions nos mains. Nous étions aussi quelques-unes à y boire, dans le creux de la paume, une eau fraîche et sans goût. C'est la Font-Pinou. Quiconque en boit l'eau devient fou. Que personne donc ne s'étonne : j'ai bu l'eau de la Font-Pinou.

Un autre mercredi, qui devait être la Chandeleur, nous fîmes les crêpes en classe, et plusieurs y allèrent de leur recette – pas moi qui n'y connaissais rien, et qui en fait de crêpes n'avait vu ni goûté que celles de blé noir. Celles que nous essayâmes de faire sauter ne me semblèrent ni bonnes, ni mauvaises. La plupart de mes compagnes, pourtant, sautaient de joie, d'avoir mangé des crêpes de la Chandeleur, et je ne perdis pas non plus cette occasion de me réjouir. Mais, au fond, j'étais assez perplexe d'une coutume que je ne savais pas, d'une pâtisserie renommée que j'appréciai à peine.

Souvent, le soir, après le souper qui se prenait à sept heures et que nous avalions très vite – un repas pourtant copieux de potage, de viande, légumes, salade, compote... –, la nuit tombée noire, il était presque interdit de sortir hors de la galerie. Entrer dans tout ce noir, au reste, ne nous tentait pas, encore moins sous la pluie, le brouillard ou la neige. Nous retrouvions la salle de récréation, qui était aussi salle de gymnastique aux heures de cours. Des bancs en faisaient le tour, sans parler des barres et de l'échelle horizontale où quelque fille souvent se balançait malgré la défense. Ces soirs-là, on jouait à la ronde. C'était un peu les mêmes rondes qu'à Surdoux :

Bonjour Guillaume !
As-tu bien déjeuné ?

ou même :

Nous n'irons plus au bois...

ou encore :

Nous sommes trois frères,
tous les trois à marier.
C'est moi qui suis le plus jeune,
c'est moi qui dois commencer...

Mais tout aussi bien :

Excusez si j'entre en danse,
ce n'est pas pour y danser.

et puis :

De bon matin, Pierre se lève...
pour aller au bois fagoter, la faridondaine...

voire :

Je crois qu'il y a deux, y a deux continents
l'ancien et le nouveau, oo – oo – ooh!...

sans oublier :

Il était un avocat, tire lire-lire, tire-lire-lire!

ni :

Ah! le joli p'tit bois, mesdames, ah! le joli p'tit bois!

Le petit bois, le nôtre, c'était au fond du parc, trois ou quatre rangées de cyprès, un merisier tout blanc en sa saison, un autre arbre dont les feuilles ressemblaient à celles du frêne, les fleurs à celles du sureau. Le parfum de ces fleurs, suave et sucré, devenait vite entêtant, à vous donner la nausée. Je ne me souviens pas s'il y avait des bancs dans le bois, mais au bout de l'allée, contre le mur. Et, de toute façon, on pouvait s'asseoir en bordure, sur l'herbe rare. Des violettes poussaient là, au pied du mur... Mais, pour les rondes, on ne peut oublier *La Fille du coupeur de blé*. C'était toujours Lily qui l'entonnait, c'était elle qui coupait la chaîne, tandis que la ronde continuait à tourner, en sens inverse, sur elle-même.

Sur mon chemin, j'ai rencontré
la fille du coupeur de paille.
Sur mon chemin j'ai rencontré
la fille du coupeur de blé.
Ah! laissez-les!... Laissez-les passer...

Certains soirs, et d'autres fois le jeudi après-midi, ou le dimanche, quand le mauvais temps écourtait ou supprimait la promenade, la mère Cane se mettait au piano. Je ne sais pas au juste pourquoi on l'appelait ainsi, cette personne d'un certain âge, veuve, dont la fille s'était élevée à l'école, avant d'entrer je crois à l'École normale d'institutrices. On la voyait quelquefois, venue passer le dimanche avec sa mère et retrouvant ses compagnes des années précédentes. On m'a dit que, l'enfant étant petite, sa mère l'appelait souvent « mon petit caneton ». C'est plausible. La mère du caneton ne saurait être que la mère Cane. Le surnom lui resta. La mère Cane se mettait donc au piano et ces demoiselles dansaient, quelques-unes à la perfection. Il y avait de nombreuses valses :

Sur les grands flots bleus...

ou bien :

Princesse Czardas...

et *Le Beau Danube bleu.* Il y avait des tangos :

C'est pour toi Lola, ô ma brune,
que ce soir j'ai fait ce tango...

et des rumbas et des javas, et que sais-je!

Pendant toute la mauvaise saison, jeudis et dimanches après la promenade on nous servait le thé au réfectoire, et l'un ou l'autre jour une délégation d'élèves s'en allait à la laiterie, rapportant des caisses de lait, de crème ou de beurre, selon ce que nous avions commandé. C'était fête au réfectoire, surtout après les Rois. Au jour de l'Épiphanie, en effet, nous était servie la délicieuse galette feuilletée, avec sa fève, et ainsi chaque table avait sa reine, qui choisissait son roi, ou l'inverse. Le dimanche suivant, le roi et sa reine commandaient le saint-honoré pour toute la table, et les semaines suivantes, par roulement, deux ou trois, ou quatre autres jeunes filles commandaient autre chose, si bien que l'Épiphanie durait quelquefois jusqu'au carnaval.

Cependant, le mardi gras et Pâques passaient inaperçus, comme la Toussaint : nous étions en vacances. Mais si la Saint-Jean nous rattrapait à l'école, nous ne manquions pas de fêter le Feu, brûlant quelques vieux cageots, des papiers et des brindilles dans l'allée de Pékin, entre le terrain de jeu et les grands marronniers qui en toute saison abritaient les bancs verts de nos petites nonchalances.

J'ai parlé de Pékin à maintes reprises. Le nom n'est pas aussi mystérieux qu'on le penserait, ni aussi poétique. Il vient de l'occitan par la mer de Chine. Merde – Chine, c'est la francisation libre du limousin : *Merda – Cina!* Merde! Flaire! Notre Pékin n'était pas la capitale des Fils du ciel, c'était les cabinets, là-bas contre le mur de clôture, entre la clématite et le figuier, trois cabines contiguës, sans eau courante ni papier, un trou dans le ciment – là-bas contre une cabane à bois, avec derrière une soue où je vis continuellement élever un cochon, au moins pendant la guerre... Avant, je n'en jurerais pas, et pourtant à cette époque nous jetions assez de nourriture, et ne serait-ce que de pain, pour en nourrir plusieurs. Sans doute était-ce la réputation de ce coin odorant, le seul qui fût à notre disposition pendant les récréations, qui avait déterminé, des générations avant nous, ce terme de « Pékin », lequel revint ensuite à tous les privés des étages qui, bien que rudimentaires, ne l'eussent peut-être pas justifié. Bref, dès mon arrivée, j'appris que c'était là Pékin, et ce qu'on y laisse une « pékinose ». Certes, on ne m'en sut, on ne m'en voulut, pas dire l'étymologie, mais comparez avec la comptine :

Deux chiens se rencontrent :
– Comment vas-tu ?
– Cine mon cul.
– Tu vas bien.
– Cine le mien...

Le cas me semble clair. Je n'y reviendrai pas. Bref.

Bref, telles étaient nos petites fêtes, mais il y en avait une autre, la grande, la vraie, qui se faisait vers la Noël. Il devait y avoir eu, en témoignait le sapin dressé dans ses guirlandes, distribution de jouets ou de gâteries aux enfants, dans l'espèce de cave qui servait de salle des fêtes, à côté de la gendarmerie qui ressemblait plutôt à une prison. Des chaises de jardin pour tout confort, mais quoi ! L'essentiel, une scène au fond, minuscule peut-être, mais qui devenait trou de lumière, feux éteints dans la pièce sombre. Les enfants de la maternelle jouaient les petits lapins, adorables et gauches, charmants. Ceux de l'école primaire mimaient des chansons. Et les nôtres, les grandes, jouaient. Cette année-là, ce fut *Les Femmes savantes*. Renée, la blonde fille de Madame était Henriette, et son amie Janine jouait Chrysale. La Jeanne, de La Croisille, faisait Armande, Odette, notre pionne, Philaminte, Yvonne mettait son élégance au service de l'amoureux Clitandre, l'autre Jeanne prêtait son arrogance à Trissotin, Madeleine toute sa fraîcheur à Martine, et Lucienne sa grâce à Bélise. Voyez ! Je m'en souviens ! Je m'en souviens. Des années durant, j'avais oublié le nom de Lucienne, mais dans ma tête je disais Bélise, et retrouvant une photo cinquante ans plus tard, je la reconnus, si naturellement précieuse, tout à fait charmante.

Cependant, je n'ai guère connu Lucienne, ni Madeleine, ni même les Jeanne. Yvonne, un peu plus, cette jolie jeune fille était aussi la gentillesse même. Odette nous surveillait en étude, nous l'aimions bien. Un soir, rentrée dans la classe pour prendre ou poser un livre, je la trouvai là qui fumait en travaillant, à sa place au bureau – l'odeur d'eucalyptus venait sans doute de la casserole sur le poêle où elle faisait bouillir des feuilles. En fait, nous ne savions rien d'elle. Mais les unes des autres, que savions-nous ?

Était-ce cette année-là que Thérèse, en longue robe blanche, dansa *Le Beau Danube bleu* ? J'aimais Thérèse. Elle était aimable et belle, et j'aimais Marcelle aussi pour sa gentillesse, et bien qu'elles fussent grandes, ces jeunes filles ne regardaient pas avec dédain les enfants que nous étions encore, avec nos élans et nos soucis d'enfants. Toutefois, il ne fallait pas afficher, des petites aux grandes, des grandes aux petites, trop de confiance ni d'amitié, cela était mal vu que d'avoir une

« flamme »; aussitôt pointait le soupçon toujours larvé, toujours prêt à éclater, des fameuses « amitiés particulières » dont personne n'eût osé parler, dont chacune travaillait à garder les autres – dont je ne savais fichtre rien, et mes compagnes pas grand-chose, du moins la plupart. Cela ne m'empêchait pas d'admirer les beaux yeux de l'une, la grâce de l'autre, les jambes de Lily, le sourire d'Yvonne, la peau de Marcelle, fleur rosie comme fleur de pommier. Et les cheveux de Paule, des cheveux comme je n'en ai jamais vu, bruns mais à reflets fauves, à reflets roux, à reflets mauves, longs et solides, fins et frisés, cependant que je les regardais jouer ensemble, les grandes, innocemment sur le tapis de crin, couchées comme des odalisques. Allons, il n'y a rien à craindre, du haut de sa toute prudence, Madame veille à la chasteté du troupeau.

A un autre moment de l'année, je ne sais plus quand, les garçons donnaient leur spectacle, et nous y allions. Ils présentaient plutôt des saynètes, ou du vaudeville – une fois Musset : « Il faut qu'une porte soit ouverte ou fermée ». Mais ils triomphaient dans les chœurs, et leur chanteur, Henri Deglane, dès le plus jeune âge, nous enchanta avec *Le Pays du sourire* et les paroles sirupeuses qu'on a tant de fois plaquées sur la musique de Chopin. Que ce fût :

Mon cœur vous dédie – sa mélodie...

Ou bien :

Je t'ai donné mon cœur...

Le nôtre, cœur, vibrait en applaudissements jusqu'au bout de nos doigts.

Pour le théâtre, comme nous avions Renée, la fille de Madame, les garçons avaient Huguette, la fille de leur directeur, ce qui leur évitait les travestis auxquels nous n'échappions pas. Nous les trouvions très belles l'une et l'autre, belles comme des femmes, au moins sous les feux de la rampe...

Outre la fête de l'école, outre la perspective majeure de vraies longues vacances après presque deux mois d'internat strictement observé, Noël s'annonçait pour nous par le réveillon anticipé, un repas de fête aux multiples desserts dont le plus attendu, le plus apprécié, semblait être la salade d'oranges. Ce n'était pas un régal, pourtant. Elles étaient plutôt aigres, ces oranges – mais quel parfum! Le réfectoire en était embaumé, l'escalier, les couloirs, même, une odeur pénétrante et forte, plus agréable que lavande ou résine, et qu'on retrouve quelquefois, aux environs de Noël, dans certains fruits tant soit peu naturels. Rarement. De plus en plus rarement.

Il y eut toutefois, en cette année première, des choses que je n'attendais pas, que je n'aurais pas imaginées et quelques-unes dont jamais je n'avais entendu parler. D'abord, un soir de novembre, on nous emmena voir courir la quintaine. Le soir tombait – ou le brouillard –, il faisait assez sombre, autant que je me souvienne. Nous étions sur le boulevard, et là, non loin d'un arbre, était plantée sur son pivot une construction de bois clair, en forme de tour – de niche, de pigeonnier, que sais-je! Des cavaliers en cape sombre passèrent, armés de massues. Et pan! Et pan! Passèrent et repassèrent, si bien qu'ils mirent la cage en morceaux. Nous en ramassâmes les bribes, informes éclats de bois – il fallait les garder, me dit-on, c'étaient des porte-bonheur.

Plus tard le cirque Pinder planta son chapiteau dans la ville, avec ses gradins, ses acrobates et ses clowns, ses éléphants. On nous y conduisit, un soir me semble-t-il. Si les gradins n'étaient pas confortables, le spectacle était merveilleux, de trapézistes, de dompteurs – les éléphants assis qui se faisaient la barbe, si l'on peut dire, avec un long rasoir. Ça finissait dans un grand ciel chavirant d'étoiles. Il nous fallut conter ce que nous avions vu. Ce n'était guère plus facile que de décrire le goudronnage de la cour d'honneur, ce jour que les machines ronflaient dans nos têtes à pleines oreilles, tandis que nous les regardions par la fenêtre exécuter des manœuvres que nous ne comprenions pas, à les voir ainsi par-dessus, depuis le second étage. Le cirque non plus, nous ne comprenions pas. Tout cela semblait si facile! Naturel. Sans aucun risque. Pas le moindre danger. On se serait demandé pourquoi ces barreaux entre nous et les tigres. Et laquelle de nous n'aurait pu voler entre les trapèzes si légèrement?

Nous savions bien, d'une certaine façon, qu'aucune n'en était capable, pas même Agnès, si souple pourtant que, se laissant aller en arrière jusqu'à toucher le sol les mains à plat, elle pouvait encore marcher dans cette position que nous avions tant de mal, nous autres, à tenter dans l'autre sens. Ah! faire le pont! Ce rêve... Fières celles qui réussissaient les pieds au mur, un tour de roue... D'aucunes souffraient même avec la culbute au sol, sans parler des barres... Mais ici, comme tout était simple, aérien. Des corps qui rien ne pèsent – des fauves dociles – des éléphants aimables... Le contrepoids des clowns? Non! un autre envol, à ras de terre il se peut, mais qui faisait partie de la dentelle, comme un point de picot qui tiendrait ensemble l'inconsistance du point d'esprit. Une telle comparaison, certes, comment aurais-je pu la faire? si maladroite au travail des mains. C'était pourtant cela que je ressentais.

Ce n'était pas très différent de ce que je pouvais connaître à la lecture d'un de ces livres que me confiait la mère Cane : *De la Terre à la Lune*, ou encore les « contes et légendes » de n'importe quel pays du monde, sans oublier ces interminables récits de chasse qu'elle me refilait, parce que personne d'autre n'en voulait. Mes compagnes, elles, réclamaient avec empressement les gentils romans d'amour qui faisaient leurs délices et les obtenaient sans peine. Moi aussi, j'aurais aimé les romans d'amour. Mine de rien, je les empruntais aux autres, ou je les lisais en cachette dans leur casier. Cela dura aussi longtemps que je fus à Saint-Léonard. J'en avais conclu que la mère Cane, sciemment ou non, entendait me confiner dans un infantilisme incurable. Mais, si j'en riais plus ou moins haut, je n'en souffrais guère, et plus tard je m'en suis bien réjouie. Car c'est par ce biais que j'ai pu connaître les contes et légendes du monde entier, c'est ainsi qu'avant même d'en prendre conscience, je savais ce que chacun comporte d'universel dans son contenu, et d'unique dans sa forme. Chère mère Cane! Ce qui était puéril, c'étaient les médiocres romans d'amour.

Bien plus tard, à la fin de l'année, alors que l'école s'était vidée des candidates au brevet ou à l'École normale, presque toutes les grandes parties, et quelques autres, on nous conduisit à la fête du Pont de Noblat. Chocolats et bonbons, chevaux de bois... La route de Limoges, en bordure de Vienne, était tout animée sous le soleil.

Il y avait des jeux. Je ne me souviens guère que de la traversée de la Vienne en lessiveuse et baquets divers, qui semblait mettre en péril des hommes gesticulants qu'on aurait cru ivres, un spectacle qui me fascinait sans m'amuser beaucoup. Je ne comprenais pas qu'on pût prendre plaisir à de tels risques inutiles.

Je ne voyais du défi que le grotesque et l'absurde. J'avais un peu la même impression, lorsque nous passions par là, en voyant une construction, atelier ou maison, bâtie sous le gros rocher qui la surplombait, quatre fois plus haut qu'elle, un rocher qui semblait s'arracher debout à la montagne de Clovis. Certes, le rocher était-il là sans doute depuis des millénaires, bien planté quoique en apparent déséquilibre, parfaitement stable. N'empêche! Le moindre mouvement tellurique, il pouvait tomber d'un coup, et surtout rien n'empêcherait quelque bloc de s'en détacher sans crier gare. Tel était mon sentiment, qui ne justifiait peut-être que mon vertige – chaque fois que je levais les yeux là-dessus, j'en avais le souffle coupé. Le constructeur audacieux n'était peut-être pas le débraillé ventre nu qui gesticulait dans sa demi-barrique à décoller du bord – c'était bien son frère.

Nous retrouvâmes les cavaliers. Ils n'avaient plus en main les massues de la quintaine, mais une sorte de lance courte, ou d'épieu avec quoi il leur fallait, du haut de leur monture au galop, enfiler une bague pendue à une haute tringle.

Je ne me rappelle pas s'il y eut beaucoup de réussites, mais que ce jeu d'adresse nous plut autant qu'il m'étonna. J'aurais bien aimé qu'il durât davantage. En fait, je n'avais jamais vu courir la bague, et je ne l'ai jamais revu.

Pour la quintaine, peut-être l'ai-je vu deux fois, et jamais ailleurs qu'à Saint-Léonard. On nous expliqua, à l'école, que la construction représentait une prison. La prison de Saint-Léonard, ou celle dont saint Léonard avait libéré les prisonniers. Courir la quintaine, c'était briser la prison. Sans doute les miettes que nous récoltions représentaient-elles notre propre prison – la prison intérieure, je veux dire, pas notre pauvre boîte que nous ne tenions pas pour telle en dépit de ses interdits. Au cours de quelque promenade du mercredi, l'institutrice nous avait conté la légende du bon saint Léonard. Comment il avait reçu la terre que son âne pourrait parcourir en un jour, comment l'âne buta sur le chemin qui monte tout droit de Noblat jusqu'au boulevard, et elle nous montra le pas de l'âne, une marque gravée dans la pierre nue. Nous connaissions la légende du verrou, conservé dans la porte près du tombeau du saint, et comment Louis XIII y fit pèlerinage en vue d'obtenir l'héritier, et comment la ville obtint de ce vœu exaucé ses armes et sa noblesse, avec Noblat planté à ses portes et le verrou sur son écu.

Je ne me souviens pas d'avoir remarqué dès ce temps le tombeau du saint, en forme de sarcophage à toit d'ardoises – ou peut-être d'écailles de poisson, l'un pouvant figurer l'autre il est vrai, par le symbolisme de Jonas dont, à l'époque, je ne me souciais guère. Pour le verrou, nous savions, et ne fût-ce que d'avoir vu jouer l'Eiglantino dau Lemousi, groupe folklorique coté, jouer en langue limousine une pièce assez drôle, nous savions qu'on allait encore le toucher en vue de la fécondité, mais aussi en vue des épousailles. La réputation du saint était si répandue que son nom me paraissait à moi-même typique en Limousin, presque générique. Dès l'école primaire, s'il me fallait un nom de paysan limousin, il s'appelait Léonard, comme mon grand-père et les voisins. Et j'avais bien entendu dire, chez moi, que lorsqu'un accouchement s'avérait difficile, il fallait recouvrir le ventre de la parturiente avec le bonnet d'un homme qui s'appelle Léonard, *lo bonet d'un òme qui s'apele Leunard*.

Oui, je devais « savoir » cela. Mais certes je ne l'aurais pas dit, mais certes je ne l'aurais pas pensé – non certes! Ce n'était pas que je voulusse renier mes origines. Que mes parents fussent paysans, je ne m'en cachais pas plus que je ne m'en vantais. Mais c'est un fait : je n'y pensais pas. Je ne pensais ni à la ferme, ni aux bêtes, ni à mes petits copains, pas plus René ni Matou que les autres, ni à mes parents, ni à la table, ni à mon lit, ni au feu entre les landiers. Tout cela me manquait peut-être, mais je ne le savais pas. Il n'y avait place dans ma vie présente ni pour les regrets, ni pour les souvenirs. Et la nostalgie, plutôt que sur le passé, plutôt que sur les chagrins du jour, se tournait vers les peines futures. Comme j'avais voulu me créer des souvenirs, je m'inventais maintenant les malheurs à venir. du fond de moi, terrible, je sentais germer la peur de la vie. Encore ces moments étaient-ils rares et brefs. Et je ne me souviens pas de m'être un seul jour repliée sur moi pour revoir la maison, les visages chers, et ne fût-ce que ce jardin où j'avais marché, la veille du départ, pour graver en moi cette mémoire. Or je l'avais gravée, pourtant : elle y est encore.

Je ne négligeais pas pour autant la lettre hebdomadaire à mes parents. Il y avait celle du dimanche, et celle parfois du jeudi. Je vais bien. Je suis bien nourrie. Je vous embrasse. Et le récit des petits événements, les notes, les promenades, le cinéma, les facéties des camarades. Mon père répondait assez régulièrement, de sa belle écriture souple, un peu contrainte, que j'aimais. Lui aussi faisait part des événements, les foires, les semailles, les récoltes, les malades, l'Angéline qui était venue. J'étais contente de savoir, mais cela ne représentait rien pour moi, pas la moindre image. Que si je m'agglutinais avec les autres autour de la surveillante qui distribuait le courrier, c'était d'abord pour l'émotion présente, le plaisir ou la déception d'avoir une lettre ou non. Sensation si forte, à la vérité, que souvent je n'approchais pas, l'air de rien mais l'oreille tendue, tout mon corps aux aguets, la gorge nouée et même les jambes, dans une indifférence apparente que je prolongeais à l'appel de mon nom dans une nonchalance qui n'était plus feinte – qu'il fallait bien soutenir et ravaler la plupart du temps.

Je le savais : on ne pouvait pas m'écrire, on ne pouvait pas non plus m'envoyer un colis tous les jours. De colis, je n'en avais pas besoin. S'il me manquait quoi que ce fût, il suffisait de faire une fiche que je déposais dans la cuisine, et la mère de Madame, qui faisait office d'économe, et il n'y avait pas à s'en plaindre, Dieu merci, se chargeait de toutes nos commissions. Mais recevoir un colis, pensez donc! Tenir dans nos mains cette chose inconnue, imprévisible, inattendue... même si nous en savions parfaitement le contenu... même si le paquet ouvert, défloré de tout son mystère, n'apportait qu'un banal vêtement, une quelconque nourriture à ranger dans la boîte à provisions déjà bien garnie.

La confiture de pastèques, il est vrai, aurait dû me rappeler le champ de carottes où nous les cultivions parmi les autres légumes, et j'aurais pu trier dedans chaque morceau de poire, ou de pomme, en me représentant l'arbre qui les avait portées. J'aurais pu imaginer ma mère tournant sur le feu le liquide brûlant. Et pour les rillettes songer au cochon que j'avais dû voir engraisser, à la mise à mort du cochon, à la préparation de la viande, au repas de cochonnailles – la marmite et la graisse fondue, et les grillons sur le hachoir... J'aurais dû... Ces images se résolvaient seulement en salive odorante, en saveur présente, sucre ou persil – en toute actuelle jouissance, et sans nul remords.

Oh! je n'ai pas de honte qu'il en fût ainsi, je ne le regrette pas : je m'en étonne seulement, plus encore que je m'étonne de m'en souvenir aujourd'hui. Je me dis – et ne me l'étais-je pas dit par avance, en regardant les fleurs du petit jardin – que les souvenirs m'auraient pu être d'un grand secours dans un temps difficile. Aurais-je fait appel à eux, peut-être m'eussent-ils servi? Mais non. Je ne les refusais ni ne les recherchais – je les oubliais. Tout cet acquis était en moi, sans doute, puisqu'il y est resté, mais si j'en étais construite, c'était à mon insu, je n'en avais pas plus conscience que d'avoir appris à marcher, ou à parler, ou à plier mes doigts dans la prime enfance. D'une certaine façon, j'étais coupée de moi-même. Sans doute était-ce le rôle, et peut-être l'intention de l'école : cueillir des greffons sur les branches vives de nos familles afin de bouturer ces jeunes pousses en terre nouvelle. Peut-être. Et ça marchait.

POUR moi, ça ne marcha jamais mieux que cette première année, où j'avais tant à découvrir, tout ou presque. En classe, *Jean-Christophe*, qui resta mon seul lien avec l'école de Surdoux, un lien abstrait qui ne m'apportait pas d'anciennes images, mais se développait de soi-même au long des semaines, dans son pays lui-même absolument mythique. Et puis l'histoire ancienne – l'Égypte, la Grèce, la Mésopotamie. J'aimais cette histoire-là, pas un instant je ne pensai que je la connaissais déjà, cette histoire des dieux était celle-là même dont j'avais innocemment engoulé les éléments dans le nouveau *Petit Larousse* illustré, lequel me suivait dans le présent comme s'il eût été vierge. Je voyais seulement que j'apprenais ces choses comme allant de soi. On aurait pu me croire douée pour la matière et j'aurais pu le croire moi-même, si j'avais fait sur moi-même la moindre réflexion.

Il en était de même pour les sciences naturelles. Il est vrai que le livre où nous apprenions nos leçons était sans pièges ni difficultés. Aussi osais-je me permettre quelques fantaisies. Je me revois sous la galerie, rabâchant ma leçon : « La grenouille a le corps couvert de plumes »... A partir de là, je lui donnais des ailes, une queue touffue, et que sais-je encore. Je criais cela, mais des yeux je suivais très exactement le texte. Un jour, je sursautai en m'apercevant qu'une grande me considérait d'un œil perplexe – amusé, mais non sans quelque inquiétude. Est-ce la même qui, quelques années plus tard, me rappela cette façon curieuse que j'avais d'étudier mes leçons?... Peut-être.

C'était un jeu. J'en avais bien d'autres. Celui de penser deux choses à la fois n'était pas le pire, n'ayant rien à voir avec l'hypocrisie ni la dissimulation. Non, je pouvais seulement dire que l'oiseau se meut avec des nageoires, et savoir ce qu'il en est. Les enfants qui sont capables aujourd'hui de résoudre un problème avec des écouteurs dans les oreilles ne font pas autre chose, sinon qu'ils cumulent une activité cérébrale avec l'écoute passive, ou censée telle, de la musique, tandis que j'alliais deux activités réelles, ou censées telles...

Un autre jeu, c'était celui du précipice. Je l'inventai assez vite, je crois, et chacun finit par s'en apercevoir. Le sol de la galerie était cimenté et coupé en larges carreaux qui en faisaient une gigantesque marelle, sur toutes ses longueurs. Je ne me rappelle pas vraiment ce sombre jour que je parcourais la galerie, les yeux à terre et comptant machinalement mes pas par rapport à ces divisions régulières. Deux pas sur chaque case, je trottinais – un seul pas, je devais tendre la jambe excessivement. Je m'appliquais à l'un ou l'autre sans trouver de solution, au reste sans penser à rien. Je recommençai plusieurs fois ce manège, et non : il n'y avait pas de solution, sinon de marcher sur les lignes.

Sur les lignes ? Voire ! Si vous avez joué à la marelle, vous savez bien qu'il ne faut pas toucher les lignes – que chacune est un mur, ou pire, un précipice. Il fallait donc éviter le précipice... je continuai, de cette façon, un certain temps à m'inventer sur cette grille toutes sortes de parcours, de passages – damier d'échecs ou voyage initiatique, cases prises, obstacles à éviter... sans oublier le gouffre toujours ouvert des lignes. C'était un jeu très solitaire, très variable, dont j'édictais à la fois les règles et le déroulement. J'y jouais seule, mais ne l'interrompais que guère en compagnie des autres. Même alors ma tête poursuivait son jeu, tellement plus passionnant que nos bavardages, avec lesquels il n'était pas plus incompatible que celui de la grenouille à longue queue avec la leçon de choses. C'est ainsi que quelqu'un s'avisa de la partie visible du comportement : je ne marchais pas sur les lignes ! Cela devint un jeu de me regarder faire, cela devint un jeu de m'obliger à rater mon coup. Je m'aperçus à mon tour de la découverte. Je reçus maints quolibets auxquels je refusai de répondre, je n'acceptai jamais de donner aucune explication à quiconque. Mais je sus tout de suite que le jeu avait changé de sens : dorénavant, ce serait mon défi, la sauvegarde de ma vie intérieure. Ces demoiselles n'avaient aucune part à prendre à mes jeux, auxquels je ne les convierais pas. Elles voulaient rire de moi ? Grand bien leur fasse ! Moquez-vous, mesdames, riez, car le rire est le propre de l'homme – mais aussi la salissure de la femme. Riez donc, moquez-vous !

Il y avait longtemps que j'avais cessé mes combinaisons mathématiques et mes jeux de marelle imaginaires, que je continuais à éviter les lignes. Que si j'avais oublié le premier jeu, et plus encore le désœuvrement qui l'avait provoqué, je n'oubliais pas le défi. L'eussé-je oublié, il y avait toujours quelqu'un pour me le rappeler. Au reste, j'y étais devenue tellement habile que je n'avais presque plus à y penser, et que même il passait presque inaperçu. Mais ici, j'anticipe, car cela dura tout le temps que je fus à la pension, cinq années tout entières, ou si peu s'en faut, sauf l'année de la guerre, mais nous n'y sommes pas. Ah oui ! Renée, tu as raison, je vous ai bien eues ! Mais c'est moi tout ce temps qui ai marché en chèvre, ridicule moi-même à cause du ridicule qui était en vous. Car, que j'aie marché sur les lignes ou pas, qu'est-ce que ça pouvait vous faire ? Ô jacassantes pies méchantes, filles de peu de cœur dont je ne savais pas les règles de vie – pauvres enfants.

La lecture m'était un autre jeu, chacune en jouissait seule à part soi, et moi comme chacune. La mère Cane tenait la bibliothèque et nous distribuait les livres. Il n'en manquait pas, bien qu'ils ne fussent pas neufs et portassent les marques d'avoir été cent fois relus. En cette première année, j'eus droit à Jules Verne et à ces contes qui m'enchantèrent. C'était bien.

Au printemps, on avait fait la photo de groupe de chaque classe. Je commandai mon exemplaire. L'ai-je payé ? Je ne le reçus jamais. C'était moins bien.

L'année scolaire s'acheva. J'avais bien travaillé, en faisaient foi des notes acceptables. Je n'avais pas beaucoup grandi, pas mal engraissé. J'avais eu la rougeole. J'avais gagné une bourse. Il n'y avait pas de quoi se plaindre.

Je ne me rappelle pas grand-chose des grandes vacances, que nous prîmes plus d'une semaine « avant le trente et un juin », malgré la fermeté de l'institutrice. J'ai pensé tout de suite, et souvent depuis, que c'était une excellente institutrice. Je n'étais pas son « chouchou », comme me l'avait reproché Fernande, à qui j'avais répondu par défi « qu'il valait mieux être apprécié du professeur que des élèves ». Elle n'avait pas de « chouchou » à mon avis, ni moi, ni quelque autre. Mais à celles qui le méritaient, il lui fallait bien mettre une bonne note. Et malheureusement, ma classe jusqu'au bout a toujours compté plus d'élèves médiocres que d'autres, ce qui n'a pas empêché ces jeunes filles de réussir leur vie – heurs et malheurs ne correspondent à aucun diplôme et ne s'inscrivent pas au tableau d'honneur.

Vraiment, je ne me rappelle même pas comment mes parents vinrent me chercher, sans doute avec une automobile, mais était-ce celle de la Marcelle ?... Ça ne devait pas être par le train, à cause de la literie et de la malle. Le train, c'était bien aux petites vacances, quand on partait avec une ou deux valises, faciles à transporter. Ces soirs-là, je m'en souviens, nous partions après toutes les autres, trois ou quatre de Châteauneuf ou des environs d'Eymoutiers. Vers huit heures, nous attendions sous la galerie avec nos bagages. Tout était silencieux. Tout était éteint, sauf la lampe au-dessus de nous dans l'angle. La haute porte du parloir, la haute porte, encore plus large, des escaliers – en face, de chaque côté, la galerie sombre, et le parc derrière nous, un réservoir de nuit. De grandes ombres semblaient pendre là, tout autour de nous, comme des rideaux tombant du ciel. Le froid insidieux des choses immobiles peu à peu nous montait des pieds, des mains, de l'air à peine respirable. La pionne arrivait enfin, en grande presse, et nous devions courir sur la route de la gare, tout imprégnée elle aussi d'ombres et d'éblouissements brusques, avec notre chargement. Puis c'était le train tac-a-toc-tac, avec ses mugissements de fumée âcre. Puis l'autobus aux vitres embuées. Enfin le Pissechien, et les jambes cotonneuses jusqu'à l'âtre...

Et c'est encore la nuit qu'il fallait repartir, quelquefois dans la neige en sautant par-dessus les congères, à la lueur d'une lanterne qui puait son pétrole rance, balancée jusqu'à la nausée d'ombres et de clartés vertigineuses. Une fois, si hautes étaient les congères, et si nombreuses, que nous dûmes rebrousser chemin. Mais il y eut d'autres fois que l'aube avait déjà blanchi l'est, d'un orient de perle, et partout la lumière épongeait la nuit, jusque par-dessous les herbes. Sous la fougère quelque part, on entendait l'appel d'une perdrix invisible. Et voilà : l'autobus, le train – c'était reparti pour de longues semaines, pendant lesquelles je serais peut-être une fois appelée au parloir. Mon père prit quelquefois prétexte de la foire – mon grand-père – et peut-être une fois ma mère. Les hommes m'amenaient déjeuner à la Boule d'Or, mais c'est avec ma mère que je découvris les massepains de Petitjean et le salon de thé – quel jour? La première année oui, sans doute. Mais quand?...

Je l'ai dit, mon père avait cru, pendant que nous rangions la malle au grenier, reconnaître au passage mes cousines Tounissoux. Les premiers jours, je ne les aperçus pas et même je n'y pensais plus. Mais, peut-être une semaine plus tard, j'entendis quelqu'un les interpeller à haute voix par leur patronyme, et je les vis se diriger vers le fond du couloir au premier étage. Je les rejoignis vivement :

– Vous êtes mesdemoiselles Tounissoux?

Elles acquiescèrent.

– Alors vous êtes mes cousines. Je suis Marcelle Delpastre.

Elles se regardèrent, éberluées – parurent hésiter – et me tournèrent le dos. Je restai un moment plantée là avec ma main tendue. Puis moi-même je tournai bride et rejoignis ma classe. C'était pourtant bien mes cousines. Odette, l'aînée, qui préparait le brevet; Alice, celle qui avait mon âge et qu'on avait mise avec les externes en cours préparatoire B, aux soins d'une autre institutrice – afin d'égaliser les effectifs et parce que son initiale touchait au bout de l'alphabet! Cette ségrégation dura deux ans, pendant lesquels je vis à peine mes cousines et ne les fréquentai pas. Il était clair qu'elles n'y tenaient guère. Moi non plus.

Il ne dut pas y avoir d'événement bien important pendant l'été 1938. J'avais retrouvé la ferme et ses activités, les bêtes, et la compagnie des chats, et l'amitié des chiens, puisque c'est ainsi qu'il faut voir les choses... Peu ou prou, j'oubliais la classe, la cloche insolente dans le matin glacé, l'angoisse des compositions, les taquineries des comparses, les bonnes amies et les autres. Seule maintenant dans le Pré, je gardais les vaches.

J'y rejoignais Matou qui gardait les siennes au Pâturage. On jouait, on parlait beaucoup – de quoi?... Me reste le souvenir d'une fin d'après-midi, le soleil baissant jetait déjà de grandes ombres, toutes scintillantes, sur la combe. Nous étions pieds nus, quand une de ses vaches, forçant la haie, se retrouva parmi les miennes. Ces haies liées n'étaient pas toujours aussi solides qu'il semblait. Après quelques années, les liades pourrissaient, les liens se défaisaient, le bas de la haie se dégarnissait de pousses jeunes autant que des fagots qui les avaient remplacées – la vache voyait au travers l'herbe verte, toujours plus verte, de l'autre pré : il lui suffisait de se frotter un peu l'épaule, ou de passer le mufle, crac! Elle était de l'autre côté. Ça n'aurait pas été bien grave, si la nouvelle venue n'avait, tête basse et poitrail tendu, provoqué les occupantes qui ne tardaient pas à se rapprocher, curieuses, méfiantes, tandis que la plus courageuse, cornes en avant, tentait de chasser l'intruse. Une bataille! Il fallait éviter cela qui ne pouvait avoir qu'une issue désastreuse, cornes cassées, estafilades sur tout le corps, et le terrible avortement si la vache était pleine.

Je me précipitai, toujours pieds nus, à travers les joncs rasés et les herbes sèches, pointues comme des aiguilles, les rigoles et les pas de vaches dont l'eau boueuse giclait plus haut que ma tête... Me voilà courant et le Matou pleurant, tous les deux criant, lui de ses sabots et moi de ma vache et de nos pieds cuisants d'épines... Et les chiens qui s'en mêlent, et la vache effrayée *clapatau!* dans la pêcherie, trompée par les herbes flottantes... Et la vache qui nage au travers, par chance reprend pied, se sauve affolée... Non, se calme... et enfin, je ne sais comment, réintègre ses aîtres. Nous voici de nouveau essoufflés de rire et de larmes, de course et de peur...

D'autres fois, je lisais. Nous allâmes à quelques foires, ma mère et moi. A La Croisille, nous choisîmes une étoffe marine chinée de rouge, de vert et d'autres couleurs, pour me faire une jupe. Ma première jupe. L'année précédente, je n'avais que de fausses jupes, rattachées à un corselet de flanelle, et une robe. Enfant, j'avais toujours porté des robes. Nos femmes étaient sûres – mais sûres – que je ne pourrais pas tenir une jupe, qu'elle me glisserait sur les pieds, horreur! Je finis tout de même par avoir raison de cette idée, j'eus ma jupe. Et aussi un pull-over orange, à manches courtes. Ce sont ces vêtements que je porte sur la photo « artistique », où je posai quelque temps après, chez Labouchet, le photographe de Saint-Léonard. Si peu que ce fût, l'artiste se crut obligé de retoucher un pli de la lèvre, si bien que j'ai l'air d'avoir un bonbon dans la bouche. Je n'ai jamais aimé ce portrait guindé, où cependant rayonne toute la candeur de mes treize ans.

Si je parle ici de lecture, c'est que, n'ayant guère de livres nouveaux à la maison, ni la possibilité d'en emprunter, je profitais de ce que nous allions aux foires, ou chez la couturière, pour en acheter quelques-uns. La dame qui tenait les journaux n'avait pas grand choix, c'était quand même mieux que rien. Sinon, je revenais aux *Fleurs du mal,* à la comtesse de Ségur, née Rostopchine, et je remontais au grenier où m'attendaient toujours *Zadig* et *Le Huron, Les Dames* et quelques autres qui faisaient mes délices, à mesure que je relisais, maintenant plus familière de la langue, encore peu sensible au tragique de certaines situations, appréciant de toute une féroce adhésion l'esprit caustique de l'expression.

Un jour je reçus une carte. Trois mots. C'était Irène, celle qui partageait ma table de classe. Cette attention, pourtant minime, me causa un étonnement extrême. Je ne l'attendais pas, je ne comprenais pas, même, que des liens eussent pu s'établir qui justifieraient une correspondance. Je crois pourtant que je répondis, et à deux ou trois autres qui par la suite donnèrent signe de vie. Mes parents, eux, s'étonnèrent de mon étonnement. Il n'y avait pas de quoi rire! Moi, je riais. Écrire, s'écrire, c'était donc cela? – je me souviens – je vais bien – et toi? Comme c'était curieux...

Et en effet, je me souvenais d'Irène, l'élève appliquée, bien rangée, l'enfant sage. L'enfant pas très heureuse, je pense, avec un impétigo toujours couvert de pommade blanche qui lui tenait tout le front – avec de l'asthme, aussi, qu'on ne remarquait pas le jour, mais qui l'obligeait à dormir presque assise dans son lit, le buste redressé par de gros oreillers... Irène qu'on ne retrouverait pas à la rentrée, et je ne saurais jamais ce qu'elle est devenue. Irène et les autres – Denise qui parlait beaucoup, que j'aimais bien...

L'été passa dans une espèce de torpeur. Il fallut refaire la malle, réparer le trousseau, repartir. J'avais mon premier indéfrisable.

Ah! cet indéfrisable! Laver – sécher – imprégner d'un produit qui sentait l'ammoniaque – rouler mèche à mèche sur les bigoudis – sécher sous le casque, un temps interminable.

Il faut souffrir pour être belle...

Je n'en étais guère plus belle. Après ce temps perdu chez la coiffeuse, il eût fallu de la patience pour coiffer une à une les courtes anglaises qui auraient dû m'encadrer le front. Tu parles! J'y plantai le peigne d'un coup et je tirai. Je tirai jusqu'aux larmes. S'ensuivit un emmêlement inextricable, des nœuds, des racines en l'air, quelque chose d'épouvantable. Jamais on ne put reformer les boucles. Cependant les cheveux poussèrent et l'on put rattraper un semblant d'anglaises que j'attachais avec un ruban, en touffe de chaque côté de l'oreille. Plus tard, les bouts vaguement ondés permettaient une coiffure convenable, comme celle de la photo. Mais qu'on ne s'y trompe pas! Il aurait fallu les coiffer vingt fois par jour. Le pli qu'on leur donnait, ils le prenaient, mais ne le tenaient pas. A peine avais-je tourné la tête, déjà ils s'échappaient dans toutes les directions – le travail d'un chat dans une pelote. Alors je prenais le peigne, je tirais – ça cassait, ça s'arrachait, il m'en restait une poignée en main. Que faire? La question se pose encore. Elle se poserait.

Torpeur des jours. Longs sommeils. Solitude. Présence toujours semblable de la maisonnée – la Marraine dans ses marmites – les lapins – ses poules – les poulets qu'il fallait rentrer, chaque soir – les cerises de juin – de juillet – les prunes en août – les groseilles pas mûres et tout enveloppées d'une mycose sombre, amère comme une lie... Fin septembre, j'étais redevenue enfant.

Enfin, il fallut rentrer.

ÉTAIT-CE ce jour-là – ou bien l'année d'avant – que je remarquai sur le perron d'entrée une jolie jeune fille qui jouait avec Pierrette? Je dis bien : une jeune fille, bien qu'elle n'eût guère que mon âge. Je ne me souviens pas de l'avoir vue au cours préparatoire, c'est pourquoi je pense qu'elle n'y était pas. Ce n'est pas sûr. Elle s'appelait Catherine, et c'était la fille de notre surveillante au petit dortoir. Elle couchait dans une petite chambre attenante avec sa mère. Je retrouvai le petit dortoir. Je n'eus pas la même place, non plus qu'à table, mais quelle importance! Les places se valaient.

Sans doute se valaient-elles aussi en classe. Hé mais! C'est que j'étais « grande », maintenant! Au cours préparatoire succédait la première – première A, bien sûr, et les externes eurent droit à la première B, avec les internes de l'autre bout de l'alphabet, comme ma cousine Alice. Nous dûmes laisser notre salle aux nouvelles, bien entendu. Or, si nombreuses étions-nous, même la classe coupée en deux, qu'on nous attribua la plus grande pièce, la salle d'étude dont nous n'occupions il est vrai que la moitié, d'autres venant remplir le reste pendant les heures d'études. J'étais contente d'être là. Nous avions chacune un vrai petit placard où ranger nos livres, et par les fenêtres grandes on voyait le ciel, les arbres, de grands tilleuls, rien qu'en levant les yeux.

Je choisis d'être au centre géométrique de la classe, juste au milieu d'un long banc sur lequel nous devions être sept. A ma gauche était Simone, une jolie petite blonde qui venait du cours préparatoire, et de l'autre côté Christiane, que je ne connaissais pas encore.

J'étais déjà venue dans cette salle, l'année d'avant, en étude quelque jour de pluie et de rhume qui m'avait dispensée de promenade. C'est là, et peut-être à cette place, que, fouillant dans le casier par désœuvrement, j'avais trouvé *Iphigénie*. Merveille! Quelle émotion de cette poésie, tellement parfaite qu'elle semble naturelle – évidente – d'une enfantine simplicité. Quelle émotion de l'histoire cruelle et tendre. Des frissons de plaisir, et d'horreur, me parcouraient le dos... *Athalie*, plus tard, me bouleversa d'une façon comparable, moindre pourtant – j'étais habituée. Est-ce depuis ce temps? J'ai toujours aimé lire le théâtre. Lorsque je lis du théâtre, et d'ailleurs aussi bien de la prose que de la poésie, je l'entends. J'entends tout le registre des voix hautes et basses, femelles ou mâles, et la petite flûte des voix d'enfant. En quelque sorte, je déchiffre avec mes yeux, mais je lis avec mes oreilles; peut-être est-ce pour cela que je suis exigeante sur la musique du texte écrit.

Eh oui! J'étais grande. Fini le temps de l'Institutrice, du Monsieur ou de la Dame. Maintenant, nous avions des professeurs.

Il y en avait pour tout. Jeunes filles ou jeunes femmes, que leur fonction repoussait dans le temps inaltérable des adultes. Il y avait la toute petite Mlle Tauzin, Mlle Bidault, Mme Lorit, la belle Mme Guénier qui avait deux jumeaux tout petits, fille et garçon, Noël tous deux, beaux comme des amours, Mlle Robinet, qui aimait la romance, Mme Pariset, maîtresse du dessin, Mlle Teissout, pour la gymnastique – et Mme Soumagnas, aveugle, la dame du chant que soutenait la mère Cane, du geste et du regard – et j'allais oublier notre mère Goon, Mme Goney, qui nous initiait à l'anglais, avec science et conscience, mais sans aucune autorité. Nous la rencontrions quelquefois, aux abords de la ville, tenant par le bras sa mère qu'elle aidait à marcher. La mère était vêtue de noir, et la fille de gris. La mère était plus maigre – mais allez donc savoir laquelle soutenait l'autre et l'aidait à marcher, d'une claudication pareille où la jambe première avançait mais pas l'autre qui se contentait de suivre – j'ai failli dire pieusement.

Mme Lorit nous enseignait les maths. C'était une personne vive, fraîche, au visage franc, au sourire spontané. Un vrai plaisir de la voir tourniquer autour du tableau. Que si mon esprit se fermait de plus en plus au raisonnement des chiffres, ne restant ouvert qu'aux évidences de la géométrie, j'appréciais tout de même ses cours agréables. Parole! Il me semblait parfois avoir compris. Lorsqu'elle devint enceinte, nous nous mîmes à supputer le résultat : fille ou garçon? garçon ou fille? Andrée, qui était nouvelle, et ne gardait ni ses deux pieds dans le même sabot, ni sa langue dans sa poche, souhaitait un garçon, car ainsi nous aurions Lorit-fils...

Mlle Bidault, dont nous ignorions le prénom mais que nous appelions Euphrasie pour justifier son initiale, nous inculquait quelques notions d'histoire et de géographie. Nous recevions ses cours dans un profond silence, qui ne témoignait pas forcément, peut-être, d'un égal intérêt. Lorsqu'elle évoquait ses nombreux voyages, nous étions sceptiques :

– La dernière fois que je suis allée en Chine...

Nous ne connaissions personne, nous, qui fût allé en Chine. La Chine... c'était loin, la Chine. C'était loin comme la Chine... Comment y serait-elle allée plusieurs fois? D'aucunes doutaient même qu'elle eût vu la Méditerranée en colère, soulevée tout à coup d'immenses vagues, comme ça, sans crier gare. Pour la Méditerranée, je disais moi, que c'était possible – d'abord ce n'est pas si loin, tout de même, et puis mon père l'avait vue démontée, la mer Méditerranée, c'est dire! Mais quand, l'année suivante, elle nous parla de l'Allemagne, il n'était guère à douter de ce qu'elle avait vu, pour incroyables que fussent ces choses. Incroyables, mais vraies. D'où les eût-elles tenues, sinon de son propre témoignage, sinon de ses propres yeux? Cela ne s'invente pas. Et nous savons bien aujourd'hui qu'elle ne l'inventait pas.

Mlle Teissout, nous la connaissions déjà depuis le début. C'était une personne stricte, droite et sans fioritures. Ses cheveux s'enroulaient en nattes blondes autour de la tête, dégageant la nuque, le front, les oreilles. Le cou sortait d'un chemisier net, et dans les exercices qu'elle faisait avec nous, la jupe-culotte ne bougeait pas d'un pli.

– Un, deux... Un, deux... Sur la pointe des pieds... Respirez...

J'étais assez souple, mais pas vraiment bonne. J'obtins le premier échelon du brevet sportif, mais n'allai jamais au-delà. J'aimais pourtant m'amuser aux barres parallèles ou à l'échelle. Quelquefois, avec Lily, nous passions là de longs moments, fières de nos exploits, heureuses... Mais ce qui n'était qu'à peine toléré fut bientôt interdit.

Nous entendîmes un bris de verre – un silence – des cris. C'était la jeune Isabelle. Comment fit-elle, s'exerçant aux barres, pour passer par la fenêtre ? Le temps de tourner la tête, elle était sous la galerie, les fragments de vitres s'arrêtant de rebondir autour d'elle.

– Est-ce que je suis coupée? Oui, je suis coupée.

Le sang ruisselait de partout – on l'emportait, en pleine crise de nerfs, hurlant ses larmes. Elle resta plusieurs semaines à l'infirmerie. D'en bas, nous lui parlions par la fenêtre, juste au-dessus du rosier blanc. Adieu les galipettes aux barres, adieu la traversée solitaire du grand cañon – trois mètres d'échelle au-dessus du tapis de crin...

Mlle Tauzin, elle, professait la plus belle langue du monde, le français, la nôtre. Et ce n'est point par ironie que je la dis plus belle, c'est parce que toute langue est la plus belle, lorsqu'on la pratique et la cherche, comme elle fit, avec compétence et ferveur. Pour tout ce qu'elle tenta de nous apprendre, il fallait de la compétence. Mais pour l'oser, il y fallait de la ferveur.

Pour l'instant, toutefois, nous n'étions qu'en première année, et de Racine nous n'eûmes à connaître que *Les Plaideurs*.

Ma foi, sur l'avenir bien fou qui se fiera!...

Et la suite. Tirade qu'il nous fallut apprendre par cœur, réciter. Ça s'en alla assez bien jusqu'à ce qu'une langue fourchât :

Il disait qu'un plaideur dont l'affaire allait mal
Avait coupé la tête à ce pauvre animal...

Le rire éteint, ce n'était pas fini, car les suivantes tour à tour coupèrent la patte et graissèrent la tête à ce malheureux coq qui n'en put mais. Quoi qu'on en pense, ce n'était ni prévu, ni voulu. Tout au contraire, chacune s'appliquait à ne pas tomber dans l'erreur de la précédente. Chacune voulait bien faire, bien dire, et surtout ne pas se tromper... Nous ne savions rien des arts martiaux, ni de cette maxime élémentaire qui invite à ne pas trop désirer la cible. A la fête de l'école, pourtant, Lydie tout de blanc fut costumée en Petit Jean et vaillamment se tira du rôle. En classe ou hors de classe, *Les Plaideurs* m'amusèrent beaucoup. J'en appris par cœur de longues pages. Pour mon seul plaisir, j'en étais tour à tour tous les rôles et le public aussi.

Mineure... Vous avez dit mineure? Il n'aurait pas fallu me dire, non, que c'était une pièce mineure! Elle avait passé par le feu de la lecture expliquée, de la récitation, du travail au cours, elle restait un puits inépuisablement riche de rire, et vous prétendez que c'est une pièce mineure!

Mlle Tauzin, dite Tauzinette, dite « le Petit Chat qui s'en va tout seul », fut mon professeur de français jusqu'en quatrième, sauf un trimestre que je dirai – sans oublier mes interminables absences. Nous l'aimions bien. Elle notait sec et serré. Un treize en composition française tenait de l'exploit, au moins dans notre classe. Cela nous semblait peut-être dur, mais juste.

C'est de Mme Guénier que nous avions peur. La belle, la froide, l'imprévisible. Elle entrait comme une reine, ou plutôt comme un potentat écrasant du regard son peuple opprimé, et tout d'un coup laissait éclater sa colère. *Mea culpa!* Notre ignorance, notre médiocre application méritaient probablement ces éclats. Mais que faisait-elle pour fortifier l'une et débloquer l'autre? Oh, pas de dissipation! A ses cours, elle avait le silence – personne n'osait risquer un mot. Avec la chimie et la physique, elle nous enseignait la morale et l'instruction civique. Je ne crois quand même pas que ce fut cette première année qu'elle nous donna en dissertation une phrase de Pascal sur la doctrine de vie qui aurait fait un difficile sujet au baccalauréat. Une doctrine de vie? Même en troisième, nous ne savions pas ce que c'était. Elle n'avait vraiment pas le sens de notre niveau intellectuel, et nous pensions, nous, qu'elle ne connaissait rien à rien, qu'elle n'avait aucune compétence – il est sûr qu'elle n'avait pas celle de professeur.

Et puis, il y avait Mme Parizet. Elle aussi me resta jusqu'au bout. Véritablement artiste, cela se sentait aussitôt – enseignante aussi, sachant dire et montrer et donner à comprendre.

Depuis longtemps, je l'ai dit, le dessin était un de mes jeux secrets. Certes, il y avait la partie visible, l'image qui restait tracée, que tout le monde pouvait voir et représentant d'ordinaire un visage, et parfois une fleur, un personnage. C'est cela, le dessin : ce qu'on en voit. Pour moi, c'était tout autre chose. Telle minuscule fleur de mauve, en marge de mon cahier de classe, c'est toute une histoire d'amour, timide et maladroite, avec le rose et le vert tendre, tout un voluptueux battement de cœur pour la touffe de mauve et le champ autour, la combe, les bois, tout le paysage... Cette rangée de femmes tout juste évoquées, en ligne sur le quadrillage du papier – chacune a son histoire, son caractère, sa beauté – que vous ne pouvez voir, ni savoir, que je ne raconterai pas, que j'ai oubliée. Il y a la couleur de ses yeux, celle de ses cheveux, celle aussi de sa robe – comment pourriez-vous les voir ?

Mais, comme à l'école primaire, copier le chapeau de Simone, dessiner un verre – quelques fruits dans le compotier... non, mais ! A force, cependant, j'avais acquis une certaine habileté, et c'est cette année-là qu'on se mit à s'en apercevoir. Au reste, illustrer des contes, connus ou que j'inventais, c'était un peu la même chose, imaginer un papier peint, créer un projet d'affiche... Mais je pouvais aussi me planter devant l'arbre – le paysage – la personne – et reproduire assez fidèlement ce que je voyais. Le dessin, c'est quelque chose qu'on peut apprendre, à ce niveau-là. En quelque sorte, je commençais à assimiler la technique – mais en même temps je me racontais moins d'histoires, ou je ne me les racontais plus sur ce support. Voilà : je me les racontais autrement. Ce fut peut-être le drame de mon adolescence ; car plus j'étais habile, plus je donnais à voir dans le dessin, plus celui-ci pour moi était formel et vide, plein de soi-même – plein de rien. Les choses en vinrent, bien plus tard, qu'il cessa tout à fait pour moi d'être signe. Le fût-il devenu pour d'autres ? C'est à ce moment que je m'en détachai, comme l'arbre laisse tomber de lui-même, inutile, un fruit pas mûr.

A l'heure où j'écris, je revois ces visages, ces lieux, la façade austère et le jardin calme. J'avais vu des photos, non pas des gens mais du site, de l'établissement, sur le prospectus que Madame avait envoyé, avant mon inscription. Oui, c'était bien comme ça. Ça représentait le réfectoire ou la salle d'étude. Et pourtant je n'avais rien vu, rien imaginé – rien qui fût, même de loin, comparable. Maintenant que je vivais là, que mes yeux et mes pieds connaissaient la distance, que mes mains avaient touché le mur, l'écorce des cyprès, que j'avais senti l'odeur des couloirs et des classes, ces photos prenaient un sens, elles figuraient des choses... A combien plus forte raison ce dessin que l'on crée, ce chemin que l'on trace peut-il devenir invitation et piège à celui qui regarde. Mais l'auteur se vide dedans, d'un absolu vertige : il faut accepter cela. Devenir l'appareil imbécile à fixer des photos. Des photos qui ne seront visibles qu'à ce prix : s'arracher de soi-même. Il y a une grande épouvante à franchir ce pas. Il y a une grande tristesse à ne le faire pas. Il est vrai que je n'en savais rien encore, ni que de prendre une autre route n'était ni plus efficace, ni plus facile.

Non. Nous n'en étions pas là encore. Mme Parizet elle-même avait-elle connu l'heure tragique du choix? Du choix qui n'en est pas un, d'ailleurs, dont on n'est pas libre. Comment le saurais-je? Elle avait du talent et le don de nous faire sentir le charme des choses, et même de tirer de nous ce qu'on pouvait voir. Oserais-je demander plus!...

Cette année-là, j'eus une otite. Il m'arrivait parfois, la gorge en feu, d'éclater en larmes, et quelque surveillante me prenait la main pour me conduire à l'infirmerie, mais cette fois-là ce fut autre chose. J'avais mal aux oreilles. Non pas très mal et non pas tout le temps, mais des douleurs aiguës, fulgurantes, me traversaient soudain la tête du tréfonds d'une oreille à l'autre. Cela passait. Il y eut des vacances, les petites vacances de mardi gras, à ce qu'il me semble, le pommier du Japon, rouge comme je ne l'avais jamais vu, était en pleine fleur.

– Maudites vacances!

Cela faisait rire mes compagnes. Irène, qui devait prendre le même train, ne s'en consolait pas.

– Pourquoi dis-tu cela?

– Chaque fois je tombe malade – ça ne suffit pas? Maudites vacances!

A la maison, les douleurs reprirent – rapides, intolérables. Et puis je ne sentais rien. Nous allâmes consulter. Le médecin alluma sa petite lampe et regarda, regarda – ne vit rien. Quand même, l'oreille était un peu rosée; rien de grave. Je rentrai. Je ne me sentais pas très bien. Dans la nuit, les douleurs m'éveillèrent. Je hurlai. Personne ne bougea. La douleur faiblit un peu, mais elle continua. Je me tournai et me retournai, sans trouver la force de me lever, encore moins d'appeler la surveillante. Je restai là des heures à me plaindre, à gémir, à crier. Mais peut-être ne criais-je pas aussi fort que je le croyais. Le jour vint. La cloche sonna. C'est seulement alors que ma voisine de lit s'en fut avertir la pionne. Je ne sais comment j'arrivai enfin à l'infirmerie. Je m'y revois. Madame était là avec le docteur. Ils me posaient des questions que je comprenais mal ou que je n'entendais pas. Comment joindre mes parents? Oui, le facteur passait deux fois par semaine... Le reste à l'avenant. Enfin on me lava les oreilles, l'une après l'autre, avec un liquide chaud, on me les emplit de gouttes tièdes. Je dormis. Au bout de deux ou trois jours j'allais mieux. On m'apporta des livres, des revues, toute une collection d'*Illustration* plus ou moins anciennes. Je m'y plongeai. Il me restait un peu de fièvre. Encore deux jours et c'est la gorge qui me faisait mal.

– Mais enfin, comment faites-vous pour vous enrhumer dans le lit?

Je n'avais rien fait, c'était le même mal – mais était-ce à moi de le dire au docteur?

Or, pendant que j'étais là, coupée du monde au milieu de ces vieilles revues, sans autre contact que celui de l'infirmière qui me donnait quelques soins et m'apportait ma pitance, je fis un rêve. Je dus faire beaucoup de rêves, à la vérité, que j'oubliais au moins dès le réveil. Mais celui-là, oh non je ne l'oubliai pas. Voilà : c'était la guerre. Nous étions là tranquilles, dans une allée du parc, quand tout à coup s'éleva une sorte de sifflement. De l'autre bout du ciel venait un énorme nuage noir dont l'ombre glissait vers nous. Il en pleuvait des cendres, du charbon, une sorte de mâchefer, et quand le nuage s'en alla, il restait là dans l'allée cette cendre grise, ce mâchefer. Quelqu'un dit :

– C'est la guerre.

Quelques jours encore et je pus sortir, revenir en cours. Une des premières filles que je rencontrai me dit :

– Tu sais, nous avons failli avoir la guerre.

Et comme je sursautais :

– Je t'assure, ce n'est pas une blague. On est vraiment passé près.

C'était Munich, et tout ce qui s'ensuivit.

Je fus encore malade une autre fois – pendant quelles vacances ? J'étais chez moi, dans mon lit de la chambre bleue. Voilà que je toussais avec assez peu de fièvre, une toux déchirante qui n'en finissait pas. le médecin parla de pleurite sèche. Il vint plusieurs jours de suite. Il me fit quatre ou cinq piqûres d'eucalyptine. L'eucalyptus était à la mode en ce temps-là. A Saint-Léonard, le docteur m'avait aussi ordonné de l'eucalyptine, mais en sirop. Cette mixture me donnait la nausée, jamais je ne pus le supporter. Les piqûres, en revanche, firent merveille. La toux cessa – je restai seulement faible, et sans aucune envie de sortir du lit.

Ce doit être quand même vers cette époque que je pris l'habitude de promenades dans les chemins autour du village, et que là, tout en marchant, ou bien arrêtée devant quelque mousse – une pierre, un ciel à travers les arbres – je me mis à composer des « phrases ». Une fois même, revenue à la maison, j'essayai de transcrire ce que j'avais imaginé. Quelle ne fut pas ma surprise ! Je n'y parvenais pas. J'avais cru cela pourtant si simple, si naturel – et même, ne l'avais-je pas appris par cœur ? Il semblait que non. Au reste, n'eût-il manqué qu'un mot, n'eussé-je changé qu'un adjectif, un article – si peu que rien – cela n'avait plus de sens, plus de musique, plus de saveur. J'avais pourtant bien pensé cette « phrase » – je l'ai dite, redite, entendue – eh quoi ! elle avait existé. Elle existait ! Suffisait que je la retrouve. Et voilà, j'essayai – une autre fois, encore une fois. Non. Ce n'était pas ça. Fini. Comme si j'eusse ouvert la porte d'un paradis, qui s'était refermée avant que je fusse entrée. J'étais là maintenant, dehors, chassée, m'efforçant à me remémorer d'insaisissables merveilles...

Est-ce bien cette année-là ? Ou la précédente ? Il se passa à l'école un événement exceptionnel : il y eut une évasion. C'était une grande de troisième, peut-être de quatrième année.

Comme la classe de quatrième présentait au concours de l'École normale, et qu'on pouvait s'y présenter trois fois, jusqu'à dix-neuf ans, il y avait là de très grandes jeunes filles, dont les problèmes dépassaient largement nos soucis d'enfants, bien que l'école les maintînt dans les strictes limites de ses règles. Toutefois, celle dont je parle ne devait pas avoir beaucoup plus de seize ans, et, même s'il y eut des murmures à son sujet – ne disait-on pas qu'elle se sentait, à tort ou à raison, la cible d'un professeur, sarcasmes et mauvaises notes? Que ne disait-on pas! Je n'ai pas vraiment su, on n'a pas su – j'ai oublié – les causes de son désarroi. Il est vrai qu'on l'avait souvent vue, les jours précédents, seule et les yeux rouges, comme une qui aurait beaucoup pleuré. Il est vrai que je l'avais surprise, un soir, rêvant mélancoliquement – et peut-être dangereusement, à la fenêtre du second ouverte au bout du couloir... Je crois que je lui avais parlé, ou que je m'étais accoudée quelques secondes à son côté. Dehors, il était tout à fait nuit. Ou bien étais-je passée très vite, et sans rien dire? Peut-être n'était-ce que dans ma tête, et d'un élan de surprise tout à fait velléitaire que j'étais allée vers elle... De toute façon, cela n'eût rien changé, je ne pense pas...

Toujours est-il que deux ou trois jours plus tard, on s'aperçut tout à coup de son absence. Les recherches commencèrent aussitôt. On regarda partout, on fouilla toutes les classes, les dortoirs, le parc, les greniers, les cabanes, et, dehors, la ville, les routes... On eut tôt fait de la retrouver et de la ramener *manu militari* dans ses pénates. Pas pour longtemps, car avec ou sans son accord, renvoyée ou refusant de rester, elle s'en alla et je n'entendis plus parler d'elle.

Ce qui me toucha, et dont je me souviens bien, c'est qu'on l'avait retrouvée, pas très loin, chez notre mère Goon, le professeur d'anglais. La brave femme l'avait recueillie, consolée et réconfortée, et s'apprêtait sans doute à la reconduire avant que n'éclatât le ridicule scandale de sa disparition. Mais, ne l'ai-je pas dit, la mère Goon était un peu lente, dans l'exécution sinon dans les décisions, et l'autre sans doute résistait-elle à la raison raisonnable. Bref, tout le branle-bas de combat était en marche, et une sorte de blâme retomba sur la pauvre femme, pour n'avoir pas prévenu tout de suite les autorités, ou ramené la coupable par le bout de l'oreille comme un lapin échappé.

Cette affaire, où je refusai de prendre parti, me troubla profondément – peut-être ai-je pris parti, d'ailleurs, tantôt pour et tantôt contre l'accueil de la fugitive, bien qu'il me semble être plutôt restée bouche bée – car, si mon cœur ne parlait que pour elle, j'étais si fort marquée par la nécessité de respecter certaines règles que je ne pouvais pas approuver la fuite de l'adolescente. Oui, j'étais perplexe. Certes! Moi aussi me tentait l'échappée des champs au bout du parc, et l'entrée toujours ouverte du côté des écoles primaires. Mais, où serais-je allée? Pas la moindre mère Goon pour m'attendre à la sortie; pas une maison amie; ni l'accueil illusoire des trains qui allaient Dieu sait où... Et puis enfin, nous étions là pour étudier, il fallait bien être quelque part – autant y rester. Mais je crois surtout qu'une porte parfois ouverte, une sortie possible à tout moment, voilà la meilleure garantie pour une acceptation passive.

J'ai appris depuis que les départs inopinés n'étaient pas aussi rares chez les garçons, et moins à cause d'une détermination plus forte des mâles, que par suite d'une confination excessive dans un espace exigu. Mon voisin Aîmé, entré là-bas la même année que moi, n'y tint pas plus d'un an. Il resta jusqu'aux vacances, c'était un bon petit, bien obéissant, mais ses parents ne comprirent rien à l'ennui, véritable misère morale qui le prit bientôt et ne le quittait pas. Georges, lui, avait tout simplement repris la route d'Eymoutiers, à pied; et Joseph m'a dit combien la vie y était triste et dure... Ce qui ne fait que renforcer mon opinion sur les portes ouvertes. « Je partirai si je veux », c'est la plus forte raison, ou le plus sûr prétexte, pour rester. Néanmoins, à bout de forces et de rancœur, la jeune fille était partie.

Et Mme Parizet nous parla, bien plus tard, d'une autre qu'elle avait connue, une fille vraiment excentrique, qu'on avait retrouvée rêvant ou lisant, assise sur un talus, tout proche, et même une fois sur le toit, les pieds pendants dans la gouttière, sans parler d'autres situations bizarres – mais il ne semblait pas pour autant qu'on l'eût mise à la porte, ni qu'elle-même songeât vraiment à la fuite. Simplement, elle avait trouvé ses chemins de la liberté et le véritable sens des issues possibles. C'est du moins ce que je crus comprendre alors.

Cependant s'écoulait cette année de première, avec sa hâte et ses lenteurs, ses promenades du dimanche, le foot et le cinéma, les petits pois qu'on écossait, à la saison, assemblées joyeusement dans le réfectoire :

Marian' s'en allait au moulin
Marian' s'en allait au moulin
C'était pour y moudre son grain...

Ce n'était pas notre Margui, c'était peut-être la version bourguignonne – c'était sans doute, édulcorée, la version officielle des soi-disant folklores de France, qui sont de n'importe où, c'est-à-dire de nulle part. Mais laquelle de nous, je parle de celles qui la connaissaient, eût osé chanter la Margui, la nôtre, celle qui s'en va au moulin, filant sa quenouille de chanvre fin, assise sur son âne, Martin ? Passée la porte du parloir, qui de nous s'en souvenait encore ?

Un jorn dins l'estolhas...

se rappelait Germaine. Ce n'était pas rien. Certes, la morale était sauve, mais cette langue ! Elle aussi, la Germaine, se rappelant les pentes boisées d'en Combe Chadelle, la bruyère dont étaient pourpres, ou roses, le puy de Saint-Gilles et le mont Gargan, peut-être avait-elle trouvé – cru trouver – ses chemins de la liberté ?

Peu importe. Nous chantions. Nous chantions n'importe quoi, ou presque – pourvu que ce fût en français, ou dans quelque langue étrangère. Nous chantions, c'était la porte ouverte. Et il y avait Germaine, *un jorn dins l'estolhas...* Simone, il est vrai, avait recopié *Le Seigneur et la Bergère* :

Un beau soir d'été
un seigneur volage
était de passage
sur sa propriété...

Malheureusement, je ne savais pas l'air. J'avais bien dû l'entendre à la maison. Il ne m'avait pas suivie jusqu'entre ces murs. Et puis Simone avait un tel accent que, sur ses lèvres, je ne reconnaissais pas mon propre patois. En effet, elle était de « Bussiére », et là où je prononçais le *a* franc, ou bien ce *á*, qui n'est ni *o*, ni *a*, et, comme je l'ai compris depuis, ne peut s'orthographier que *á*, son toujours inconnu de l'alphabet français, elle disait *é*, ou *è*, et malgré la puérilité du texte, j'avais bien du mal à l'assimiler. Tentative timide, et vouée à l'échec, dont j'ai gardé pourtant le souvenir.

Pour ce qui est du souvenir, d'ailleurs, chacune y consacrait un cahier tout entier. Assez souvent, pendant l'étude du soir, nous faisions circuler notre « cahier de souvenirs ». Celle qui vous aimait bien, qui vous l'avait promis, qui avait le temps, qui se trouvait inspirée, ou heureuse, ou triste, qui en quelque sorte à ce moment-là voulait témoigner de quoi que ce fût, écrivait sur la page ouverte. C'était souvent un mot aimable, une phrase, quelques vers, la date, la signature... C'était pour nous-même un endroit où noter, voire raconter, un fait important, de notre vie, de notre classe, de l'école – le film, la fête, la sortie, une bonne ou une mauvaise note, une punition, une pensée, un rêve... Cette année-là, mon cahier de souvenirs était assez bien rempli – mais dans ma mémoire je le confonds peut-être avec celui de la troisième, deux ans plus tard, parce que nous étions dans la même salle, et je dis bien dans ma mémoire, parce que l'un ou l'autre, ou peut-être les deux, à moins que ce ne fût le même, sont perdus, sans doute brûlés à la maison parce que quelqu'un en avait assez de voir traîner ce qui était devenu un torchon innommable, ou par la Marraine pour allumer innocemment le feu. Dommage! Sur l'un ou l'autre, il devait y avoir mes premiers vers – dont je me rappelle le début et la fin :

Gilles de Rais
crie dans sa tour,
le vieux sorcier,
[...] Et son hurlement effraie
l'orfraie alentour...

J'aimerais avoir conservé ce cahier. Il est vrai que d'autres dorment profondément, à la grâce des mites, dans le fond de la malle au grenier. Je me suis promis de ne pas les réveiller avant d'avoir retrouvé dans ma réelle mémoire ce qui s'y cache encore, sans faire référence à l'écrit. Mais ce cahier-là me dirait sans doute si c'est bien à treize ans comme je le crois, ou à quinze comme il est plus vraisemblable, que je créai ce premier chef-d'œuvre, d'une inspiration et d'une facture si personnelles.

Bref, de triangle isocèle en histoire du Moyen Age, l'année passa. Je détestai cette histoire – le livre à l'impression pâle sur papier brillant –, la salle de chimie où nous prenions ces cours, avec sa lumière grise qui, d'un côté venait de la galerie, semant sur la page des faux jours qui la rendaient illisible... Je ne sais pas, ou plus, pourquoi nous prenions certains cours dans cette pièce, qui par ailleurs m'impressionnait avec son chat à la queue enfilée comme un collier de perles, et la délicieuse figure d'albâtre dont je me demande encore ce qu'elle fichait là. Et quoi ! ce n'était pas notre classe. C'est là pourtant que je revois Mlle Bidault partir du fond de la classe, une phrase en suspens sur les lèvres, courir vers ses notes :

– Leu... eu... eu... pape – n'était pas content. Et... é... é... l'empereur – l'était encore moins.

Ce « pape » sonna comme explosion dans nos oreilles. Et non ! Je ne sais pas grand-chose de l'histoire du Moyen Age, mais je suis sûre au moins qu'il y avait un pape, et un empereur.

De nouveau, ce fut les grandes vacances. Inoubliables. Non que je me souvienne tant de ces jours où je dus, probablement, aider à charger, peut-être à lier quelques gerbes, où je râtelais plus ou moins assidûment derrière la charretée de foin – où je traînassais au soleil par les cours – où je gardais les vaches dans le Pré...

Il y eut bien ce soir, où, justement, gardant les vaches dans le Pré, je faisais le tour des haies, à la recherche de plantes un peu rares – la reine des prés, la salicaire, le sceau-de-salomon et l'oxalis alléluia... L'étang était là, pas loin, au-delà d'une zone marécageuse, que dominait un petit talus très sec. C'était un endroit que je connaissais bien, très bien. Mais pourquoi, soudain, me sentais-je tellement mal à l'aise ? Un danger était là – inconnu, certain, terrible. Je fis quelques pas pour m'en aller. M'en aller ? Allons donc ! Pourquoi ? Je revins, consciente d'un véritable tremblement intérieur, les tripes nouées. Je revins et je regardai – autour de moi, en haut, en bas – rien. Je me rapprochai encore un peu de la haie. C'est alors que je l'aperçus. Il était enroulé sur soi-même, il ne bougeait pas, marqueté de rouge et de noir, si gros qu'il paraissait enflé, comme un gros boyau à boudin, brillant d'être bien nettoyé et marbré de sang... un aspic énorme, tel que je n'en ai jamais vu – et peut-être n'était-ce pas un aspic, mais une grande couleuvre d'eau, comme on dit que les pêcheurs en rencontrent parfois... Ou peut-être y avait-il plusieurs bêtes roulées ensemble... C'est non loin de là que ma mère avait surpris un accouplement de vipères, spectacle merveilleux à ses dires... Moi, je ne restai pas là à approfondir la question. Soulagée, tout à coup, mais prudente, je m'éloignai de ce lieu peut-être plein de dangers, dont la vipère pouvait tout aussi bien n'être que le signe visible. De fait, je ne suis jamais passée par là depuis, sans une obscure appréhension, qui vient peut-être, ou peut-être pas, du souvenir de la male bête. Peut-être...

C'était loin d'être l'événement le plus marquant de ces vacances, c'est celui-là pourtant que je racontai, l'année d'après, lorsque le sujet de la composition française nous pria de conter justement un souvenir de vacances. Fallait-il qu'il se fût profondément ancré en moi, pour avoir franchi les portes de l'internat. Lorsqu'on nous avait demandé de raconter une légende, moi qui vivais de contes, à la maison, autant que de pain, je ne m'en rappelai pas une seule. J'avais appelé mon père au secours, et il m'avait rapporté celle de la chapelle de Sainte-Anne, que l'on voulait bâtir au puy Laschiers – chaque nuit s'effondrait ce qu'on avait fait le jour, si bien que le maître-maçon lança son marteau, qui retomba à Sainte-Anne, où il fut retrouvé trois ans plus tard... Ce n'était pas une légende de Germont, elle était de Cros d'où venait mon père. Elle ne m'enthousiasma pas, toutefois je l'utilisai faute de mieux, et de cette façon je n'avais pas à chercher dans le creuset fermé – brûlant mais fermé – de mes souvenirs personnels. Le serpent, lui, traversa les murs et le temps. Il est vrai qu'il n'engageait que moi, et non point la charge de mémoire dont j'étais déjà investie, bien qu'à mon insu.

Quant au fait capital de cet été, il survint le jour de mon anniversaire. J'allais avoir quatorze ans. On entendait parler de guerre et de bruits de guerre. Il faisait chaud, très chaud. Nous avions fauché au pré de Surdoux. J'aidais nonchalamment lorsque, là-bas au fond du pré, dans le chemin qui traverse la châtaigneraie, passa un troupeau de vaches. C'était la Irène qui les menait paître, la petite Parisienne en vacances à Bellegarde chez sa grand-mère, ma compagne de l'école primaire voici deux et trois ans. Je laissai là le râteau, je courus vers elle. Et nous voici papotant, riant et jouant. A un moment, nous jouions au MACHIPOTE. M : mariage; A : amour; C : cour; H : haine;

I : indifférence... On donnait autant de noms, prénoms ou initiales de garçons, et pour finir un nombre. Il suffisait de compter, et voilà ce qui nous attendait avec chacun d'eux... Nous en étions à cette pratique divinatoire quand Irène releva la tête et dit :

– Tu sais que la guerre est déclarée...

Je ne le croyais pas. Je ne voulais pas le croire. Je savais que c'était vrai. Je plantai là Irène et ses jeux, je courus dans le pré. J'hésitai encore. Je finis par dire :

– C'est la guerre.

Eux non plus, chez nous, n'y voulaient pas croire. Mais nous savions tous que c'était vrai. Quelqu'un avait apporté la bonne nouvelle à Bellegarde vers le milieu du jour. A Germont, au retour, on le savait aussi. Entre-temps, nous avions chargé la charrette. Bien sûr, nous n'étions pas touchés dans l'immédiat. Il y avait deux ou trois semaines, un matin très tôt, nous n'étions pas levés, quelqu'un avait frappé aux volets : c'étaient les gendarmes qui voulaient voir mon père; il lui apportaient le fascicule bleu, d'après lequel il ne serait plus tenu, en cas de mobilisation générale, de rejoindre son corps « immédiatement et sans délai ». L'émotion n'en fut pas moins très vive, chacun se rappelait 1914, chacun revivait dans son corps et son cœur toutes les souffrances subies. Et voilà que ça recommençait! Mon grand-père parlait – il racontait – il parlait beaucoup. Les femmes essuyaient quelques larmes. J'étais abasourdie. Il me semblait que le rythme de mon cœur avait changé, il battait plus fort à la fois, et plus lentement. Une vague oppression pesait sur moi – une angoisse. Une angoisse qui dura autant que la guerre.

Le soir même, je pris un cahier et j'écrivis ce qui venait de se passer, résolue à tenir ce journal, un journal du souvenir, tous les jours qui viendraient. Je dus bien m'y attacher huit jours – peut-être pas. Ayant relu ces quelques pages, je les trouvai insignifiantes, d'une grandiloquence déplorable. En fait, j'étais incapable de persévérer dans une occupation quotidienne et répétitive quelle qu'elle fût – faire mon lit ou rédiger un journal, c'était une contrainte insupportable. J'abandonnai – c'était assez de ma mémoire pour emmagasiner les faits. Pour les faits, certes, j'en ai gardé une assez bonne provision, même s'ils se sont quelque peu modifiés à l'usage, soit d'avoir été répétés et peut-être galvaudés, soit que je les aie négligés jusqu'à l'oubli apparemment total – mais les dates! C'est là que réside la confusion! C'est là qu'elle règne!

Dès le lendemain, assise à ruminer ma tristesse sur les pierres qui entourent le poirier des duchesses, à côté du petit perron, tête basse et le nez au mur, j'appris que l'Angleterre venait elle aussi d'ouvrir les hostilités. Que faire? Mais, nom de Dieu, que faire! Il est sûr que je me laissai aller à sacrer le nom de Dieu plutôt que l'invoquer depuis les profondeurs de ma détresse. Dans les jours qui suivirent, je dus aller à Surdoux, et je rendis visite à la Dame. Je soupirais une ostentatoire mélancolie, elle ne parvint pas à me dérider. J'entends ici que je me croyais tenue de montrer un visage de circonstance, et que j'étais choquée de voir les gens rire et parler comme à l'ordinaire, comme si rien n'était arrivé – mais j'étais aussi profondément triste; de tout cela, je n'augurais rien de bon. Les jours passant, tout cependant parut retrouver son cours habituel, toujours différent mais toujours semblable, l'écoulement de la vie.

C'est peut-être en cette fin d'été que je me tricotai un pull-over. Je me rappelle très bien ce premier pull-over – il était vert, mais d'un vert à la fois brillant et pâle, avec un empiècement rapporté en un point différent. Peut-être même en reste-t-il quelque lambeau par les charrières, cette laine – était-ce de la laine? – s'étant révélée inusable. C'est que j'avais enfin appris à tricoter, non seulement à faire des points divers, mais à exécuter un ouvrage. Mme Guénier ou Mme Lorit, qui se partageaient la charge, n'avaient peut-être pas eu grand mérite avec mes compagnes, et peut-être ne s'étaient-elle pas donné beaucoup plus de mal avec moi. Du mal, c'est moi qui en avais eu! Et fallait voir le résultat! Il est bon de savoir que, soit en cours de couture, soit le samedi en « loisirs », on nous avait demandé ce que nous souhaitions réaliser, et le choix majoritaire s'était porté sur des gants. Des gants, soit. Je me fournis donc d'aiguilles et de laine – d'autres avaient choisi le crochet – et me mis à l'ouvrage. Premier gant, je fis mon profit des informations sur les augmentations, les diminutions, la reprise des mailles et le reste. Je regardais ma main – j'essayai – ça prit du temps, mais j'y parvins : c'était un gant, sans fantaisie mais sans erreur, il allait.

J'avais tout juste entrepris le second quand on dit que le travail serait examiné et noté dès la semaine prochaine. La semaine prochaine! Je m'activai, vous pouvez croire – augmentations, diminutions, j'en avais oublié quelques-unes, et non des moindres! Le pouce, passe encore. Mais les doigts! Mais l'annulaire! Mais le petit doigt! Ils n'avaient plus de mailles, plus de place, je les plantai comme je pus – de côté, de travers... si bien que ce gant, tendu au-dessus de la paume étroite, ne ressemblait à rien autant qu'à un poireau étalant ses feuilles. Je le terminai pendant l'étude. Tel quel, il me fit bien rire, tellement rire que je l'élevai à bout de bras pour le montrer à toute la classe. Chacune rit de tout son cœur – j'avais bien fait de prendre les devants. Le professeur, elle, se montra perplexe. En y songeant aujourd'hui, je me dis qu'elle aurait pu me faire penser au sauvage de Champvert, à qui l'on avait donné des bottes, mais des bottes du même pied :

– Cette botte, botte bien. Cette botte ne botte pas bien.

J'avais entendu conter cela nombre de fois, mais, je l'ai dit, entre la pension et la maison, il y avait ce mur, plus infranchissable d'être invisible.

Depuis j'ai toujours su faire les gants, tant aux aiguilles qu'en dentelle au crochet, même si je n'ai, et bien plus tard, rien fait d'autre en dentelle que des gants. Il n'en était pas de même pour mes compagnes, non! Il y en avait une – une petite, deux ou trois ans de moins que moi – qui passait ses récréations à faire justement des gants de dentelle au crochet. D'autres s'en faisaient en grosse laine pour l'hiver.

Et me prend ici l'envie d'anticiper largement pour ne pas y revenir, mais en fait je ne sais plus – est-ce cette année-là? Est-ce deux ans plus tard? C'est Mme Guénier qui proposa, et nous qui fîmes le choix, de nous fabriquer des espadrilles en raphia. Du raphia, il fallait déjà s'en procurer, puis le rouler, ou le tresser, et le coudre en forme de semelle. J'en demandai à mes parents, qui m'envoyèrent quelque chose que mon père avait trouvé à Chamberet, en forme de fils tordus, sûrement très commode aux jardiniers, mais pour moi tout à fait inutilisable. Je m'exerçai tout de même, avec ce que j'avais, et, oui, ça avait la forme vague d'une semelle. Je n'allai pas au-delà.

L'année où ces demoiselles choisirent de faire un napperon – et quelques-unes obtinrent de somptueux résultats – elles avaient terminé que j'en étais encore au troisième rang de la grille de base; là non plus je n'allai pas plus loin. J'admirai cependant qu'elles eussent la patience de tricoter, cinq mailles d'un sens et cinq de l'autre, des mètres et des mètres de galon. Ah non! cette patience, je ne l'aurais pas eue, moi. Jamais.

Était-ce en première? Était-ce en troisième année? Outre les boutonnières et les reprises qui revenaient annuellement depuis l'école primaire, ainsi que les jours échelle et diversement croisés, on nous initia aux jours tissés. Je n'en fis pas moi-même cette année-là. Mais je m'en suis souvenue bien plus tard et je sais qu'on en peut tirer des variations inépuisables. Ce sont là des notions qu'il est bon de connaître, à l'égal de la trigonométrie ou de la prosodie – bien qu'il ne soit pas nécessaire de les pratiquer à la perfection de très bonne heure. Car les choses qui semblent utiles dans un premier temps ne sont pas forcément celles qui nous seront indispensables, et celles que nous aimons ne nous apporteront peut-être pas ce que nous en attendons, tandis que d'autres que nous avons tenues pour rien nous donneront à vivre de grandes joies. Telle est la philosophie banale que peut offrir, sous le nom d'expérience, ou de sagesse, la décadence du grand âge, mais qui ne touche guère les jeunes esprits...

Jeunes nous l'étions. En première, les plus « vieilles » n'avaient pas quinze ans, les autres treize. Force m'est de constater que, pour certaines choses qui sont l'apanage des femmes, elles avaient atteint une maturité qui me demanderait plus de dix ans encore, et même que je n'atteindrais jamais. Me reste à supputer ce qu'elles ont pu acquérir de plus dans la vie, un retard que je ne comblerai pas...

Enfin ce fut la fin des vacances. La rentrée. J'ai su depuis que l'école de garçons, ses professeurs mobilisés, marchait au ralenti. La nôtre nous conserva les siens, ces dames n'étant point sous l'uniforme. Ce qu'on nous prit à nous, ce fut justement l'école, je veux dire nos bâtiments.

JE me souviens que Madame nous reçut comme à l'ordinaire – mais ne saurais dire avec certitude en quel endroit. Elle avait pourtant dû conserver son bureau et ses appartements à l'école – je n'en suis pas sûre. Quant à nous, on nous établit à l'hôtel de la Boule d'Or, dans la grande salle où nous avions goûté, le jour de ma première rentrée. Eh quoi! Au lieu des petites tables séparées par des paravents peints, il y avait là, au long des murs et au milieu de la haute salle, des rangées de lits au pied desquels le mari de Madame nous aida à installer nos malles, comme on put. Les valises allèrent sous les lits :

– A la guerre comme à la guerre!

C'était la guerre.

Je ne me rappelle pas lequel de mes parents m'accompagnait – tous deux peut-être, peut-être pas. Ce devait être les parents de la petite Odette qui m'avaient amenée. Je me souviens que, dans le bureau directorial, je riais bêtement. Odette, c'était son premier jour, je l'avais prise sous mon aile, et nous nous installâmes dans des lits contigus, seuls au fond de la salle, contre le bahut qui se perdait dans les hauteurs, comme un chevet monumental. Voilà. J'étais « grande ». Pas assez cependant pour profiter avec les véritables grandes du confort de la villa Ardant-Dupic qui leur était dévolue, sous leur responsabilité souveraine. Notre responsable à nous était des leurs, une élève de quatrième qui s'appelait Marcelle.

Dans les temps qui vinrent, le plus dur fut de se laver. Les lavabos, avec nos cuvettes habituelles, furent installés sous la véranda, dont le toit était peint en bleu pour ne pas attirer d'éventuelles bombes. L'hiver fut terrible. Au matin, l'eau était gelée dans les brocs, aussi nous lavions-nous le soir – de toute façon, il fallait jeter cette eau dans des seaux que nous allions vider avec les tinettes par-delà la cour dans les cabinets de l'hôtel. Ce qui me gênait le plus, c'était la difficulté de se laver les mains dans la journée. Cela m'était assez indifférent que mon visage fût bien ou mal lavé, mais je n'ai jamais supporté d'avoir les mains sales – tachées peut-être, noircies ou même gercées par le travail, oui, mais sales, non; d'avoir tripoté n'importe quoi, non. Et même encore mes mains ne s'arrêtent pas de toucher, de tenir, de triturer, de former et de déformer – un bouton à gratter, une plante à écraser, un peu de boue à modeler, un os, de la mie de pain, un crayon, un prospectus – ou seulement de s'être mouché ou de s'être torché le cul...

Nous couchions donc à l'hôtel, mais dès le petit déjeuner il nous fallait monter en rang à l'école primaire de garçons, un peu plus haut dans la rue pour prendre le petit déjeuner. Il nous y faudrait revenir à midi pour le déjeuner, à cinq heures pour l'étude et le repas. Nous y passions aussi dans la cour désertée la récréation du matin et celle de midi. C'est là que, avec ma cousine Alice enfin recouvrée, j'étudiais, si je puis dire, mes leçons d'histoire et celles d'instruction civique. Ces dernières, surtout, me sont restées en mémoire. D'ordinaire, c'était moi qui lisais à haute voix – mais même lorsque c'était elle, soudain Alice s'interrompait, me donnant un grand (quoique léger) coup de poing sur le bras, et la voilà partie à me raconter ses exploits de vacances, en compagnie d'un certain Robert et de sa sœur Marcelle, qu'à son sens j'aurais dû connaître parce qu'après avoir été ses voisins, ils étaient venus habiter près de Surdoux. Eh! peut-être aurais-je dû les connaître, mais je ne les connaissais pas. Depuis, j'ai dû les rencontrer, mais je ne les connais toujours pas. Qu'importe! Il n'y avait pas que Marcelle et Robert, il y avait tous les garçons de l'Église-aux-Bois, de Plainartige, d'Eymoutiers, les rares que j'ai pu voir depuis, fût-ce de loin, et ceux que je n'ai jamais rencontrés, je savais leur nom, leur apparence, et même leurs aventures. Alice était intarissable, et l'on finissait toujours, morale ou mathématiques, par lire la leçon jusqu'au bout. L'apprendre, c'est une autre histoire.

Mais il y avait surtout les heures d'étude. Je me rappelle quand on y entrait un peu après cinq heures – l'odeur qui emplissait les salles! Cette odeur de sueur, de crasse, de garçons, de tabac froid... Quelqu'une avalait un bol d'air et courait aux fenêtres. Un moment après, on pouvait s'installer quand même. Notre odeur, peut-être tout aussi nauséabonde, avait remplacé l'autre. Tout de même j'ai passé là de bon temps, j'en reparlerai.

Une des salles de classe avait été réquisitionnée à temps complet pour nous servir de réfectoire, contiguë à une plus petite qui serait la cuisine. A la rentrée, rien n'était prêt. Oh! Il y avait les tables et les bancs qu'on achevait d'installer – mais pour la cuisine! On avait placé une cuisinière à bois – ou peut-être à charbon – sous la galerie. Cela faisait de par les cours une fumée de tous les diables, mais rien n'était vraiment cuit et surtout pas les pommes de terre au four. Les cuisinières nous avaient suivies, la grande Denise, une grande fille bien charpentée, la petite Denise qui avait un petit cheveu sur la langue – sans doute un cheveu blond, parce qu'elle était blonde. Et les autres, plus âgées, qu'on voyait moins parce que c'était elles qui touillaient à l'entour des fourneaux. Toutes geignaient, récriminaient, lançaient des anathèmes. Nous cependant, conscientes de leur bonne volonté, nous avalions stoïquement la médiocre pitance : c'était la guerre.

Au reste, nous n'étions pas tellement à plaindre. Le pain était bon, nous avions du beurre dans la pochette de table avec le couvert, nous étalions tartine après tartine. Et surtout, il y avait la petite étude du soir, qui nous ramenait au dortoir, c'est-à-dire à la Boule d'Or. Là, nous avions une bonne demi-heure pour nous laver, lire, étudier, bavarder, et manger toutes sortes de lècheries. Chocolat, brioches, bouchées, bonbons et pain d'épices, oranges, dattes, bananes et fruits sortaient des valises. Je n'avais encore jamais vu un tel déploiement de victuailles et de friandises. On aurait dit, je l'ai pensé depuis, que tout le monde voulait anticiper sur la pénurie des années à venir. Il est vrai que, à l'école, les années précédentes, nous avions nos provisions dans des boîtes, et les boîtes dans une salle spéciale qu'on ouvrait à cinq heures pour le goûter. Chacune y gardait de quoi couvrir ses tartines, mais c'était plutôt du fromage, de la charcuterie ou des confitures que des sucreries. Maintenant, le quatre heures passait inaperçu – et le goûter du soir se devait sans doute d'être plus savoureux pour y suppléer.

De toute façon, au bout de quelques semaines, et même de quelques jours, la cuisine fut installée, l'ordre des choses rétabli et tout alla, sinon aussi bien que par le passé, au moins d'une manière acceptable.

Le véritable problème resta celui des cours. Nous devions les recevoir, les toutes petites je ne sais plus où, et les autres au château de Malplane. Ce n'était sans doute pas un vrai château mais une grande maison bourgeoise de la fin du siècle passé, ou du commencement du xxe. Ça ne manquait pas d'allure, surtout à cause de la terrasse qui, soutenue par une voûte, dominait la combe, réservant une belle esplanade devant la maison. Un mur bas bordait la terrasse. De magnifiques rhododendrons montaient jusqu'au ras du mur. On aurait cru pouvoir en cueillir les fleurs somptueuses. Au-delà s'étendait le parc, surtout par-devant sur la combe, où l'on voyait les allées tourner vers les hêtres rouges, ou se perdre sous les conifères argentés à droite tandis que de l'autre côté entre des buissons se devinait la serre où le jardinier-gardien faisait croître des cinéraires délicates, des tulipes éclatantes, et, je pense, toutes sortes de fleurs. Nous n'allions guère jusque-là – peut-être m'y suis-je hasardée une fois, ou bien l'ai-je imaginé?... Si, je suis allée jusqu'à la serre. Mais ce dont je me souviens, c'était, à nuit tombée, un cyprès colonne debout au coin de la terrasse, tout droit comme un cierge noir. Le soir, quand on ouvrait la fenêtre, le bleu du ciel vous tombait dans les yeux, si profond, si pur, si intense qu'il vous coupait le souffle.

Dès huit heures du matin, le sac sous le bras, nous prenions la route de Malplane, l'allée empierrée du château, bordée sur un côté de petits lauriers taillés, entre d'assez beaux arbres. Divers buissons grainés de rouge ou fleuris de blanc se groupaient au-delà – et au-dessus de l'allée qui contournait le bâtiment. C'est là, en contre-haut, qu'on nous avait construit des pékins de bois, où nous allions aux récréations. Une autre cabane en bois, sur la droite, abritait le charbon et le bois pour notre chauffage. Nous nous mettions en rang sur la terrasse, au pied de l'escalier central. Dès le vestibule, les quatrième entraient à droite dans ce qui avait été le salon, une belle pièce carrée, d'un blanc un peu doré, avec des moulures au plafond et des murs tendus d'étoffe blanche et rose. Les troisième entraient au fond dans la longue salle à manger, sombre malgré sa rangée de fenêtres à vitraux. Je pense que les première occupaient pour partie la chambre de gauche, et d'autre part la bibliothèque en rotonde qui donnait à la fois sur le salon, la salle à manger et par trois marches sur le jardin, au milieu d'une plate-bande de violettes qui me rappelaient celles du petit bois, surtout en ce sens que je leur vis toujours des feuilles, jamais de fleurs.

Nous les deuxième, il nous fallut enfiler l'escalier et monter à l'étage. Forte de mon initiale, je me précipitai dans la classe A. Je n'eus pas le temps de m'installer : une nuée de perruches s'abattit sur moi, m'interdisant toutes les places, vociférant et frappant de toute leurs forces. Rouge, échevelée, pleurant, je cédai la place, me heurtant dans la porte à Madame qui venait voir. Je voulais m'expliquer, mais je réussis tout juste à bredouiller :

– Je n'ai pas de place..., ou quelque chose de ce genre.

– Eh bien, allez en B.

J'y allai, coupant court à la polémique. Je trouvai place à la première table, au premier rang, non loin de la porte, face au tableau. L'autre place était occupée par Yvette. Je connaissais un peu Yvette, déjà. Elle était externe, mais habitait l'école, où sa mère était institutrice. Il y avait là d'autres externes, quelques nouvelles, Éva et Raymonde je ne sais pourquoi, et ma cousine Alice qui, pour les raisons que j'ai dites, avait toujours été en B. La classe n'était même pas pleine. Je me dis alors, et je ne crois pas m'être trompée, que ces demoiselles m'avaient chassée de l'autre salle pour ne pas subir la concurrence, plus encore que parce qu'elles ne m'aimaient pas. Or, c'est bien sûr qu'elles ne m'aimaient pas, et moi non plus je ne les aimais guère, pas plus leurs papotages que leur prétention. Le premier dépit passé, j'étais bien contente de ne pas subir leur pesant voisinage. Et je me réjouissais de penser qu'elles allaient ainsi pouvoir croupir tout un an, bien au chaud dans leur médiocrité naturelle. Je ne les dérangerais en aucune sorte.

Le premier trimestre se passa bien. Mais les choses se gâtèrent au second, quand un réaménagement leur laissa Mlle Tauzin et Mme Lorit, nous attribuant en lieu et place Mlle Bidault et Mme Guénier. Pour le français, passe encore. Je regrettais bien Mlle Tauzin – mais avec Mlle Bidault, au moins nous avions de bonnes notes, deux ou trois points de plus qu'avec l'autre. Et puis, elle me libérait, cette personne pleine de vie, ses sujets me plaisaient, et peut-être qu'avec elle je méritais mieux quinze ou seize, que treize ou douze... Justement j'avais eu un treize, avec Mlle Tauzin. Le devoir avait pour sujet la « maison abandonnée » et là, contrairement à mes habitudes, j'avais fait appel à mes souvenirs – derrière les buis, en contre-bas de la route sous son toit de chaume, je la connaissais, la maison. Je ne crois pas avoir conté la cueillette de la joubarbe. Mais ce qui m'avait fait plaisir, bien plus que la note, ce treize presque maximal de nos élucubrations, oui ce dont je me souviens encore, c'est l'appréciation de mon « style ternaire » qu'elle avait goûté – dont il fallait se méfier afin qu'il ne devînt pas systématique – mais dont je compris combien il était efficace. Et, certes, je ne l'avais pas fait exprès pour expérimenter une technique, j'étais bien loin d'un souci qui ne m'a guère tentée et que je soupçonnais à peine; mais justement! C'était une des rares, des premières fois, que le rythme – mon rythme – coïncidait avec ce que je disais, en plein accord avec ce que j'avais à dire. Et elle, elle l'avait senti. M'eût-elle mis dix-huit, ou vingt, que je n'en aurais pas eu autant de bonheur.

Enfin, il nous fallut faire avec l'autre, et j'y pris grand plaisir. Un des sujets fut de donner au *Bourgeois gentilhomme* une suite ancillaire – le couple des valets se racontant ce qui s'était passé après la cérémonie burlesque. Je m'amusai beaucoup à cela, sans imaginer le tragique des événements, ou disons sans m'en émouvoir le moins du monde.

M'avait frappée, au contraire, en leçon d'histoire ou de géographie, le récit du voyage en Allemagne... Dès le matin, au lendemain de son arrivée dans cette famille allemande qu'elle connaisssait, Mlle Bidault s'aperçut d'une absence :

– Où est le grand-père?

Silence.

Mais comment croire qu'un jeune garçon pouvait dénoncer – envoyer en prison... à la torture.. à la mort – son grand-père ou son père... son frère ou quelqu'un de la maison?... Que ceux qui prétendent n'avoir rien su du régime nazi, en ce temps et par la suite... se taisent. Entre les murs couventuels de l'école primaire supérieure de jeunes filles à Saint-Léonard-de-Noblat, on savait. Il est vrai qu'on ne voulait pas savoir.

M'avait touchée aussi, et j'ignorais pourquoi, et il n'y avait pas de raison, sur une grande carte de l'Europe centrale, le seul nom qui m'en soit resté : Temshvar...

Enfin, si le français ne me posait pas tant de problèmes, que dire des maths? Déjà, je n'étais pas bonne. Cependant, la meilleure advint ce jour que Mme Lorit nous avait demandé de résoudre, tout au moins d'essayer, un problème fort compliqué. Et voilà que j'avais oublié. J'avais complètement oublié, même d'y jeter un coup d'œil. Je m'en aperçus en ouvrant mon cahier cinq minutes avant le cours. Je lus le texte, m'aperçus de la complexité – que faire? J'allai vers Alice. Bonne fille, elle me prêta sa solution. Hé! je m'aperçus bien de ses erreurs, mais comment les corriger? Je n'avais pas le temps, ni sans doute la capacité. Plutôt que de ne rien faire, de n'avoir rien fait, je copiai – je copiai sans vergogne, modifiant à peine quelque résultat, qui ne s'en trouva ni plus juste, ni plus faux... Mme Lorit entra. Il ne restait qu'à prier qu'elle eût oublié. Elle n'avait pas oublié. Elle demanda les réponses. Personne ne put lui en donner une seule de juste. Alors elle voulut voir. Elle voulut tout voir. Elle eut tôt fait de trouver une similitude évidente entre le devoir d'Alice et le mien. Ce fut une belle sortie! Et que je ne devais pas laisser copier Alice, que ce n'était pas un service à lui rendre – et surtout de pareilles âneries. Le rire m'étouffait. J'essayai bien une ou deux fois d'ouvrir la bouche et d'interrompre la mercuriale – qui était juste, mais à l'envers. Je finis par la laisser dire. Alice ne m'a pas encore pardonné mon silence.

– Et dire que c'était toi qui avais copié!

C'était moi. J'aurais pu m'en dispenser. Zéro pour zéro, mieux eût valu ne rien faire, m'excuser... Mieux eût valu... Ces choses-là sont rarement payantes. Encore que...

Quant à ce que put nous enseigner Mme Guénier, je n'en ai pas grand souvenir. Sauf d'une fois. Pour une raison que j'ai oubliée, elle nous avait donné comme devoir surveillé, en son absence, un de ces sujets complexes, interminables, dont elle avait le secret. Celui-ci portait sur le triangle rectangle. Dix ou douze questions sur le triangle rectangle. Sait-on pourquoi, cela me plut. Je me mis à dérouler la logique des questions et des réponses. J'en vins à bout, ou presque. A la remise des devoirs, j'avais dix-sept et plus – un miracle! Mes compagnes, elles, avaient lamentablement séché, plus accablées je pense par la longueur du questionnaire que par la difficulté qui n'était pas si grande. Alors elle reprit ma feuille, en exemple, et se mit point par point à dérouler le collier de perles. Hélas! tant plus elle allait, tant plus elle trouvait de réponses incomplètes, des brindilles, des broutilles, des brimborions, des poussières qui avaient échappé à son premier enthousiasme. Un quart de point par-ci, un quart de point par-là... Au bout de toutes ces rognures, je me retrouvai quand même avec quinze ou seize – un miracle, ai-je dit. Toute l'école en fut informée : Mme Guénier pouvait écrire le nombre seize.

Elle ne m'aimait pas pour autant, vous pouvez croire. Quelle estime cette belle femme, cette dame toujours tirée à quatre épingles, eût-elle pu avoir pour la gamine mal coiffée, mal lavée, dépenaillée que j'étais alors? Je portais depuis quelque temps un pull-over percé au coude. Je le voyais bien quand j'ôtais mon manteau, je me disais que j'allais le réparer le soir même. Le soir, je retrouvais Odette, on parlait, on se racontait sa journée, on mangeait des douceurs – on s'endormait. La lumière, d'ailleurs, n'était-elle pas trop parcimonieuse pour coudre ou raccommoder? Enfin, tant menaça, tempêta et m'insulta la pauvre femme, que je finis, à quelque récréation, par boucher le trou. J'aurais bien changé de pull-over, mais je n'en avais pas d'autre qui fût aussi chaud. Et maintenant, quand nous descendions vers Malplane dans l'air glacé, la tête nimbée d'un petit nuage et le cache-nez givré sur la poitrine, une grande se précipitait vers le thermomètre au coin du château, s'écriant :

– Il a fait moins quinze!

Ou quelquefois : moins seize. Il faisait encore moins dix, malgré le soleil montant qui étincelait sur la glace, à contre-jour entre les branches. Oui, il fut dur cet hiver.

La pièce qui nous servait de classe était tapissée de beige à bouquets de fleurs en médaillons. A cause des traces sur le papier un peu passé qui, au fond, gardait en de grands carrés l'éclat du neuf, Mme Parizet nous dit que c'était la chambre des parents, et qu'ils avaient des lits jumeaux. Ces lits jumeaux nous firent rêver d'une intimité bourgeoise, qui ne devait avoir rien de commun avec celle de nos parents dans nos maisons trop petites, aux chambres exiguës, en tout cas trop étroites pour un tel déploiement de luxe. Et puis, qui d'entre nous, sauf peut-être à la salle à manger, pouvait se vanter d'une aussi belle glace largement dorée que celle qui, comme dans les autres pièces, surmontait la cheminée, si haute que, en montant sur la table, on pouvait s'y voir tout entière?

La cheminée! C'est bien autre chose, en ces jours-là, que nous aurions demandé à la cheminée. On avait posé devant, histoire de ne pas salir, et de ne pas déparer les lieux, un petit poêle Mirus tout à fait charmant. A notre arrivée, on venait de l'allumer et s'il ne fumait pas, c'était bien juste. Eût-on mis dedans du charbon de qualité, sans doute quelque chaleur s'en fût-elle bientôt dégagée. Mais on nous avait livré une sorte de briquette en gros blocs qu'il fallait casser pour en garnir les seaux, et à peine assez de bois pour faire prendre la première flamme. A le toucher, le Mirus était tiède. Bien joli si, vers les dix heures, il n'était pas tout à fait éteint. A la fenêtre, la température restait largement négative, et la fenêtre n'était pas solide. Il y avait toujours quelque carreau cassé. On nous en faisait d'amers reproches. Même Mme Parizet, qui nous disait de faire attention pour l'ouvrir. Nous ne l'ouvrions guère – mais elle-même s'étant légèrement appuyée au passage, crac! voilà le carreau qui lui dégringole dans le cou, en miettes. C'est que, dans cette vaste demeure d'apparence presque imposante, tout semblait prévu surtout pour l'apparence, la terrasse trapue, le soubassement massif, la rotonde féodale – mais légères étaient les fenêtres, et minces les murs.

C'est ainsi que, jour après jour, l'encre gelait dans les encriers, et nos doigts sur le porte-plume. Tout de même, au retour vers deux heures de l'après-midi, quelque tiédeur montait du poêle, soutenue par celle du soleil à travers les vitres. Environ les quatre heures, il faisait tout à fait bon. Entretemps, une délicieuse torpeur nous gagnait le corps, les jambes, même les pieds. A demi endormies, le professeur avait encore plus de peine à attirer notre attention – nous restions là, hébétées, à dodeliner de la tête – toute volonté tendue à ne pas sombrer dans l'inconscience totale. Je parle au moins pour moi, mais il ne semblait pas que les autres témoignassent de beaucoup plus d'énergie vitale... Souvenirs... Par-delà un grand rai de lumière un peu fumeuse, renvoyée de surcroît par la glace, j'apercevais le professeur dans une ombre fantomatique, parfois même je ne le voyais pas du tout, et sa voix me parvenait comme en rêve... Temshvar sur la grande carte au tableau. Sommeil... Sommeil...

Vers les cinq heures, dans ce bien-être béat enfin conquis, nous quittions la classe. Nous retrouvions la terre dure de gel, ou la neige à demi fondue, gelée de nouveau, glissante et glaçante. Cette année-là nous apporta la mode des chaussettes blanches, en laine brute, travaillée de jours. A ma demande, la Marraine m'en tricota une ou deux paires. Mais la Marraine avait coutume de se tricoter des bas, plus larges au-dessus du genou. Les chaussettes n'étaient pas de son âge – si bien que les miennes couvraient le genou, et je devais les retourner selon une autre mode, qui était à venir. Du moins étaient-elles chaudes, mais cet effet était contrarié par la mode du temps qui était aux *snow-boots* et aux bottes en caoutchouc. J'eus des bottes. En temps de pluie, les bottes se révélèrent vraiment utiles, malgré la condensation qui s'y faisait, où l'on devait macérer parfois de longues heures. Avec le froid, ce fut une catastrophe. Les orteils engourdis dans l'humidité firent fleurir partout des engelures blanches et roses qu'on ne soignait pas, qui guérirent au printemps comme elles purent – qui m'ont laissé des marques molles, blanchâtres comme des durillons.

Cette année-là, j'eus bien d'autres problèmes. Force m'est de reconnaître que je n'étais pas très sage en étude. La petite Odette était derrière moi et je me retournais souvent, ou pour lui parler, ou parce qu'une fois de plus elle avait défait ma ceinture. Odette était très soigneuse. Elle enveloppait tous ses cahiers neufs, tous ses livres, avec le nom et le titre sur une belle étiquette blanche. Elle rangeait très bien toutes ses affaires. Et puis elle croisait les bras. Si elle étudiait très bien ses leçons, si elle s'intéressait à ses devoirs, je ne sais pas – j'avais bien assez des miens. Il sembla cependant, au bout d'un peu de temps, que les résultats l'inquiétaient et, à mon avis, outre mesure car elle pleurait :

– Je n'ai pas su...

J'entrepris de lui faire réciter ses leçons, le soir. Eh quoi ! Ce n'était pas merveille, mais enfin, elle avait appris – elle savait. Le lendemain :

– Tu as été interrogée ?

– Oui... je n'ai pas su...

Que faire ? Elle savait le soir, et ne savait plus le matin. Quoi donc ? La timidité ? Le trac ? La crainte du professeur ? Tout cela peut-être, et parce qu'il ne suffit pas d'apprendre – même par cœur.

Je me souviens de cette jeune fille, une externe qui habitait une ferme au-delà du pont de Noblat. Je ne sais si elle allait déjeuner chez elle à midi – de toute façon, c'était une belle côte, une fameuse trotte, même deux fois par jour. Elle arrivait rouge, hors d'haleine. Je la revois dans cet état, et le professeur qui l'interroge, cruellement, et la fille qui se met à réciter – je ne sais plus quelle tirade de je ne sais plus quelle pièce théâtrale :

– Ta ta ta ta ta ta...

à toute allure et sans reprendre souffle. Elle serait allée ainsi jusqu'au bout, d'un trait, sans la moindre erreur – on sentait qu'elle avait appris son texte de cette façon, courant tout au long de sa route sur cette terrible côte – le rythme qu'elle gardait en elle, c'était celui de sa course, celui de son propre cœur, qui n'avait rien à voir ni avec le sens des mots, ni avec les états d'âme du personnage. Un peu avant la fin, le professeur l'interrompit, l'invita à reprendre plus lentement – posément – en faisant attention à ce qu'elle venait de dire comme un perroquet. Elle s'exécuta, recommença, se trompa dès le premier vers, se reprit, bredouilla, bafouilla, et se mit à pleurer de toutes ses larmes. Je ris sans doute, c'était drôle, mais comme je la comprenais. Moi aussi j'avais couru sur la route en rabâchant mes leçons, et je savais ce qu'il en reste avant le repos. Le professeur cependant, qui n'avait peut-être pas cette expérience, ne manqua pas de nous faire remarquer ce que nous devrions étudier l'année suivante : savoir par cœur n'est pas savoir.

Et certes, non, il ne suffit pas de savoir par cœur. Mais je pense que cette phrase, peut-être pas aussi innocemment qu'il semble jetée en pâture à nos jeunes esprits a fait plus de mal que de bien aux générations qui suivirent. Car certaines choses ne s'apprennent que par cœur – du moins faut-il les tenir « par cœur » devant ses yeux pour être en mesure de les comprendre, de les juger, de les approfondir, de les expérimenter, de les accueillir ou de les rejeter. Sans compter qu'apprendre par cœur est un excellent moyen d'exercer sa mémoire, ne pas savoir même par cœur, c'est ne pas savoir du tout. A cet endroit du récit, je n'irai pas plus loin.

J'en reviendrai à Odette et à ses craintes. Elles étaient telles qu'une nuit, réveillée par cette chose lourde qui pesait en travers de moi comme un cauchemar, je m'aperçus qu'Odette glissait de son lit sur le mien, blanche dans sa chemise et raide les bras au long du corps, une statue de plâtre. Je la repoussai de toutes mes forces et elle tomba, sur ses pieds par chance, dans l'allée, se mit en marche. Je la rattrapai :

– Où vas-tu? Mais où vas-tu?

Je l'avais ramenée, et elle restait là, debout à mon chevet, tête basse et se suçant le petit doigt.

– Mais que veux-tu? Où vas-tu?

– Je vais chercher mes leçons.

Je commençais à rire :

– Tu vas chercher tes leçons! Mais où?

– Sur le bout de mon doigt.

– Et tu les trouves bien?

– Oui...

A force de persuasion, et de patience, la retenant toujours par la chemise, je finis par obtenir qu'elle se recouchât. Alors elle remonta, mais dans mon lit, s'assit à même la bordure de fer, et se mit à me jeter des coups de pieds dans le dos :

– Allez, va-t'en... Va-t'en...

Je dus sortir de mon propre lit, où elle se coucha, et je me mis dans le sien – que faire d'autre? J'essayai bien de réveiller Raymonde ou Éva, tout ce que j'obtins, c'est que l'une se retourna, lança un grand coup de poing dans le visage de l'autre – toutes deux grognèrent, m'insultèrent et se rendormirent. J'allais en faire autant quand j'entendis Odette remuer, de plus en plus vivement, enfin s'asseoir et me dire :

– Je m'y ennuie dans ton lit.

Il fallut encore une fois changer de place. Au matin, elle avait tout oublié. Elle assurait même que je racontais mon propre rêve. Tu parles! J'en ai fait assez, de rêves, pour savoir que celui-là n'était pas le mien.

Non. Bien ou mal sues, les leçons n'étaient pas mon problème. Je me tirais même assez bien de l'anglais. La mère Goon nous faisait chaque fois écrire les mots nouveaux au tableau noir. La plupart du temps je m'en chargeais, ou quelquefois Yvette. De toute façon, le tableau était devant mes yeux, je ne pouvais pas ne pas les voir, au moins une fois. Quant à la grammaire, j'ouvrais le livre dès que nous nous mettions en rang. Le temps d'avancer, de franchir le vestibule et les escaliers, j'en avais lu l'essentiel – et quelle autre en faisait autant? Une fois cependant, la leçon traînait, la fièvre montait dans la classe, une explosion pouvait être à craindre. Je dis à Yvette :

– Sortons. Tu as mal au ventre. Je t'accompagne.

Yvette hésitait. Elle finit quand même par se tenir le ventre comme quelqu'un qui a la colique.

– Pardon, madame?...

Nous descendîmes. Ce jour-là, il faisait beau. Le printemps venait par fines touches de lumière, toutes petites feuilles et gros bourgeons. Nous fîmes deux ou trois fois le tour du château – peut-être fut-ce même ce jour-là que nous nous aventurâmes à travers les buissons vers la serre. J'avais fini par m'asseoir sur le mur de la terrasse. Là, faute d'avoir mal au ventre, je toussai tout mon saoul. Depuis l'hiver, je toussais, par crises, une toux sèche qui me laissait haletante, la gorge en feu. J'avais aussi le nez bouché, que je tentais de dégager par des éclats sonores et inefficaces qui devaient déranger tout le monde, mais que Mme Guénier ne pouvait pas supporter, feignant de les prendre pour des rires malveillants ou pour une manie volontaire. J'essayais de les maîtriser, sans y parvenir... Nous finîmes par remonter – mais Yvette se refusa à avoir encore mal au ventre, même un peu, et je rentrai en me tenant les tripes. Le professeur vit bien la supercherie.

– Mais je croyais...

Elle haussa les épaules – allait-elle insister, et réprimander ses meilleures élèves, et les plus assidues... Au reste, nous n'usâmes du stratagème qu'une ou deux fois.

Yvette était devenue une véritable amie. Dès la Toussaint, je lui avais apporté un petit sac de châtaignes, que sa mère faisait cuire, chez elle, et que nous mangions ensemble, toutes chaudes, un peu de tiédeur dans les mauvais jours.

Mes problèmes... Oui, je n'étais sans doute pas sage en étude. Mais la salle était bruyante, pour étudier mes leçons je devais mettre mes doigts sur mes oreilles, et je lisais alors sans m'en rendre compte, plus haut qu'il n'eût fallu. C'est du moins ce que, pour ma décharge, j'expliquai à la directrice, un jour que ma mère était venue à mon secours après que j'eus été menacée de renvoi, la pionne n'arrêtant pas de me signaler pour indiscipline. Certes, les autres surveillantes avaient à me reprendre de temps à autre. Il y avait celle qui me donnait à conjuguer, à tous les temps de tous les modes, le verbe planchéier, ou encore côtoyer une petite rivière très sinueuse. Il y avait celle qui me faisait copier des pages entières du dictionnaire, une fois même la définition du mot « France »... Et celle qui préférait « une nouvelle dans le goût de *Marie-Claire* »... Tout cela m'occupait, m'instruisait peut-être, n'était pas méchant. Mais il y en eut une autre, une grosse fille grasse et rigolarde que je décrivais ainsi : « elle vient, elle s'assied, elle croise les bras, elle pose sa poitrine par-dessus la table »...

Celle-ci, dès le début, me prit en grippe, et comme je dis, usa des grands moyens. Je lançai donc un SOS à la famille, et ma mère vint. Elle était très fâchée, ma mère. Je pense à l'effort qu'il lui avait fallu faire pour venir seule. Et puis, à la maison, rien n'allait. Mon grand-père avait eu un panaris au doigt, il s'était si bien soigné que l'abcès tournait au phlegmon, qu'il avait fallu le conduire à la clinique, à Tulle, et lui couper le bout du doigt. Mon père avait pris du mal en allant le voir par ce temps de chien, il était au lit. Elle se serait bien passée... J'imagine maintenant la galère, dans la neige et le froid plus intense à Germont qu'à Saint-Léonard – l'eau gelée dans le bac et le tuyau des citernes, le bois qui manque, les branches sous la neige... A ce moment, je n'imaginais rien, je ne me rappelais rien. Et même peut-être étais-je au courant pour mon grand-père – pour mon père certainement pas. Je l'ai dit, c'est lui qui m'écrivait, souvent mais pas régulièrement. Je ne pouvais pas m'inquiéter pour un retard de courrier. Et surtout, ne l'ai-je pas dit ? la maison c'était un autre pays, un autre monde. On en était aussi loin que s'il eût été mort, que dis-je ! que s'il n'eût jamais existé.

Toujours est-il que ma mère vint. Comme j'étais heureuse de la voir, et soulagée, en dépit de sa mauvaise humeur ! Il fut pris des mesures, au reste simples et réduites à celle-là seulement que je ne me trouvasse plus jamais dans l'étude surveillée par cette demoiselle. Ce qui fut fait. J'allai dans l'étude des grandes – les toutes grandes, les quatrième, et je m'y trouvai bien, si bien que non seulement je ne fis plus jamais parler de moi, mais que j'en garde un merveilleux souvenir. Quand nous avions étude à Malplane, je me trouvais au salon, seule sur une petite table à une place qu'on avait ajoutée pour moi tout au fond. J'y pouvais travailler tout mon saoul, j'y pouvais lire. Un studieux silence planait dans la tiédeur de cette pièce chaude dès le matin. Je rencontrais là Aîmée, Yvonne, Renée, et celle qui avait toujours une rose près d'elle dans un encrier... C'est là qu'un soir, ayant oublié mon livre, je dus faire mon devoir de « lecture expliquée » de mémoire. Il est vrai qu'il s'agissait de mon cher Zadig informant les chercheurs sur le cheval du roi et la chienne de la reine... Je relevai même les termes difficiles... Je m'aperçus que je connaissais *Zadig* par cœur, ou presque. Il y avait aussi, dans le casier de cette table, de vieux livres dont j'ignorais jusqu'à l'existence – des poètes. Musset... d'autres encore. Délices...

Autres délices à l'école de garçons, j'étais à côté de Mélaine, une « grande » de petite taille, aux yeux bleus, discrète et presque furtive. Elle me prit en mains, voyant que j'y peinais, pour les leçons de maths. Que ne m'a-t-elle ainsi forcée d'apprendre sur les équations ou les triangles! Mais surtout, elle lisait, et entre autres, elle lisait Baudelaire. Je me plongeai alors, grâces lui soient rendues, dans les *Poèmes en prose* et les *Paradis artificiels*. Les *Paradis* m'étonnèrent, tout en m'ouvrant un autre regard sur certains textes des *Fleurs*. Mais c'est les *Poèmes en prose* qui m'enchantèrent..

Qui aimes-tu donc, ô énigmatique étranger?
J'aime les nuages... les nuages qui passent...
là-bas... là-bas... les merveilleux nuages...

Moi aussi j'aimais les nuages. Moi aussi j'étais l'étranger. Du moins je me sentais telle. Et quand Mélaine s'essayait à dire *Bérénice*, naïvement, avec des trucs pour mémoriser, c'était drôle, c'était touchant, c'était magnifique.

Quels beaux souvenirs aussi, dans un tout autre registre, que ces jeudis où le gros mauvais temps, la neige, le rhume de cerveau raccourcissaient ou supprimaient la promenade. On se rassemblait dans une classe – quelques-unes chantaient, d'autres racontaient – et il y avait Ginette. Et les deux qui, assises au bureau, faisant le petit bonhomme – l'une assise sur les genoux de l'autre, le buste caché d'un manteau dans les manches duquel celle-ci passait les bras, les mains dans des chaussures paraissant des pieds sortis d'un pantalon – récitaient d'une voix caverneuse, avec force gestes des quatre membres, le songe d'*Athalie* :

C'était pendant l'horreur d'une profonde nuit...

A crever de rire. Et Colette chantant la *Margaritou*, celle qui a « *de braves pinots*, de si jolis petits pieds ». J'ai connu depuis la Marion et quelques autres, Catherinette à la cuisse blanchette, le pied petiton, le pied polisson, le ventre mou, les tétons pendants, le poil de chèvre, les yeux châssieux, et le reste... La *Margaritou* était mon premier contact avec les blasons burlesques après la *Grande Marie*. A la *Grande Marie*, je ne pensais pas du tout. Il est vrai que la forme était différente, et peut-être l'esprit – mais pas autant qu'il ne me soit loisible ici de constater une fois de plus le mur entre l'école et la maison, et comment, par une dichotomie imparable, les civilisations ne s'interpénétraient pas.

Mais sans doute le passé, tout le passé semblait-il de même sombrer aussitôt dans une apparente mort qui recevait les lieux absents et leurs habitudes. J'avais déjà oublié tous mes soucis, les punitions stupides et les autres, et surtout cette menace d'expulsion qui pesait sur moi comme l'épée célèbre. J'avais pleuré, pourtant! J'en avais versé des larmes solitaires, et d'autres qui ne l'étaient pas. En classe, ça allait encore, mais pendant la paresse des loisirs!!...

Beaucoup d'entre nous faisaient de ce temps quelque chose. Les unes tricotaient, d'autres lisaient, certaines même apprenaient leurs leçons ou faisaient leurs devoirs. Moi je ne faisais rien. J'avais bien entrepris un pull-over, mais je n'y travaillais guère. Loin de la bibliothèque, les livres manquaient. Toutefois, certains professeurs – qui surveillaient ces trois heures du samedi soir sans réellement les animer ni leur donner un sens – certains se chargeaient, ou chargeaient les élèves, de faire la lecture. Nous eûmes ainsi les *Compagnons de Jéhu* qui passionnaient quelques-unes. Pour moi, qui n'avais pas suivi tous les épisodes, c'était *Dallas* avant l'heure, un truc interminable – un machin. Ce jour-là – nous pouvions changer de professeur à notre aise – je me trouvai sous la double houlette de Mme Lorit et Mme Parizet. J'aimais assez, dans mon oisiveté, me trouver là, parce que les lectures étaient souvent faites par Mme Parizet qui lisait bien. Était-ce avec elle que nous avions lu des nouvelles de Pierre Mac Orlan, je ne sais plus. Dans ces jours-là, c'était *L'Enfant au coq*. J'ai oublié le nom de l'auteur, mais ce texte était plaisant. Les vies d'enfant, que ce soit le coq de l'enfant ou le marteau de Martel, ont souvent quelque fraîcheur, ne serait-ce que le charme de l'enfance. Or, tout d'un coup, j'éclatai en sanglots. Ces dames essayèrent de me consoler, et, en fait, s'amusèrent de mes misères. Mon renvoi! Il était clair qu'elles n'y croyaient guère. Et l'une me dit :

– C'est l'orage. Il y a beaucoup d'orages dans la vie. Il faut faire le gros dos, laisser passer l'orage.

Je n'en tirai pas grand bénéfice peut-être ce jour-là. Depuis je n'ai pas oublié le conseil. Et voilà : l'orage était passé. Jusqu'à la prochaine averse.

Il y eut des jours si froids, cet hiver-là, que nous ne pouvions décidément pas écrire avant midi. Mais le dessin ne devait pas avoir lieu le matin, je ne me souviens pas d'un cours de dessin à vide. Cette année-là, Mme Parizet nous initia – j'allais dire au portrait, non, à la silhouette, ou plutôt au portrait d'ombre. Le modèle se plaçait à contre-jour devant la fenêtre, et nous tracions son profil tel qu'il nous apparaissait, tout en noir. J'ai ainsi un profil qui est de Raymonde, mais pour l'autre je ne sais pas laquelle des jumelles, Simone ou Paulette, avait posé. De toute façon, elles se ressemblaient – rencontrant l'une cinquante ans plus tard, je reconnus l'une ou l'autre :

– Simone ou Paulette ?...

Nous travaillâmes aussi sur une délicieuse fleur de serre, dont la tendre pâleur, toute de lumière, nous déconcerta. C'était, je crois, une primevère. Et puis, le printemps revenu, nous pûmes descendre sur la terrasse. Là, assises sur les tabourets pliants que le professeur nous avait fait acheter, nos tentâmes de fixer les précieuses couleurs d'une nature morte aux carottes nouvelles, et une autre fois celles non moins délicates des feuillages jeunes de l'allée, tout remués de vent. C'était beau, certes. Mais pour nous, bien trop difficile. Nous n'allâmes jamais plus loin. Ce ne fut pourtant pas à cause de la difficulté.

Je ne sais plus, ou bien n'ai-je jamais su, pourquoi certaines heures d'étude, et je ne sais plus lesquelles, avaient lieu à Malplane. Je me revois le dimanche matin, plein de soleil dans le salon blanc à tentures roses. Ce qu'il y avait aussi d'intéressant dans cette pièce, c'était le poste de T.S.F., entre la fenêtre et le tableau noir. Quelquefois, les grandes écoutaient des chansons :

Chante... chante encore dans la nuit
Tandis que le bateau fuit
Laissant là-bas nos plus chers souvenirs...

Toute la nostalgie des amours romantiques dans la belle voix chaude, un régal. Et puis aussi de la musique – Liszt – les notes volaient comme autant d'étoiles sur le velours du ciel...

Surtout, il y avait les nouvelles. Les informations. Et les informations n'étaient pas bonnes. Il y avait le ton rassurant du speaker, oui, mais si peu que nous connussions la géographie, nous voyions bien combien était précaire la situation française, et que le front reculait – reculait – reculait sans engagements. Et l'on parlait de quelques batailles, des batailles gagnées, même, mais il n'était pas difficile de comprendre que ces quelques sites conquis déjà étaient contournés, et tout se précipita bientôt.

Les premiers réfugiés passèrent, belles voitures dont quelques-unes étaient recouvertes d'un matelas tendu. Il s'en arrêta plusieurs, pour un jour ou deux, dans la cour de l'école. Nous n'en vîmes pas les occupants. Elles partirent. D'autres vinrent.

Il y avait toujours, sur les murs, sur les poteaux, les mêmes affiches : Taisez-vous... méfiez-vous, et la réclame pour les bons d'armement. C'est aujourd'hui que je me demande si les Français mirent vraiment la main à la poche, dans ce temps-là. Je me souviens que, quelques années plus tôt, mon grand-père avait assisté à une réunion, tenue par une femme.

– Armez-vous, les Français! Voilà ce qui se passe aujourd'hui en Europe...

Et elle racontait, criait la guerre proche et le dénuement de notre pays. Car on en était aux bouleversements sociaux et aux premiers effets du Front populaire. Mon grand-père ne se sentait pas concerné, pas encore, par les congés et la retraite. Il se souvenait des tranchées, du manque d'habillement, de la pénurie de munitions et de la vétusté des armes. Il avait peur – ou plutôt il était en colère. Oui, dans les jours qui suivirent la déclaration de la guerre, il ne décolérait pas, reprochant même à mon père ses « idées de gauche », une fois de plus – reprochant surtout à la gauche son caractère désordonné, brouillon, imprévoyant. Pour ce qui est des « idées de gauche » de mon père, elles allaient bien, je pense, jusqu'à glisser dans l'urne le bulletin de vote de son choix, et sa responsabilité politique s'arrêtait là. Mais le grand-père n'ayant pas d'autre interlocuteur, et je devrais dire d'autre public, toutes les diatribes s'adressaient à lui, qui haussait les épaules, sans guère répondre, d'autant plus agacé qu'il ne pouvait être que d'accord.

Or voilà que nous n'en étions plus là. Sur la terrasse de Malplane, le printemps était revenu. Dans le ciel tout ensoleillé, d'un bleu de flamme à vous mordre les yeux, un avion semblait faire de la voltige. Aucune de nous sans doute n'avait la moindre notion d'aéronautique, aucune ne savait si l'appareil était petit ou gros, français ou non, et ce n'était pas non plus dans le ciel une chose rare – mais voilà que nous avions peur. Quelques petits cris fusèrent. Chaque jour maintenant nous étions réunies, et plusieurs fois bientôt, dans le salon autour du poste. Quand elle entendit que le front passait par chez elle, Christiane s'évanouit. Christiane – je crois bien que c'était son nom – avait une jambe artificielle, ce qui l'empêchait moins de courir que de passer inaperçue. Elle était là depuis peu, réfugiée avant l'heure. Son émotion fut la nôtre : à cause d'elle c'était déjà chez nous qu'arrivait l'ennemi. Au reste, le speaker était toujours aussi calme, confiant, voire grandiloquent, mais les informations, même si nous les imaginions volontiers tronquées par le secret des opérations, nous apparaissaient de plus en plus incohérentes. Peu à peu la déception céda à l'inquiétude, et, du moins dans ces moments-là, l'angoisse confinait à la terreur.

Était-ce toutefois un effet de la jeunesse? Le poste éteint, libérées de notre propre silence et de la voix imposée, moins lourd nous pesait la certitude du malheur. Car plus on allait, plus devenait insupportable la voix rassurante, avec sa charge de menaces et d'irréfutables réalités. On l'écoutait, pourtant. On ne voulait plus l'entendre, mais on l'écoutait.

Avec les soleils glacés de l'hiver finissant, ma toux s'était faite encore plus violente. Je me souviens de récréations sur le mur de la terrasse que je passai demi-assise, demi-couchée sur mes bras à essayer d'arrêter la quinte. Puis, avec la douceur du temps, il y avait eu une accalmie. Nous eûmes des jours si chauds que nous ôtions nos combinaisons pour aller en promenade. Sur la route, je m'amusais de mon ombre où, à travers la jupe, le soleil découpait la forme de mon corps. Un jour même, dans cette *chambre des parents* toute gonflée d'une chaleur moite, Raymonde décida d'enlever sa chemise. Cela nous parut d'une telle audace – d'une telle indécence – que nous nous empressâmes de l'imiter.

En fait, de ce jour-là, c'en fut fini pour nous de la chemise, du moins de la chemise en toile fine, empire ou demi-empire finement brodée qui nous avait semblée jusque-là pièce de linge obligatoire, le signe même de la vêture et de la féminité. Elle nous revint, certes, sous d'autres formes, ou plus fonctionnelle ou plus frivole. Mais elle avait à jamais perdu ce caractère sacré que nous lui avions jusque-là implicitement reconnu. Non, il n'y eut là ni préméditation, ni concertation : ce fut un geste en quelque sorte fortuit, une libération il est vrai – de cette chaleur, de la sueur molle qu'elle nous tirait du corps – un mouvement d'allégresse. Aucune de nous n'y put voir un acte définitif ni seulement prémonitoire, et pourtant je le dis, c'était sans doute le premier geste de libération de la femme – c'était le nôtre, auprès duquel les nouvelles tentatives mâles pour nous imposer la guêpière et le porte-jarretelles ne sont que des jeux, des jeux érotiques que la femme est libre d'accepter ou pas.

Nous n'eûmes pas, dans les temps qui suivirent, l'occasion d'approfondir la chose – qu'importe! La roue était inventée avant Pascal, après lui elle continua à rouler de la même façon. Mais il est certain que nous avions d'autres soucis. Plus s'avançait le mois de mai, plus les routes étaient occupées de véhicules. Il semblait qu'une animation gagnait la ville, sans pour autant ouvrir les maisons.

Longeant les murs de notre école, il nous était arrivé, cet hiver, de rencontrer quelque soldat blessé, ou convalescent, rarement quelque groupe, par deux ou par trois. Maintenant, c'est quelques dizaines qu'on en voyait là, réunis, semblait-il, pour nous voir passer, public amusé, curieux, babillard comme celui d'un tour de France, commentant et parfois nous interpellant... Mine de rien, nous les regardions, sans ralentir le pas. La plupart étaient jeunes. S'ils étaient malades, ou blessés, il n'y paraissait guère. Une bande de désœuvrés, des gens qui profitent d'un loisir, au dimanche soir, tels les voyions nous. Quelques-uns étaient beaux.

Il y en avait un que je me rappelle, nous ne pouvions pas ne pas le remarquer. Il était assis, seul – même tellement entouré, il était seul – un beau jeune homme, grand, silencieux, conscient de sa beauté, de son charme, de sa solitude. Un sourire imprécis parcourait son visage. Indifférence réelle ou feinte ; parmi les visages amusés, avides, naïvement ouverts de ses comparses, c'était un prince – un empereur – davantage : une question. Plus encore que sa beauté, me frappait ici l'incongruité de sa présence, une orange parmi les oignons, et plus que tout sa solitude – citadelle imprenable qu'on n'avait pas envie de prendre – ne fût-il gonflé que de sa suffisance et de sa vanité. Quel il fut, je ne sais. Je garde son image, précieusement, entre les pages de ma mémoire, comme celle d'une œuvre d'art, qui serait triste, et magnifique.

Cependant, tout se précipitait. Ce remue-ménage de militaires et de civils était à l'image de nos têtes enfiévrées par d'obscures imminences. De plus en plus chaud, au diapason, le temps s'était gâté. Nous ne fûmes pas vraiment surprises, vers le 8 ou 9, quand on nous dit qu'il fallait rentrer chez nous. On vit des larmes sur quelques visages. Je ne me souviens pas de ma propre réaction. Je crois qu'après l'incertitude de plus en plus pesante des derniers jours, j'étais plutôt soulagée. Quoi qu'il en fût, je m'efforçai de m'en tenir à la perspective du retour, et la petite mine d'Odette m'y obligea. Je voulus lui faire envisager cela comme de providentielles vacances, plus joyeuses d'être imprévues. Peu ou prou, j'y parvins. Je prenais Odette par le cou, je la serrais dans mes bras.

– Tu verras, disais-je, comme ce sera bien !

Et j'énumérais toutes ces choses merveilleuses qui nous attendaient, les bons légumes du jardin, les pommes de terre nouvelles, les radis, les fraises, les carottes nouvelles, les petits pois... J'avais oublié, je pense, que je n'aimais pas les carottes. Nous riions et nous répétions ensemble :

– Des carottes nouvelles ! Des petits pois !

dans une sorte de fièvre.

Au demeurant, j'avais réellement la fièvre, moi. Il nous fallut rapporter, en une ou deux fois, tout ce que nous avions à Malplane. Les casiers de la salle d'étude avaient suivi là-bas, le mien était plein de cahiers, de livres, mais aussi de médicaments, et j'avais des vêtements pendus au vestiaire. Tout cela était lourd sous la chaleur, mal emballé de plus dans des cartons précaires, et nous fûmes à plusieurs reprises arrosées d'averses aussi froides qu'imprévues. Je m'étais remise à tousser. Il était temps, largement temps pour moi, de partir. Je ne sais plus comment. Ce dont je me souviens, c'est qu'on nous demanda – mais n'était-ce pas un ordre, venant de la direction ? – de laisser notre literie, en vue de recevoir et loger les réfugiés dont on commençait à parler sérieusement, et dont le flot se renforçait d'heure en heure. Que ce fût par obéissance, ou par un élan réel de générosité, voire de patriotisme, nous abandonnâmes donc sur place draps et couvertures, dont on nous promit de prendre soin et qu'on devait nous rendre, propres et même désinfectés, à la rentrée.

Proche ou lointaine, et même si la rentrée eût pu nous paraître problématique, nous étions allégées d'autant, ce n'était pas si négligeable. Et je dois reconnaître qu'en effet tout cela nous fut rendu, propre bien que plus usé par ces quatre ou cinq mois que nous n'avions pu le faire en trois ou quatre ans, dès la rentrée qui se fit normalement dans nos locaux traditionnels au premier octobre.

Pour le moment, nous revenions chez nous. Je toussais de plus en plus. Dès mon arrivée je dus me mettre au lit. J'y restai plus de deux semaines. Qu'importe – j'avais retrouvé la chambre bleue. Plus rien ne pouvait m'atteindre. Ni la toux, ni la fièvre, rien qui troublât ma quiétude actuelle, et surtout pas ces soldats en débandade, ou ces passants venus d'on ne sait où qui parfois empruntaient la route à grand bruit de chiens, et d'autres fois entraient dans la cour, voire dans la cuisine, à la recherche de quelque nourriture.

Je me souviens – un peu plus tard, je recommençais à me lever – d'un grand militaire noir, en chéchia rouge, à qui ma mère fit cuire des œufs. Le pauvre était musulman et refusait la nourriture au lard dont nous avions abondance. Pour les œufs, ma mère dut bien utiliser le gras qu'elle avait, Allah lui pardonne! Sans doute du saindoux, mais l'apparence était sauve.

Cet Algérien nous parla beaucoup, d'autant plus que mon père avait été zouave, ils se trouvaient de quelque manière en pays de connaissance. Il s'exprimait assez facilement en français, assez en tout cas pour bien se faire comprendre. Et ce qu'il disait n'était pas difficile, nous y avions déjà pensé, ma mère disait depuis longtemps que c'était pour la France une honte que ces gens-là, qui s'étaient battus déjà en 1914 aux côtés des nôtres, ne fussent pas reconnus comme Français, ni même comme anciens combattants. C'était l'opinion de mon père, celle de mon grand-père, et s'ils n'avaient que peu l'occasion de l'exprimer, ils n'en pensaient pas moins. L'homme noir ne fit que les renforcer dans leur certitude.

Il parlait aussi des difficultés de vivre, du travail aléatoire – je crois me souvenir qu'il était, ou avait été docker – mais ne se plaignait pas de mauvais contacts avec les Français. C'est contre la discrimination venue d'en haut, du gouvernement de Paris, qu'il en avait. Hé! Nous avons bien vu que les choses n'ont guère changé pour autant, et ce qu'il en est advenu. Quoi qu'il en fût, le soldat s'assit, parla, mangea, se reposa et partit. J'avais eu le temps de faire son portrait, un croquis en couleurs qui doit bien être encore, Dieu sait où, dans quelque carton à dessin.

J'avais été bien malade. Le médecin parlait pour la deuxième fois de pleurite sèche. L'eucalyptine avait encore marché, mais je restais faible; je me sentais véritablement épuisée. Me prenant la main, le médecin dit que j'avais les os fragiles, qu'il pourrait me casser le doigt comme un morceau de sucre. Ce jour-là, un autre jour de grand soleil, il ne faisait que passer, il s'était arrêté dans la cour pour m'apporter un fortifiant, un échantillon à base d'eau marine et de sels minéraux dont il espérait le meilleur effet. De toute façon, le résultat ne pouvait être néfaste.

Ce médecin était installé à Chamberet depuis quelques années, nous ne l'aurions pas connu sans un certain concours de circonstances. L'un de nous fut malade, la Marraine, je crois. Nous aurions demandé le médecin habituel – « ma pauvre vieille ! » – mais il était absent, et plus précisément à la chasse à Rambouillet, où le président Lebrun invitait alors le ban et l'arrière-ban de ses intimes. Le remplaçant lui-même était en visite, et de toute façon, il ne nous inspirait pas confiance. Des cousins dirent, probablement à mon père qui, grâce à sa bicyclette, était chargé de ces corvées-là, des cousins dirent :

– Et pourquoi pas le docteur Daniel ?

Daniel soit. On s'en trouva bien. Rapportées, peut-être avec malveillance, les réflexions de l'autre à son retour ne nous plurent pas, et nous eûmes un nouveau médecin de famille.

Il faut dire qu'il était jeune, élégant et beau, mais surtout efficace. Et il se donnait de la peine, allant jusqu'à faire trois, quatre visites et même beaucoup plus si c'était nécessaire. Certes, il n'y perdait rien. On l'accusait même d'exploiter le client. Mais le malade non plus n'y perdait rien. A Germont, je n'avais pas été seule à être malade cette année-là. Peut-être à cause du temps, les affections pulmonaires s'étaient multipliées. Le père Henri fut si près de la mort que son médecin habituel ne savait plus lui prescrire que le champagne. Daniel fut appelé *in extremis*, dit de renvoyer le champagne à plus tard, et fit si bien qu'il tira son malade de ce mauvais pas. Son prestige, du coup, flamba, et ne fit que se renforcer quand le père Léonetou tomba malade à son tour.

Dans un premier temps, le père Léonetou guérit assez vite. Mais ne voilà-t-il pas que la vache vêla, sa Pijou qu'il aimait. Eh ! Il n'en avait pas tant, de vaches ! Peut-être cinq, ou six, et la sixième n'était encore qu'une génisse, si tant est... La Pijou, la mère, la bonne travailleuse, celle sur qui l'on pouvait compter – non, le père Léonetou ne pouvait manquer d'aller voir son veau. La réconforter, la féliciter... On va bien rendre visite aux accouchées. Le père Léonetou, les femmes ne voulaient pas le laisser sortir, elles le tenaient là bien chaud assis au coin du feu. Lui s'ennuyait. N'eurent-elles pas plutôt tourné les talons qu'il sortit, un petit cache-nez large comme trois doigts autour des oreilles, et courut à l'étable. Un froid de chien... Je crois qu'il ne put même pas rentrer seul – le cœur, les poumons, le nez et les oreilles...

– Et par où voulez-vous que je l'attrape, ce pauvre vieux cadavre? répondit le médecin à ma mère qui demandait des nouvelles.

Chez nous aussi, quelqu'un était malade. Je ne sais par où il le prit, toujours est-il que, vingt ans plus tard, le père Léonetou était encore là pour chanter ses louanges.

J'avais dû le rencontrer moi-même à l'occasion d'un panaris. Il avait suffi d'une toute petite épine, et voilà que mon doigt, le majeur, s'était mis à gonfler, rouge, violacé, vitreux, dans une douleur insupportable. On avait essayé tous les désinfectants, bien sûr, mais aussi le sceau-de-Salomon, dont il faut cuire la racine et l'écraser en cataplasme, et l'oignon cuit sous la cendre, et le jaune d'œuf dans sa coquille, et que sais-je encore! Le jour, passe – on marche, on secoue sa main, on oublie le mal. Mais la nuit! Je restais peut-être des heures à me retourner sur le lit, à faire des culbutes – à l'endroit, à l'envers pour changer – de la tête aux pieds, des pieds à la tête. Je finis par consulter, mais l'abcès était mûr, sans même l'inciser il le vida d'une pression habile.

Le Dr Daniel avait soigné aussi ma mère, d'un blocage des reins, et le petit Robert, le fils de la Minou. Il l'avait guéri d'une otite grave, mais restait réservé quant à l'avenir du garçon, lequel ne s'est pas si mal porté, à ce jour. On peut être bon médecin et mauvais prophète, car au médecin appartient la maladie peut-être, mais la vie, non. En ce qui me concerne, et toujours pour me rendre des forces, il avait préconisé les rayons ultra-violets. Les UV avaient alors bien meilleure presse qu'aujourd'hui, on avait cru comprendre que passe par eux toute la bienfaisance du soleil – et loin du soleil, on en fabriquait. J'avais entendu dire que la Dédé en avait sa dose, peut-être pas chez le même docteur, car tous s'équipèrent. Et c'est ainsi que nous prîmes l'habitude, ma mère et moi, de descendre à Chamberet deux fois par semaine – ou peut-être tous les deux jours. Très courtes au début, les séances pouvaient durer jusqu'à une demi-heure. Je crois que je n'en arrivai pas jusque-là.

Heureux temps! Pour nous, c'était comme une grande promenade. Nous ne passions que rarement au même endroit – quelquefois par Journiac, ou par la Maison-Rouge, ou bien par la Plantade, ou par l'allée de La Farge, et quelquefois par le puy de Germont, par la forêt, et même une fois en traversant les bruyères et les champs au-dessus d'En Cube. Ma mère en ce temps-là était ma meilleure copine. Eh oui, je la tenais pour ma meilleure amie. On se faisait rire. On se racontait des histoires, au besoin, des histoires, on en inventait. Je me rappelle pourtant ce jour, que, passant par le chemin derrière la Réserve, nous avions décidé, ce jour-même de monter au mont Gargan. Je n'étais jamais allée au mont Gargan. Aussi, promis, craché, juré, au retour nous mangions, et hop! A nous les sommets. Au retour, j'eus des rebuffades. Sans doute ma mère était-elle lasse déjà, je crois même qu'elle s'endormit. La déception n'en fut pas moins amère – j'en avais assez des promesses, moi, d'autant plus que je n'avais rien demandé. En fait je ne tardai pas à voir que l'amie provoquait volontiers les confidences, mais que c'est la mère qui les entendait. Et moi qui aurais peut-être eu besoin de conseils, je n'avais que faire des reproches ni des sarcasmes. Je pris l'habitude de me taire. Ma vie intime, je la gardai pour moi. Et chaque fois que j'ai manqué à cette règle, que ce fût avec elle, que ce fût avec ma plus chère amie, je n'ai jamais eu qu'à m'en mordre les doigts.

Toutefois je n'en étais pas là de cette expérience. Nous poursuivîmes nos petits voyages de conserve et dans la bonne humeur. A l'entrée de la ville nous obliquions à gauche sur les Malvents, où j'allais prendre ce bain de bleu, grand bleu ultra bleu, toute nue sous la figure de l'Odalisque et le regard de personne sur ma jeune nudité. La lampe était comme une fleur ou comme un astre où luisaient des lueurs de mercure et le divin échange des ovaires sous le pétale rose des cœurs-de-Marie. Étroit était alors le chemin des Malvents. A droite, derrière le mur d'un jardin, deux ou trois figuiers s'efforçaient de survivre aux hivers. Pouvait-on soupçonner, à travers les branches de l'autre côté, le calme paysage ouvert sur le mont-Cé... Non, je n'allai pas jusqu'au bout de la série de séances.

Je pensais qu'il me serait plus facile qu'au temps de la petite enfance, maintenant que j'avais des repères aussi sûrs que le découpage des études et le temps de la guerre, de replacer les faits dans leur temps réel. C'est à peine vrai. Les escapades chambertoises eurent-elles lieu dans l'été 1939 ? Ou bien au début de l'été 1940 ? Ce ne devait pas être plus tôt. Ça ne pouvait pas être plus tard – ça pouvait être l'une ou l'autre année, et les deux peut-être.

Ça ne pouvait pas être plus tard, parce que la débâcle dont j'avais vu les prémices à Saint-Léonard, et qui se dispersa comme j'ai dit jusqu'à travers les campagnes les plus profondes, s'était conclue par l'armistice que l'on sait, dont la nouvelle était survenue pendant ma convalescence, et l'appel du 18 juin, dont les échos mirent des années à nous parvenir.

Hé ! Nous avions un bi-hebdomadaire, nous. Pas la radio. Rares étaient les radios en ce temps-là dans les campagnes. Je dis la radio, mais on disait la T.S.F., ou mieux « le poste ». Dans les maisons où il trônait, le Poste était un personnage.

– Qu'a dit le Poste ?

Bien plus tard, après la guerre, notre voisin Jean s'en acheta un, tout le village s'assemblait, comme nous faisions autrefois à l'école, celle de Saint-Léonard ou celle de Surdoux, pour entendre cette voix lointaine, sonore, que nous pouvions arrêter mais à laquelle nous ne pouvions pas répondre, qui nous dominait d'un pouvoir presque absolu.

– Que dit le Poste ?

Les nouvelles. Les lois. Le temps qu'il ferait. La culture... Pour le temps, on en pouvait rire, parce que nous le verrions bien et que nous savions encore, nous, le prévoir dans notre petite aire avec beaucoup plus de certitude. Pour le reste...

– Qu'avait dit le Poste?

Nous le savons, cinéma ni radio ni télévision ne sont des moyens de communication, ce sont des instruments de pouvoir, mais ce n'est pas ici le moment d'en débattre. De poste, nous n'en avions pas.

Nous avions bien failli en acheter un, pourtant, en 1937, ou peut-être 1936. Un soir, en rentrant de l'école, je trouvai ma mère tout excitée. Léopold était venu dans la journée, celui qui avait fait l'installation électrique quelques années plus tôt, il avait apporté plusieurs postes, et on les avait entendu marcher. C'était merveilleux. Il y avait des enfants qui chantaient *Cadet Rousselle*, on aurait dit qu'ils étaient là, à côté. Mais on avait voulu en discuter, et attendre que je sois là pour choisir. J'étais là. Léopold revint le soir même. Il brancha l'appareil – merde! On entendait un vague gargouillis, impossible de capter aucun poste, ni Toulouse, ni Paris, ni Limoges, où l'on pût comprendre quoi que ce fût.

– C'est la mauvaise heure, disait Léopold. Et l'antenne n'est pas branchée.

Eh quoi, l'antenne! L'antenne n'était pas mieux branchée l'après-midi, et l'on entendait si bien. Antenne toi-même!... Ma mère n'en revenait pas. Sa déception tournait à la colère. Il était évident que le rôle de l'antenne lui échappait totalement. Que pouvais-je dire? Je n'en savais pas davantage qu'elle, et mon père non plus.

On essaya un émetteur étranger – allemand. Mon père disait que c'était de l'allemand. Ça marchait! On ne comprenait rien, mais ça marchait, surtout pour la musique. La musique, même s'il ne connaissait pas le morceau, mon père appréciait, et s'il ne comprenait pas les paroles, il reconnaissait la langue. Un émetteur hollandais – tiens, ça marchait aussi. Mais au rendez-vous, pas un seul français. Mon père fronça le nez. Lui ne croyait pas que Léopold voulût nous refiler un mauvais appareil, autre que celui qu'ils avaient presque choisi dans la journée, mais force était bien de reconnaître que celui qu'on avait là, devant les yeux et les oreilles, ne nous apportait rien. De l'allemand, de l'anglais, du hollandais ou même de l'italien, qu'est-ce qu'on en avait à foutre!

Bref, les choses tournaient à l'aigre. Léopold remballa ses postes et partit mécontent. Ma mère laissa éclater sa colère, mes grands-parents firent écho. Mon père ne disait rien, écartait les bras, secouait la tête, haussait les épaules. Sa déception n'avait d'égale que la mienne. La Marraine se gonflait de toutes ses méfiances intimes, autant pour ce qui était de la malhonnêteté ordinaire des gens qu'en ce qui concernait les appareils nouveaux : cela sonnait en bougonnements et grossièretés diverses, puis se fondit en rires qu'elle étouffa d'abord de la main, puis qui gagnèrent chacun.

Non! Ces rires n'étaient pas de joie, comme eût été celle d'avoir échappé à une emprise dangereuse. Encore, comment savoir, pour ce qui est de la Marraine surtout, s'ils n'étaient pas soulagés, chez nous, de voir s'éloigner ce nouvel acquis d'une civilisation qui n'était pas la leur? De toute façon, un tel sentiment pouvait exister dans le complexe, mais persistait surtout, je crois, la déception, et l'impression d'avoir peut-être été floués. Chaque fois que j'entendis rappeler ce malheureux incident, ce fut avec la même colère, le même chagrin, le même regret, et finalement le même rire qui me semble avoir été surtout celui de la résignation.

C'est ainsi qu'à la guerre, nous n'avions pas la T.S.F. J'avais bien envisagé, pendant l'hiver 1940, d'acheter moi-même un poste avec l'argent qui dormait depuis mes premières étrennes dans le tiroir secret du bureau. Je me revois y pensant sérieusement lors d'une promenade, alors que nous regardions rosir le premier cerisier dans un jardin de Saint-Léonard. Merveille! C'était fin avril – mais les événements furent ce que j'ai dit, et de tout autres préoccupations s'ensuivirent. J'avais même oublié.

Or pour les préoccupations, d'autres en eurent de bien plus graves, que nous ignorions, ou que nous apprenions par grand hasard, en quelque sorte par la bande. Pendant l'été 1940, audelà duquel je n'allai plus jamais m'étaler sous l'enfer bleu des UV artificiels, il fit très chaud, vers le mois d'août. Cette sécheresse orageuse n'entraîna rien de bon, c'est alors que coururent les « traînes », ces entérites contagieuses qui ne nous sont pas mieux épargnées cinquante ans plus tard. Aussi ne fûmes-nous pas étonnés d'apprendre que nos cousins de la Gane, qui étaient encore plus proches cousins de notre voisine Louise, étaient malades, bien malades. La Louise ne pouvait laisser passer si belle occasion d'aller leur rendre visite. Elle y courut. Elle revint, et ne manqua pas de nous donner des nouvelles.

Des nouvelles, il y en eut pour tout le village. Une nuit, je m'éveillai, avec des douleurs de ventre intolérables. Ma mère s'était levée pour me faire quelque tisane – la voilà qui hurle à son tour. Puis mon père. Puis toute la famille. C'était à qui allait courir le plus vite... Mais qu'avions-nous mangé? Qu'avions-nous bu?... Il fallut un moment pour penser à la bonne messagère, et pourtant ce n'était pas la première fois. J'étais la plus malade, comme de juste. Dès que mon père put tenir sur sa bicyclette – la chère « bécane » qui nous rendit de si fiers services – il descendit à Chamberet, courut chez le Dr Daniel.

– Eh! je ne peux pas y aller!

– ... Mais pourquoi?

– Est-ce que je sais? On veut m'arrêter... On veut m'enfermer... On veut me manger...

Il se calma :

– Je n'ai plus le droit d'exercer. Voilà : je n'irai pas chez vous. Je n'ai pas le droit.

Quand mon père nous conta la chose, nous pensâmes tout de suite à une vengeance de son collègue. Ne disait-on pas qu'ils s'étaient battus? C'était au garage. La querelle avait éclaté, si forte que le vieux s'était précipité sur le jeune, mais le jeune s'étant rapidement esquivé, l'autre dans son élan avait heurté la pompe à essence, y laissant quelques dents. C'est ainsi qu'on racontait la bagarre : je ne l'ai pas vue. Et je n'ai pas vu non plus le mauvais plaisant qui, une nuit, avait percé les pneus du Dr Daniel. Cette fois, c'était plus grave. Certes, on croyait bien savoir qu'il était roumain, et qu'il portait un autre nom. Son accent montrait assez, d'ailleurs, qu'il venait d'Europe centrale. Mais ne disait-on pas maintenant qu'il était juif? Juif! Et alors? La belle affaire! Même s'il avait jusqu'ici prétendu être orthodoxe. Ma mère lui avait demandé :

– Et qu'y a-t-il dans votre religion?
– Les mêmes conneries que dans la vôtre.

Avec cela, on peut toujours se prétendre orthodoxe – bien pensant. Certes! toute religion peut se dire orthodoxe, n'eût-elle qu'un seul adepte; n'en eût-elle pas. Par chez nous, il n'y avait pas besoin d'aller aussi loin dans le raisonnement : qui, à part quelque lycéen, connaissait le terme? Et quant à ce qu'il pouvait recouvrir ou non!...

Bref, pour cette fois, quand mon père eut expliqué le cas et avec la complicité du pharmacien, j'eus mes remèdes et je guéris. Quant au docteur, était-il proscrit? Assigné à résidence? Camouflé? Nous sûmes qu'il passa un temps à Treignac, il vint nous saluer une ou deux fois. Comment et quand était-il entré au maquis? Nous ne le revîmes qu'à la fin de la guerre, et, depuis, jamais.

Un autre médecin le remplaça presque tout de suite, un couple de médecins juifs qui avait une petite fille. L'homme était spécialiste. Je reparlerai d'eux.

Il y a bien d'autres souvenirs que je ne sais pas comment dater au juste.

Un été, je m'exerçais à modifier ce roulement des *r* qui m'avait valu tant de moqueries. Je m'étais refusée à le faire durant toute l'année scolaire. Imiter les autres? Tiens donc! Je n'étais pas un mouton, moi. Je reconnaissais cependant, à part moi, que, prononcé de cette façon qui convenait si parfaitement au limousin, le français perdait beaucoup de la fluidité qui fait son charme. Avec le limousin, langue qui sonne comme bronze, le *r* roulait de toute sa puissance. En français... non, c'était comme marcher sur un tapis avec de gros sabots – mais qui serait à l'aise en escarpins dans la litière? Je m'étais donc mise à l'ouvrage, loin des oreilles moqueuses et des critiques imbéciles, dès les premières grandes vacances – les premières? Ou les suivantes? Il me fallut bien deux ans, et sans doute plus, pour adoucir quelque peu ce *r* que j'entendais polir et bien huiler, sans toutefois le répudier ni le trahir. Le résultat, ne fût-il point parfait, me donna le plaisir de passer presque inaperçue et je m'en contentai, si je n'osai m'en satisfaire.

C'est un des ces étés-là, tout aussi bien, que j'avais entrepris de prendre des bains de soleil. Je m'exposai donc, assez raisonnablement me semble-t-il, presque nue au soleil vers le fond du Coudert par derrière la haie, non loin de l'apier bourdonnant où ne venait jamais personne, et surtout pas à ces heures-là. Je dus m'y prendre correctement puisque je n'eus pas la moindre insolation, ni la plus petite trace de brûlure. Mais aussi je ne bronzai pas beaucoup à mon grand regret – un peu le dos, mais le ventre restait d'un blanc grisâtre, et les bras même ne valaient guère mieux.

Mais peut-être n'est-ce que plus tard que j'eus l'idée de rejoindre Odette, la sœur du Mémé, dans ce champ voisin du nôtre, juste au-delà de la route sur l'autre versant du col, alors qu'elle guidait les vaches pour son père, en train de passer la herse. Il y avait longtemps qu'Odette et son frère avaient quitté l'école primaire de Surdoux pour aller à celle du Mazeleigue. Leur père, disait-on, s'était fâché avec l'instituteur. C'est qu'il ne se laissait pas faire, le Félix! Et quand il avait une idée derrière la tête!... Ensuite j'étais allée à la pension, nous nous étions perdues de vue. C'est ce soir-là que nous nous retrouvâmes et peu importe que le père Félix ait eu du mal dans son travail à cause de nous. Nous l'entendions qui soulevait ou retenait la herse :

– En haut... En bas... *Li a pas de gost, quo es ço que!...*

Et encore :

– *Grapalhon!*

Eh oui! « En haut... En bas... Elle n'y a aucun goût, c'est la raison! Petit crapaud! » Les vaches nous suivaient, de loin, de travers. Nous ne savions pas, au juste, si le père Félix interpellait l'attelage, ou bien nous, les deux bourriques qui se fichaient complètement du travail. Oui, qu'importe! De ce jour nous fûmes amies, et jusqu'à cette heure.

Il y avait eu les légumes jeunes, oui, la salade et les petits pois, les groseilles et les cassis. Il y avait eu le travail, la poussière des foins dans la barge, les javelles et les gerbières et le gerbier. Les vaches à garder, les têtards dans les rigoles. Et cette bruyère en haut du talus, où je taillai naïvement, du bout des doigts, un château fantôme. Et j'avais mon cahier à dessin, où j'avais dessiné en couleurs des visages, des coins de maisons, et ma chienne Rita – Rita la rouge, la toute belle, avec ses yeux triangulaires et son petit nez rose. Elle était belle, ma Rita ! Oui je l'aimais avec tendresse, et quelquefois je me couchais contre elle, la tête dans sa belle robe rousse. Ou bien j'allais marcher autour du pré, dans la châtaigneraie ombreuse, celle des Varachoux, et celle de la Combe des Bœufs, où l'on trouvait des champignons, parfois une poignée de cèpes jeunes, quelques girolles, une touffe de myrtilles mûres...

Les bordures du Pré, le long de la Fontfrège et de la Châtaigneraie, donnaient aussi des cèpes, par couvées, dans l'herbe fine et la mousse des talus. Et il y en avait d'autres, un peu plus jaunes, un peu plus roses, un peu plus friables, et comme transparents, le long des rigoles sèches, mais je n'aurais pas juré qu'ils étaient bons, même s'ils ne bleuissaient pas aux cassures. On avait entendu parler du terrible bolet satan, et c'est vrai qu'on le craignait plus que le diable, aussi rejetait-on tout ce qui change de couleur, et notamment le cèpe à pied rouge et le queue-grise, et tout ce qui n'était pas reconnu par la blancheur de sa chair et le galbe de son pied. Je n'en savais pas beaucoup plus, même si je commençais à identifier quelques russules, quelques lactaires, et aussi les rosés des prés. J'avais aussi repéré les oronges et, ceux-ci, mes parents les reconnurent, surtout pour en avoir beaucoup entendu parler, et ils s'en délectaient. Moi, j'aimais toujours les chercher, les trouver me restait une fête, mais je n'en mangeais que guère – si peu que rien.

Et la fin de septembre apportait les premières châtaignes, fallût-il les arracher des bogues. Quel regret si j'avais dû partir sans en faire bouillir au moins une poignée !

Je pense que je commençai dès cette année-là à emporter de quoi écrire avec moi dans mes promenades. Ces « phrases » que je composais inopinément dans ma tête à quelque occasion imprévue ou sans cause apparente, cela m'agaçait de ne pas être capable de les transcrire par la suite. En fait, il y avait des années que cela durait, peu ou prou, mais maintenant cela prenait un caractère d'urgence et de nécessité tout à fait inattendu. Parallèlement, il y avait des copines, celles avec qui on échangeait des lettres. Il n'y avait pas qu'elle, mais Yvette était bien la plus chère de mes correspondantes, et celle à qui j'écrivais le plus.

J'étais justement en train de lui écrire, ce jour-là, un avion passa. Je l'entendis, il devait voler très bas – je ne me souviens pas d'être sortie pour le voir, on avait encore cette habitude – en tout cas, je ne le vis pas, mais j'en parlai à Yvette, en ajoutant : « Pourvu qu'il ne parachute pas ! » La crainte du parachutage d'espions ennemis courait par les campagnes, entretenue par une gendarmerie zélée. Nous avions déjà eu la visite de ces messieurs, un soir de soleil rasant – hélas ! nous n'avions rien vu, mais sait-on jamais.

Ce jour-là, il en alla tout autrement. Ce devait être la Toussaint. Mon père hersait du blé qu'il venait de semer à la Cime du Puy. Mes grands-parents arrachaient les pommes de terre au Tapissou, un peu plus bas sur la pente qui donne vers Chamberet. Cette parcelle s'appelle le Tapissou parce qu'autrefois il y avait là non pas un, mais deux « tapis » de bruyère, l'un de bruyère rose, l'autre de blanche, d'une espèce qu'on ne trouve pas dans la région, deux places bien délimitées, qui ne s'agrandissaient ni ne diminuaient d'une année sur l'autre, et qui semblaient avoir été plantées exprès. On les considérait comme une marque, ou même un signe. Mais quand on défricha les communaux, au début du siècle, marque ou signe, les « tapis » furent déracinés et ne repoussèrent pas. Seul resta le nom, surtout dans la mémoire de la Marraine, et moi je n'en parle que par ouï-dire. Bref, à l'automne 1939, mes grands-parents y arrachaient les pommes de terre, ce jour-là. On leur avait apporté la soupe, et ils la mangeaient, assis sur l'herbe de la tournière au bord de la forêt.

Un avion passa. Ils le regardèrent passer, d'autant qu'il volait fort bas et, leur sembla-t-il, juste au-dessus d'eux. Il eut tôt fait de disparaître derrière le puy, et eux continuèrent à manger. Soudain, que voient-ils ? Un groupe d'hommes armés montait vers eux – oui, armés, le fusil de chasse à la main.

– Tiens ! dit mon grand-père, ils chassent le sanglier.

Il avait été question d'organiser une battue quelques jours plus tôt. Les autres cependant se rapprochaient, l'interpellant :

– Vous l'avez vu ?

Et lui :
– Vous l'avez levé?
Et eux :
– Il s'est bien posé là?
Et lui :
– !!!
D'autres groupes arrivaient, les uns frais et gaillards, certains suant, soufflant. Les gendarmes en grand équipage.
Et eux :
– Il s'est posé. Nous l'avons vu.
Et lui :
– Le sanglier?...
Et eux :
– L'avion. Il s'est posé. Vous l'avez bien vu?
Et lui :
– Je l'ai bien vu, mais il ne s'est pas posé. Si vous voulez l'attraper, vous pouvez courir! Il est loin...
Ils étaient maintenant quinze. Ils étaient trente. A ce que dit mon grand-père, les avis furent partagés. Les uns disaient que, de si près, ce n'était pas possible qu'il n'eût rien vu. Et d'autres qu'il mentait, qu'il voulait cacher les espions ennemis. Et d'autres qu'on avait mal vu, que l'avion ne s'était pas posé, qu'on les avait amenés là pour rien comme des cons. Chacun y allait de ses raisons. Les plus hardis s'élancèrent. Ils étaient sûrs, du champ de foire ils avaient vu l'avion raser le sol, rouler un peu, s'arrêter au bord du plateau. Et mon grand-père :
– Eh bien! allez-y voir!
Ils y allèrent. Du plus loin qu'il vit ces gens en armes, mon père pensa au sanglier :
– Vous l'avez levé?
Et eux :
– Vous l'avez vu?
Non, mon père ne l'avait pas vu. Et le quiproquo recommença, entre l'avion qu'on avait levé et le sanglier qui s'était posé. Cependant qu'une autre troupe de porte-fusil donnait l'assaut par le Pissechien, histoire de prendre l'ennemi à revers. Et ils n'en voulaient pas démordre, ils avaient vu! Enfin... l'un d'eux avait vu, du champ de foire, avec des jumelles. Il avait vu l'avion baisser sur l'horizon, et disparaître, et quelque chose qui roulait au sol jusqu'au bord du plateau.

– Mais où serait-il, cet avion?
– Envolé, tiens!
– Vous l'avez vu s'envoler?
– Non, mais...

Et n'accusait-on pas mon père de herser son blé à seule fin d'effacer les traces?... Car enfin, de Chamberet, de Treignac, d'Uzerche même, on avait vu cet avion baisser sur l'horizon, et disparaître. Difficile de reconnaître qu'on avait jamais remarqué que n'importe quel avion finit par disparaître à l'horizon, et plus encore que l'on a pu prendre un attelage traînant sa herse suivie d'un humble paysan pour un avion de guerre. Imaginez pourtant le profil...

Je pense que mes parents n'eurent même pas le temps d'avoir vraiment peur, sous le coup de la surprise, et de fait il n'arriva rien, et même ils en rirent, dès le début, et tout au long de leur vie. Disait mon père :

– Une fois on m'a pris pour un avion...
– C'était surtout les bœufs, reprenait ma mère. Toi, tu n'en représentais que la queue.

Non, ils n'eurent pas vraiment peur. Nous non plus quand ils nous racontèrent. Il est vrai qu'à ce moment le danger était reparti. Cependant... à la lumière de ce qui se passa ensuite, cependant ce danger n'était peut-être pas si négligeable, en dépit, ou à cause, du ridicule.

Je suis persuadée, quant à moi, qu'il reste encore dans les mémoires du côté de Chamberet, de Treignac ou d'Uzerche, un avion ennemi posé sur le puy de Germont. C'était mon père et ses bœufs Baron-Rouget, qui hersaient le blé.

Oui je l'ai dit déjà, il y avait toujours des bœufs à la ferme. On les gardait longtemps, chaque couple dix ou quinze ans. C'est qu'il n'est pas si facile d'élever une paire de bœufs. On les choisit tout petits, presque à la naissance, du même âge, de conformité semblable, avec un poitrail développé plutôt que culards. On doit bien les nourrir, mais pas les engraisser, éviter surtout qu'ils ne fassent la monte. Entre deux et trois ans, il faut qu'ils soient castrés, déjà accoutumés au joug, mais ce n'est qu'après trois ans qu'on les met vraiment au travail. Et l'on a souvent des déboires, des cornes incompatibles, une bête sournoise ou paresseuse, ou mal portante, ou trop petite, ou trop grande... ou bien le vieux couple doit être changé trop tôt, ou bien il témoigne de trop de vitalité, bien dompté, pour être remplacé par des jeunes à la valeur aléatoire. Ou bien, ce qui arrivait souvent chez nous, on n'a pas pris le temps ni la patience de les dompter. Et j'ai vu vendre souvent des jeunes tout juste sous le joug, et en acheter d'autres qui ne valaient guère mieux. Il y en eut même un qu'il fallut faire abattre parce qu'il s'avéra tuberculeux, peu de temps après l'achat. Il nous fallut le remplacer, et ce ne fut pas rien. Un autre, qui venait de Forsac, traîna la patte tout un an, avant de devenir une bête exemplaire de force, d'endurance, de douceur. Le vétérinaire nous dit qu'il avait dû coucher dehors dans des prés humides, ce qui n'est pas sans danger. Mais il y aurait tant à dire sur ces bêtes magnifiques qu'on appelait *Roge*, le rouge – *Baron*, celui qui avait les cornes baissées – *Malhot*, le fort – *Brunon*, le rouge foncé aux cils bruns... Chez nous, chez les voisins, les mêmes noms revenaient souvent.

Tant à dire! Alors que je traînassais par les bois, les prés ou les chemins, avec mon cahier sous le bras, un vague à l'âme qui, à la vérité, ne mérite aucun autre nom, en cet été 1940 que rien ne marquait vraiment. Il y avait le poids de la défaite, quelque chose d'empoisonné qui flottait dans l'air. Il y avait ce sentiment déprimant que je portais en moi quelque chose – quelque chose que je devais dire, écrire – mais quoi? Mais comment? Si je cherchais, je ne trouvais pas. Si je voulais ne pas y penser, cela criait l'urgence. Cela ne me laissait pas en paix. Certes, j'aurais pu reprendre mon cahier de souvenirs. Je n'en avais pas envie. Raconter? Noter? Il ne se passait rien. Rien qui fût digne de mémoire. Et puis, le dire pour qui? Pour moi? Je le savais bien, moi, ce qui s'était passé. J'avais rencontré Odette, la sœur du Mémé. Odette était venue, l'autre, celle qu'on appelait Titi. On avait passé l'après-midi ensemble. On s'était fait cuire un œuf pour le goûter – ou bien on avait fait du chocolat, dans la casserole à trois pieds sur les braises... Il n'y avait pas de braises, mais quelques branchettes à moitié sèches dont le tison fumait... Le chocolat aurait le goût de fumée. La Marraine l'avait bien dit, en limousin :

– *Si es fumat, sera femela...*

Et nous avions bien ri, de ce chocolat fumé, qui serait donc femelle... Oui, on s'était bien plu, on avait bien ri... Mais pourquoi le raconter? Pourquoi le dire? Est-ce que cela pouvait amuser quelqu'un? Faire rire quelqu'un? Intéresser quiconque?... Yvette, peut-être, ou Alice, ou une autre... J'écrivais à l'une, parfois à l'autre, mais Alice ne répondait pas beaucoup. Quelqu'un qui ne répond pas, c'est comme s'il n'avait pas entendu.

Je me revois sur la petite route, vers le Trech. J'étais assise par terre, le bloc tout blanc sur les genoux : à côté de moi, l'encrier. J'écrivais. J'essayais d'écrire. Quelquefois me venait une idée, que je notais par-ci par-là, sur cette page, sur une autre. Ici je tentais un dessin, là une tache d'encre – ailleurs une phrase barrée, ratée, recommencée. Ça pouvait ressembler, à peine moins spontané, au cahier d'un enfant de trois ans qui ne sait pas écrire. Or, c'était bien ça, tout le problème : je ne savais pas écrire.

Bien sûr! le problème aurait pu n'être que celui de la solitude, la recherche d'un truc pour passer le temps. Je n'avais plus personne avec qui jouer. Les Petits étaient loués, René chez sa tante et le Matou je ne sais où, je ne les voyais plus. D'ailleurs trois ans de cloître n'avaient-ils pas suffi à oublier les garçons, à en faire une race à part, dont il fallait se méfier comme de la peste? Il n'y en avait pas dans le voisinage, bon débarras! Quant aux jouets... Je n'avais rien à foutre de la bagnole, et les poupées ne m'avaient jamais tant amusée, que maintenant je les prisse en compte. J'avais posé Lucette sur un meuble, d'où elle me lançait parfois un regard amical, souriant et bleu comme à l'ordinaire. Elle ne me reprochait rien et je ne la méprisais pas, mais à part cette tendresse inaltérable, nous n'avions vraiment rien à nous dire.

C'était ma dernière poupée. J'avais dû en parler à l'école, le maillot de bain qu'elle portait – et depuis je lui ai toujours refait le même, c'est Colette qui l'avait tricoté, l'année précédente. Quelle idée! Je ne le lui avais pas demandé, et si j'avais fourni la laine, c'est elle qui me l'avait demandé, sans doute pour s'occuper les doigts, pendant un temps de loisirs. Il se trouva que ce maillot allait à merveille, comme s'il avait été fait sur mesure!

Hé! sans cela, je n'aurais sans doute pas le moindre souvenir de Colette, je ne me rappellerais même pas son nom, alors qu'encore maintenant son visage peut resurgir devant mes yeux – son visage, ses mains, son sourire, son tablier de toile blanc – avec une précision d'eau-forte. Je dirais même la teinte de ce tablier, qui n'était pas vraiment blanc, mais de toile écrue blanchie au lavage.

Non, les poupées, c'était vraiment fini. Je me rappelle ce jour, pourtant, en première, quand nous avions parlé avec un professeur – lequel? – du passage de l'enfance à l'adolescence. Cet élan de mes compagnes, ce cri d'espoir à l'idée qu'elles seraient bientôt grandes, adultes, ce désir d'être déjà des jeunes filles, et comment, du moins en paroles, elles rejetaient l'enfance. J'en restai tout ébaubie. Je n'avais pas encore pensé à ces choses, moi. Si j'y avais pensé, je n'avais pas objectivé ma pensée. Il ne me serait pas venu à l'esprit seulement de la formuler. De toute façon, ce jour-là, je me dis, et même je dis, que ça m'ennuyait, moi, de devenir grande fille, qu'il le faudrait bien, inévitablement, mais que je regrettais de ne pas rester enfant. Et c'était vrai, je le regrettais amèrement. Depuis ce moment mémorable, plus d'un an s'était écoulé. Je courais ma quinzième année. Il fallait bien en prendre son parti. Même, à Malplane, je me souriais dans la grande glace, et quoi qu'on pût m'en dire, mon visage n'avait rien d'horrible et ma silhouette ne me déplaisait pas. Je n'en demandais pas davantage. Je n'enviais ni les stars, ni les belles grandes jeunes filles minces que je me contentais d'aimer, en toute innocence et sans la moindre jalousie.

Celles que j'enviais un peu, moi, c'était celles qui réussissaient l'inévitable poème. Je l'ai dit, une fois dans l'année, la composition française pouvait être écrite en vers, et je me revois, suant sur ce sonnet dont les premiers quatrains, mon Dieu, n'avaient pas si piètre allure. Quand j'en vins au tercet – au dernier tercet – misère! Ça n'aurait pas dû être si compliqué, pourtant. Il me fallait une rime en *ille*. Il y en a sûrement des rimes en *ille* – il y a bien fille, ville, et Séville, et chenille, et, la plus appropriée, il y a bien cheville! Il y avait sans doute, et j'en dus bien trouver. Aucune ne disait, ne voulait dire, ne me permettait de dire, même à peu près, ce que je pensais moi, ce que je voulais dire. Et voilà qui me riva mon clou, et m'empêcha de planter ma cheville.

Yvette, elle, s'en était bien tirée. Ça n'allait pas loin, mais c'était joli, et ça tombait juste. Et moi je restais là, langue pendante. Mais comment aurais-je pu dire, osé dire, moi, alors que les autres glissaient doucement sur « ce tapis ouatiné », mais comment dire ce que je commençais à entrevoir – mais comment oser l'image ? la vision ? le scandale ? – comment dire qu'elle était là, la neige, comme une belle femme brillante étendue, nue dans sa peau et ses bijoux, blanche de chair et cheveux noirs, et ce qui s'ensuit... Même aujourd'hui, ce n'est pas si facile de le dire ! Et dans les quatorze lignes d'un sonnet, certainement j'y renonce ! Oui, je les enviais un peu, ces aimables poétesses d'un jour. Mais, quelque part, je m'amusais de leur réussite. La poésie, ce n'était pas ça. Ça ne pouvait pas être ça. Néanmoins je croyais, et je crus encore assez longtemps, que la poésie se trouvait dans les vers et les rimes. La lecture du *Spleen* et des *Poèmes en prose*, qui m'enchantait dans l'ombre de Mélaine, ne m'avait pas pourtant même laissé envisager qu'il pût en être autrement. Je les appréciais sans les voir, sans savoir, comme on avale un gâteau sans se demander comment on l'a fait, avec quels sucres ni quels sucs, sans rien imaginer de la farine ni des œufs.

D'ailleurs je dessinais de plus en plus, au crayon, en tirant avec le doigt sur les ombres. J'y acquérais de plus en plus d'adresse. Et le dessus noir de ma table de classe, encore neuf, s'ornait de toute une rangée de squelettes humains, à l'encre violette, une encre qui luisait de reflets verts et d'irisations rouges dans le soleil. Ces squelettes venaient du cours de la mère Goon. N'était-il pas question, dans un texte de notre livre *L'Anglais vivant*, de ce garçon qui dessinait des squelettes ? Pourquoi n'en aurais-je pas fait autant ? Cependant, ma manie à moi s'arrêtait aux contours de ma place, et n'envahit pas audelà, ni mes cahiers ni mes livres.

Hé ! Vous l'aurez remarqué à la lecture de ces lignes, avec quelle complaisance je parle de moi-même, de ma naissante perspicacité, de mes innocentes fantaisies. Hé! Si je n'avais pas voulu le faire, et le faire ainsi, si je n'y trouvais pas quelque plaisir – dont l'arrière-goût peut-être vous échappe – je ne le ferais pas. Mais pas du tout. Je regarderais quelque chef-d'œuvre à la télévision. Ou même j'irais couper les ronces qui envahissent le jardin. Ou encore je chercherais quelque intérêt aux histoires méchantes, médiocres, et grossières de monsieur Proust, je me laisserais bercer par ce merveilleux style, où l'on peut plonger comme dans de la crème, s'y noyer, s'y endormir, jusqu'à oublier de crier vers l'homme :

– Mais qu'est-ce que tu fous là?...

Il n'écouterait pas, c'est vrai, il est mort; ne serait-il pas mort qu'il n'entendrait pas, il est chez lui, il est content, il nage dans la crème, il s'enchante à ses propres paroles, il dort.

Or, c'est de même que je m'enchante, et sinon à ma propre merde, à ce peu qu'il en reste dans ma mémoire, ai-je dit, une langue de sable laissée par la pluie qui ruisselle au chemin, avec dessus le brillant satiné d'une bave légère.

En ces temps heureux, je ne lisais pas Proust. Et même cette année-là, nous n'eûmes que peu de livres, la bibliothèque étant restée dans nos bâtiments. Avec nos quotidiens voyages, d'ailleurs, aurions-nous trouvé le temps de lire autant qu'à l'ordinaire? Ce n'est pas certain.

Fut-ce encore ce même été? Chez la Nini, la coiffeuse, je m'étais fait couper les cheveux courts, très courts. J'étais blonde. Quelques rinçages à l'eau oxygénée y avaient suffi. La Nini me réussit un bel indéfrisable, tout de bouclettes, un vrai mouton. La frisure s'estompa vite, avec la blondeur, mais le bout resta suffisamment bouclé pour me satisfaire pendant des mois.

Enfin, de l'hiver, du printemps, de l'été, cul par-dessus tête l'année passa, et septembre, et ce fut de nouveau la rentrée. Nous allions retrouver la boîte, les grandes salles nues, plus nues de ne pas avoir recouvré tout ce jeu de dessins d'élèves dont les ornait Mme Parizet. Certains de ces dessins étaient jolis, charmants, et même ceux qui, souvent, manquaient d'aisance ou de grâce, faisaient à leur place une tache de couleur, un motif qui chaque fois ajoutait à l'ensemble, ne fût-ce que sa naïveté, mais surtout lui apportait un équilibre. Cela aussi nous le retrouverions, mais déjà nous rentrions dans nos habitudes, le réfectoire, le grenier... surtout voici nos allées, nos marronniers et nos tilleuls, et les cyprès du petit bois, le jet d'eau et les roses.

CETTE fois, je faisais définitivement partie des grandes. Nous nous retrouvâmes dans la salle d'étude, comme deux ans plus tôt. Sans demander l'avis de personne, je pris place cette fois au premier bout du premier rang, et personne ne vint me la contester... Elle n'était pas si bonne, d'ailleurs! Quand je levais la tête, il y avait juste en face cette fenêtre, qui n'était plus une fenêtre parce qu'en notre absence on l'avait ouverte en porte-fenêtre sur le plus haut palier de l'escalier de secours. Auparavant, nous n'avions pas d'escalier de secours. En devaient faire office l'un pour l'autre, je pense, ceux qui descendaient sur la partie centrale de la galerie, à chaque bout... Il y avait aussi, au premier, l'escalier personnel des appartements directoriaux – mais celui qui s'amorçait dans la salle à provisions, et qui avait probablement été celui de la chapelle, aboutissait-il quelque part?...

Bref, la connaissance et la vue de cet escalier, qui avait son jumeau au bout de l'autre aile, voilà qui aurait dû me rassurer. Il n'en était rien. Ce n'était pas que cela me fît penser à l'incendie possible. Que non pas. C'est que cela me donnait le vertige – la nausée du vertige. J'ai essayé plusieurs fois, cet escalier, de monter jusqu'en haut – jusqu'au premier étage, passe. Au-delà, j'avais beau m'accrocher à la rampe, il y avait ce balancement qui me lançait dans le vide. Or je viens tout juste de le comprendre : nous n'étions ici qu'au premier étage! De toute l'année de troisième que j'y passais, à cause de cet escalier, je me crus – je me voyais – je me sentais au second. Pourtant je l'ai toujours su ! Au second, c'était les dortoirs, le petit et le grand. Celui des troisième qui donnait sur la façade. Il n'avait pas d'escalier de secours.

Mais ce qui me gênait plus encore que le vertige et que le courant d'air qui venait de là, c'est qu'au-delà des carreaux se voyait la rampe, peinte d'un rouge minium éclatant sur la verdure des tilleuls et la luminosité de l'air : chaque fois que s'y posait mon regard, détournant la tête j'emportais, gravée dans mes yeux, cette rampe verte, puis rouge, puis verte, puis bleue, puis comme un trait de feu, qui semblait s'incruster sur les murs, au tableau, découpant la chaire et le professeur en une œuvre éclatée du meilleur Picasso. Je ne connaissais pas Picasso, pas encore. Si ce va-et-vient du regard m'amusait quelquefois, avec les sept couleurs de l'arc-en-ciel plus quelques autres qui n'ont pas de nom, sinon dans l'univers des métaux fondus et peut-être de l'*Apocalypse*, s'il m'arrivait d'en faire un de mes jeux secrets, et non des moindres, la plupart du temps c'était une impression pénible et parfois insupportable.

Avec notre classe, nous avions récupéré nos professeurs, Mlle Tauzin, Mme Lorit, et les autres qui restaient à leur place, sauf Mlle Bidault, dont nous n'eûmes plus de nouvelles. Pendant quelques semaines, nous enseigna l'histoire, une grande femme, forte d'autant plus qu'elle était enceinte et portait deux jumeaux. Je ne sais comment, nous la connaissions par son nom de jeune fille parce qu'elle avait enseigné l'année précédente à l'école de garçons, peut-être même chez nous, bien que ce ne fût pas dans notre classe. Entre-temps, elle s'était mariée et se trouvait dans cette position aussi avantageuse qu'intéressante. Naturellement, Andrée l'appela mademoiselle et le fit remarquer en douce comme un lapsus.

Alors qu'elle était là comme la tour Eiffel.

Une de ces facéties qui ne faisaient rire que nous. Elle fut bientôt absente, le terme arrivé. Alors nous vint une belle grande jeune femme dont le regard bleu – des grands yeux clairs à la Michèle Morgan – nous glaçait. A défaut de vive chaleur communicative, il nous fallut tout de suite lui reconnaître une parfaite compétence, ainsi qu'un jugement sans faille ni concession. Je ne dis pas qu'elle ne se trompait jamais, mais que de toute façon sa bonne foi ne pouvait pas être mise en cause, non plus que sa bonne volonté. Si bien qu'en ces temps, peut-être que je ne les savais pas mieux et certainement qu'il ne m'en reste pas grand-chose, mais j'étudiais mes leçons, autant de géographie que d'histoire. Nous en étions à la Révolution française. Et à la constitution géologique autant qu'économique de nos régions. J'y trouvai quelque intérêt. Oui. Me restent quelques notions de nos profondes couches telluriques... Et peut-être les fondements d'une certaine, j'allais dire conception... du pouvoir. Mais comment savoir, et comment dire, ce qui, de la contrainte ou de la prise de conscience, cultive en nous le mieux les racines profondes de la liberté?

Je me souviens pour ces premiers jours de deux devoirs de français. Je pense que le professeur voulut d'abord tester ce qu'il nous restait de style après ces longues, si longues vacances : nous eûmes à nous exercer sur le gamin vantard qui s'invente toute sorte d'exploits futurs ou passés. Et je me rappelle que le mien voulait chasser les Boches. Cela me valut une salutaire leçon de prudence. Les temps étaient changés, nous devrions désormais parler respectueusement des vainqueurs, ou mieux ne pas en parler du tout, et surtout n'en rien écrire. Ce n'était pas parce que nous étions en zone libre – du moins non occupée – que nous pouvions tout nous permettre. Avec un petit frisson dans le dos, je m'aperçus tout soudain que la défaite était passée bien loin de mon esprit, et que le flot de réfugiés qui avait inondé Chamberet jusque dans les derniers recoins de campagne, ce n'était pas pour rien qu'il s'était figé là, dans un imperceptible reflux. Eh non! La réalité – une certaine profondeur de la réalité – avait bien du mal à me parvenir.

Pourtant, par certains côtés, elle nous frappait de plein fouet. Ne fût-ce qu'au réfectoire. On voyait là, d'entrée, que nous étions beaucoup moins nombreuses. Il devait en être ainsi depuis l'année précédente, mais le changement de locaux masquait les faits. C'est qu'en effet la guerre avait mobilisé plus d'un père, et la famille ne pouvait pas toujours pallier son absence. Combien d'années d'études, parfois ostentatoires il est vrai, mais peut-être importantes, furent alors perdues... Oh, ce n'est pas quelque chose à quoi je pensais en ces jours-là! Mais la nourriture, je le voyais bien, n'était plus la même.

Encore n'étions-nous pas à plaindre, pas du tout, sauf pour ce qui est du pain. Ce n'est pas qu'il n'y en eût pas assez. Il y en avait de reste, et pour cause : il était immangeable. Blanc. Blanc si blanc qu'on aurait dit du plâtre. Mais l'odeur ! Mais le goût ! A y regarder de près, on y remarquait une infinité de petits points noirs – était-ce de la moisissure ? Était-ce quelque produit dénaturant ? Nous options pour la moisissure, histoire de nous rassurer, mais le goût n'était celui de rien que nous aurions pu connaître. Il est vrai que notre expérience pouvait aller jusqu'à la moisissure du pain, non point jusqu'à celle de la farine, encore moins celle du blé. Ce pain dura des semaines – des mois. Ensuite, il fut peut-être moins blanc, et nous n'avions plus de quoi en nourrir les porcs comme avant, mais c'était du pain et nous n'y prenions plus garde.

Des porcs, on en nourrissait, pourtant, un ou deux en permanence. On les tuait. Plus d'une fois, j'en vis les quartiers pendus au réfectoire, le soir tard étant redescendue chercher quelque livre oublié ou quelque mouchoir perdu. Et, de temps en temps, nous avions du petit salé à table, avec des pommes de terre et des choux. De toute façon, la véritable pénurie, je ne l'ai pas connue à Saint-Léonard. On pouvait même douter qu'elle existât.

L'autre devoir de français que je me rappelle ouvrait la porte d'une ère toute nouvelle dans nos préoccupations littéraires : le commentaire de texte. C'est que, jusque-là, on nous avait demandé d'inventer, ou de raconter, ce qui pour moi revenait au même, car je racontais rarement des faits réels – peut-être jamais – et on nous demandait maintenant d'analyser, de discuter, de critiquer, de réfléchir sur la création des autres. Fichtre ! Il en fallut du temps, pour comprendre ! Et du temps pour y parvenir, même un peu. « Les faits sont des fruits, les mots sont des feuilles »... Ce que cela signifiait, on le comprenait d'emblée, y avait-il besoin que Mlle Tauzin nous l'expliquât, comme elle fit, pendant près d'une heure ? Il devait y en avoir besoin. Je transpirai encore longtemps sur le sujet avant d'en tirer quelques pages qui ne méritèrent même pas la moyenne. Comme tout ceci me semblait vain ! Du bavardage qui s'ajoutait à du bavardage... Il me fallut longtemps, oui, pour comprendre que l'évidence n'est pas forcément évidente, qu'elle peut se masquer elle-même de sa propre apparence, que l'on peut provoquer autour tel mouvement d'idées qui en arrache d'autres évidences, certitudes ou questions nouvelles qu'on n'avait pas prévues. Que le blanc d'œuf se monte en neige, que la roche cassée se révèle en structures possibles – tant d'analogies, de ressemblances, de rapprochements, d'allusions, d'illusions, de chocs et de collusions... qu'on n'avait pas imaginé possibles. Non, je ne compris pas d'abord. Néanmoins j'assimilai le mécanisme, suffisamment pour me tirer d'affaire à l'avenir, assez honorablement. C'était un nouveau moyen de faire fonctionner sa cervelle, voilà tout.

L'illustration de contes, que nous proposait Mme Parizet, en était une autre, à laquelle je m'abandonnai de toutes mes forces. Décidément, j'étais bonne en dessin. Les copines me demandaient des conseils.

– Et quelles couleurs emploies-tu?

– Du bleu du vert du jaune et du rouge...

Je disais cela très vite, sans les virgules. Il y avait aussi le noir et le blanc, pour délayer tous les gris. Quand elle nous demanda un projet de papier peint, je fis un tout petit dessin, vert et bleu, pour lequel je m'étais creusé la mémoire en m'efforçant de penser aux bouleaux du Pissechien. Le résultat ne ressemblait pas du tout au Pissechien, cependant il était vrai, plus vrai que vrai. Pour moi, c'est le dessin qui était vrai. Je dus le transposer en rose sur du papier rose qu'on avait encore parsemé de petites taches blanches et roses en soufflant dessus avec un fixateur. Au lieu du fixatif, le professeur nous faisait délayer de la couleur dans un petit flacon, il ne restait qu'à souffler. D'autres travaillaient au pochoir... Il y eut aussi un projet d'affiche. Je me rappelle le projet d'Yvette, avec des collines de diverses couleurs, violettes, noires, bleues... J'ai complètement oublié le mien.

C'est pendant un de ces cours de dessin, alors que je marchais par la classe, m'occupant de tout autre chose que de mon propre ouvrage, que Gilberte entra. Je ne sais plus qui l'accompagnait – une surveillante, peut-être même Madame. C'était une fille rose à lunettes, ses cahiers à la main, la tête un peu baissée sur son tablier bleu. On la présenta et elle s'assit, derrière moi au bout du troisième banc, la place étant libre. Nous sûmes bientôt qu'elle était réfugiée, de Lorraine, et elle devint mon amie. J'avais déjà des amies. Yvette, qui avait sa place à ma gauche cette année, au lieu de la droite à Malplane. Alice, ma cousine, n'était pas rentrée, mais derrière moi étaient Yvonne, la petite qui restait fidèle depuis le cours préparatoire, et Suzanne, son amie. Il y avait aussi Andrée quelque part, Simone et quelques autres. Sur le premier banc étaient encore plusieurs externes, Anne-Marie, Renée, Fernande... avec qui j'avais les meilleurs contacts, mais qu'on ne voyait que peu, justement parce qu'elles étaient externes.

En fait, elles n'apportaient pas beaucoup l'air du dehors. On avait plutôt l'impression, le temps de la classe, qu'elles s'intégraient chaudement dans le cocon de l'internat... Ce que nous savions d'elles, si peu! L'une était de parents paysans, et l'autre fille de pâtissier... Fernande retenait un peu plus l'attention, parce qu'elle était protestante. Son livre religieux ressemblait à notre missel. « Au commencement était la Parole »... Tiens... nous on disait « le Verbe »... Quelle Parole? Quel Verbe?... Ou bien n'était-ce que des mots, de ces mots qui tombent comme des feuilles? Nous étions un peu déconcertées. Décidément, le commentaire de texte n'est peut-être pas tout à fait vain. Pauvre Fernande! Elle est morte voici quelques années dans une explosion – un incendie – qui l'emporta avec son mari et ses petits-enfants. Ainsi le destin parfois efface tout, d'un trait.

Au début, il y avait avec nous une dizaine de redoublantes, qui avaient dû rater le brevet élémentaire. Je me demande dans quelles conditions avaient été passés les examens, il est vrai, et si même avaient eu lieu les sessions de juin. Comme je n'en avais pas en vue, je n'avais guère dû y penser du fond de mon lit. Au reste, il n'y avait guère de sympathie entre ces jeunes filles et moi, la plupart, mais nous cœxistions assez paisiblement quand un nouvel ordre vint nous les prendre pour les renvoyer en classe de quatrième, avec leurs anciennes consœurs brevetées. Je ne les pleurai pas. On se desserra quelque peu sur les tables. Et la vie continua, où, certes que non pas, nous ne faisions pas de miracles.

Il se fit tout de même bien des choses, cette année-là. Très tôt, nous eûmes un filleul de guerre. Nous lui tricotions des chaussettes et des passe-montagne. Nous lui envoyions des colis, nous lui écrivions des lettres. Oui, nous qui n'aurions pas eu le droit de correspondre avec un ami d'enfance ou un cousin, nous avions le devoir de réconforter un inconnu comme notre propre frère. Pauvre garçon, je n'ai jamais vu son visage, même en photo, et je ne me rappelle pas son nom ridicule.

Ensuite, il y eut les fêtes. Je ne me souviens pas de celle de l'école. Fut-ce cette année-là que l'on joua *Les Romanesques*? Qu'il y eut une danse égyptienne par les quatrième? Et une danse hongroise par les seconde? Nous, nous ne fîmes rien – sinon peut-être des chœurs plutôt minables. Eh! pour les danses hongroises, c'est sûrement cette année-là. Je m'en souviens – c'est moi qui faisais les programmes. Du moins, j'en fis beaucoup. Le premier fut pourtant un désastre. Oh! je m'y étais appliquée – il y avait d'abord une bordure de fleurettes dans leurs feuilles, en un mouvement de rinceaux, et le centre illustrait la fameuse danse. Au-dessous, j'avais inscrit le mot « Programme ». C'était joli. J'étais fière de moi, on me félicitait – quand une s'avisa que Programme avait trois *m*. *Programmme*! Ô déception! Ô vergogne! Ô désespoir! J'en pleurai. Mais ensuite me vint une idée : je recouvris soigneusement le mot avec de la peinture argentée, avant de l'écrire à nouveau par-dessus avec deux *m*. Ce n'était pas ce qu'il y avait de mieux dans le décor, mais enfin... J'avais d'ailleurs tort de m'inquiéter, le chef-d'œuvre ne devait pas rester unique, on me demanda d'en faire d'autres, et c'est une dizaine peut-être que je décorai ainsi, non pas en copiant mais selon le même principe, fleurs et vrilles à main levée autour, danseuses au centre.

Et puis il y eut la fête de Jeanne d'Arc, et alors là! Ce n'est plus dix programmes que je dus décorer, c'est une cinquantaine. Et des affiches! Mme Parizet m'avait prêté plusieurs livres illustrés sur Jeanne d'Arc, si bien que j'avais toute licence de copier ces images, de les interpréter, de m'en inspirer, tout aussi bien que de faire n'importe quoi d'autre. Je me livrai donc sans retenue à ces petits jeux, avec peut-être plus de passion que d'art, variant dessin et couleurs, y passant les heures de loisirs, une part de celles d'étude, et la plupart des récréations. Ce ne fut pas moi, cependant, qui fus chargée de la blanche bannière qui devait frémir au vent du soir...

La représentation devait avoir lieu au Champ de Foire, tout en haut, où la scène était dressée, me semble-t-il, entre deux arbres. Il devait y avoir six tableaux vivants, ou huit, toute la vie de Jeanne. Tout d'abord, Jeanne jouait avec ses amies à la ronde de l'âne.

Notre âne, notre âne
a bien mal à la tête...

Ses compagnes parties, elle faisait ses adieux à la Meuse. Je revois Ginette, les bras ouverts, les bras tendus :

Adieu Meuse endormeuse et douce à mon enfance...

Puis les tableaux : Jeanne à Vaucouleurs – le siège d'Orléans, avec le cheval blanc et les échelles que nous tenions par derrière, à bras levés – puis l'évêque et la prison – et le bûcher pour en finir, où la sainte brûlait dans les feux de Bengale, avec un visage tragique et ce mouvement des bras qui ne pouvait être que d'une grande comédienne, Ginette naturellement. Les scènes héroïques, celle du cheval et les autres, c'est Raymonde qui les avait jouées – avec beaucoup de sérieux et de prestance. Mais le tragique, ma chère, le tragique ne pouvait s'exprimer qu'à travers une vraie tragédienne, et un authentique poète. Ginette, je l'ai nommée.

C'est que Ginette était poète. Elle écrivait des vers. On la voyait parfois dans les allées, le visage au vent d'un air inspiré en sa cape de scout, romantique parmi les brouillards du matin. Et... la mémoire vous joue des tours!...

Non! Et non... Et non! Ce n'est pas cette année-là que les grandes jouèrent *Les Romanesques*. Pas du tout. C'est bien plus tôt. Deux ans plus tôt. Renée, la blonde, était la demoiselle, et son amie Janine l'un des pères, et le jeune homme c'était Madeleine, celle qu'on appelait Lonlon... Pour la danse égyptienne – eh non, je ne sais plus, même si je revois Suzanne essayant sa coiffure – non, je ne sais pas. Ce que je sais bien, c'est qu'à nous personne ne demanda rien. Les actrices étaient les seconde, plus jeunes mais plus douées, qui s'en sortirent à merveille, autant à la fête de l'école qu'à celle de Jeanne d'Arc.

Elles avaient joué *Le Médecin malgré lui*. Ginette faisait Sganarelle, ça ne pouvait être qu'un triomphe ! C'en était un. Quelquefois, le soir, dans la salle de récréation, avec les montants de l'échelle horizontale pour déterminer la scène, elles le redonnaient pour leur plaisir et pour le nôtre, ajoutant au spectacle l'histoire de la mouche, celle qui a tant ri qu'elle s'est cassée la cuisse :

Laricot, lala !

et l'inauguration de la gare :

Y avait l'instituteur, le maire et le pasteur,
La femme du pharmacien qui dit du mal de ses voisins...

Dire que j'avais oublié ça !

Pour nos représentations, chaque année on louait quelques costumes, je crois. D'autres provenaient de malles au grenier. Les plus originaux, il fallait les faire, et sur mesure pour les danseuses. Pour Jeanne d'Arc, il en fallait beaucoup, la figuration était importante. Les robes furent somptueuses – en papier crépon. Les cuirasses luisaient comme d'argent, et les casques – c'était du carton, peint à l'argenture. Il en était de même pour les lances, les pertuisanes, les drapeaux : argenture, dorure, et papier crépon. Il faut dire qu'en ces matières-là nous étions passées maîtres. C'est que nous avions dû fêter un tout autre événement, et celui-ci, je ne peux me tromper d'année. Oui, pour nos fêtes, et fût-ce celle de la sainte, d'une année sur l'autre ma mémoire peut s'égarer, aller et revenir, mêler les faits avec les dates, effacer un visage, retrouver une voix sans corps, un sourire sans masque, des yeux sans leur voix. Il y a des gestes de la main qui passent, des mots sournoisement gravés sur rien, des silences... des actes manqués qui se réalisent, et d'autres accomplis qui laissent sur la faim. Il y a d'invraisemblables amalgames d'où surgit tout soudain quelque certitude – le profil d'un arbre, la chair d'une rose, l'odeur forte des tables de bois – et des certitudes qui s'effilochent – la saison, l'année, le matin ou le soir... l'ici ou l'ailleurs... Mais cet événement-là, il n'eut lieu qu'une fois, ce fut cette année-là et ce n'était pas, ça ne pouvait pas être, aucune autre : le chef de l'État vint nous visiter.

Il venait à Limoges, et devait faire un saut à Saint-Léonard. Tu parles d'un enthousiasme, et que cette chance, il fallait bien la souligner – la vivre, la magnifier ! On bâtit quelque part dans la ville un arc de triomphe. Peut-être y en eut-il plusieurs, mais celui-ci, c'est nous qui avions charge de le décorer. Je crois qu'il était à l'entrée de la ville, en face de notre propre entrée. Je n'ai pas travaillé dessus, même si quelques-unes, je crois, y furent déléguées pour placer les feuillages peut-être, les fleurs artificielles et les bâtons de maréchal certainement. C'est que nous en avions peint, de ces bâtons bleus, avec leurs étoiles d'or, qui ressemblaient au profil d'un os. J'ai bien dû y passer quelque après-midi – mais pas tant, peut-être, parce que les programmes ne me laissaient pas de répit. Je ne me rappelle pas avoir fait des fleurs. J'étais d'ailleurs bien trop maladroite. Mais il fallait voir, ces fleurs merveilleuses, les bleuets bleus, les coquelicots et les marguerites ! Géantes cocardes en papier crépon ! Un fil de laiton les nouait sur la tige. Enthousiasme et patrie !

Au grand jour, ce fut du délire. Le cortège défilait. On ne le voyait pas, certes, on ne voyait que le soleil, on en avait plein les yeux. On ne voyait rien, on n'applaudissait pas moins à tout rompre. Et quand le cortège était passé, on courait par-derrière, sur les bas-côtés, on passait devant pour l'attendre ailleurs. Au Champ de Foire, il y avait foule. Toutes les écoles d'ici et d'ailleurs. A notre droite, venus on ne sait d'où, de grands séminaristes maigres coulés dans leur soutane comme dans un tube, et qui scandaient d'une voix à la fois puissante et morne :

Vive Pétain ! Vive Pétain ! Vive Pétain !

Et nous, on reprenait dans un parfait désordre et dans l'allégresse de ce beau jour, de ce soleil, de la fête nouvelle :

Vive Pétain ! Vive Pétain ! Vive le Maréchal !

Il passa devant nous, tout près, distribuant des cartes avec son portrait, touchant vaguement quelque main çà et là. Il avait un visage fin, triste, avec les yeux bleus. Il était presque aussi beau que mon grand-père. Je l'ai bien regardé, je voulais voir si c'était vrai qu'il ressemblait à mon amie Gilberte. Ç'avait été une rigolade!

Au mur de la classe, derrière le bureau, il y avait eu, sur une grande feuille, les armes de Saint-Léonard, qui sont d'azur à trois lis d'or en chef, et portent le fameux verrou. On les avait ôtées, et remplacées par une image du Maréchal en médaillon sur le drapeau. Mais il y avait eu, un moment, un autre portrait du chef de l'État, un profil en noir et blanc, où se marquaient le nez courbe et les lèvres minces – le profil même de mon amie. Comme elle était née à Verdun, élevée par l'Assistance et sans parents connus, sans y croire, notre imagination s'en était donnée à cœur joie. On n'a pas souvent tel festin à se mettre sous la dent.

L'après-midi, il plut, de grosses gouttes, à verse. On nous avait conduites sur la place, non loin de l'église. Nous espérions revoir notre grand homme. Déception, il n'était pas là. Le discours nous était diffusé par haut-parleur. On entendait, mais je ne me souviens de rien. Je n'y comprenais pas grand-chose, il est vrai. Puis il y eut des grésillements, et l'on n'entendit plus que la pluie battante. Nous rentrâmes trempées, déçues, mais somme toute contentes. Nous écrivîmes à nos parents des lettres folles de ferveur. La patrie nous coulait dans le sang, l'eau qui ruisselle après l'averse. Ainsi commençait pour nous le règne d'un monde nouveau, plein de signes et d'espérance. L'espérance vous porte. Les signes, on les comprend plus tard.

Une autre espérance nous fut donnée de même. Nous étions tout de même quelques-unes à dominer le lot. Certes, nous n'atteignions pas les sommets de la classe suivante, ces deuxième A et B qui occupaient les deux classes contiguës, celles dont les portes ouvraient dans notre classe, juste au-dessus de la galerie. Quoique percé de ces portes, un mur épais nous séparait d'elles, nous ne les entendions pas. Il est vrai qu'elles n'étaient pas seulement intelligentes, mais sages, non seulement sages, mais studieuses. Les professeurs nous les donnaient sans cesse en exemple. Il y avait là Ginette, Isabelle et la grande Carmen. Il y avait Simone qui était mon amie, que j'appelais « cousine », sait-on pourquoi, et qui était au dire de son père « blond marmite », c'est-à-dire brune de poil et bronzée de peau, le visage rond avec des fossettes, un délicieux sourire. Un jour – une nuit, bien sûr, mais c'est le jour qu'elle me le conta – elle avait fait un rêve. Elle se trouvait là, debout entre trois rochers, et l'un portait cette inscription : *C'est ici que vainquit la rose, et que naquit la couronne.* Cependant qu'une voix disait : « Un jour, tu y seras. »

Je ne sais si elle souhaitait connaître le sens de son rêve. Nous en avons peut-être parlé, mais je ne m'en souviens pas. En revanche, ce qu'elle aurait voulu, c'était je pense en perpétuer le souvenir, car elle me demanda de lui dessiner, ou de l'aider à dessiner, l'événement. Elle dessinait bien, Simone. Mais les paysages des rêves ne se laissent pas si facilement dire, et moins encore revoir, et ne se prêtent pas du tout à la fantasmagorie picturale du rêve éveillé, et d'autant que nous n'avions, pas davantage l'une que l'autre, ni la technique, ni la patience, ni le talent, ni la maturité d'un tel exploit. Mais voilà qu'une fois de plus je dérive, et j'oublie mon propos.

Oui, dans cette classe il y avait Simone, Isabelle, Marcelle, et les autres. Il y avait surtout Suzanne, le crack des cracks, excellente en toutes matières, que ce fût le chant, le français ou les mathématiques, elle était admirable et tout le monde l'admirait. Vraiment, quel morceau de roi voué à la dévoration de la vie médiocre comme les vierges au Minotaure... Nous, du moins, n'avions pas à défendre de pareils appas. Médiocrité fut notre nom, indélébile, en quelque sorte générique, et jusqu'au bout. Nous étions quelques-unes, pourtant, à dépasser un peu. C'est pourquoi on nous suggéra – on nous proposa – on nous invita à nous présenter dès cette année au concours de l'École normale. Nous fûmes trois à le faire. Pourquoi pas ? Nous étions jeunes, nous aurions largement le temps de tenter une nouvelle chance avant d'atteindre l'âge fatidique. Et de toute manière, un concours n'est pas un examen. Il y avait une douzaine de postes à prendre, pas davantage, l'an prochain ce ne serait pas mieux... Il nous fallut remplir quelques papiers. Et nous attendîmes. Juillet était encore loin.

Il y avait eu quelques changements au cours de l'année. On nous délégua un professeur d'allemand, dont le puissant accent alsacien avait des relents de saumure et d'acier. Rien à dire, elle nous enseigna solidement les bases de la langue, et les bases, c'est d'apprendre par cœur les déclinaisons, les conjugaisons, les articles, et le reste. En anglais, la mère Goon prit sa retraite, la chère femme l'avait bien méritée, martyre de notre incurie, de notre insolence, de son accent méridional et de la mansuétude de son cœur. Elle interrogeait :

– Yes, or no, Miss...?

– Yes or no, Madam, yes or no...

Elle ne revint pas. L'avons-nous seulement regrettée? Nous n'eûmes pas le temps, elle fut remplacée très vite, et sans doute pour notre bonheur. Car le nouveau professeur ne manquait ni de compétence, ni de charme. Ce n'était plus une jeune femme. Son corps et son visage empâté évoquaient plutôt la maternité heureuse et largement mûre. Mais elle avait un affectueux sourire, et, surtout, de magnifiques cheveux longs, retenus en torsades autour de sa tête, d'une teinte auburn, foncée, très chaude, qui faisait valoir ses beaux yeux clairs. Sans se décourager de nos criantes lacunes, ni de notre profonde ignorance, elle nous accueillit en plein romantisme avec Longfellow, Keats et P.-B. Shelley, et Lord Byron le plus coriace morceau, dont nous avions si grand-peine à percevoir la mordante ironie, comme d'un couteau caché sous la surabondance des roses. Ce n'est pas une manière de dire : à la fin de l'année, j'en savais plus, deux fois plus qu'avant, ayant même pris conscience d'un savoir que je ne croyais pas avoir acquis, qui dormait quelque part, depuis les années précédentes.

Innovation extrême! Pour nous donner une notion réelle de la langue, Mme Mazères – c'était son nom – apporta un jour, et même plusieurs fois, un phonographe, et nous pûmes entendre, dans une diction correcte, les vers que je n'ai pas oubliés, *The Daffodils* :

Beside the lake, beneath the trees,
Flutring and dancing in the breeze

et encore :

The day is cold, and dark and dreary...
Thy fate is the common fate of all
Into each life some rain must fall
Some days must be dark and dreary...

Non, nous n'avions jamais vu ça. Nous ne le revîmes guère. Nous n'eûmes plus, de toute notre scolarité, l'occasion d'entendre un poème anglais, lu en anglais véritable.

Hé! cette même année, c'est aussi en anglais que nous pûmes apprendre cette vérité, qui ne vaut pas seulement pour la poésie :

A thing of beauty is a joy for ever. Its loveliness increases...

Un objet de beauté est une joie pour toujours. Son charme s'accroît sans cesse.

Je crois me souvenir que c'est de John Keats.

DE toute cette époque, de tout le temps du collège, certes je garde des documents. Mais j'ai résolu, et pas seulement par paresse, de ne pas les consulter avant d'écrire, ni en écrivant ces souvenirs. Il est vrai que cela m'éviterait des hésitations, peut-être des erreurs de chronologie, de citation ou d'orthographe – surtout en anglais. Mais je ne veux pas faire de mon récit une compilation, non plus exhaustive que forcément exacte. Je ne me soucie pas davantage de plaire ou de déplaire, ni d'assouvir toutes ces faims, ni d'agacer par des lacunes volontaires. Tout ce que je cherche, passion excusable de l'âge, ce sont ces images, cruelles ou tendres, ou banales ou drôles, qui me restent au cœur, parfois brutes et nettes, et parfois délavées, incertaines, floues – je l'ai dit souvent : une poussière d'écume sur la mémoire.

Il y a tout de même des choses dont je suis sûre. Cette année-là, notre dortoir, celui des troisième, était au second, entre la lingerie et le cours préparatoire. J'y avais trouvé une excellente place de coin, séparée de toute autre, au pied par l'allée centrale, à droite par le passage de la porte. De fait, on l'appelait *le dortoir des troisième* et certes, il y avait des troisième, j'en étais. Gilberte aussi, à l'autre bout de la rangée, quand elle fut venue. Mais autant que je me rappelle, il y avait surtout des seconde – Monique... Isabelle... Jeanne... Des ombres passent devant mes yeux, des visages, des noms... un brouillard. J'étais des plus tranquille, seule dans mon coin. Le lit était glacé. J'y risquais la pointe des pieds. Brrr! Brrr!

C'était aussi froid, pensais-je, qu'un sépulcre. Et j'annonçais d'une voix sépulcrale :

– Je me glisse dans mon sépulcre.

Ça faisait rire. De l'autre côté du passage, Monique, cette jolie gamine aux lèvres rouges dont le visage n'était que rire, sitôt couchée se tournait sur le ventre, embrassait son traversin à pleins bras, et s'endormait. Deux ou trois fois je me glissai en rampant sur le dos par-dessous les lits pour parler un peu avec l'une ou l'autre. Une fois je parvins même presque au lit de Gilberte, qui s'endormait. Je ne renouvelai guère l'exploit, bien trop chargé de risques pour les deux ou trois phrases qu'on pouvait échanger dans le silence déjà rythmé des endormies. Pendant l'hiver, j'avais été malade une fois encore, ce fut un temps où, chaque soir, la mère Cane venait m'enduire le torse, recto verso, avec une pommade révulsive qu'elle couvrait ensuite d'un fin papier de soie. Ça faisait fr... frr... un léger craquement sous la chemise.

Mais voyez ! Même là survinrent des événements inhabituels. Une nuit, nous fûmes réveillées, par de petits cris d'abord, puis par de véritables hurlements, spasmodiques, interminables, terribles... Une fille des plus jeunes se débattait en pleine crise de nerfs. Une autre fois, un matin, au lavabo, comme elle portait le gant de toilette à son visage, nous en vîmes une autre tout à coup pâlir, blémir, tomber en arrière dans les plus proches bras qui heureusement s'étaient tendus pour l'accueillir. Il fallut la porter sur son lit, la tête roulant sur l'épaule et le teint plus gris que celui d'une morte. Ce n'était pas grave, un malaise de jeune fille, mais quelle impression !

Il y eut encore cette nuit où des bruits inusités, des craquements, des effondrements, tout un remue-ménage, nous tirèrent soudain du sommeil, sans qu'on pût d'abord les localiser. Et tout à coup, l'on vit, à pleine fenêtre, un magnifique embrasement. Il se fit quelques mouvements d'effroi, mais ce n'était pas chez nous. C'était, juste en face, l'école des garçons, qui flambait. Juste en face, oui, mais pas en face de notre façade. Nous n'eûmes pas grand-chose du spectacle, sinon quelques reflets des plus forts moments.

Au contraire, nous étions aux premières loges, quelques

mois plus tard, et le soleil n'était pas couché, quand aux abords du crépuscule quelques garçons s'avisèrent de nous donner la sérénade depuis les jardins proches, au-delà du mur. Je ne sais si la fête était destinée à l'une ou l'autre de nous, ou plutôt à quelqu'une des quatrième, qui dormaient au premier. Des noms circulèrent, invérifiables, que j'ai oubliés. Je ne me risquai même pas à aller voir, depuis la fenêtre en face, d'où venaient la musique et les chants. Il y en eut, je crois, plusieurs soirs, mais l'un surtout, où les choses me parurent tourner au charivari... Et alors? Le soleil, la chaleur du soir, la musique... Laquelle de nous n'aurait pu se construire de là tout un rêve espagnol, plein de guitares et d'amour... D'ailleurs, ne chantait-il pas, l'invisible amoureux, que ce fût à sa belle, ou bien à personne encore :

Guitare d'amour
Apporte-lui l'écho des beaux jours...

A moins que ce ne fût :

Je revois les grands sombreros
Et les mantilles...

Cela me rappelait cette autre nuit, deux ou trois ans plus tôt, alors que je couchais au petit dortoir, quand nous avions été réveillées par d'horribles cris de chats. Étaient-ce vraiment des chats? Des matous en amour sur les gouttières ou dans les arbres alentour? Cris déchirants, vraiment terribles, qui semblaient plutôt tirés d'un métal grinçant que d'une gorge animale. Ils auraient dû me rappeler des séances comparables par les charrières de Germont. Ou bien m'évoquer *la chaça galiera*, la chasse volante dont j'avais tellement entendu parler à la maison. Mais, je l'ai dit, je ne me rappelais pas la maison, rien de la maison, et s'il m'était passé par l'esprit de m'en souvenir, j'aurais eu honte à l'évoquer. Ainsi donc, si c'était la chasse volante, une grande bagarre de chats, ou des garnements grimpés dans les arbres pour nous effrayer, jamais je n'en ai rien su, ni ne le saurai.

Faute de pain, on trouvait encore de la pâtisserie, cette année-là. La fête des Rois dura plus encore qu'à l'ordinaire. Au printemps, il y eut encore plus de violettes dans la pelouse, Gilberte et moi, nous en cueillions de gros bouquets, en nous cachant derrière les bosquets. Nous mettions les fleurs dans ces encriers Waterman qui nous servaient de vases, et nous les posions sur le bureau.

– Mlle Tauzin y mettra son nez.

Et nous étions heureuses, quand Mlle Tauzin, en effet, tendait le bras, ramenait l'encrier vers son visage, et respirait le délicat parfum. Nous trouvions que les violettes allaient si bien à son fin visage, à ses yeux... Il y eut aussi les plus belles roses, et des touffes de lin, d'un bleu vif dans les plates-bandes, mais nous ne cueillions pas les roses, si ce n'est quelques-unes des blanches que donnait un rosier redevenu sauvage, eût-on dit, là-bas sous le cyprès qui limitait la pelouse des instituteurs, où nous n'avions pas le droit d'aller.

C'était une limite occulte, j'en ai déjà parlé, qui fermait notre monde au-delà du bassin et de l'allée centrale, en partageant de même la galerie par son milieu. Cet hiver-là, pourtant, je commençai à franchir ces sacrées limites. C'était le soir, la nuit enveloppant le jardin de toutes ses ombres. Une faible lueur éclairait la galerie vide. Rasant le mur, je glissais rapidement jusqu'à la porte interdite, je franchissais l'escalier d'un bond et suivant le couloir à pas de loup, je frappais à la porte d'Yvette, dont la mère, ne l'ai-je pas dit, enseignait là. C'était un moment défendu, d'autant plus grande joie, un moment familial dans l'intimité de ces femmes, la grand-mère impotente assise dans son lit et parlant pour quatre, la mère laborieuse, et Yvette dans cet univers blanc plein de tendresse et de rires. Une ou deux fois, j'y rencontrai Georges, nous échangeâmes quelques mots, je crois. Je n'avais que faire de Georges. Mais ce moment! La maman d'Yvette garnissait ma bouillotte et je l'emportais, toute chaude d'eau chaude et de cette chaleur qui n'avait pas de prix. Je ne pouvais faire cela trop souvent, je ne voulais pas risquer de me faire prendre. La plupart du temps, Yvette descendait ma bouillotte et la déposait dans une fenêtre de la classe enfantine, la première du côté interdit. Elle me la remettait directement aussi, parfois, trouvant le prétexte d'un livre oublié, d'un renseignement. Hors des cours, elle non plus ne devait pas franchir la ligne. Je prenais la précieuse bouteille de cuivre et je l'emportais, mine de rien, dans mon lit, comme si je l'avais remplie moi-même au robinet tiède de notre évier.

Quand je pense, aujourd'hui, à ce tissu d'interdictions misérables, je retrouve surtout l'ineffable plaisir que l'on pouvait prendre à les transgresser. C'était des choses infimes, et le plaisir peut en paraître dérisoire, certes. Mais qu'en est-il d'un monde où tout est permis? où l'on ne peut plus transgresser que des règles graves, importantes, vitales, et dangereuses réellement, celles qui sont des lois véritables ou les règles qui les représentent, telles les lois de l'équilibre assorties de la défense de gravir un endroit dangereux? On les transgresse, et c'est tant pis. Que si la défense puérile amène une transgression infantile, si un tel tissu peut apparaître comme infantilisant, ne l'est pas moins peut-être un univers sans réserves ni bornes, sans règles, il est même plus dangereux, car il n'atteint pas que les pusillanimes, et n'en sont pas victimes que les médiocres. Jouer trop tôt à l'adulte, ce n'est pas mieux que de jouer trop longtemps à l'enfant.

Sous cette galerie, le soir, je ne jouais pas toujours à être l'ombre parmi les ombres. Nous y marchions souvent, à deux, trois, on parlait, on chantait. Yvonne avait une jolie voix, et ne se faisait pas prier. C'est elle qui m'apprit la « cruelle berceuse » qui doit bien nous venir de Bottrel :

Chante!
Disait la mer méchante
Serre-le bien dans tes deux bras...

Et pour ne pas changer de genre, seulement de style, la *Berceuse* de Jocelyn :

Oh! ne t'éveille pas encore...

Mon père aussi chantait Jocelyn, mais je ne l'avais pas entendu. On bien je l'avais oublié, comme pour maître Pathelin.

Sous l'aile du Seigneur, loin des bruits de la ville...

Il en savait même plus long qu'Yvonne, pourtant, mais pour cela et pour bien d'autres choses, je ne le remarquai que beaucoup plus tard. Pour l'instant, chantant, parlant, riant, répétant de concert quelque récitation, nous nous appliquions bien à ne pas transgresser par trop la ligne invisible.

Mais je me demandais bien, moi, ce que je pouvais transgresser à me promener dans les mêmes lieux en la seule compagnie de Gilberte, la fille en tablier bleu qui nous était arrivée un jour d'octobre. Moi, je la trouvais drôle, j'entends qu'elle me faisait rire, qu'elle m'amusait. Elle s'en allait plaf, plaf, tout d'une pièce, comme un animal jeune et lourd, sûr de sa future force. Avant de répondre, quand on l'interrogeait, ou même de s'adresser à vous, elle avait un mouvement de la tête, des bras, de tout le corps, qui semblait dire oui – oui-oui – oui peut-être – comme si elle préparait, pesait, retenait sa parole, avant de dire quoi que ce fût, les choses les plus attendues, voire les plus banales. Non que tout ce qu'elle disait fût banal, mais, que ce fût pour dire « bonjour » ou « passe-moi la carafe », ou pour confier un secret le plus personnel, c'était la même hésitation de hanneton avant l'envol. Elle avait sûrement des antennes qu'il lui fallait déployer, quelque radar un peu lent dont elle analysait les données avant de s'engager pour la moindre décision.

Elle ne se fit guère d'amies, c'est le moins qu'on puisse dire. Il est vrai qu'elle agaçait tout le monde. L'une ou l'autre était-elle en train de raconter quelque aventure – quelque mésaventure – qui exigeait toute l'attention du groupe, voilà ma Gilberte qui survenait, l'air sentencieux :

– Tout ça ne vaut pas ce que ma grand-mère disait.

Les autres :

– Qu'est-ce qu'elle disait, ta grand-mère?

– Que les grenouilles n'ont pas d'queue.

en traînant longuement sur le *pas*... Et elle s'éloignait en ricanant d'un rire dont elle écrasait la grossièreté comme un crachat. Moi, ça me plaisait. Je pense que j'aurais bien aimé, souvent, répliquer à la banalité, à la prétention, à la connerie endémique, avec un rire pareil. Mais on ne change pas plus le son de son rire que celui de sa voix. Elle n'avait qu'une voix, dont elle ne savait pas chanter, qui était pourtant très musicale, une voix de flûte basse. Mais elle avait plus d'un rire. Et il y avait celui-là, étouffé, grésillant, sensuel, qui lui était sans doute une arme, dont elle agressait je pense plus profondément les corps qu'elle ne choquait les esprits.

Je n'imagine pas que quelqu'une de nous ait pris le temps, ni la peine, d'analyser la question. Ce fut comme d'instinct un rejet total, d'autant plus pervers peut-être qu'il ne se manifestait pas directement par une hostilité visible. Ce n'était rien de comparable avec ce que j'avais pu endurer de moqueries, supporter de critiques et avaler d'humiliations. Gilberte, on ne l'insultait pas. On ne la rabaissait pas. On la supportait. On était polie, et même aimable avec elle. Mais cependant que je m'attachais à elle, qu'elle s'attachait à moi, c'est sur moi que retombait le blâme et la critique. Et moi, je me demandais bien pourquoi. Qu'est-ce que ça pouvait leur faire? Aucune d'elles ne briguait la gloire d'être mon amie intime, que je sache, et bien peu acceptaient d'être mes amies, seulement mes bonnes copines. Celles-ci, il est vrai, la plupart le sont restées, pour toute la vie. Mais ce n'est pas d'elles que vinrent ni remarques désobligeantes, ni quolibets, comme de juste.

Il faut reconnaître que les relations avec Gilberte n'étaient pas de tout repos, qu'elles se nourrissaient principalement de querelles orageuses, de bouderies – elle boudait – de réconciliations bruyantes, d'apartés silencieux, de complicités qui étaient par elles-mêmes transgression, comme d'aller marcher autour du jet d'eau, soit le jour en courant sur le rebord du bassin, soit la nuit à contempler les étoiles dans l'eau – à rester là dans le silence en écoutant « pleurer les bassins »... C'est le jet d'eau que nous écoutions, les gouttes que nous entendions dans « l'obscure clarté qui tombe des étoiles ». Ce poète aussi, peut-être, ce poète-là... Savait-il – nous ne savions pas – que les bassins maures « pleuraient » au ras de l'eau, comme il le disait, le poète, l'autre. Parfois nous lisions ensemble, serrées sur un banc. La foudre aurait bien pu tomber. Elle finissait par tomber, sous la forme de quelque pionne outrée de notre tenue « indécente ». Indécente?... On se tenait peut-être le bras – les épaules – la main...

Non pas d'un trait comme un joli roman, par bribes et morceaux, Gilberte me racontait sa vie, sa vie d'avant. Simone, l'amie qu'elle venait de quitter, alors qu'elles avaient été évacuées ensemble. Mais Simone avait ses parents. Gilberte se retrouvait seule. La personne qui s'occupait d'elle, une dame âgée qu'elle appelait « tante » était restée chez elle. Elles échangeaient toute la correspondance autorisée à l'époque, ce n'était pas beaucoup. Gilberte avait une autre amie, Rodolpha, dont elle ne savait rien depuis l'exode. Elle me disait l'école Sainte-Marthe d'où elle arrivait. Et le champ où on les avait recueillies, à l'arrivée en Limousin. Elle disait la Meuse, son département, mais surtout l'Ornain, son petit ruisseau qui parfois débordait, inondant le rez-de-chaussée. Le merveilleux prunier de mirabelles, où elle passait des heures, assise à l'ombre, attendant que tombent les fruits – dorés – à point – un jus – un sucre... Elle disait l'enfance, ces gens qui ne l'aimaient pas, la femme et ses enfants – mais pourquoi l'avaient-ils prise en charge? L'homme seul, qu'elle appelait « père », l'avait soutenue et lui témoignait de l'affection. Lors de quelque élection, il l'avait même prise dans ses bras et c'était elle qui avait mis le bulletin dans l'urne. Elle avait peut-être quatre ans. C'est alors que sa tante, qui était la propre sœur de cet homme, l'avait recueillie.

Elle parlait de cette femme avec reconnaissance, amour et vénération. Elle lui devait beaucoup. Elle lui devait tout. Elle se posait des questions sur ses parents. Son père, bien sûr, c'était Pétain... Hé! Fille de l'Assistance, il était bien alors son plus haut tuteur! Plaisanterie à part, son père lui manquait d'autant moins qu'elle pouvait toujours appeler « père » celui à qui on l'avait d'abord confiée, et que les pères sont aléatoires. La mère, lorsqu'elle fait défaut, c'est une autre blessure. Une blessure dont elle portait la marque, visiblement sur le visage, des traces blanches autour des yeux : on avait dû l'accoucher aux fers. Plus profondément que la peau couturée de blanc, l'œil avait été atteint, elle n'en voyait presque rien, et quand elle riait très fort, ou qu'elle posait ses lunettes, elle louchait un peu, mais, bien sûr, ces marques charnelles n'étaient rien encore, à côté de celle que dans le cœur, laisse la trace du nombril, immature et toujours saignante.

Dès le début, on chercha à nous séparer. Il fut tout de suite reconnu que cette fille avait sur moi une influence mauvaise. On ne lui reprochait rien, à elle, car il n'est pas possible de corriger la nature du démon. Mais qu'on ait tant voulu me préserver, moi, maintenir ma vertu angélique dans le droit chemin, voilà, réflexion faite, de quoi me surprendre ! De quoi surprendre n'importe qui. Étais-je si fragile ? Ou si précieuse ? En quelque sorte, étais-je la Bettina de ce couvent ? Ou la gardeuse de dindons de cette cour ? Est-ce que, mascotte inconsciente, je portais bonheur ? Étais-je l'agneau sans tache promis au sacrifice ? Autant de questions que je ne saurais résoudre... Car, pour ce qui est de ce danger si grave, que je ne voyais certes pas, loin de l'envisager, que pouvait-on me dire ? Eût-il été réel, qu'il y avait des précédents – qu'on les connaissait bien – qu'ils n'étaient pas au bas de l'échelle, et tant s'en faut.

On voulut nous séparer... On avait peut-être raison. C'est que nous nous entendions comme larrons en foire, que rien ne nous échappait, que nous osions le dire. L'hostilité ambiante renforçait nos liens, et j'avais retrouvé toute l'arrogance de ma petite enfance, un peu émoussée, comme le roulement des *r*, par ces dernières années. Mais surtout, en classe, j'avais pris une déplorable habitude... Ça avait commencé avec la carte de géographie. Toute nouvelle venue, Mme Billerey remarqua l'aspect curieux de ma carte de France, sur mon cahier, large plus que haute, avec une toute petite Bretagne qui n'était que la moitié d'elle-même.

– On voit bien, dit-elle, après tout, que vous n'êtes pas bonne en dessin.

La classe pouffa tout entière. En fait, cette carte, que j'aurais dû avoir tracée de mes propres mains, à chaque fois nouvelle, c'est Gilberte qui l'avait dessinée. Ayant vu trop grand, il était resté trop peu de place sur sa feuille pour la Bretagne. Depuis, nous ne faisions l'une et l'autre que la décalquer.

Il y eut aussi l'affaire de la lecture expliquée – ou peut-être des questions sur la dictée. Car nous faisions des dictées, dont l'orthographe était immédiatement corrigée, mais dont nous devions répondre aux « questions » en étude. J'étais généralement sûre de ce devoir, et je savais que cela ne posait pas non plus de problème pour Gilberte. Aussi, du moins dans les temps où je m'épuisais en programmes pour les diverses fêtes, aussi lui confiais-je ma feuille, et tandis que je dessinais, c'était Gilberte qui faisait mon devoir, que je reprenais de confiance juste avant le cours. Que le texte fût le même, ou presque, sur sa copie et la mienne, n'importait guère, du moment que la réponse était juste, et qu'on ne les voyait pas ensemble. Et certes, pour ma feuille, Gilberte s'efforçait de modifier son écriture à la fois anguleuse et trapue, un peu carrée, constante, avec des crochets, cependant que la mienne était souple, irrégulière, et toute en boucles courtes et longues. A l'imiter, Gilberte obtenait quelque chose de flou, vaguement pointu qui n'était plus tout à fait d'elle, mais n'était pas de moi.

Longtemps, tout alla sans bavures. Mlle Tauzin interrogeait l'une ou l'autre élève. Si par hasard la réponse était fausse, quelqu'un d'autre l'avait juste, et moi aussi. Jusqu'à ce jour où... La première n'avait pas compris. La seconde pas davantage. Un frisson me glaça le dos. Je regardai ma feuille, horreur : c'était tout aussi faux. Or moi, je la connaissais, la bonne réponse. Oui, je la connaissais... mais personne ne la donnait. Interrogée en dernier ressort et désespoir de cause, je voulus la donner, mais je bredouillai, j'en perdis contenance, impossible de rassembler les mots, et quand le professeur me dit que je n'avais qu'à lire ce que j'avais écrit, je restai bouche bée. Ce qui était écrit là sous mes yeux c'était une sottise, et je le savais. Ce qui devait arriver arriva. Mlle Tauzin voulut voir ma feuille, je ne pus que la lui donner. Elle reconnut l'écriture aussitôt. C'en était fini de la confiance qu'on pouvait me faire. Naturellement.

Cet incident déplorable eut pourtant un effet bénéfique. Jamais peut-être n'avais-je écouté aussi attentivement une leçon que celle-ci, qui portait sur le célèbre texte de Mme de Sévigné, *L'Archevêque et le Maraud*. Quelques mois plus tard, à l'oral du brevet, alors que j'avais gardé pour la dernière épreuve celle de français, j'y parvins en fin de journée, épuisée par toutes ces interrogations parfois aimables et souvent perfides. Je n'en pouvais plus. Je tirai au sort mon texte, l'emportai, et au lieu de l'étudier – nous avions pour cela une bonne vingtaine de minutes, je posai ma tête sur mes bras et m'endormis. Explications et texte, je savais tout « par cœur » – *L'Archevêque et le Maraud*... Aucune question à ce niveau-là ne pouvait me surprendre.

Il faut dire que, de toute façon, je passai le brevet en état de grâce. Il n'en avait pas été de même, quelques jours plus tôt, pour le concours de l'École normale. Que non! Tout ce que j'en avais apprécié, c'était deux ou trois jours de repos à la maison avant l'examen. Nous étions parties à Limoges, mon père m'accompagnait par l'autobus. Nous avions réservé une chambre dans un hôtel que mon grand-père connaissait près du Pont-Neuf, qui était tenu par une sienne cousine qui... On avait raconté toute l'histoire de la cousine, une fois de plus – je l'ai pourtant oubliée – et ces gens nous avaient répondu que oui, qu'il n'y avait qu'à venir. Mais quand nous nous sommes présentés, voilà qu'il n'y avait plus de chambre, qu'il allait falloir coucher au café d'à côté, que nous mangerions à l'hôtel, mais qu'on ne pouvait pas y dormir. Que faire? Il y avait beaucoup de monde à Limoges, tout était occupé. Le café n'était pas loin... Je ne me souviens pas de la chambre, mais je me rappelle le lit défoncé, tordu, avec de traîtres ressorts qui vous enfonçaient les côtés, auprès duquel le pire de nos lits de pension avait des douceurs orientales. Il devait y avoir une cour derrière, juste au-dessous, dès la prime aube on entendait des gens qui s'entretenaient dans le français des Ponticauds, un langage que je ne connaissais pas encore, qui m'est resté dans les oreilles comme une sonnerie de clairon.

Les épreuves avaient lieu à l'école professionnelle, à l'autre bout de la ville. Par chance, il y avait le tram. On pouvait dire vraiment les épreuves! Je ne me rappelle pas les sujets, qui m'auraient paru moins ardus, peut-être, si je ne m'étais traînée tête ballante et les oreilles sonnant de fatigue. De toute façon, ils devaient être trop difficiles pour que j'eusse la moindre chance de réussir, mais il est certain qu'en d'autres circonstances je m'en serais tirée plus honorablement. Le seul souvenir que j'en garde est celui d'une impuissance extrêmement pénible, comme ces mauvais rêves où l'on marche sans avancer. Il devait y avoir du temps libre, entre les épreuves. Je me revois, une seule fois au restaurant avec mon père. Il faisait chaud, si chaud! Nous avons regardé un journal, c'était celui du 3 juillet, avec le proverbe : *Tel le trois, tel le mois.*

Mon père décida :

– Nous allons aller voir la Germaine.

Je ne connaissais pas cette Germaine, même si je savais que c'était la sœur de l'Anna du Larcy et de la Marie. Il connaissait l'adresse, peut-être même la maison, rue de la Céramique, loin du Pont-Neuf, certes, mais là aussi on avait le tram, jusqu'à Louyat. Ça ne me chantait pas beaucoup d'aller voir la Germaine. Mais enfin mon père voulait y aller, nous y allâmes.

La Germaine habitait une grande belle maison... Elle tenait un magasin d'épicerie, fruits et légumes, qui donnait sur la rue et, de ce côté, n'avait pas d'autre entrée ni de fenêtre au rez-de chaussée. A droite elle s'ouvrait sur une cour, occupée en partie par une remise; à gauche, sur un petit jardin d'agrément, plein de fleurs et de plantes qui faisait l'angle avec le mail – le mail du Mas Loubier, un nom à rêver. L'autre côté, sur la largeur de la maison et de la cour, était occupé par un potager bien cultivé de légumes, avec des roses. La cousine, son homme, leur fille Odette qui avait une dizaine d'années de plus que moi, nous reçurent à cœur ouvert, à bras ouverts, à maison ouverte. Il fut entendu que je viendrais chez eux au moment du brevet. Ainsi nous fîmes. Mon père m'accompagna au jour dit, nous eûmes un repas de fête et les honneurs de la salle à manger, puis mon père rentra, me laissant sous leur bonne garde. La nuit, je partageais le vaste lit de la cousine, une vraie garçonnière qu'elle avait là-haut, juste au-dessus de l'unique étage. Une large fenêtre occupait tout un côté de cette pièce, à mi-hauteur. Un autre tenait la bibliothèque, et l'angle des deux derniers limitait le lit bas où nous dormions à l'aise après avoir bavardé un peu. Temps de vacances. Temps de rêve.

Dans la journée, je retrouvais mes compagnes de Saint-Léonard, et Gilberte, et aussi François, mon copain de Surdoux, entré chez les garçons tandis que j'allais à l'école des filles, la même année. De conserve, nous arpentions les rues, bavardant et riant. Tout me semblait facile. Une seule question de géométrie me resta sans réponse. Je sus plus tard qu'elle portait sur un problème que je n'avais pas étudié Nous étions de nouveau dans cette école professionnelle où j'avais connu les affres de l'impuissance quelques jours auparavant, mais pas dans la même salle. D'ici, on n'entendait même pas, ou si peu, le cliquètement insupportable, insupportablement intermittent du tram qui s'arrêtait sous les fenêtres. Nous étions deux sur des tables à trois places, la place vide entre nous d'un côté, et de l'autre l'allée. Par le casier, je passai la plupart des réponses à ma voisine, une jolie fille qui me parut dégourdie, plaisante, et d'une ignorance déplorable. Elle n'en fut pas reçue pour autant. Nos consœurs n'eurent guère meilleur sort. Quand on donna les résultats de l'écrit, trois seulement étaient admises – Gilberte, Georgette qui était si bonne en maths, et moi. Eh bien! Tu parles d'un scandale! Mais comment nous reprocher d'avoir copié? Nous n'étions pas dans la même salle. Du coup, nous fûmes trois à faire équipe par les rues. Georgette était hébergée tout près, c'est là que nous faisions halte, parce que Gilberte devait aller encore plus loin que moi, rue du Chinchauvaud près de la passerelle, où il y avait une maison d'accueil pour jeunes filles en détresse. C'est là qu'elle passait une partie de ses vacances. Aussi avais-je formé le projet de l'inviter chez moi pour quelque temps.

Cela ne se fit pas cette année-là. On l'envoya pour un mois ou plus à Saint-Raphaël en colonie de vacances. Il y avait surtout de jeunes enfants, et seulement une autre grande jeune fille qui devint son amie. Cette jeune fille, dans un premier temps, ne faisait que pleurer. Elle avait des parents, et d'un excellent milieu, comment se faisait-il qu'elle fût là? Mystère. A moins que ce ne fût en manière de « correction paternelle »? Ou pour qu'elle pût profiter à bon compte de l'air marin et du soleil de la côte? Si elle l'avait dit à Gilberte, moi, je ne l'ai jamais su, ou bien l'ai-je oublié.

En attendant – en attendant la séparation... les vacances... les résultats – nous étions là, dans les rues de Limoges, appuyées l'une à l'autre dans cette chaleur de l'été qui nous vidait jusqu'à la moelle, les mains moites et la langue sèche. Nous suivions des voies inconnues de nous comme on part à la découverte du monde. Nous nous égarions, puis quelque indice nous ramenait vers le centre... A un moment, nous nous trouvâmes à Montjovis. C'était écrit sur une plaque. Il y avait du mouvement à cet endroit, des passants, des autos, mais ce qui attira notre attention, c'était un âne, mais oui, un âne véritable, attelé à son charreton. Nous nous étions arrêtées, nous le regardions.

– Oh! dit Gilberte, les poils de la queue d'un âne, ça porte bonheur.

J'éclatai de rire. Mais elle insistait. Que si! Que si! Alors moi aussi je me mis à désirer les poils de la queue de l'âne. Ce fut à qui n'irait pas en prendre.

– Vas-y toi...

– Non, vas-y toi...

en nous poussant du coude comme font les enfants. Elle y alla. Je la revois encore, plaf! plaf! de son pas bien appuyé, la tête un peu baissée, la main déjà tendue, cueillir une petite touffe de poils d'un geste délicat, revenir sous les rires des hommes qui travaillaient là autour. Je revois l'un d'eux, un grand qui marchait nonchalamment vers nous, je l'entends dire :

– Et si on vous en faisait autant?

Nous ne restâmes pas pour voir... Nous voilà toujours courant, toujours riant, redescendre la rue Montmailler, un lieu plus familier, où nous nous arrêtâmes pour partager le butin.

Je l'ai déjà dit, l'oral s'était bien passé. Je ne crois pas avoir rencontré Gilberte pendant les épreuves. Pour l'une des premières, j'avais choisi l'anglais, parce que je redoutais ce passage, mais tout alla bien. Gilberte devait avoir l'allemand en première langue. Le seul obstacle que je rencontrai, ce fut en sciences naturelles, je crois, ou bien cela portait-il un autre nom? Je dus parler de la diphtérie devant deux jeunes professeurs plus occupés à se couver de regards furtifs, qui ne me parurent pas équivoques du tout, qu'à écouter ce que je disais. Du coup, je débitai quelques superbes âneries, tellement énormes que je les connaissais pour fausses depuis le temps où je préparais le certificat d'études à Surdoux. Je crois que je disais ça exprès pour que ces deux se tournassent vers moi, histoire de couper leur contemplation mutuelle, comme on fait hou! pour réveiller un dormeur, la bonne blague! Cela dut me coûter quelques points, tant pis.

En même temps que le brevet élémentaire, je passais ce qu'on appelait le BEPS, brevet d'études primaires supérieures – qui n'était pas le brevet supérieur, lequel était le diplôme des instituteurs, mais en représentait en quelque sorte la marche basse. Il était fondé sur les épreuves du brevet élémentaire, à quoi s'ajoutait une épreuve écrite d'anglais, et une autre, peut-être, de couture. Je ne me rappelle que celle d'anglais, qui m'amusa beaucoup. C'était facile et drôle! Cet écrivain qui, un jour, insista tant pour payer le port d'une lettre à une pauvre femme – alors que la dame ne savait pas lire, son fils lui envoyait, port dû, des lettres qu'elle n'avait pas besoin d'accepter, car elles ne signifiaient rien d'autre que « je vais bien, ne t'inquiète pas, je t'embrasse » – comme certains, aujourd'hui, laissent sonner le téléphone une fois, deux fois, trois fois... avec le même message.

Je ne me souviens pas du reste, ou si peu. Après le français, dont j'ai déjà parlé, nous dûmes attendre le lendemain pour avoir les résultats définitifs. A dix heures, nous nous retrouvions à l'entrée de l'école professionnelle, sous une pluie battante ; d'énormes gouttes, serrées comme d'une passoire, nous laissèrent entendre nos noms comme de très loin. Nous étions trempées. Je devais rentrer le soir par l'autobus. Nous reprîmes notre promenade par les rues. A un moment, je décidai d'aller donner les résultats à la cousine de l'hôtel, qui l'avait demandé. Nous la trouvâmes dans sa cuisine, en train de chasser une employée, serveuse ou bonne, à grands cris et à grand fracas, tandis que l'autre tentait de se défendre, criant tour à tour et pleurant dans son tablier. Il était clair qu'elle n'avait pas loisir de m'entendre ; les mains virevoltant, les yeux rouges, elle jetait de toutes parts des regards furieux et des mots venimeux, je ne pense pas qu'elle me reconnut... Fuyant ce nouvel orage, nous sortîmes sans l'aborder.

Si nous nous sommes dit au revoir ni adieu, je ne m'en souviens pas. Je ne me rappelle pas non plus si nous dûmes rentrer à l'école, après l'examen, pour reprendre les malles. Je pense que nous les avions déjà ramenées chacune chez soi. Que c'était les vacances. Je me revois sous la galerie – était-ce cette année-là ? C'était le jour qu'on venait me chercher. J'attendais. Et pour passer le temps, j'apprenais un poème :

L'entendez-vous... l'entendez-vous ?
Le menu flot sur les cailloux.
Il passe et court et glisse
Et doucement dédie aux branches
Qui sur son cours se penchent
Sa chanson lisse.
Le petit bois de cornouillers
Où l'on disait que Mélusine

Sur un tapis de perles fines
Jadis en blancs souliers
Dansa.
Le petit bois de cornouillers
Et tout ses hôtes familiers
Et les putois et les fouines et les souris et les mulots
Écoutent
Loin des sentes et loin des routes
Le bruit de l'eau...

Délices... Délices de ce petit bois, qui n'était pas de cornouillers, mais peut-être d'aulnes ou de jeunes chênes, tout tapissé d'anémones, que nous voyions en contre-bas de la route, près de la Vienne, tout humide dans le bruit de l'eau. Tapis de fleurs, de perles fines... Promenades...

Promenades sur la route de Limoges à peine passé Noblat, la montagne gouttait en ruisselets d'argent, minuscules cascades blanches, filets d'eau pure qui faisaient froid en plein soleil, qui donnaient soif en plein hiver. Ici se dressait debout, comme gelée dans un effritement de naissance du monde, avec ces goulets noirs qui lui coulaient du flanc, la montagne de Clovis dont j'ai déjà parlé. J'y suis montée une fois, et jusqu'au chêne qui la domine par-dessus les broussailles maigres. Était-ce l'année dont je parle? Était-ce deux ans plus tôt? J'avais treize, ou peut-être quinze ans. Nous avions pris d'en bas le chemin qui contourne l'église, et de roc en rocher, mais par un sentier d'herbe rase, nous parvînmes au pied de l'arbre. C'est alors que quelqu'une dit que, pour se marier, il fallait faire à genoux treize fois le tour de l'arbre. D'aucunes s'agenouillèrent et je les imitai. Si j'en arrivai jusqu'à la fin du treizième tour, je l'ai oublié. A cet âge-là, je ne sais pas si je souhaitais me marier, de toute façon, cela ne représentait pas grand-chose de concret. Mais pensez! Rester vieille fille nous apparaissait comme une telle disgrâce! Une véritable infirmité, tellement alourdie d'humiliations et de tabous que la mort – certes la mort, eût semblé préférable.

La mort, Mlle Tauzin en avait parlé, et sous la forme qui nous était la plus sensible, la plus immédiate : la peur de la mort. Avions-nous peur de la mort? Lointaine ou proche, avions-nous peur? C'est alors que je pris conscience que – malgré la guerre, l'exode, le flux des réfugiés, et quelques enterrements auxquels j'avais dû assister – il y avait des années que je n'avais pas pensé à la mort. Des années! Car on peut passer à côté de la mort, lire ou prononcer le mot, et si peu que ce soit envisager l'éventualité de la chose, sans y penser du tout. Sous la fusillade ou le bombardement, on pense à éviter les balles, à se garantir des éclats – pas à la mort. Penser à la mort, sa propre mort, c'est l'imaginer, la ressentir – je dirais en temps réel – le souffle qui manque, le sang qui s'arrête, la sensibilité qui cesse – et le froid qui gagne – la pensée dont le fil casse net – la chute, ou l'envol, de l'âme, quoi, dans le trou sans limites de l'éternité, quelle qu'elle soit. Et surtout le frisson de l'approche. L'angoisse. La suffocation. La peur.

C'est vrai que ce n'était pas rien. Mais soudain, je ne sais pourquoi ni comment, je m'aperçus qu'il y avait pire – or c'était le professeur qui le suggérait – il y avait, autour du fait en soi terrible – toute une imagerie répugnante, la déchéance, la décomposition, la vermine et la pourriture. Et il y avait plus encore : l'incertitude de la mort. La proximité grouillante et puante du mort pas tout à fait mort, le fantôme impur qui se raccroche au vif – désespéré, désespérant, avide du sang et de la chair vivante. Oui, tout ce fatras de mémoire et d'imagination m'apparaissait dans son horreur, plus effrayant que la mort même. Un jeu de masques plus vrai que le réel – insupportable. La récréation sonna.

Pourtant, l'année d'avant, nous avions étudié *La Mare au Diable*. Nous avions vu, sur le livret, l'image du cheval maigre avec son cavalier d'os :

> *A la sueur de ton visaige*
> *Tu gagnerois ta pauvre vie...*

C'était une image, l'encre sur le papier. Pas ce frisson crispé qui vous glace les reins, et comme de tomber dans l'eau, vous suffoque. Oui, pourtant l'année passée, en pleine guerre, avec tous ces squelettes autour de mon pupitre, non – ce n'est pas à la mort que j'avais pensé.

Tiens! En quelle année mourut-il, le pape? Avant la guerre, me semble-t-il. Quelqu'un dit :

– Le pape est mort.

J'éclatai de rire. Il pouvait bien mourir, le pape. Il n'y a pas de raison pour que le pape ne meure pas. Vous croyez que je pensais au pape, moi ? Au pape en tant qu'homme ? Au pape en tant que fonction ? Je ne me souciais guère du pape ordinairement, c'est vrai, mais en cette circonstance particulière, le pape ne m'apparut ni comme le chef suprême de mon Église, ni comme un homme qui aurait été vivant, qui aurait souffert le destin aussi personnel que commun de la mort. Je sautais en l'air. Je riais de joie. Je me roulais par terre. Je répétais « le pape est mort » dans une espèce de délire. Je pensais au texte si drôle que nous avions étudié en classe, l'histoire de ce garçon qui, pour dissimuler une escapade, dit à sa mère : « Le pape est mort. » Je pensais... Dieu sait à quoi je pensais ! Heureux si, dans la confusion de ma tête, ce pape-là ne devint pas le papegeai, le perroquet de Félicité... Que sais-je encore. Puis quelqu'un d'autre dit que le pape était mort – sur un autre ton, qui m'arrêta net. Faute de quelque tristesse, au moins fis-je par la suite mine de respect dans une attitude digne. Un certain sens de la réalité m'était parvenu – ce n'était pas pour autant celui de la mort.

Et voilà maintenant qu'elle réapparaissait, la garce, en plein cœur de la classe, au milieu du travail. Elle était le travail même... Au vent souverain de ses ailes, chacune de nous fut Lénore, je crois, un moment. Quand la cloche sonna, il y eut comme un mouvement de forêt qui se lève de toutes ses branches indemnes, après le passage de l'ouragan. Vraiment, était-ce cette année-là ?

Qu'importe. Un peu plus tôt, un peu plus tard, elle était bien rentrée en moi, l'image. Elle était là, c'est vrai, depuis longtemps, avec sa sensation profonde, sans doute vraie, et son cortège d'épouvantes. On sait – on croit savoir – on n'oublie pas. Mais ne pas oublier ne veut pas dire que l'on pense sans cesse, ni même que l'on cultive le souvenir. Non. Le texte gravé reste là, gravé dans le marbre ou l'écorce. Une sève nouvelle l'enserre, ou la poussière s'y insère, et la voici, couturée d'aubier ou nivelée de terre comme grimacent les lèvres d'une vieille plaie.

De toute façon, depuis la plus petite enfance, je ne voulais pas mourir, moi, ni fille, ni femme, ni veuve, ni religieuse. Et si je n'avais pas trouvé le moyen de faire autrement, c'était sans doute que je n'avais pas assez cherché. Ce n'est pas, non, cette année-là que je résoudrais la question. Et il ne semblait pas, tout d'abord, qu'il y eût quelque lien causal entre ces préoccupations funèbres et mes premiers balbutiements poétiques. Oh! non pas les premiers, sans doute, mais les premiers qui osèrent prendre forme, selon le sens et la prosodie régulière, ta-ta-ta-ta-ta – ta-ta-ta-ta-... Et naturellement c'étaient des poèmes d'amour. De quel amour? Hé! De l'amour des poètes – qui se donne un sujet, mais qui n'a pas besoin d'objet, ou si peu, ou si frêle – qui peut être éternel aussi bien qu'éphémère, cela n'a pas la moindre importance au regard de la poésie. Ces timides essais – qui me brûlaient le cœur, pourtant – pourtant n'étaient que souffle stérile.

C'était encore le temps que je me glissais dans la classe des quatrième, écartant le rideau d'un casier, et là dissimulée lisant les *Poèmes barbares*, ou *Les Trophées* peut-être, ou quelque autre poète, d'autant plus délicieux plaisir qu'il était défendu. Qu'est-ce qui n'était pas défendu! A l'occasion de je ne sais quelle fête – la fête des Mères peut-être, ou son propre anniversaire, j'avais eu l'idée d'acheter un livre pour ma mère, ce devait être Yvette qui me l'avait procuré – *Les Dieux ont soif*. Yvette avait bien protesté, il est vrai, mais c'est ce livre-là que je voulais. Je l'eus. Mlle Tauzin s'en aperçut, me fit mille reproches, et ne m'autorisa à le garder que sous la condition expresse que je ne le lirais pas. Et pourtant, en classe, nous étudiions Anatole France! Je ne comprenais pas. Il n'y avait d'ailleurs rien à comprendre. Tu parles que je ne le lus pas!

Cela, la carte de géographie, les questions d'orthographe... ce sont des choses que je n'aurais pas faites auparavant, et que je ne fis jamais plus tard... Si c'était sous l'influence de Gilberte, on avait raison de m'en préserver... Peut-on la tenir responsable, également, pour ce matin où, une fois de plus, j'avais oublié de faire un devoir d'instruction civique? J'avais oublié! Je savais pourtant que Mme Guénier ne plaisantait pas. C'est pourquoi je suppliai Georgette de me prêter son travail. A toute allure je recopiai, recopiai, non pas peut-être le libellé de son devoir, mais toutes les informations. Tout en me hâtant, quelque chose pourtant me choquait, oh, non pas le nombre de députés ni la fonction des ministres – mais – bizarre... bizarre... Nous eûmes de très bonnes notes, aussi bien l'une que l'autre, et le reste de la classe fut traité comme de la merde, notes à l'appui. Eh quoi ! N'avaient-elles donc rien compris ? Mais rien ! Je relus posément ma feuille. Mieux valut en rire... J'avais fait un éloge remarquable de l'idéal national-socialiste, comme Georgette qui n'avait fait que suivre les directives du professeur. A y réfléchir, je crus comprendre que, pour cette personne – c'était exactement ce qu'elle nous avait expliqué – le national-socialisme était un double idéal qui alliait à la perfection l'amour de la nation et les aspirations du socialisme ; il n'y avait pas à sortir de là. Pour ce qui nous concernait, il n'y avait pas à discuter... Personne ne discuta.

Or voilà qu'elle était achevée cette nouvelle année scolaire. Je n'avais pas encore fini d'apprendre le poème du *Menu Flot* quand on vint me prendre avec mes bagages. A la maison, je trouvai notre petit monde en grande effervescence. Depuis mon dernier séjour, il y avait du nouveau, et quel! Venait de s'installer, à deux pas – à La Farge – un Chantier de jeunesse. Non, ce n'était pas dans le château. Il avait été construit quantité de baraquements, tout au long de l'allée sous les hêtres, et l'on avait vu les jeunes gens, qui étaient habillés de drap vert avec des chaussettes blanches et un large béret sur l'oreille. Il en venait un chez nous, depuis quelques jours, et il lui en était arrivé une bien bonne!

Il faut savoir qu'à ce moment, au début de l'été 1941, la pénurie n'était pas encore installée dans les villes, ni la réquisition aussi sévère. Les marchands dans les campagnes allaient librement de ferme en ferme, achetant les volailles et les œufs selon un accord débattu comme à l'ordinaire. Il y en avait un à Treignac qui passait ainsi régulièrement, un homme tout rond de graisse que je connaissais. Il s'appelait Faugeron. Ce jour-là, il était venu, il avait acheté des lapins. Un de ces lapins venait d'être malade, il allait mieux mais il restait maigre et ballonné. La Marraine ne voulait pas le vendre : il se remettrait, pauvre bête, il engraisserait de nouveau. Faugeron insista, saisit l'animal par les reins, le soupesa :

– Il en aurait juste assez pour mon quatre-heures.

– Eh bien, mangez-le si vous y tenez! Je vous le donne.

Faugeron acheta les volailles, mais on ne pouvait pas lui laisser d'œufs, les poules ne pondaient pas. Or, elles ne pondaient peut-être pas beaucoup, mais surtout, depuis quelque temps, on laissait les œufs à ce jeune homme qui venait très souvent au ravitaillement, pour ses chefs, et pour qui on en avait justement compté un grand panier. Le jeune homme était encore là, parce qu'il avait pris l'habitude de rester chaque fois quelques heures. Ne disait-il pas à ses chefs qu'il lui fallait des heures pour courir la campagne et leur rapporter les victuailles? Alors qu'après avoir repéré deux ou trois fermes, il lui suffisait d'y courir, parfois dès le matin, pour revenir le soir, chargé de bonnes choses, sans doute las d'avoir travaillé aux champs, mais si heureux d'avoir passé son temps de quelque manière en famille, loin en tout cas de la discipline du camp. Il s'appelait Lucien.

Donc, Lucien attendait pour partir que Faugeron eût terminé ses affaires. L'autre s'attardait. Quand il s'en alla, Lucien se saisit du panier et fila. Malgré la liberté qu'on lui laissait, il devait être rentré à cinq heures. Il partit donc – mais revint au bout d'un quart d'heure, sale, saignant, maculé de terre et de glaires d'œufs, barbouillé de jaune des pieds à la tête. Du plus loin qu'il l'aperçut, il criait à la Marraine :

– C'est ce cochon de Faugeron!

– Quoi! dit la bonne femme, vous l'avez rencontré? Il vous a battu?

– Non. Mais c'est lui qui m'a porté malheur. Vous n'avez pas vu comme il me regardait avec le mauvais œil?...

Lucien était en retard. En traversant le village, il allait d'un bon pas, mais c'est dans la via de la Font qu'il commença de courir, et dans le sentier au-delà du pré, il mit le panier sur sa tête pour aller plus vite encore. C'est là qu'une racine traîtresse lui avait accroché le pied, renvoyant le panier et les œufs, et l'homme par-dessus, à bonne distance en contre-bas... Lucien, s'était relevé, sans blessure grave, mais en triste état, le front entaillé. Passant près de la fontaine – la source du village, enchâssée dans un large tronc de châtaignier, la Font où nous allions puiser l'eau potable – il voulut se laver, mais ne fit qu'étaler l'omelette sur son visage, ses bras et ses vêtements, en un maquillage de carnaval. Certes, nos femmes, non, n'avaient pas pu s'empêcher de rire. Il fallut laver le treillis et le bonhomme. Je ne saurais dire comment il s'excusa auprès de ses chefs, qui ne lui retirèrent leur confiance que bien plus tard.

Chez nous, de telles aventures devenaient tout le piment de la vie.

Quelques jours plus tard, je fis moi aussi la connaissance du nommé Lucien. C'était un brave garçon, se disant belge ou frontalier. Il était plutôt blond. Il avait les yeux bleus, pas sot, d'humeur agréable, somme toute de commerce plaisant, je passai grâce à lui de très amicales vacances. Hé! J'avais quinze ans, moi, et bientôt seize. Il venait souvent, parfois dès l'aurore.

– J'ai allumé le feu pour la Marraine. Je ne voulais pas repartir sans boire le café.

Le café, déjà, ce n'était pas du vrai café. C'était du seigle que ma mère grillait au four dans une tôle à gâteau. Bah! C'était noir. Avec une ombre de sucre et une giclée de lait, ça faisait un breuvage acceptable.

Quelquefois je n'étais pas levée. Je ne me levais d'ailleurs pas pour le visiteur, mais j'étais contente quand il était là. Souvent, il n'était pas seul. Robert l'accompagnait, un très gentil garçon qui ne parlait guère. Tous deux allaient aux champs – cela m'évitait d'aller tirer les javelles. Robert était auvergnat. Une fois ils revinrent tout excités d'avoir moissonné un champ de blé noir : ils avaient vu passer un renard. Alors qu'ils étaient assis à l'abri d'un talus, attendant la moissonneuse, la bête avait surgi à l'autre bout du champ :

– Un lièvre! avait dit Lucien.

– *Quo es pas na lebrá*, avait répliqué Robert dans sa langue mère. *Quo es lo rainard. La lebrá n'a pas la coá si ben folhada* – ce n'est pas un lièvre, c'est un renard. Le lièvre n'a pas la queue aussi feuillue.

Cette queue de renard « aussi feuillue » nous fit rire tout le reste des vacances.

A la saison, nous avions cueilli ensemble les cassis et les groseilles dans le jardin. Il y en avait toute une rangée, en pleine force et jeunesse à ce moment-là. Ma mère, et surtout la Marraine, en faisaient grand cas. On les égrenait soigneusement, on les mettait dans des bouteilles, on couvrait d'eau de vie et on laissait macérer, parfois très longtemps, avant de soutirer le liquide auquel on ajoutait du sucre qui fondait là pendant des mois dans les bouteilles closes. Soit avec ce jus, soit en faisant bouillir les grains dans du vin, ma mère faisait aussi du vin de cassis. Mais, le plus souvent, on utilisait simplement cette eau de vie parfumée, telle quelle, pour couper l'eau pendant les fenaisons ou la moisson. Quelques gouttes suffisaient, c'était une boisson très agréable. Cette année-là, nous faisions donc la cueillette, Lucien et moi, bavardant et riant à notre habitude, quand nous nous aperçûmes que la voisine, la mère Louise, ne faisait que passer et repasser dans sa cour. Lucien cligna de l'œil :

– Elle nous surveille.

Aussitôt nous passâmes de l'autre côté des plants – elle ne pouvait plus nous voir, c'était nous qui la surveillions. Tiens! ne pouvant voir, elle avait tout loisir d'imaginer : il fallait bien qu'elle en eût pour sa peine, sinon pour son argent. Elle aurait ainsi de quoi dire. De toute façon, je savais qu'elle ne s'en priverait pas. Mais ce n'était pas de la Louise que se méfiait Lucien. C'était de la Génie. La Génie était curieuse, il le savait. Quand il passait devant chez elle, son panier plein et parfois recouvert d'un torchon, elle se précipitait pour voir ce qu'il rapportait. Aussi prit-il l'habitude d'emprunter un autre chemin qui traversait les bois de La Farge, par la Cime du Champ et sous les chènevières. Il ne manquait pas de trouver tous les défauts à cette pauvre Génie qui n'avait que les siens.

Si bien que Robert dit un jour :

– *Chas nos, 'na femma aitau, quo s'apela 'na Castapian* – chez nous, une telle femme s'appelle une Castapian.

L'éclat de rire! Castapian! Et de la Castapian il en alla, pour toutes les vacances et au-delà. Un jour qu'ils allaient aux champs, ma mère debout à l'arrière, et Lucien couché de tout son long dans l'autre sens, soudain le garçon :

– Devinez ce que je vois entre vos jambes?

– Eh! dit ma mère, entre mes jambes je sais bien ce que j'ai. Mais je sais bien que vous ne pouvez pas le voir.

L'autre s'offusqua :

– Vous savez bien que je ne suis pas grossier! Entre vos jambes, je vois la Castapian.

De fait, la Génie, au bout de la route, s'était avancée pour voir... On peut voir, mais être vu.

Avant d'aller plus loin, il ne faudrait pas conclure, de ce que Robert parlait quelquefois auvergnat, qu'il ne connaissait pas le français. Mais allez donc dire d'emblée, en bon français, ces choses tellement justes, imagées autant que précises – une queue feuillue, une Castapian... Nous aussi, nous parlions limousin sans vergogne et pour le plaisir, mais les charmes particuliers de notre langue, nous les goûtions sans nous en apercevoir, et tout naturellement. Suffisait d'une variante.

Oui, aux aguets et prêtes au colportage, il y avait la Génie et la Louise. Mais le pire ne venait pas d'elles, même si elles l'entretenaient. D'où personne ne se méfiait pouvaient naître et se propager des rumeurs plus insidieuses, plus perfides, et encore moins fondées. Les pauvres gens ! S'ils avaient su ce qui, de si longtemps, leur pendait au nez ! La paille et la poutre, quoi... Bref, ce n'est que des années plus tard que le père Henri, ce brave homme, osa dire devant nous que, là où ils allaient, les militaires, ces branleurs, on savait bien ce qu'ils y allaient faire. « Ces branleurs », c'est le propre mot – sinon le mot propre – qu'il employa.

– Ah, dit ma mère, vous savez, vous ? en insistant sur les mots.

Le brave homme n'osa pas répliquer. Ce qu'il en savait lui, c'était par ouï-dire. Les jeunes n'allaient pas chez lui, où ils n'auraient reçu qu'insultes, rebuffades, et chiens déchaînés. Ils passaient au large.

Chez nous, je ne sais pas ce qu'ils venaient chercher, à la vérité. Ce qu'ils trouvaient, je le sais parfaitement : la porte ouverte, le banc pour s'asseoir, et le feu où se chauffer. S'ils le désiraient, du cidre pour boire, et de quoi manger. Le plus souvent, c'était l'omelette, ou le jambon fumé ; parfois un repas complet. Toujours du pain, du beurre, du fromage... Il leur arrivait de se commander pour chacun une douzaine d'œufs – là, ma mère refusait.

– Quatre chacun, je veux bien. Douze, non. Je ne veux pas vous rendre malades.

– Pourtant, dans une ferme, l'autre jour...

– C'est que les œufs étaient petits, ou bien c'était la douzaine...

Avec quatre, rassasiés, ils se frottaient la panse. Ma mère avait toujours su faire les omelettes, des omelettes gonflées, dorées, à la fois sèches et onctueuses, toutes brillantes au bord d'une frange de bulles. Elle les tournait d'un coup, et hop! A cette époque, elle y prit une adresse plus remarquable encore. C'est que, si Lucien venait plusieurs fois par semaine, et parfois le dimanche, il n'était pas le seul, tant s'en fallait. Je me rappelle un groupe de trois jeunes gens, beaux comme des dieux, qui se disaient auvergnats, tous les trois : ils s'asseyaient d'un seul côté de la table, ce qui passait chez nous pour être spécifique à cette province. Eux aussi avaient aidé à rentrer le foin, et même l'un d'eux perdit sa pipe dans la grange, une pipe qui n'était pas la sienne, qu'il avait empruntée à un copain.

– Si vous voyez un jour une vache sortir de l'étable en fumant la pipe...

Effectivement, nous trouvâmes la pipe, l'hiver suivant, dans une crèche. Elle est toujours là. Du jeune homme, nous restait un prénom... aucune adresse où faire parvenir l'objet.

Après la moisson, Robert et Lucien aidèrent à la batteuse avec tout le voisinage. Odette vint aussi m'aider à faire le service. C'était nous qui, de temps en temps, allions porter du vin aux travailleurs – les bouteilles, les verres, et sur le coup de cinq heures, des morceaux de pâté aux pommes. Ma mère n'avait pas trouvé beaucoup de sucre pour ses pâtisseries, même en économisant ce qui était déjà nos maigres rations. Bah! C'était bon tout de même. C'était de ces mêmes pâtés, à la croûte épaisse, onctueuse, que nous avions eu pour le dessert.

– Je veux ce morceau, disait Lucien, je veux ce morceau, parce qu'il ressemble à mon godillot.

Son godillot, plus qu'usé, ouvrait par le bout une lamentable gueule. Dès le matin, il avait remarqué Odette. Elle était jolie, Odette, très noire de cheveux, la peau blanche tachée de brun, un petit nez, la bouche fine, et des yeux magnifiques, d'un vert presque bleu, qui se noyait en une teinte noisette près de l'iris. Le père d'Odette, Félix, se trouvait assis près de Lucien qui s'empressait.

– Prenez des tomates, mon Féliche.

Il prononçait « Féliche », comme il avait entendu dire en limousin. Félix se récusait :

– Non, merci, je ne les aime pas.

Lucien me soufflait.

– C'est le père d'Odette, il faut que je le soigne bien, et il n'entendait pas la réponse. Il recommençait à inviter, en lui tendant les tomates :

– Allons, mon Féliche, servez-vous.

Et il ne voyait toujours pas que l'autre repoussait l'assiette.

– Merci, je ne les aime pas...

Nous en avons ri longtemps. Et aussi quand il demanda à Félix l'autorisation d'aller chez lui.

– Venez si vous voulez. De toute façon, je sais bien que, si vous venez, ce ne sera pas pour moi.

– Il est malin, disait Lucien. Il a tout compris.

C'est vrai, il n'était pas sot, Félix. Mais il eût été difficile de ne pas comprendre. Que Lucien allât chez Félix, qu'il « fréquentât » Odette, ça ne me gênait pas – mais pas du tout. Il n'avait qu'à aller chez elle, ce n'était pas loin, un kilomètre tout au plus. Le jour où il décida de la rencontrer chez moi, ce fut tout autre chose. Dans un premier temps, il me demanda de l'inviter un dimanche. Ce n'était pas la première fois que je l'invitais, certes. Je le fis volontiers, me promettant une journée très agréable. Mais quand elle me dit qu'elle ne viendrait pas, une autre idée me traversa l'esprit, je me gardai bien d'en informer les garçons. Et ils durent passer toute la journée avec moi, regardant la route d'où personne ne vint. Après cela, qui se serait avisé de me faire un doigt de cour ?... Mais je ne laissai jamais personne mettre entre Odette et moi ni la tentative d'une équivoque, ni l'ombre d'une jalousie. Personne.

C'était comme les petits paniers. Disait Lucien :

– Je vais t'apprendre à faire un petit panier.

Il choisissait deux belles graminées bien longues, avec l'épi de toutes leurs fleurs, ou de toutes leurs graines, telles qu'on aurait pensé les pouvoir tresser. Il vous faisait ouvrir la bouche, assez pour les tenir entre les lèvres, ou entre les dents, tête-bêche, et dépassant de chaque côté comme des moustaches. Ensuite, il tirait d'un coup sec, qui vous laissait la bouche pleine de fleurs ou de graines qu'on avait toutes les peines du monde à recracher. L'astuce était d'ouvrir la bouche juste assez tôt pour lâcher les tiges, juste au moment qu'il donnait ce coup sec, dont le contre-coup lui renvoyait les coudes au corps, tout pantois de l'échec.

Quelques jours plus tard, tout se précipita, peu avant la rentrée. D'abord les chefs voulurent savoir d'où Lucien tenait les ressources alimentaires qu'il leur procurait – je n'ai jamais su à quel prix. Un matin, les voilà à cheval dans la cour. Ils nous firent toute sorte de remerciements et d'amitiés, mais nous comprîmes bien vite que le règne de Lucien était terminé, et que c'était avec eux directement qu'il nous faudrait traiter. Ce n'était pas sans avantages, car outre les volailles qui ne devaient guère aller qu'à ces messieurs et à leur famille, nous pûmes vendre au Chantier, à pleins tombereaux, des aliments aussi vulgaires que les carottes, les pommes de terre, les choux, et même les rutabagas dont jusqu'alors seuls bénéficiaient les cochons à l'étable. Nous ne vendions pas cher, mais c'était tout de même appréciable de faire de l'argent avec ces choses pour lesquelles nous avions si peu de considération.

Lucien revint cependant. Je me souviens qu'il portait le grain vanné à grands sacs au grenier. J'admirais sa force, qui depuis la jambe tendue, semblait fleurir dans les muscles du bras et de l'épaule. Il n'y eut pas de dernier jour, d'adieu ni d'au revoir. Un soir, il partit en disant bonsoir, comme d'habitude. Et nous ne le revîmes pas, jamais. Il écrivit. Il partait en « mission », secrète naturellement. Il demandait à mes parents de le prendre comme domestique, ce qui lui éviterait de traîner plus longtemps de Chantier en Chantier. Mes parents étaient contents de recevoir au hasard quelques heures de travail qu'ils payaient en nourriture – ils n'avaient ni le besoin, ni les moyens d'employer un domestique à temps complet.

Nous avons pensé, plus tard, que si Lucien avait besoin de se cacher, il lui aurait suffi de s'expliquer clairement, en quelque sorte de demander asile. Que s'il pensait l'avoir fait par cette lettre, nous ne l'avions pas compris, ni ne pouvions le comprendre – il s'en fallait de deux ans peut-être pour que de telles choses pussent être seulement imaginables par chez nous. Non! Mes parents ne virent là que l'intention d'un garçon de pénétrer dans la place, se rendre indispensable, emporter d'un coup la fille avec la succession. Je leur donnai raison. Et de plus je pensais que, puisque c'était Odette qui lui plaisait, il n'avait qu'à aller chez Odette. Certainement je ne le retiendrais pas. D'autant plus que j'étais déjà rentrée, j'avais retrouvé Gilberte, Yvette et les autres, les professeurs que j'aimais et ceux qui me convenaient moins. Au revoir Lucien – adieu Lucien – sans au revoir et sans adieu...

Pourtant, quels beaux souvenirs ensemble ! La cueillette des cassis, les repas à la table de famille, moins sucrée certes qu'autrefois, mais toujours abondante, la crème remplaçant l'huile de la salade, le lard et le saindoux largement répandus dans les plats. Ces glaïeuls roses, que ma mère avait plantés dans un vieux bidon à pétrole défoncé, posé sur le cul et rempli de terre. Lequel de nous savait – disait :

– Ce sont les fleurs de rendez-vous. On compte le nombre de corolles ouvertes, c'est l'heure du rendez-vous.

Ma mère admirait beaucoup ses glaïeuls. Il me semble qu'ils ont fleuri un temps interminable, tout l'été. Et nos longues lectures, côte à côte, et la main dans la main. Nos chansons, celles qu'il m'apprenait, celles que nous chantions ensemble. Une que l'on entend actuellement sur les ondes et qui nous amusait :

Tiens, tiens, tiens ! s'exclament les douairières
Tiens, tiens, tiens ! s'écrient les pharmaciens.
Même les pompiers ont le feu au derrière
Et les escargots s'sauvent à fond d'train...

... Nos rires...

Mais Lucien était loin d'avoir occupé toutes ces vacances. Même si c'était lui qui nous avait amené, un soir, ce beau jeune homme qui, plus tard, m'avait envoyé la solution de mon problème inachevé au brevet élémentaire. Nous y avions longuement réfléchi ensemble, mais lui non plus n'avait pas trouvé ce soir-là. Cette question de rapports inverses, en effet, n'entrait qu'en finesse dans le programme de troisième, nous ne l'avions sûrement pas étudié. Cependant le garçon était beau ; certainement plus âgé que les recrues de vingt ans, il détenait les fonctions de chef de groupe. Il était beau : j'avais esquissé son portrait à la gouache.

Cet été-là, j'avais tenté plusieurs tableaux de grand format, personnages ou paysages. Je voulais les rapporter à l'école. Pour éviter les questions, je drapai le jeune homme, après coup, d'une sorte de cape bleue. J'avais essayé aussi des compositions plus réduites en taille, et mes premiers bouquets de feuilles ou de fleurs. De tout ce temps j'avais entretenu une bonne correspondance avec Yvette, et une autre, bien plus importante, avec Gilberte. J'étais aussi allée à Cros pour quelques jours auprès de ma grand-mère, de mes cousines et de toute la famille. J'y avais lu *Les Mémoires d'un âne*. La divine comtesse me captivait toujours.

Et pourquoi pas? Ses histoires sont si touchantes, et quoi qu'on en dise, sans mièvrerie. Lui reprocherait-on de rendre la morale aimable et le mal déplaisant? La morale n'est peut-être pas toujours si aimable, hélas! Le mal est toujours aussi déplaisant. Certains lui reprochent encore que la « malheureuse » Sophie pouvait appeler :

– Ma bonne! Ma bonne!...

Et alors? Sophie avait une bonne, la comtesse vivait dans ce monde-là, elle pouvait en parler. Ce n'était pas le mien, dont elle n'aurait su rien dire qui ne sonnât faux. Au reste, chacun sait bien que d'avoir une bonne n'a jamais rendu personne heureux. Si j'ai lu *Cadichon* à quinze ans, j'y ai pris grand plaisir et m'en vante. Cette année-là, en troisième, n'avais-je pas retrouvé un ouvrage qui me charmait plus encore, que j'avais découvert aux côtés de Mélaine l'année d'avant? C'était *Le Savant Cosinus*. Yvette me conseilla, du même style disait-elle, *La Famille Fenouillard*, qui avait fait les joies de son enfance, je suivis donc les aléas de cette famille avec amusement, certes. Je m'y intéressai un peu de la même manière qu'au *Voyage de monsieur Perrichon*. Ne me dîtes pas que c'est sans commune mesure, je n'en croirai rien. Ce qui est sans commune mesure, ce sont les premières pages de *Cosinus*, alors que le savant, dans son désir de quitter la capitale, expérimente autant de moyens de sortir que Cyrano pour son voyage dans la lune. Chacune le ramène à son point de départ. C'est Kafka avant l'heure. Lorsqu'il finit par s'échapper enfin, la suite est beaucoup moins drôle, ou plutôt c'est drôle, ce n'est pas touchant, c'est un périple comme un autre, même si, pour finir, le héros se retrouve à son point de départ une fois encore.

C'est cette même année que j'avais lu *Mireio*, dans le texte, jetant quelque clin d'œil sur la traduction lorsque mon limousin maternel se trouvait en défaut – *la chato*, hé! Chez nous c'était la minette, miaou, et la minette n'avait pas encore dans notre langue le sens qu'il a pris depuis... Il doit être toujours aussi dur le soleil sur la Crau même si les filles ont trouvé d'autres rocs où se briser les reins que l'autorité du père. J'aimais Mireille, et Graziella, et les jeunesses tendres en proie aux chaînes de la vie. J'avais lu *Jane Eyre. Les Hauts de Hurlevent*, c'était peut-être l'année précédente, j'avais acheté le livre, je ne sais comment. Je le relisais encore, je finis par le prêter à Lucien – je ne le revis pas plus que le garçon. Je m'étais perdue, égarée dans d'interminables romans de Lamartine, pleurards et beaux. Et surtout, je lisais Musset à haute voix pour toute la classe. J'étais Marianne, j'étais Rosette, Lorenzaccio et Perdican. Je me rappelais mon second livre de lecture, dans la petite classe à Surdoux : *J'avais laissé un océan et des forêts, j'ai retrouvé une goutte d'eau et des brins d'herbe...*

Cela dormait en moi, depuis si longtemps. Découverte précieuse, alors, si lourde qu'elle me crevait le cœur, comme une pierre perce la poche, à force. Cela pesait toujours du même poids, tout autre, quelque chose que je n'arriverais jamais à porter. Sans que je pusse l'exprimer, le rocher de Sisyphe... A côté de cela, j'étais bouffon, empoisonneuse. Je me délectais à prendre le ton pathétique ou tendre – et, je le sentais bien, foin de *r* qui roulent! tout le monde vibrait.

Oui, ç'avait été une année bizarre, toute dispersée, toute disparate. Ç'avait été une année riche, profonde, fertile – fertile à toutes les profondeurs.

Après le brevet, dans une librairie petite de la rue Adrien Dubouché, j'avais acheté des livres. Des poèmes de Verhaeren – *La Religieuse*, de Diderot – les écrits de Cyrano de Bergerac... J'avais peut-être cru acheter la pièce de Rostand, en fait. Un coup d'œil me détrompa, et si erreur il y avait eu, j'en fus très heureuse. Je m'amusai beaucoup aux récits de cet homme sain, génial en son genre, qui inventait d'un coup la science-fiction et le théâtre classique. Et certes, il ne parvenait à aucune perfection. Molière allait élaguer son œuvre et parfaire le style. Deux siècles plus tard, Jules Verne prendrait l'allumette et porterait le flambeau jusqu'aux cimes. Après lui. Et deux cents ans plus tard.

Plus tard encore, il aurait beau jeu, le dramaturge. C'est vrai, il avait un gros nez, Cyrano. Un grand nez bien gras et tout pommelé, une sorte de mufle. J'enrage quand je le vois représenté sur scène avec ce pied de marmite ou ce bec de canard ridicule de marionnette américaine. Le nez de Cyrano allait avec son visage, c'en était la pièce maîtresse peut-être – non une pièce rapportée. Et s'il fallait pour le figurer un masque, ce serait un masque de tout le visage, et pas ce faux nez de clown, cet artifice qui ne laisse voir que le visage de l'acteur. Moi, j'aimais Cyrano sans me soucier de sa figure ni de son nez. A cette époque, je n'y songeais même pas. Les représentations qu'on en fait, c'est une autre histoire – une histoire de mode dans les fluctuations les plus superficielles du temps.

D'une façon générale, je ne me passionnais guère pour l'apparence des auteurs. J'avais tort peut-être. On peut apprendre beaucoup d'un homme à regarder son visage. Mais, outre que je n'avais pas l'expérience comparative nécessaire, ni surtout l'instinct auquel l'expérience ne supplée pas toujours, il y a une telle distance entre l'homme et l'œuvre que je faisais peut-être mieux de m'en tenir à celle-ci, sans m'encombrer de connaissances aléatoires qui n'auraient fait que fausser mon plaisir et mon jugement, sans même l'enrichir. Il y avait pourtant un portrait de Lamartine que j'affectionnais particulièrement, non point à cause du poète, mais par une relative ressemblance avec l'Étranger, celui dont l'ombre lointaine flotta autour de mon adolescence, et de qui, voilà, je n'ai rien à dire. Je ne dirai rien.

Lamartine – c'est cette année-là que j'aimai le poète, et en l'étudiant. Jusqu'alors, je l'avais trouvé long, pompeux, ennuyeux. Il n'y avait dans ses poèmes ni le frisson de l'exotisme, ni l'attrait du drame immédiat, ni ce jeu tintinnabulant des rimes qui, parfois, m'amusait. Cette année-là, juste à point, je découvris le charme d'une musique douce, en nuances et demi-teintes, celle de l'eau du *Lac* – celle d'un cœur qui s'émeut, en surface peut-être, et qui se regarde, soi-même miroir dans un vertige qui n'est qu'image, soyeuse souffrance, ineffable frémissement. M'échappait ce que cette culture égocentrique – ce jardinage de mélancolies – pouvait avoir de cruel, non pour le poète, mais pour l'objet de sa mythique passion. Cela m'échappait? Peut-être. Peut-être pas vraiment. Ou bien n'était-ce qu'un jeu... Restait quand même la musique – je veux dire la poésie. Le poète, on peut faire abstraction de son visage. Et tout aussi bien de sa vie. Tant est vrai que la connaissance de l'un ni de l'autre ne m'a jamais rien apporté, ni dans l'amour, ni dans la compréhension de l'œuvre.

Bien sûr! Il nous fallait alors répondre à des questions comme : « Qu'a voulu dire l'auteur? » Cela consistait à mettre en prose hésitante la matière formelle du poème, dont la substance est perfection. J'ai souvent travaillé à cette entreprise de destruction qui, sous couleur de pénétration, était une tentative d'effraction ou de viol stérile. Par chance, si ce n'est dans notre petit esprit, le poème ne s'en portait pas plus mal. Après notre indiscret passage, il restait debout dans toute sa tranquille, inexpugnable et modeste splendeur. Il aura depuis résisté, et résistera, à d'autres assauts moins naïfs, moins maladroits, mais tout aussi incompétents. Et certes! Non je ne savais pas tout cela, je n'aurais pas su le dire. Je ne le ressentais pas moins vivement, sans pour autant négliger la tâche obligatoire des analyses et des lectures expliquées qu'il me faudrait encore poursuivre de longues années. Que voulait dire l'auteur? Hé! Le savait-il lui-même? Avait-il dit ce qu'il voulait dire? Ce qu'il croyait avoir dit? Et quand bien même! Ce qui est dit, est dit. Tout le reste est spéculation.

Oui, ce fut une année de fêtes. Il y en eut une de tout à fait inattendue, au milieu du dernier trimestre, environ le mois de mai, je crois. La municipalité nous invita, les deux premières de chaque classe, à un goûter d'honneur. Toutes les classes de la ville, garçons et filles, primaires et primaires supérieures envoyèrent ainsi chacune ses deux délégués. Je ne me rappelle pas si j'étais première ou seconde, mais j'en étais. J'en étais, et cela n'était pas du goût de tout le monde, tant s'en fallait. Propos acerbes et quolibets reprirent, sous n'importe quel prétexte, et il n'est pas jusqu'à la mère Cane pourtant ne soutenait un peu – oui, il n'est pas jusqu'à la mère Cane qui, me toisant du plus haut qu'elle pouvait, me dit :

– Vous pourrez y aller, si toutefois vous avez des souliers pas trop éculés.

Je ne répondis pas. J'avais reçu la gifle en plein cœur, plein visage. Il est vrai que je n'étais pas trop bien vêtue, surtout depuis la défaite. Je n'avais pas de garde-robe d'avance, et les tissus manquaient de plus en plus dans les magasins. Les chaussures aussi. Toutefois, j'avais encore une paire de souliers convenables. C'est seulement au jour dit que je les chaussai, et j'en pris le plus grand soin – si grand soin que, dès le matin, je renversai dessus tout un encrier d'encre bleue, qu'il fut impossible de nettoyer ni même de dissimuler. Je me sentais tellement humiliée, que, si l'on m'avait privée de cette sortie, je l'aurais accepté sans murmure. Mais justement, on n'allait pas m'en priver – qu'au moins j'aille montrer en ville mon accoutrement. Il y eut des sourires – de ceux qui ne trompent pas. Le visage vite détourné...

De toute façon, mon parti était pris : qu'on me veuille ou non, j'irais quand même. Que si mes chaussures étaient éculées, quelqu'une plus élégante, celle qui eût assuré mieux que moi le prestige de la classe, voire de l'école, elle avait peut-être, elle aussi, quelque chose d'éculé, sinon du côté des pieds, à l'opposé tout juste... C'est que, pour la trouver, il aurait fallu glisser loin, bien loin vers l'arrière du classement... De tout cela, je ne dis rien, à personne, ni à Yvette, ni à Gilberte. Je remâchai toute seule ma rancœur face à une hostilité que je n'avais jamais sentie aussi pressante. Et, contre bonne fortune, je fis bon cœur. Nous partîmes en rang par deux en compagnie de Madame, par les rues de la ville.

Vous croyez peut-être que nous allions nous retrouver ensemble dans quelque grande salle de réception, garçons et filles de tous âges, que peut-être nous allions danser en prenant le champagne et les petits fours ? Voici : nous nous arrêtâmes dans un escalier, deux par deux sur les marches, Madame devant, qui, au bout d'un moment se mit à se balancer d'un pied sur l'autre. Elle ne disait rien, serrait les lèvres, fronçait le nez. A tout moment j'imaginais qu'elle allait faire demi-tour et rentrer ses ouailles, mais elle attendit. Il y avait une autre école devant nous, des garçons du primaire, et sûrement une autre dans la salle, où nous finîmes par entrer, au bout d'une bonne demi-heure. Il y avait là une table, avec des verres à pied où l'on nous versa un doigt de vin blanc, aigre à vous tirer les larmes, et des grandes panières qui avaient dû contenir des gâteaux secs. On nous fit une espèce de discours. Des messieurs nous serrèrent la main. Les dames nous firent des sourires et nous tendirent les gâteaux. Nous restions là debout, en demi-cercle, en rang, embarrassées du verre et du petit-beurre, à ne savoir que faire de nos doigts et de cette envie de rire qui peu à peu nous montait du ventre, qui éclata quand nous fûmes sorties : comment allions-nous raconter la chose? Et l'une était d'avis de dire qu'on nous avait offert un œuf sur le plat, et l'autre... Faute d'œuf, « sur le plat » me semblait l'expression correcte. C'était, à vrai dire, beaucoup de bruit pour rien – de bruit, de jalousie, de rancune...

La mère Cane, pourtant, ne s'intéressait pas tant à mes chaussures, si peu de temps auparavant, lorsqu'elle préparait les chants pour la veillée de Jeanne d'Arc. Elle était bien contente de m'avoir, aux répétitions chaque soir, dans l'allée près du bassin. Elle était encore plus contente que quelqu'un pût donner le la, dans la nuit de la fête à côté du grand feu de camp pendant les entractes. Et pourtant, je m'en serais bien passée, moi, d'aller prendre le frais juste après l'inhalation que m'avait ordonnée le médecin à cette époque. Oui, j'aimais bien chanter, que ce fût *Lo còr de ma mia* ou la complainte de Jeanne dans Auxerre. Mes sinus et ma gorge pour autant n'étaient peut-être pas d'accord...

C'est quand même avec un certain plaisir que nous avions retrouvé nos bâtiments, le parc, le petit bois... Or justement, là-haut, au bout d'une sorte de prairie vaguement séparée des jardins par un mauvais grillage soutenu de quelque barbelé distendu, il y avait quelque chose que nous ne reconnaissions pas, que nous n'avions jamais vu, une petite construction de briques, massive et basse. Qu'est-ce que ça pouvait bien être? Nous nous posions la question depuis pas mal de temps, lorsque Yvette donna la réponse – une réponse toute simple. Hé! C'est que, de tout ce temps que nous n'étions pas là, nous, Yvette, si. Les instituteurs avaient conservé leurs appartements. Yvette avait vu bâtir, et même utiliser la chose : c'était un four crématoire. Nous aurions pu y penser. Peut-être y avions-nous pensé. Nous savions que notre école était, l'an passé, hôpital militaire.

Et certes, on n'avait brûlé là que des pansements, tout au plus quelque lambeau de chair ou de membre déchiqueté. Cependant, je me souviens qu'arrivées à proximité, nous faisions brusquement demi-tour, détournant nos regards de la chose. Ou que parfois, au contraire, nous nous plantions là devant, la tête vide de toute pensée, dans un malaise indéfinissable, que rien n'aurait pu exprimer. Il y avait dans ces mots « four crématoire », et dans ce bâtiment minuscule qui semblait clos de toutes parts, comme une puissance inconnue, mais terrible – une présence disproportionnée à ses dimensions modestes comme à sa passagère fonction, qui nous laissait bouche bée, muettes d'on ne savait quelle impression inexplicable.

Je l'ai dit : nous avions entendu parler de dénonciations, de tortures. Mais pas chez nous. Pas encore chez nous. Et certainement personne ne savait – n'aurait osé dire, penser, supposer, ni même imaginer – ce qu'il en était des fours crématoires. Oui. Cependant, je me souviens. N'aurions-nous pas appris ce que nous sûmes par la suite, peut-être aurais-je oublié. Mais je me souviens.

Je me souviens aussi que, vers la fin des vacances, rentrée de Saint-Raphaël où elle avait passé l'été, Gilberte m'envoya par la poste les cadeaux qu'elle m'avait rapportés. Des vues sur verre ne restaient que des miettes. Mais les cartes n'avaient pas souffert, ni le porte-plume où l'on voyait la mer dans une perle, ni les bracelets de coquillages, ni le collier. Il y avait un bracelet de petites coquilles blanches, dures, pointues et un autre de plus légères, arrondies et diversement colorées. Quelques autres petites coquilles, roses, blanches, vertes, étaient soigneusement enveloppées dans un papier de soie : c'était, me dit Gilberte, les coquilles porte-bonheur de la Méditerranée. J'ai toujours le bracelet blanc, mais j'ai surtout porté le collier, qui est de coquillages pointus, striés de brun, de blanc, de teintes ocrées. Un jour que je le portais à quelque foire de Chamberet, la Marie du Larcy que je venais d'embrasser me dit :

– *As fach un colier d'alissas ?* – Tu t'es fait un collier d'ail ?

– *D'alissas ! Perque d'alissas ?* – Un collier d'ail !

– *Sabe-ieu ? Per los vermes.* – Pourquoi pas ? C'est bon contre les vers...

Je me dis, tout au fond de moi, qu'il y a un proverbe sur les marguerites – les perles, si vous voulez... Mais, après tout, mes carapaces de bigorneaux n'étaient pas des perles. Et l'ail, d'autre part, n'est pas seulement efficace contre les vers, il l'est aussi contre les sorciers, peut-être même les vampires. C'est pourquoi je ne répliquai pas. Mais que j'étais vexée ! Cela ne m'empêcha pas, cependant, de mettre et de remettre le collier. Tiens ! il est joli, ne vous déplaise. Et c'est un cadeau de mon amie. Et il vient de la mer. La mer bleue. La mer magnifique. La mer que je n'ai jamais vue. Il m'est la mer.

Dans la mer, Gilberte s'était trempée tout un été, et une photo la représentait les pieds dans l'eau, assise sur un rocher. La photo qui, peut-être, m'a fait rire le plus de toute ma vie. Oh ! Gilberte est plutôt à son avantage, sur cette photo. Mais, imaginez : en bas, la mer ; puis le rocher qui semble posé sur la mer ; sur le rocher, Gilberte ; juste sur sa tête, la plage ; sur la plage, un mur ; sur le mur, un palmier ; sur le palmier, un triangle de toit ; sur le toit, le ciel. Tel est l'entassement, en plein milieu, d'un bord à l'autre, oui, un véritable entassement d'objets hétéroclites, une sorte de colonne dont le rocher serait le socle, le corps de la jeune fille et le tronc de l'arbre seraient le fût, les palmes et le toit le chapiteau ; le tout supportant un plafond de ciel... On aurait voulu le faire exprès, ça n'aurait pas été facile. Ou peut-être fallait-il de l'imagination pour voir ainsi les choses. Mais, pour l'imagination, nous n'en manquions pas, ni l'une, ni l'autre. Quels fous rires...

CAR – voilà! – nous étions rentrées. Le moins qu'on puisse dire, c'est qu'au contraire des années précédentes, la classe de quatrième n'était guère chargée. S'il y avait eu beaucoup de succès au concours de l'École normale, ou si commençait une certaine désaffection pour le métier, ou si les échecs au brevet élémentaire avaient passé toutes les espérances, je n'en sais rien. Pour les échecs, si : ç'avait été un vrai massacre. Sur plus de trente candidates, nous avions été trois reçues en juin, et Georgette n'avait pas fait sa rentrée. En octobre, il y avait eu peut-être plus de réussite, mais trois de nos compagnes seulement nous rejoignirent, Jeannette, Marie et Yvette. Si bien que, dans la salle qui nous fut attribuée, au premier étage juste au-dessous de celle où nous avions suivi le cours préparatoire, et juste au-dessus de la salle à manger directoriale, nous étions une douzaine, guère plus, alignées sur les premiers bancs. Et encore! Yvette nous quitta au cours du premier trimestre : elle entrait aux P.T.T., où d'ailleurs elle a passé sa vie. Restaient deux autres Yvette, deux Marie, plus une Marinette et deux Jeanne, ou Jeannette, Marie-Louise, celle qu'on appelait Lily, plus une Suzanne, Yvonne et une autre Georgette, la belle aux cheveux flamboyants, d'un roux tellement chaud qu'on n'aurait pas osé les toucher.

Je la revois vêtue d'un corsage bleu nil qui faisait valoir encore plus cette chevelure éclatante et le vert de ses yeux. C'est que nous étions véritablement de grandes jeunes filles, maintenant. Telle de nos compagnes courait sur ses dix-huit, voire ses dix-neuf ans. L'une des Yvette était fiancée, celle qui avait de si beaux yeux pleins de rêve, qui aimait la poésie, qui lisait *Le Jardin des roses*, qui, sans doute, écrivait. Suzanne n'avait plus sa sœur jumelle, sans doute reçue à l'École normale, et Marinette non plus pour la même raison. Cela mettait dans la classe comme une indéfinissable mélancolie. Suzanne, cependant, aimait rire, et l'autre Yvette, une jolie fille qui parlait beaucoup mais qui était externe et qui de ce fait rentrait chez elle à tout moment.

Marinette au contraire, une grande fille qui marchait pesamment, en déplaçant pas mal d'air, restait taciturne et souvent triste. Une fois qu'elle s'était blessée – une cheville, je crois – nous faisions grand effort, Gilberte et moi pour lui rendre visite. Elle nous répondait à peine, ne nous regardait pas... Il fallait vraiment vouloir faire sa B.A... D'autant que nous n'étions pas scouts, ni l'une ni l'autre... Pourtant, nous y allions, avec le sentiment d'être indésirables. Nous y revenions. Comme elle était chargée de surveiller un dortoir, elle avait une minuscule chambre attenante – de quoi nous faire rêver de solitude et de liberté. Ce n'était, à la vérité, ces chambres de pionne, qu'un refuge dérisoire, mais il suffisait à marquer une séparation qui était celle du pouvoir, même sous sa plus fragile représentation, le signe de l'autorité.

Quelque temps plus tard, vint rejoindre la classe une grande belle jeune fille qui, nous dit-on, venait de la Creuse. Quels avatars – quels désagréments – quel drame – l'avaient arrachée à son école et conduite jusqu'ici ? S'était-elle fait renvoyer ? Pour quel crime ? Je n'en sus jamais rien et certes ne le lui demandai pas. Je ne lui demandai jamais rien du tout. Je la revois debout sous la galerie, qui semblait regarder au loin, ne rien regarder, ne rien voir, ne rien espérer – mais peut-être attendre. Toujours bonnes âmes, quoique non sans hésitation, nous prîmes notre courage à quatre mains, Gilberte et moi, et nous allâmes pour l'accueillir. Elle ne daigna ni nous répondre, ni baisser sur nous son regard, toujours tourné vers quelque invisible horizon. Peut-être maîtrisait-elle, avec des souvenirs qui n'étaient pas de notre ressort, quelque sourde colère ou quelque violente envie de pleurer. Nous la laissâmes à sa solitude, et ne tentâmes plus jamais de nous rapprocher. Un peu plus tard, nous vîmes que Suzanne et quelques autres, avec plus de chance ou d'adresse, avaient réussi à l'entraîner. Plus âgées que nous, plus mûres, elle avait dû reconnaître en elles des partenaires plus dignes de son estime et de son intérêt. Tout était bien. Nous voilà de nouveau treize à la douzaine, jusqu'au départ définitif de Gilberte, peu après.

Nous avions retrouvé la plupart de nos professeurs, Mlle Tauzin, Mme Guénier, Mme Parizet, Mme Mazères, Mme Billerey. Mais pour les maths, c'est Madame elle-même qui s'en chargeait. Et ce ne fut certainement pas à mon avantage. C'est qu'elle était trop forte sur la question, Madame, bien trop pour moi qui n'avançais qu'à tout petits pas sur la route de l'algèbre, et plus lentement encore sur celle de l'arithmétique. Elle pouvait faire du trapèze sur les paraboles, les hyperboles, le PPCM et le PGCD. Cela lui semblait si facile! Et moi, je la regardais jongler là-haut comme j'avais regardé les équilibristes du cirque Pinder.

Eussé-je voulu les imiter, eux et elles, c'eût été pour me casser la figure, lamentablement, au premier petit saut. La crainte que m'inspirait, de surcroît, cette haute femme belle, au visage sévère légèrement jauni de bile aux tempes, n'arrangeait rien. J'étais médiocre. Je devins irrémédiablement un cancre. Et pourtant, je n'y mettais même pas de mauvaise volonté. Et quand quelques-unes assuraient que Madame couchait avec Untel ou Tel autre, ça ne me vengeait pas, ne me rassurait pas – à la vérité, je n'y croyais pas, ça ne m'amusait pas. Et ça ne modifiait pas le sentiment désolant de dépendance, d'infériorité incurable, qu'elle m'inspirait. En d'autres circonstances, j'aurais pu avoir des relations cordiales, sinon de profondes amitiés, avec la plupart de nos professeurs. Avec elle, certainement pas. Mais, de toute façon, nous étions loin du compte.

Aux vacances de Toussaint, Yvette vint à la maison. Sa mère était d'accord et nous n'avions à demander la permission à personne d'autre. Ce devait être monsieur Garino qui était venu nous chercher. Je ne sais comment l'avaient connu mes parents, peut-être dans les foires, où il tenait un bazar qui allait de la confection à la quincaillerie en passant par tous ces petits objets utiles et inutiles dont on encombre les maisons – peut-être par l'intermédiaire de nos cousins de La Croisille, où il habitait. Nous avions beaucoup de cousins, encore relativement proches, à La Croisille, et certains étaient parents aussi des Garino, par sa femme. Quoi qu'il en fût, M. Garino avait une auto qui marchait, peut-être déjà au gazogène. Nous nous y entassâmes. Il y avait, je pense, Georgette – une autre Georgette –, Titi, Andrée, Yvette et moi.

Or, comme nous étions pour nous installer, dans la cour d'honneur devant l'escalier, voilà que Madame était là, qui interpella Yvette :

– Où vas-tu ?

– Chez moi, répondis-je.

Et Yvette, de sa bonne petite voix :

– Je vais chez Marcelle passer les vacances.

– Ah ! souffla la dame, en détournant ostensiblement la tête.

On voyait bien qu'elle désapprouvait une telle initiative. Mais que pouvait-elle dire ? Elle ne dit rien, et nous partîmes. Nous partîmes d'autant plus joyeusement que c'était le départ en vacances, bien sûr, mais surtout qu'avec M. Garino, départ ou rentrée, le voyage était toujours trop court, qui se passait à rire, et plus encore à chanter. Il avait un rossignol dans la gorge, cet homme-là. Que s'il s'était fait construire une villa toute rose, « Au chant du rossignol », le rossignol c'était lui, il n'avait aucun besoin de micro, ni de phonographe, ni d'aucun instrument pour sonoriser son banc dans les foires : il chantait.

La chapelle au clair de lune...

ou n'importe quelle autre tinorossignolade, tout lui était bon, pourvu que ça chante, et sur le chemin de l'école, à nous aussi.

Nous passâmes quelques journées tout à fait agréables à la maison. Nous avions voulu aller à la messe de Toussaint. Si nous étions parties trop tard, si nous avions musardé en chemin, je ne sais. Nous arrivâmes tout juste pour l'*Ite missa est*, sinon pour le *Deo gratias*. Bien dommage ! Cela n'eût peut-être pas accru notre dévotion, mais les messes étaient si belles à Chamberet, durant cette période où le Chantier de jeunesse amenait au pays toute sorte de gens, où parmi la bourgeoisie s'élevaient de grandes jeunes filles qui chantaient, qui jouaient du piano, une chorale comme on n'en a pas revu. Les jeunes m'ont même assuré, à cette époque, qu'un certain Lucien Duchemin aurait tenu l'harmonium?... Lucien Duchemin, un nom connu... Ce jour-là, Yvette et moi ne fîmes pas si grand cas de la musique religieuse. En revanche, nous parcourûmes longuement le cimetière, où s'élevaient encore nombre de stèles anciennes dont, malheureusement, on ne nous avait pas enseigné le symbolisme et qui, pourtant, attiraient nos regards.

A la maison, ma mère nous prépara quelques bons petits plats, nous fîmes de courtes promenades à travers les prés, nous eûmes la visite de deux ou trois chefs du Chantier, et surtout nous parlions, nous parlions... Entre les atomes de Lucrèce et ceux de Joliot-Curie, tout un monde venait de s'entrouvrir à nos spéculations, le monde tel qu'il est peut-être, d'écorce en écorce et d'apparence en apparence. Il nous semblait que nous allions pouvoir enfin tout comprendre, et du moins tout appréhender... Mais, je l'ai dit, bientôt après Yvette s'en fut à la Poste, appréhender les charmes du courrier quotidien et comprendre la tenue des comptes administratifs. Sa mère avait dû prendre sa retraite. Elles n'habitaient plus l'école, mais un logement sur la place Gay-Lussac, à côté de l'Église. Yvette travaillait, elle allait gagner sa vie, tout un symbole, toute une réalité. Nous restions amies, mais nous ne nous voyions plus guère. De toute façon, ce n'était plus la même chose.

Me restait Gilberte. Elle n'était pas d'un commerce facile, Gilberte. Oh non! Les disputes éclataient à propos de tout. A propos de rien. Elle savait si bien m'exaspérer. Et vlan! je lui flanquais une gifle. Et crac! elle me mordait, ou me griffait en soufflant Ftt! Ftt! comme un chat. Et pour finir je lui tirais les cheveux. Alors, elle se mettait à pleurer, et je pleurais aussi. Et quand on avait bien pleuré, on se faisait des excuses, on s'embrassait. Je le savais, elle ne supportait pas qu'on lui tirât les cheveux, depuis une méningite qu'elle avait eue, tout enfant, dans une colonie de vacances au bord de la Manche. Elle prenait beaucoup de soin à protéger ses lunettes, mais pour ses cheveux, elle ne faisait qu'en parler. Si elle ne voulait pas que je les tire, elle n'avait qu'à me foutre la paix... Mais non, il lui fallait toujours m'asticoter, pour un oui, pour un non, ce que j'avais dit, ce que je n'avais pas dit. Et des scènes de jalousie dignes du More de Venise. Et des bouderies qui n'en finissaient pas. Bien souvent, j'en riais. Mais ensuite, ça m'agaçait, d'autant que ce n'était jamais qu'une histoire de merle ou de merlette. Ou même, c'était une histoire sans queue ni tête. Mais je n'en voulais pas démordre. Et elle n'en démordait pas :

– Un merle...

– Une merlette...

Et vas-y! Ça recommençait. C'est alors que vlan! une gifle emportait les lunettes... un coup de dents... et les cheveux qui volent... Et le reste. Le scandale des cris? Ou celui des embrassades?

– Elles sont encore là-bas qui se battent dans le jardin..., disait son mari à Madame qui levait les bras au ciel.

– Eh! mon pauvre ami, que veux-tu que j'y fasse?

On essaya de nous séparer. Au dortoir des quatrième, sous la voûte de l'ancienne chapelle ouverte au bout de notre couloir, au premier, nous avions choisi les deux lits sous la fenêtre, qui se trouvaient ainsi quelque peu isolés, un endroit, où nous pouvions parler – bas évidemment – sans être entendues des autres places. C'était un avantage sur celles qui se trouvaient sous la retombée de la voûte : de chaque lit on entendait toutes les autres conversations. Au bout de quelques mois, on envoya Gilberte dans un autre dortoir, je n'ai même pas su lequel, histoire sans doute de sauver l'éthique, ou tout au moins les apparences. J'eus désormais comme voisine une fille que je n'aimais ni n'estimais plus qu'elle ne m'aimait ni ne m'estimait, une certaine Irène avec qui, de toute l'année, je n'échangeai pas trois phrases. Les bagarres dans le parc ou à l'étude ne cessèrent pas pour autant, avant de cesser tout à fait, faute de combattants.

C'est que, si elle était aussi nerveuse, Gilberte, en fait notre amitié n'était pas seule en cause, pas même vraiment en cause. Elle s'en prenait à moi parce que j'étais là, à sa portée. Non, ce qui la mettait hors d'elle, les nerfs à fleur de peau, c'est qu'elle n'avait qu'un souhait, qu'un désir : rentrer chez elle, retrouver sa Meuse endormeuse, à qui elle n'avait pas dit adieu. Or, ce départ n'allait pas de soi. La ligne de démarcation, entre la

France occupée et la zone libre, dite libre, on ne la passait pas comme on voulait. Ne suffisait ni la carte d'identité, ni un passeport ordinaire. Celui qui voulait monter, ou descendre, passer d'une France dans l'autre, et fût-ce une jeune fille, une enfant, il lui fallait faire force démarches, et les autorisations ne venaient qu'au compte-gouttes.

Plusieurs demandes avaient été rejetées au cours de l'année précédente. L'été passé, il y avait eu une réponse, sans doute favorable. Mais, lui avait-on dit, les papiers s'étaient égarés, en lui laissant entendre qu'ils avaient en fait servi à quelqu'un d'autre. Une nouvelle demande avait été établie. Elle fut acceptée, et cette fois, ce fut pour elle. Elle en avait assez fait, elle s'était enfin rendue assez odieuse pour qu'on ne pensât plus qu'à se débarrasser d'elle à la première occasion. Je savais cela. Et, de tout ce temps, j'en avais été la complice à la fois volontaire et, je l'ai dit, exaspérée. Car s'il entrait pas mal de comédie dans l'excès de ces manifestations orageuses, elles étaient bien dans le caractère de l'adolescente, comme il était dans le mien d'y répondre. Mais trop, c'est trop. Quand elle s'en alla, moi aussi j'en avais assez. Entre-temps, cela nous avait tout de même bien fait rire, quand Madame avait expliqué tout de go à mes parents que « cette fille était un poison, comme malheureusement les chefs d'établissement ont coutume d'en trouver de temps à autre parmi les effectifs ». Ce qui nous amusa beaucoup moins, c'est qu'à Noël mes parents avaient été d'accord pour inviter Gilberte, comme ils avaient reçu Yvette à Toussaint, mais elle ne fut pas autorisée à venir avec moi depuis l'école. Et quand elle fut à Limoges, l'inspecteur demanda l'avis de Madame, qui fut défavorable et sans doute motivé, ce qui hâta, je pense, le retour de la demoiselle dans ses foyers. Nous en fûmes contrariées, certes, en un sens. Mais le but qui était qu'elle retrouvât sa tante, sa maison, son pays, ses amis, était atteint.

Quelques semaines après son départ, un après-midi, je fus appelée au bureau de Madame, non pas à une heure précise, mais quand je disposerais d'un moment. J'y allai, vers cinq heures. Qu'est-ce que j'avais encore fait? Rien, apparemment. Madame avait dû intercepter une lettre empoisonnée – une lettre, que dis-je! Entre les deux France, pas question de lettre cachetée. Une carte postale pour tout potage, et encore! Je m'en souviens, de ces cartes blanches, d'un mauvais papier luisant qui s'effritait sous la plume et retenait à peine assez d'encre pour être lu. Bref, appelée au bureau, j'y allai. Il s'agissait bien de Gilberte – mais pour en dire quoi? Madame commença plusieurs phrases, et plusieurs discours, auxquels je ne compris rien. Je ne disais rien, non plus. Que dire? Je n'avais rien à dire. J'étais un peu embarrassée. Elle me sembla bientôt l'être plus que moi. Elle marchait à travers la pièce. Elle en vint à me montrer des gravures dans un grand livre d'art qu'elle avait pris et ouvert en marchant. Je me souviens de cette fleur de glycine qui était accrochée au mur – mais pas de ce qu'elle en dit. Étais-je venue pour regarder des estampes japonaises?... Elle finit je crois par me congédier. Ou bien je sortis parce qu'il me sembla qu'elle m'avait complètement oubliée. En tout cas, elle ne me retint pas.

Dehors, je crois que j'éclatai en larmes. On put penser que j'avais essuyé un sermon, mais ce n'était pas cela. Alors quoi? Il était vrai que je venais de subir une tension presque insupportable. Je ne savais pas pourquoi. Je pensai plus tard que cette femme avait de bonne foi voulu me mettre en garde – mais contre quoi? En tout cas, elle n'avait pas trouvé les mots pour le dire, pas plus que je n'avais trouvé le moyen de comprendre ce qu'elle ne disait pas.

Que je n'avais pas les éléments pour comprendre? Hé! que si, certainement. Mais une chose est de savoir les choses, une autre de s'appliquer à soi-même une connaissance abstraite comme ça, concrètement. D'imaginer qu'on puisse seulement en faire l'objet. Beaucoup plus tard, chaque fois que j'ai entendu parler d'estampes japonaises, ou de collections de papillons, je me suis revue en cette fin d'après-midi, bouche bée dans le bureau directorial, à me demander ce que je foutais là...

Depuis le début de l'année, Gilberte et moi nous avions pris une charge. Les charges, c'était un travail qui nous était confié par groupes – balayer la classe, ou l'escalier, ou le couloir, ou encore, comme avait dit Andrée, une année précédente, « nettoyer les araignées du premier ». Jusqu'à ce jour, j'avais toujours échappé aux charges, je ne sais pas s'il m'avait fallu un certificat médical, que j'aurais obtenu facilement, et non sans cause. Mais cette année-là, nous avions choisi l'entretien du poêle. Il était énorme, ce poêle, haut et rond. Le peu que nous pouvions y mettre de combustible n'arrivait qu'à peine à brûler, et retombait en mâchefer plus qu'en cendres. A la vérité, je ne m'en occupais pas beaucoup, je dois dire. Quand je me tirais du lit, le plus tard possible, Gilberte l'avait déjà nettoyé et je la retrouvais dans un tourbillon de poussière et de fumée, tandis qu'un léger ronron sortait de ce ventre noir, d'où rayonnait une vague tiédeur. Mais quand il s'agissait de monter le seau de mauvais charbon qui nous revenait, nous n'étions pas trop de deux. Ni pour accaparer à notre profit tout ce que nous pouvions du peu de bois sec que le père Jean cassait parcimonieusement pour que l'on pût allumer le feu dans toutes les classes. Ce bois, objet de toutes nos convoitises, on pouvait le prendre au matin dans la cabane du père Jean, là-bas contre le mur, de l'autre côté du terrain de jeu. Nous y allions le matin – mais aussi le soir, après le souper, en nous glissant sous les cytises par la porte de derrière. Et nous remontions quatre à quatre par le même chemin, notre larcin sous le tablier, que nous dissimulions encore dans le petit placard, face à la porte, où je rangeais aussi quelques livres et les gâteaux que m'envoyait ma mère. Dieu ! Si l'on nous eût trouvées ensemble, la nuit, dans la cabane du père Jean !

Le jour aussi, nous rassemblions du bois mort pour notre poêle. Il y avait celui qu'on rapportait des promenades, et dans le parc celui qui tombait des arbres, les branches sèches que nous pouvions attraper aux tilleuls... Nous réservions la moindre parcelle de vieux papier. Aussi notre salle était-elle relativement chaude. Nous étions contentes quand nous voyions Mlle Tauzin détendre ses doigts glacés avec un petit soupir d'aise. Mais c'était surtout quand le professeur de gymnastique venait nous chercher pour la leçon que nous faisions assaut de séduction, et surtout de poêle ronflant, afin qu'elle restât avec nous à deviser auprès du feu, au lieu de nous emmener claquer du bec dans la salle de récréation. Pour la gymnastique, nous avions changé de professeur. La nouvelle n'avait pas la rigueur militaire de l'autre, et elle appréciait un moment de répit près de notre poêle. Bien sûr, on ne pouvait pas faire ça tous les jours... Le printemps revint, heureusement. Seule, je ne m'occupai plus du tout du poêle. Il n'y avait d'ailleurs plus ni bois, ni charbon.

C'est Marinette qui nous avait donné l'exemple. Elle ne portait en plein hiver ni bas, ni chaussettes, seulement des socquettes qui couvraient les chevilles. Nous, qui commencions à manquer de vêtements, cela nous arrangeait de l'imiter. De tout l'hiver, nous allâmes jambes nues comme des scouts. Bien mieux : le soir, au lieu de nous brûler les pieds sur la bouillotte, nous nous installions devant le lavabo, et nous les lavions soigneusement, en les frottant avec la brosse. Il y avait, dans ce dortoir même, un lavabo comme je n'en ai jamais vu : six robinets (ou huit?) distribuaient l'eau par deux face à face dans un long bac de tôle émaillée, à hauteur de notre taille. C'est là que nous étalions côte à côte nos pieds sous le jet glacé. C'était efficace : à peine entre les draps nos pieds réagissaient d'une chaleur violente, qui se répandait vite par tout le corps. Il y eut cet hiver-là de nombreuses épidémies de grippe, et certaines écoles durent fermer. La nôtre n'eut pas à souffrir le moindre rhume. Jamais je ne me suis si bien portée.

Aux vacances de Noël – mais je ne me souviens pas vraiment si c'était les vacances de Noël, ou celles du mardi gras, oui c'était bien à Noël – il y avait eu de la neige, et il faisait très froid. Ça ne nous empêchait pas de beaucoup rire, le soir, autour de la cheminée. Un soir que nous avions tant ri, tant chanté, tant raconté... à un moment, ma mère sortit. Nous l'entendîmes courir dehors. Je pense qu'elle allait au clapier, je ne sais plus pourquoi – en tout cas, c'est là que nous la trouvâmes, un bon moment plus tard, entre le clapier et le poirier des agousts, dans le sentier qui était devenu une vraie glissade. Elle avait glissé, justement, et elle était tombée, si malencontreusement qu'elle s'était foulé la cheville. Quelqu'un d'autre sortit et l'entendit se plaindre. Elle dit bien qu'elle avait appelé tout de suite, mais personne n'avait entendu, et elle restait là sur place, incapable de seulement se relever.

Nous l'avons ramenée, frictionnée, réconfortée... mais que

faire? Quelqu'un a bien parlé de la Radegonde – la rebouteuse. J'étais contre, je ne croyais pas à ces sornettes, et mon père non plus. Mais de toute façon, ni à cette heure-là, ni le lendemain, comment faire? Personne n'avait de voiture, en auraient-ils eu, que les gens n'auraient pas voulu se risquer à rouler sur ces routes couvertes de glace et de neige. Les chefs du Chantier eux-mêmes se trouvèrent force excuses. Venus aux nouvelles quelques jours plus tard, cela ne les empêcha pas de savourer un bon déjeuner à la maison. Ma mère n'était pas d'accord pour les inviter, mais c'était moi qui faisais la cuisine, et je n'étais pas fâchée de prendre la mesure du dévouement de ces gens-là, plus courageux devant une cuisse de canard, certes, que devant une route verglacée, plus prompts à prendre qu'à donner... dont il n'était pas mauvais pourtant de conserver les bonnes grâces.

Le médecin était venu, *ma pauvre vieille*. Il ordonna des bains qui furent sans effet, quelque pommade et des bandages tout aussi inefficaces. Elle finit par pouvoir marcher de nouveau, mais jamais les os ne reprirent vraiment leur place, elle en souffrit toute sa vie.

Je ne sais plus au juste pourquoi nous avions rappelé l'ancien médecin de famille, même si, pour lui-même, mon père n'en avait jamais changé. Le Dr Daniel, bien sûr, il n'en fallait plus parler. Mais le remplaçant était bien toujours là?... Sinon lui, sa femme? Je me perds dans les dates. En quelle année survint-il, ce drame dont il fut tant parlé?

Il y avait alors, elle existe encore, une grande pêcherie dans un virage au village de la Cipière. Je ne l'avais certainement pas vue, à cette époque, je n'étais jamais passée là. Je l'ai connue plus tard, dans l'angle que faisait la route de Tulle avec celle du village. J'avais toujours entendu tenir l'endroit pour très dangereux. Aussi fûmes-nous consternés, mais pas tellement étonnés, lorsqu'on nous dit que le docteur était tombé dedans avec sa voiture, et qu'il s'était noyé. Ce qu'il fallut entendre, en plus! Certes l'ancien médecin, qui était maintenant maire de surcroît, nommé par Vichy que ce fût de bon gré ou à contre-cœur – mais était-ce un honneur que l'on pût refuser? – l'ancien médecin n'aimait pas le nouveau, pas plus qu'il n'avait aimé son prédécesseur. De là à dire qu'il avait noyé son concurrent – qu'il avait provoqué l'accident – qu'il l'avait assommé avant de le jeter à l'eau – et que sais-je encore! La rumeur publique n'en finissait pas de se gonfler et de s'étendre. Et elle se renforça encore lorsque, longtemps après, l'épouse du malheureux, qui avait repris le cabinet avec autant de courage que de compétence, fut arrêtée un matin de foire, puis exposée debout dans un camion la journée durant, avant d'être déportée je ne sais où. Elle fut déportée, mais revint. Sa petite fille ne fut pas arrêtée, grâce à une voisine qui put la cacher tout simplement en l'envoyant à l'école avec sa propre fille, au nez et à la barbe des Allemands. Nous ne les avons jamais revues. Il faut dire qu'elle avait été notre médecin, mais que nous n'avions pas de relations plus intimes. Non, cette année-là, ces choses n'étaient pas encore arrivées.

Pour en revenir à ma mère, ce n'est pas sans inquiétude que je l'avais laissée avec sa blessure. Si bien que, peut-être pour la première fois, rentrée je pensais à elle, à la maison, à toute cette vie qui était de moins en moins la mienne, même si je la retrouvais par périodes, avec tant de joie. Ah! en ce temps-là, les vacances! Les vacances, ce n'était pas de courir le monde, la mer ni les sports d'hiver. Les vacances, c'était d'être chez soi, tranquille, avec les siens, de se laisser vivre – heureux. J'y pensais. Je voyais la maison – un peu avant le coucher du soleil, froide parce qu'on n'avait pas encore rechargé le feu, ou qu'on avait laissé la porte ouverte... Les derniers rayons du soleil, aveuglants, glacés sur la neige rouge... je les voyais, là-bas entre la grange et le fournil. J'en avais les doigts gourds et le souffle coupé. Oui, je me revois, songeant à cela, l'écrivant peut-être, dans cette salle de classe qui était maintenant tout mon horizon et toute ma vie...

A cette place, m'était venue, dans les mêmes temps, une tout autre idée, bien plus futile. C'était aux environs de ma fête, la sainte Marcelle, un 31 janvier. L'envie m'était venue de roses – d'avoir des roses – que l'on m'offrît des roses – pas d'autres fleurs, des roses – un 31 janvier. Un rêve qui jamais, bien sûr, ne s'est réalisé. Eh quoi? je le traîne depuis, pourquoi pas? Il ne me pèse guère. Tant d'autres me furent plus lourds.

N'aurais-je jamais pu, moi-même, ce jour-là m'acheter des roses ? Je ne l'ai pas fait. Il faudra bien que je le fasse, sinon on finira par m'enterrer un 31 janvier, et, alors, quelqu'un, ce jour-là, m'offrira des roses... Beuh !... Mais on meurt n'importe quand, avec ou sans roses. Et certes, en ces jours-là, je n'envisageais pas d'aussi près la chose.

IL ne faudrait pas croire, malgré nos tumultueuses querelles et nos ostensibles connivences, que nous fussions toujours ensemble, Gilberte et moi. Elle avait aussi ses copines, je pense, et moi je frayais volontiers avec les petites. Il y avait Odette, celle qu'on appelait Titi, qui était de Surdoux comme j'ai dit et qui venait parfois me voir, aux vacances. Il y avait ses copines, Denise, qu'on disait « Léonie », ou Nini, et Camille, la petite fille blonde, au teint pâle, à peine doré, qui ne jouait pas beaucoup, qui souriait, qui parlait peu, et qui est morte jeune encore, laissant deux enfants. Il y avait surtout Pomme. Ma petite Pomme, toute ronde et tachée de son comme une rainette dorée.

Ce n'était pas une élève de l'école, mais une petite du primaire qui, avec quelques autres garçons et fillettes, ne rentrait pas chez elle pour déjeuner. Où mangeaient-ils, ces gosses, à midi ? Je ne sais pas. Ils jouaient sous la galerie, dans les allées des instituteurs et parfois dans les nôtres. Celle-là s'était prise d'amitié pour moi, et moi pour elle. Elle accourait, s'appuyait à moi, posait la main sur ma hanche, et nous marchions en bavardant – je revois son visage levé, son gentil sourire, le sourire, quand même, de quelqu'un *à qui on ne la fait pas* – et repartait jouer avec les autres.

Les autres, c'était aussi un tout petit garçon, vêtu en paysan comme on n'oserait pas imaginer un paysan dans aucun groupe folklorique, avec une chemise à rayures, un pantalon trop large et des chaussettes d'homme dans ses sabots – une espèce de gavroche espiègle et souriant, un gavroche campagnard, oui, vêtu comme aurait pu l'être tel de mes condisciples à Surdoux, chez lui, un jour qu'il n'y avait pas école. Tous devaient venir d'assez loin, du Gô peut-être ou du Pénitent... Ou d'ailleurs...

Et il y avait encore Simone, et Yvette, et Andrée, et Lily, et Jeannette et Marie, et les autres de ma classe, et toute une couvée de jeunes que j'ai perdues de vue, ou que j'ai retrouvées beaucoup plus tard, mais que je connaissais chacune par son nom. Chacune. J'ai oublié bien des noms et beaucoup de visages. Cinquante ans ont passé, cinquante et plus. Longtemps, pour une mémoire.

Non, nous n'étions pas toujours ensemble, tant s'en faut, même si nous partagions la même table de classe. Mais nous nous retrouvions presque toujours à la promenade; c'était là, je pense, que nous nous disputions le moins. Nous avions bien d'autres soucis! Nous parlions. Nous parlions de livres que nous avions lus, nous nous les racontions. D'autres groupes, je le sais, faisaient de même. Gilberte racontait son pays – le mirabellier du jardin, les crues de l'Ornain, lorsqu'elle entendait sa tante, clap, clap, commencer à déménager le rez-de-chaussée, les aventures de son amie Simone, elle parlait de Rodolpha... tant d'autres choses que j'ai oubliées. Je devais raconter aussi. Je nous revois même, une fois, en veine de récits bibliques, nous relayant l'une l'autre, et parfois nous reprenant, à propos d'Abraham, Isaac et Jacob, leurs aventures et leur descendance. Elle n'était pas ignare sur le sujet, ayant suivi des cours d'histoire sainte, mais moi j'avais bien lu ma *Bible d'une grand-mère*, et grâces soient rendues une fois encore à la comtesse de Ségur, née Rostopchine.

Est-il nécessaire de dire que nous savions fort bien que Rostopchine était un nom russe, mais que nous ignorions tout à fait que Ségur fût limousin? Il ne nous serait pas davantage venu à l'esprit de situer Turenne au fin fond de la Corrèze. C'est tout juste si nous osions penser que ce Gay-Lussac, dont le buste trônait proche le clocher de notre ville, était le même, celui-là même dont les lois nous donnaient tant de fil à retordre, que ce fût pour les appliquer, ou simplement les énoncer... Des grands noms chez nous? Des grands hommes chez nous? Fi donc! Pompadour nous paraissait plus vraisemblable parce qu'il ne concernait qu'une marquise de pacotille, c'était en quelque sorte un titre d'opérette, dont on aurait pu affubler quelque Bettina avec ses dindons... Mais pensez donc! Mortemart... Ventadour... Pure coïncidence, homonymie. Or, le pire, c'est que j'exprime ici mon sentiment de l'époque, qui était celui de mes consœurs, la plupart, un sentiment profond qui était peut-être naïf, qu'on n'avait peut-être pas sciemment imprimé en nous, mais qui s'accordait si bien à cette honte qu'on nous faisait de nous-mêmes, d'être nous-mêmes, d'être de ce pays où rien ne pouvait être grand, noble, intéressant – mais que personne, je le dis, jamais personne ne nous avait invitées à exprimer, à examiner, à éclairer, à discuter, à seulement reconnaître. Que nous acceptions, en nous, inconsciemment, comme une vérité intrinsèque. Alors que c'était une contre-vérité uniquement fondée sur la contre-vérité historique, celle que nous devions apprendre, par cœur ou presque, dans l'enseignement quotidien.

Si je parle de ceci à propos de la comtesse et surtout de Gilberte, ce n'est sans doute pas un hasard. Qu'elle ignorât du Limousin ce que j'en ignorais, c'était normal : elle n'était pas d'ici. Ce qui n'était pas normal, c'était que moi, je l'ignorasse. Et c'est peut-être dès lors que, sans s'effondrer tout de suite, quelques-unes de mes certitudes commencèrent à se fissurer, celles que, justement, je portais en moi dans la plus paisible inconscience. Oui, Gilberte était bien ce poison-là – ce poison délétère : on avait raison de s'en méfier. Je plaisante. Pourtant, à défaut de poison, le contact avec l'autre, celui qui vient d'ailleurs, voilà souvent le choc, le coup d'éventail, aussi insidieux que celui du ... *vase où meurt cette verveine,* aussi pernicieux, aussi fatal, pour insignifiant qu'il semble d'abord. *Le coup dut l'effleurer à peine...*

Non, ce n'est pas alors que je pensai à ces choses. Nous discutions sans doute, comme avec Yvette et sur de comparables sujets – plutôt moins – peut-être pas du tout. Nous bavardions, surtout. Nous racontions. Nous racontions des histoires, et surtout des histoires que nous inventions. Parfois des histoires à épisodes, ou à plusieurs chapitres. Quelquefois, il y avait même un refrain. Il en est un dont je me souviens, bien que j'aie tout oublié du reste :

Le chat fit miaou!
Le chien fit baou!

Et tout le monde reprit en chœur :

La fille est folle.

Ç'aurait pu être une comptine. Ça marquait le passage d'un chapitre à l'autre aussi sûrement que lorsque Dante sort de son voyage :

Pour revoir le soleil et les autres étoiles.

Je ne prétends pas que ce fût de la même eau.

Je les ai oubliées, ces histoires que nous imaginions, il ne pouvait pas en être autrement. Quelques-unes, pourtant, doivent encore dormir dans ma malle, au grenier, sous leur forme seconde. C'est que, au retour de la promenade, je les écrivais. Je ne me souviens pas si Gilberte les écrivait aussi, ou si elle écrivait autre chose. L'une et l'autre n'écrivions pas que cela. J'inventais d'autres histoires, écrites ou non. Et il y avait nos poèmes. Gilberte en écrivait plus que moi. Elle y avait une grande facilité, et il ne semblait pas qu'elle se battît entre le sens et la rime, comme je faisais sans cesse.

La raison dit : Virgile...

Boileau n'est pas un poète, je le savais déjà, mais cela ne m'empêchait pas, à certain niveau de me heurter aux contraintes de la prosodie. Gilberte semblait couler de source. Peut-être, il est vrai, n'était-elle pas aussi exigeante que moi pour ce qui était des rapports du sens avec la rime... Je ne sais pas. Quand j'en avais fini de batailler avec la forme, moi, le sens avait tourné jusqu'à l'insignifiance – certes, non, ce n'était pas ça la poésie. Mais c'était quoi, la poésie? Arriverais-je à couler dans des formes antiques des vers nouveaux? Je ne me demandais pas même s'il était nécessaire d'y parvenir : j'étais sûre qu'on ne pouvait pas faire autrement. Ne m'avait-on pas dit, comme à monsieur Jourdain, que *ce qui n'est point vers est prose,* et que *ce qui est prose n'est point vers*?

Oh, c'est vrai, nous avions étudié Chateaubriand, l'an passé. Nous avions même appris par cœur des phrases entières : *Quand, la nuit, au clair de la lune, sur la nudité d'une savane, vous apercevez une yeuse isolée revêtue de cette draperie*... Et nous avions même dû rechercher la *poésie* de ces textes. La poésie... Nous le savions bien, que l'auteur d'*Attala* n'était capable d'écrire, hors de la prose, que des vers de mirliton. Nous les chantions :

Combien j'ai douce souvenance...

... Douce souvenance!... pays de mon enfance!... Ah! Nous aurions pu jouer Bêlise, Armande et Trissotin... Mais les choses qu'on sait, qu'on a apprises en classe, qu'on sait par cœur, comment les utiliser dans la pratique? Cela, personne ne nous l'avait appris.

Bien sûr, nous devions réfléchir, en cette année de préparation active au concours de l'École normale, sur *L'Institution des enfants*. Il y avait deux clefs, qu'on nous donna :

Sçavoir par cœur n'est pas sçavoir.

et :

Mieux vaut une tête bien faite qu'une tête bien pleine.

On n'oublia peut-être pas de nous dire qu'il ne suffit pas de savoir *par cœur*, mais que certaines choses, faute d'expérimentation immédiatement possible, ne peuvent s'apprendre que *par cœur*. Et qu'enfin si une tête n'a pas besoin d'être *pleine* à ras bords pour être *bien faite*, pour la *faire bien* encore faut-il qu'elle ne soit pas vide, mais surtout qu'il est plus important encore qu'elle ne soit pas fermée, ni sur son vide, ni sur sa plénitude, ni sur son bon rangement. On nous le dit peut-être. Mlle Tauzin était un excellent professeur. On nous le dit sans doute. Mais ne l'avons-nous pas oublié? Les têtes actuelles, formées à cette école, me semblent moins pleines – guère mieux faites pourtant – plus ouvertes, certainement. Toutefois, à quoi sert d'être ouvert, si c'est sur le désordre et sur le vide? Je pourrais écrire un traité *du danger de l'institution des enfants*. Cela ne servirait pas à grand-chose. Cela ne servirait à rien. Il y a ce qu'on entend, et même qu'on approuve. Et ce qu'il en reste, ultérieurement. De ce que j'entendis à cette époque, il m'est beaucoup resté, sinon d'une manière formelle en souvenirs précis, du moins dans la façon dont j'appréhende et ce qui m'entoure, et ce que je fais.

Eh non! Malgré ce que j'en savais, je ne faisais pas le départ entre la prosodie, qui pourtant se dit *prose*, et la poésie qui n'en a que faire. Non plus que je ne me serais demandé, l'eussé-je connue, si « faire le départ » était une expression savante, ou bien si elle ne venait pas de quelque étable odorante de tous ses fumiers. L'ai-je entendu dire, pourtant! *Sap pas far lo despart*... Il ne sait pas faire le tri – la différence – la distinction... le départ, quoi. Non : le limousin dormait, dans quelque coin secret de ma tête, un coffre bien fermé. La poésie, elle, commençait à s'ennuyer dans le sien, à donner des signes évidents d'impatience. Un jour ou l'autre, il faudrait bien accoucher. Ce ne serait pas sans peine.

En attendant, je préparais les bandelettes : il faudrait la langer dès le premier moment, de peur qu'elle n'échappe. N'était-ce pas ainsi qu'on langeait les nouveau-nés, jadis? Et les momies. Faute de poésie, je déroulais les bandelettes, et je les enroulais autour de cette forme vide, qui aurait dû contenir la poésie, prêt à la recevoir le moule vide. Je le serrais contre mon cœur, je le berçais. Je voyais bien qu'il était vide! Je ne savais pas – j'aurais dû le savoir – on le savait à la maison, qu'il ne faut pas bercer le berceau vide. Sinon, le diable vient s'y coucher, et alors vous bercez le diable. Oh non, je ne pensais pas si loin.

Ne croyez pas pourtant que je ne pensais pas, ni surtout que je ne pensais à rien, même si j'ai oublié quoi et comment. Ce que je n'ai certes pas oublié, c'est l'émotion. L'attente. Ce poids insupportable d'une urgence dont je n'avais pas les moyens. La poésie frappe à la porte – elle demande tout, déjà, d'un coup, comme la mort – et vous, vous n'avez pas les clefs, ou bien vous refusez d'ouvrir. Quelque chose, en vous, refuse. Et l'autre chose, en vous, demande. Mais l'une, et l'autre, ne sait pas. Oui, depuis que j'attendais, assise au Trech parmi les herbes sèches qui craquaient d'insectes, mon encrier à portée de main, elles n'avaient fait que croître, l'attente, et l'urgence, et la difficulté. Palliatif imbécile des petites pièces de vers...

Je me revois, ayant marché, assise au bord de la rigole qui venait de la source des Combes et traversait le Bois de la Font. Ce bois était nôtre, alors. En contre-haut, un chemin sous de beaux hêtres, et le soleil baissant qui passait par-dessous, jusque sur les larges pierres douces, au lit de la rigole et sur le bord, où j'attendais. Il était beau, le silence! Tout plein de ce balancement des branches, de l'eau, de la lumière. J'écoutais. Je n'entendais rien. M'aurait fallu des mots... Mais est-ce que j'écoutais? Est-ce que je regardais? Je sollicitais les mots de ma tête, et ma tête, chichement, débitait son vocabulaire banal, et j'écrivais ça, qui m'évitait de parler, de penser, d'étouffer – qui n'avait rien à dire... Le vent du soir tournait à l'aigre. Et voilà que je cours à la chasse du vent?... Pas encore, que non, pas encore! Ce soir-là et bien d'autres, c'était le vent qui me chassait.

En classe, cependant, on nous parlait de poésie. Cette fois, c'est entre nos mains qu'ils étaient les sonnets magiques, les *Trophées*, les *Poèmes barbares* et les autres. Même les truismes les plus vains se parent d'une aura à vous faire frémir :

...Ce qui n'est plus n'est tel que pour avoir été...

ça ne vaut pas :

Le tintement de l'eau dans les porphyres roux,

peut-être. Mais quand celui qui rêve commence à réfléchir, et que son rêve devient pensée, encore plus immatérielle, envol pour d'autres rêves, pour d'autres idées... ça vaut le détour, non? Mme Mazères nous racontait Shakespeare. Elle avait une belle édition de ce théâtre, elle nous en montrait les dessins, qui représentaient les personnages. Mme Parizet nous donnait à rêver, devant une *Illustration* de Noël avec un conte particulièrement bien illustré, ou devant cette image qui se prétendait la *photographie* d'un parfum de rose. Photographier un parfum, quel rêve... Car on pourrait peindre, figurer, imaginer une effluve, mais photographier! Rendre visible le réel invisible! Tangible l'ineffable... le parfum... le sentiment... l'âme... la poésie... A l'étude du soir, qui n'était pas surveillée – nous étions grandes, responsables... peu nombreuses – Yvette lisait un passage du *Jardin des roses*. Levait ses beaux yeux. Rêvait... Denise chantait, tout justement :

> *J'aime tes yeux ! Parmi tant de choses jolies, je ne vois qu'eux.*

Denise était la nouvelle, belle fille blonde dont les friselis et les ondes avaient des reflets d'or pâle et de cuivre. Elle avait une jolie voix pure, qui vous étirait la cantilène jusqu'au fond du ventre. On oubliait la niaiserie des paroles pour ce chant-là.

Que si nous chantions, nous, *Riquita jolie fleur de Java*, ou *La Romance de Paris*, ça n'avait rien à voir, mais rien, avec l'authentique poésie qui montait dans le soir de cette voix charmante. Et pourtant, c'est cette année-là que nous avions appris la merveilleuse berceuse :

> *Dors en paix, dors bel ange rose.*

et même :

> *Ô nuit ! qu'il est profond ton silence !*

autre poésie, celle, enfin, de la musique véritable que, jusqu'alors, il ne nous avait été permis que d'entr'apercevoir, dans nos stériles exercices de solfège, jamais d'entendre, qui était là-derrière, hors de notre portée, comme un autre royaume interdit.

On pouvait bien nous en parler, de la musique ! Le Jean-Christophe de notre cours préparatoire était musicien ? Eh oui ! Mais qu'est-ce que c'était pour nous, la musique ? Nous n'en avions jamais entendu. Et encore, n'étais-je pas à plaindre ! Nous, on chantait, à la maison. Et il y avait mon père, sa mandoline et sa petite voix – à défaut de puissance, il y avait la justesse, l'expression... Eh ! me direz-vous, c'était aussi la musique : j'en suis d'accord, et même je peux préférer, s'il me chante, les airs naïfs que la Marraine au long des heures psalmodiait, à ce grand branle-bas de cuivres et de cordes. Encore faut-il choisir, et pour choisir connaître, et du moins une fois, avoir entendu. Nous n'aurions pas encore cette chance.

Pourtant, nous lisions *Werther* : l'opéra fut donné et transmis à la radio. Le poste, peut-être celui que nous avions à Malplane

– mais n'aurait-il pas été chez les quatrième, entre-temps ? – le poste avait atterri chez les troisième, dans la salle d'étude où je suis sûre qu'il n'était pas l'année d'avant. J'y allai pour entendre l'œuvre. Quand j'arrivai, le silence ne régnait guère, j'allai me mettre auprès de l'appareil. C'est vrai, parmi les grésillements, on entendait la musique, une voix puissante et belle, au loin... Et le tumulte de la salle, qui ne fit qu'augmenter. Le poste était sur les casiers, au-dessus de moi. Je m'appuyai contre le meuble pour entendre. Entre les craquements d'antenne et le bruit des élèves, ainsi j'écoutai *Werther*. L'ouragan des parasites passait le déchaînement de la musique et celui des passions. Une autre figure de la poésie.

Mais par-dessus tout, Mlle Tauzin nous en parlait. Je veux dire : de la chose en soi – tout au moins, je veux dire, du phénomène poésie. Elle avait trouvé, pour ce, un livre à la mode, le *Sparkenbroke* de Charles Morgan. Son choix n'était pas si mauvais, car dans toute une première partie, le héros, qui est poète, se bat corps à corps avec la poésie. Il y a là quelques visions tout à fait bonnes, qui laissent deviner jusqu'à la nature même de cette manifestation singulière. Oh, certes, je ne me souviens pas mot à mot de l'ouvrage ! Je me rappelle pourtant que la suite me déçut, car elle retombait dans la banalité d'un quelconque roman. Ainsi en fut-il vers la même époque de *Climats*, dont la première partie me parut atteindre les plus hauts niveaux, et le reste... Bref.

Je parlais de poésie – je parlais de *Sparkenbroke*. Voilà. Le poète était tout à son inspiration, une inspiration qui me toucha d'autant plus profondément que j'aurais eu tant de mal à l'imaginer. Car, qu'aurais-je pu dire, moi, sur l'arrivée miraculeuse de la Sainte Face à Lucques ? La Sainte Face ! Bien à peine si je savais ce que c'était ! A moins de revenir à ces jours que, malade, à Germont dans le lit de milieu où m'avait installée ma mère, j'avais essayé de passer le temps en lisant sur mon petit missel – celui de la confirmation – aussi bien les offices que ces troublantes pages d'Évangile qui, en ce temps-là, déroulaient tout au long de l'année liturgique leur immuable ruban. Oh, je ne fis certainement pas l'effort de m'y revoir – non – mais ma science acquise ne pouvait guère venir que de là. Encore aurais-je oublié l'anecdote, si, tout soudain, notre faiseur de vers n'était tombé en panne, crac! Plus rien. Par chance, la muse veillait. Du moins, elle était là, la jeune femme, silencieuse, attentive. Elle dit :

– On entendait le bruit de sa hache.

Et tout repartit.

J'ai cru comprendre, bien plus tard. Écoute. Vois. Elle n'est pas forcément là, en chair et en os, la jeune femme pour te répondre, celle-là même qui plus tard t'emmènera, peut-être pour te perdre, dans le capharnaüm ou le labyrinthe de l'amour banal – la femme ou l'homme mûr, ou le jeune garçon. Mais il y a toujours, quelque part, la réponse. L'écho de ta hache, le bruit qu'on entend, sans l'écouter, sans même l'entendre, dans d'autres vallées. Ceci est un grand mystère de la poésie. Écoute. Et si tu n'entends rien, qu'à tes oreilles sonnent seuls le silence et le vide, c'est ce silence-là.

A cette époque, pourtant, si je m'intéressais à la poésie, tant par goût personnel que par obligation scolaire, les deux confondus, mon cœur était tout à la peinture. Certes, j'étais moins habile que Suzanne, j'enviais à ses dessins la netteté du trait, sûr et sans retour, et surtout j'admirais ces mauves, ou plus gris, ou plus roses, ou plus bleus, dont elle pouvait évoquer, comme la mer au loin, les plus merveilleux paysages. Je ne me plaignais pas pour autant. Je l'ai dit, j'avais acquis au cours des ans une adresse assez remarquable. J'aurais voulu aller plus loin.

Quelques années plut tôt, quand mon père m'avait acheté le violon, j'avais demandé à mes parents qu'ils me fissent prendre des cours. Et puis quoi encore? Je pense qu'ils n'avaient pas les moyens, mes parents, de me payer des leçons particulières. Mais surtout... la musique! Tu parles d'un avenir, la musique! Ou alors, je n'avais qu'à apprendre toute seule. La mandoline, mon père avait bien appris. Eh oui, mon père... Il était doué, lui. Je ne l'étais guère. Et pourtant, mon père, s'il m'avait acheté l'instrument, comme ça, pour le plaisir, n'était-ce pas dans l'idée que moi, je réaliserais quelqu'un de ses rêves?... Ce n'était pas pour lui-même, qu'il l'avait acquis. De fait, il s'y essaya rarement, mais il aurait eu vite fait d'en obtenir ce que toutes les leçons du monde ne m'auraient pas donné. Tout de même, il m'avait proposé un rêve, et sans doute le plus cher des siens. Pour les leçons, j'eus quelque dépit de ne pas les obtenir, un dépit qui provoqua peut-être quelque violente colère – qui passa raisonnablement. Je n'avais pas perdu grand-chose. La musique, non, je n'étais pas douée.

Au reste, si elle a toujours refusé, ma mère, de m'offrir des leçons particulières, si elle me refusa, une fois de plus, que j'en eusse en dessin, ce n'était pas une question d'argent. On ne roulait pas sur l'or, mais on ne manquait pas, et que ce fût pour cela ou pour autre chose, on disait que l'argent n'est fait que pour servir. *Quel mauvais maître, certes, mais quel bon compagnon!* Chez nous, c'était un peu la devise, qui peut se retourner en : *Un bon compagnon, mais un méchant maître.* Non, si ma mère refusait obstinément son accord, c'était pour de tout autres raisons : c'était que, loin d'elle, dans l'enceinte de la pension, elle me savait – me croyait – tranquille, heureuse, du moins surveillée, protégée comme par elle-même, en toute sécurité.

Eh! si j'étais sortie, et si peu que ce fût, de ce cocon, allez savoir! Tous les dangers me guettaient à la porte. Même aux vacances, dans l'autobus, dans le train... Très vite, mon père refusa de venir me chercher ou de me raccompagner. Elle pleura, bouda, mais il tint bon. C'est pourquoi, souvent, mon grand-père venait m'attendre à la gare. Mon père, lui, vint souvent m'attendre à Chamberet, quand je fus obligée d'y passer parce que l'autobus de Châteauneuf ne fonctionnait plus. Mais c'est qu'on arrivait en pleine nuit, que ma valise serait moins lourde à porter sur sa bicyclette qu'à la main, que monter soit par la traverse, soit par l'interminable côte des Fayes dans l'obscurité – et dans l'ambiance de ces jours-là – n'était pas forcément sans risques. Il voulait bien m'aider, mon père, me soutenir, me garder. Il ne voulait pas me suivre bêtement à chaque pas, comme une imbécile. J'appréciais son aide et sa discrétion.

Cette fois, pour le dessin, je gardai une certaine rancune. J'aimais Mme Parizet, qui aurait pu me donner en privé de bien utiles conseils. Et, bien sûr, toute occasion lui était bonne de nous montrer la beauté, l'élégance, la finesse des choses, la qualité d'une couleur ou d'une lumière, la délicatesse d'une nuance. Mais quoi ! Nous la voyions une heure par semaine, et parfois quand elle surveillait l'heure des loisirs – or, cette année, de loisirs on n'en parlait plus. Pour tout dire, oui, elle savait tant de choses. A son contact, que n'aurais-je appris ! J'en rêvais, et peut-être à ce rêve, ai-je acquis plus qu'elle ne m'aurait enseigné.

Que si je gardai cette rancune, obscure et persistante, le refus de ma mère pourtant ne m'étonnait pas. N'avait-elle pas refusé, l'année dernière, quand j'avais voulu devenir scout ? Les scouts, *girls* et *boys*, étaient en grande vogue, ils étaient devenus les enfants de Pétain. Le Maréchal, à cette première année de son règne, était en image dans nos classes et dans l'espoir de nos cœurs. Chacune de nous, et dans chaque classe, avait fait pour lui son plus beau dessin. D'autres écoles envoyaient des lettres. Je ne me souviens pas qu'on nous ait parlé de lettre ; nous fîmes, de toute façon, un dessin. Je me souviens que je n'avais pas trouvé de thème, rien qui fût assez beau. Mme Parizet me proposa un paysage, je peignis donc un paysage, tout plein de soleil au sortir – ou en contre-jour – de l'ombre. On ramassa les copies, on envoya tout ça en vrac, et peu de temps après nous reçûmes chacune les remerciements du Maréchal : *Mon cher enfant...* La gloire !

Je ne me souviens pas si, cette année-là nous montions les couleurs, le jeudi dans la cour d'honneur. Je ne me souviens de l'avoir fait qu'en quatrième, et déjà, le cœur n'y était plus. Quel dommage ! Nous étions là, en rang par cinq, le drapeau montait, flasque contre le mur :

Maréchal, nous voilà !...

Mais d'aucunes poursuivaient, sans remords, quoique *mezzo-vocce* :

Devant toi, l'estampeur de la France !
Nous crions, nous les gars
De celui que tu dis hors-la-loi...

Une petite transgression parmi d'autres, qui nous faisait plaisir, comme une action d'éclat. Il y avait, il est vrai, d'autres chants, et celui-ci, que nous ne modifiions pas :

Dans le drapeau qui frissonne
A tous les souffles des cieux
C'est la patrie en personne
Qui parle à ses fils pieux...

Nous restions touchées des naïves paroles – la patrie, oui, ça nous intéressait – et nous défilions au pas, une deux, autour du massif ombreux de beaux arbres et de quelques fleurs, où le soleil dansait.

De toute façon, elle avait refusé, ma mère, aussi bien pour la musique, et pour le dessin, que pour le scoutisme, que pour l'espéranto, une autre lubie à la mode l'année d'avant. Plusieurs de nos camarades devinrent scouts. Elles nous apprirent leurs chants, et nous rêvions de la promesse, cette solennité. Leurs vastes capes et leurs petites jupes kaki nous faisaient envie, nous qui commencions à manquer de tout. Et surtout, leurs sorties presque libres, sous la responsabilité d'une jeune cheftaine, sans parler du mirifique feu de camp :

Entendez-vous dans le feu
Tous ces bruits mystérieux ?
Ce sont les tisons qui chantent...
Sois joyeux... Sois joyeux...

Même leur nouveau nom, leur nom secret, nous faisait rêver, comme d'un nouveau baptême, d'une tout autre vie. Et savez-vous ? J'ai connu plus tard à Brive une grande belle jeune fille, j'ai su son nom chrétien, son nom de famille aussi. Mais le seul dont je me souvienne, c'est son nom scout ; il est vrai qu'il allait si bien à sa gentillesse un peu distante, à son visage, ouvert, mais secret, à la vaste mélancolie qui émanait d'elle – Goéland. Je n'ai jamais revu cette femme. Je ne l'avais pas oubliée. Quelque quarante-cinq ans plus tard, je dus coucher à Tulle chez ma cousine Paulette, une ou deux nuits. Au matin, il y avait des journaux dans la table de chevet, j'en ouvris un, au hasard. Je tombai sur un entrefilet qui, avec tant de regrets et d'éloges, annonçait la mort d'une femme au charisme extraordinaire – Goéland. Si c'était elle ? Mon cœur me le disait : ça ne pouvait être qu'elle.

Enfin, les scouts, l'espéranto, les leçons particulières, ma mère ne savait dire que non. Elle dit non tout aussi bien quand

Yvette eut quitté l'école. Mes incursions clandestines chez elle ne l'avaient pas troublée. Interdites ou pas, elles restaient dans le cercle de la clôture. Mais maintenant, il m'eût fallu franchir les portes, et, seule peut-être, traverser la moitié de la ville, ça ne se pouvait pas. Yvette... elle était bien mignonne, Yvette, on l'inviterait de nouveau. Aller chez elle, non.

Pour l'espéranto encore plus que pour la musique, ce ne fut pas une grande perte. Ce nouveau charabia, sans racines ni culture ne pouvait pas m'apporter grand-chose. Les scouts non plus, peut-être, bien qu'on pût apprendre là toute sorte de choses utiles... Comment savoir? Mlle Tauzin en était, ç'aurait pu être une référence. De toute façon, ce que ne voulait surtout pas ma mère, c'est que je fusse livrée à moi-même hors de l'école, en butte à tous les dangers, réels ou imaginaires, qui lui faisaient froid dans le dos. Pour ce qui était de Gilberte, moi, sa fille, j'étais bien assez forte pour me protéger. C'était des balivernes. Les rues de la ville... En fait, ma mère, c'est de la ville qu'elle avait peur.

La ville de Saint-Léonard!... patrie des Miauletous, grande plus de deux fois que Treignac... Oui, tu parles d'une ville... Mais, lorsqu'il s'agissait de moi, Chamberet même lui faisait peur. Et il ne tarderait guère à lui venir de bonnes raisons.

Je ne pense pas avoir dit encore que si les habitants de Saint-Léonard s'appellent et sont appelés Miauletous, une légende veut que ce soit à cause des « miaules », de grands oiseaux rapaces qui logent – ou qui logèrent – dans le clocher. Je me suis demandé, souvent, quel oiseau, ou corbeau, ou buse, pouvait être en cause. L'effraie, peut-être, la dame blanche, dont l'appel nocturne souffle une espèce de miaulement? Personne à ce jour n'a su me le dire. Peut-être que les Miauletous eux-mêmes ne s'en soucient pas.

Mais voilà une autre occasion de rappeler ma mère :

– C'est bien dommage! Tu ne sauras jamais tout.

Eh oui! C'est bien dommage. Et encore! S'il n'y avait que ce que j'ignore. Mais il y a encore, il y a surtout ce que j'ai oublié. Ce que je mélange, ce qui s'embrouille.

J'avais compris qu'il me serait difficile, même en cette période jalonnée par le passage des classes, d'une année l'autre, de suivre un ordre chronologique parfait. Me voilà revenue dans cette classe de troisième, plus riche encore de souvenirs que je n'aurais cru. Moins fournie d'anecdotes, celle de quatrième n'en fut pas moins pleine, même si elle reçut plus de semences qu'elle ne porta de fruits. Dans l'immédiat, elle n'en porta guère.

En histoire, nous avions encore, par le jeu des changements de programme, la Révolution française à étudier. Une fois encore, Mme Billerey tenta de nous faire établir de grands tableaux, sur de larges feuilles utilisées en travers, qu'on pouvait coller l'une après l'autre en épais pliages ou gros rouleaux. Pauvre de moi! Gilberte s'en tirait à peu près. Moi non, à mon habitude. Il n'était plus question qu'elle fît mon travail. Et moi, je m'embrouillais, dans cet échafaudage minutieux de faits, d'événements, de marches et de démarches que nous devions suivre au jour le jour, et quelquefois heure par heure. Ne parlons pas de les apprendre! Je crois pourtant que j'aurais eu moins de mal à les apprendre, même par cœur, qu'à les classer par ordre d'importance – ranger, décaler, souligner... J'en avais déjà plus lourd sur le cœur que dans mes archives, et le retard croissait insidieusement, désespérément, quand, tout d'un coup, je crois que c'était même avant le départ de Gilberte, un vent de nouveauté vint balayer le tout, à mon grand soulagement.

Voilà. Désormais, ce serait ainsi. Au concours de l'École normale nous n'aurions plus d'épreuve d'histoire, ni de géographie, ni de sciences physiques ou naturelles, plus rien. Sinon du français, des mathématiques, et du dessin. Celles-là seulement qui seraient admissibles auraient à faire un exposé – je ne sais plus s'il devait être écrit ou oral – sur un sujet qui leur serait présenté, développé, sur telle ou telle matière qu'on ne pouvait pas prévoir. Au fond, ce que serait ce travail, personne ne le savait vraiment, pas nous, et nos professeurs guère davantage. En attendant, nous allions faire des maths, dix heures au lieu de sept, et du français en veux-tu, en voilà. Mais on ne nous ferait pas grâce non plus des autres cours. Les professeurs, qui étaient là, ne resteraient pas les bras croisés. Ne leur revenait-il pas, au reste, de nous initier à ces exposés, de dangereux augure?

Déchargée de la Révolution, Mme Billerey s'inquiéta de ce que nous aimerions faire. C'est à l'unanimité ou presque, que nous demandâmes l'histoire de l'art et, en géographie, ce qui était encore les colonies. Le professeur de sciences entreprit de nous initier au rôle des vitamines, et celui de gymnastique à la signification rituelle de la danse. C'est peut-être cela qui m'étonna le plus : que la danse, où je n'avais vu qu'un divertissement banal et même pas pervers, pût masquer un accord fondamental de l'homme avec le cosmos. Ce fut peut-être dit, et entendu, en d'autres termes, c'est cela pourtant qui m'en est resté. De son côté, Mme Parizet, peut-être en accord avec Mme Billerey, et en tout cas dans le même sens, nous fit découvrir, et peindre, des paysages, des personnages, des motifs décoratifs qui devaient évoquer l'Afrique du Nord et l'Afrique noire, et même ces îles lointaines dont nous apprenions d'autre part la situation géographique et géologique, le climat, les cultures et la culture, les types humains et les mœurs.

Était-ce par la bibliothèque de l'école? Mme Billerey nous avait procuré force livres, bien documentés, bien illustrés. Que si maintenant, devant un parterre d'enfants je m'amuse parfois à supputer leur race, m'extasiant devant un pur profil peuhl ou de beaux yeux turcs, c'est à cette année d'études buissonnières que je le dois.

Avec la même ardeur qu'elle avait déployée à nous faire établir nos tableaux révolutionnaires, Mme Billerey entreprit de nous initier à l'art. On n'avait pas le temps de revenir, sinon très rapidement, à la préhistoire. Du moins pûmes-nous reprendre au XVIIIe siècle, retraverser la Révolution, l'Empire, et parvenir jusqu'aux temps modernes – Ingres, Delacroix, Géricault, et puis Renoir, Van Gogh, Gauguin... Nos murs se recouvrirent de couleurs éclatantes – la *Noce juive*, les *Femmes aux champs*.. Ça ne valait pas les vrais tableaux, eh non! Ça ne nous donnait ni les couleurs exactes, ni surtout les dimensions réelles, mais tout de même, toute cette beauté entr'aperçue pour la première fois peut-être – étalée, quoique réduite, magnifiquement étalée sous nos yeux...

La mode parut, cette année-là, du retour à la terre. L'idée venait de haut. Quoi qu'on ait pu depuis en penser ni en dire, ce n'était pas une idée sénile et rétrograde. Dans un contexte de pénurie, telle qu'on a pu le vivre alors, c'était peut-être une invitation à sortir de la ville pour cultiver sur un coin de terre de quoi se nourrir, un appel également aux nombreux réfugiés, ceux qui ne pouvaient, ou ne voulaient pas rejoindre la France occupée, à mettre la main à la pâte, au lieu d'attendre qu'on les nourrisse gratuitement, comme dans les premiers jours. Oui, cela pouvait passer pour une invitation ou un appel.

Par malheur, ce ne fut pas une incitation. Les citadins à la campagne, la plupart, ne surent que s'enfermer dans un logement de fortune, souvent exigu, et profiter de quelque mince fortune ou d'une maigre allocation pour aller faire leurs courses chez les paysans du coin, comme ils avaient coutume d'aller à la crémerie ou chez le marchand de quatre saisons. Il y eut aussi ceux qui s'installèrent chez des parents ou des amis pour de longues, longues vacances, prenant le frais à l'ombre d'un tilleul tandis que les gens de la ferme s'échinaient aux champs et s'affairaient à la cuisine. Ceux-là, certains, repartirent la paix revenue, des larmes aux yeux et dans de grandes embrassades :

– Et si vous montez à Paris, venez nous voir...

Quelque temps plus tard, dit la fermière :

– Je voudrais bien monter à Paris, moi.

– Eh bien, dit l'homme, pourquoi pas? On sait où aller, nos amis nous attendent.

Sitôt dit, sitôt fait. Voilà nos deux bons paysans, valise en main, qui sonnent à la porte. Elle s'ouvre. Les amis sortent sur le palier. Embrassades.

– Et comme c'est gentil de nous dire un petit bonjour!

Pauvres péquenots, qui attendiez qu'on vous dise d'entrer – qu'on vous invite à partager le pain, le sel, la chambre...! Qui comptiez que quatre ans d'accueil au village valaient trois jours d'accueil à Paris... Qui comptiez... Eh bien, comptez toujours, pauvres cons... Oh! Cela ne se passa pas toujours ainsi. L'aventure n'en est pas moins authentique. Le malheur, c'est qu'elle m'a fait perdre le fil...

Ah! – voilà, je reprends. Donc, il y eut aussi des gens qui

s'intégrèrent avec courage et vaillance à la famille qui les avait reçus, participant aux travaux comme aux plaisirs, selon leurs forces et leurs capacités. Il y en eut même qui, rejoignant la fermette familiale, relevèrent quelque ruine pour se loger et défrichèrent un champ où cultiver force légumes – quelques-uns. Très rares. Ils repartirent aussi, plus tard. Le retour à la terre était un leurre, sans doute. Du moins n'était-ce pas méchant.

La nouvelle en parvint jusqu'à nous sous la forme d'un projet d'affiche que nous eûmes à traiter en classe. Le sujet m'inspira deux choses. Un jeune homme et une jeune femme dans un champ de blé ; l'arrivée des gens de la ville, accueillis dans une cour de ferme par toute une famille de paysans. La seconde idée fit un assez joli tableau, qui n'avait rien d'une affiche. Le premier me déçut davantage encore : comment représenter un champ de blé ? De toute façon, revenir à la terre, cela ne représentait rien pour moi, et d'autant moins que j'y revenais à toutes les vacances. Ou plutôt je revenais à Germont, à la ferme. Ce n'était pas « la terre ». C'était chez moi.

Revenir à la terre ? Je ne me rappelle pas que j'en eusse alors envisagé même l'éventualité. Ne m'arrivait-il pas, cependant, de songer à l'avenir ? Certainement. J'essayais d'imaginer. J'y prenais même quelque plaisir. Je me voyais volontiers dans une humble cuisine, préparant le repas chaudement près du feu, confinée dans une tendresse aussi confortable que la vapeur odorante échappée au couvercle des pots... Je me voyais aussi dans le parc d'un château, marchant par les belles allées toutes bordées d'arbustes et de fleurs... Et puis encore institutrice dans ma classe, par une fin de soir d'été – mais cette image-là, c'était l'angoisse, et je m'en détournais, vite, très vite. Certes, j'aurais pu faire n'importe quoi. Il aurait suffi d'un hasard quelconque, et la vie elle-même s'arrange autrement, elle fait bien de vous ce qu'elle veut. Je ne formais pas de projets. Je m'en tenais aux rêves. Certainement, je rêvais à l'amour. *A quoi rêvent les jeunes filles ?* Nous en parlions, avec Gilberte. Qu'est-ce que c'était, l'amour ? Et le mariage ? Oh oui, nous en parlions. Mais les réalités du mariage ne m'apparaissaient pas pour autant si enviables. Et pour l'amour, me suffisait cette ombre belle et tout à fait inaccessible qui me suivait depuis longtemps déjà. Ces yeux bleus de prunelle sauvage... Allons!... Rêve – rêve tant que tu veux. Et pourvu que ça n'arrive pas! A ce point je me méfiais de la réalité que je prenais bien soin, dans mes rêves, de n'en rien garder que je connusse ou qui risquât de devenir vrai.

Que si j'en revenais parfois à mon château, celui-ci n'était là que pour la beauté du décor, en fond de toile des beaux arbres, du parc et des eaux. Je ne me serais pas risquée à ouvrir la porte, encore moins à entrer. Mais là, dehors, je me faisais de grandes œuvres de paresse, et j'y pouvais peindre, peut-être même écrire – imaginer... Le temps passait.

ELLES étaient loin, les dernières vacances. Lucien?... Ah oui, Lucien! Mes parents n'avaient plus de nouvelles. Ni moi. Les chefs étaient venus s'excuser qu'il ait dû partir. Tiens? Pourquoi? Mais non, je ne l'ai pas oublié. Pour autant, est-ce que j'y pense? – Non... Pourquoi? Là-bas, à Germont, ils avaient fait la connaissance d'autres chefs... de leur femme... de leur famille. D'autres jeunes venaient le dimanche. Et même le grand chef, celui qu'on appelait le Diable Vert. Bon diable, au demeurant. Mon père continuait à me donner des nouvelles et moi aussi j'écrivais souvent – ma santé, mes notes, les menus faits, les anecdotes, les promenades...

Toujours les mêmes, les promenades. Une fois, pourtant, à force de voir sur la droite ce nom de village, Vernon, nous y sommes passées, par Vernon. Un vrai village, avec des vaches et des gens. Et même quelques-unes en ont profité pour boire, à la ferme, un verre de lait. Nous, nous étions assises, à demi, appuyées plutôt à la pierre, au talus. Nous regardions ces lieux nouveaux, ces maisons, ce village. Une autre fois – mais était-ce cette année-là? Était-ce à Saint-Léonard, seulement? Ou bien l'année d'après, aux environs de Brive? Nous avions marché jusqu'à un village, et là, sous de beaux arbres, il y avait un – peut-être deux – petits sanctuaires avec des figures peintes taillées dans la pierre, ou le bois, quelque chose d'invraisemblablement rustique, tout au moins dans ma mémoire. L'endroit s'appelle la Besse. Existe-t-il? Que ce soit près de Brive, ou de Saint-Léonard, ne l'ai-je pas rêvé? Non, je n'ai pas rêvé, même en dormant. Je suis sûre que ce lieu existe, bien que les images, sauf celle d'un chemin sous les arbres, en soient fugaces – fugaces plutôt que floues – tellement brusques et fugitives que j'ai peine à les fixer, même à les voir.

Et il y avait celle, à travers bois, où l'on tombait tout à coup, dans une clairière, sur une magnifique touffe de grandes pervenches, si surprenante à cet endroit qu'on se prenait à chercher, alentour, des maisons, un village... On trouvait les mêmes à Surdoux, près de l'église, dans le fossé, qui avaient débordé d'un jardin... Et cette autre, dans un sous-bois plein de muguet, où nous venions toujours trop tard, toutes les fleurs cueillies – j'en trouvai pourtant une, un jour, qui n'avait que trois ou quatre clochettes, à demi-fanées... Et celle des acacias, dont les grappes pendaient, odorantes, au-dessus de nos têtes, presque toutes hors de portée. Mais le parfum nous suffisait, peut-être, et la couleur, claire, où l'on croyait voir la sève couler... Et ce petit chemin sec, sous les arbres, avec son talus de mousse rare, où s'implantaient de minuscules épicéas...

Et puis ce petit bois, où nous allions l'été, le soir après souper, nous asseoir peut-être une demi-heure... C'était le temps des pommes de terre nouvelles, qu'on nous donnait rôties, toutes rondes, avec la salade. Elles disaient déjà les prochaines vacances. Tout de suite après le repas, nous sortions par la porte de Pékin et, ce me semble, en suivant le mur, nous étions là-bas en quelques minutes. Ce n'était pas loin. Le soleil encore haut – et d'autant plus que nous étions à l'heure allemande, la même qu'aujourd'hui – le soleil nous venait par les branches, à travers les feuillages neufs. Nous nous asseyions là, par groupes, isolées, qui pouvions rêver à *la fameuse grenouille bleue*, à rien, à dormir. Quelques-unes peut-être étudiaient. Rien n'était défendu. Le plus souvent, on chantait. M'en reviennent de joyeux échos :

Ohé matelot !... ohé matelot !...
De la belle Génie... de la belle Génie
Empavoisé... empavoisé...
Aux brillantes couleurs...

C'était une autre version du *Petit Navire*, et nous voguions dessus, d'un groupe l'autre se répondant sous les frondaisons...

Puis il fallait rentrer... Dormir... Derrière mon lit, par la fenêtre large, le soleil n'en finissait pas de faillir, ni moi de capter dans mon petit miroir rond où mon visage n'apparaissait qu'en ombre, son ultime éclat.

L'année s'étirait, avec encore son lot de fêtes, naturellement. Je ne sais pas, je n'ai jamais su, qui choisissait les pièces que nous allions jouer. Cette année-là, c'était *L'Épreuve*, un texte de Marivaux moins connu je pense que *Le Jeu de l'amour*, mais tout aussi cruel, sinon plus, tout aussi tendre. Notre classe allait-elle s'en charger? Ce serait bien la première fois qu'on nous ferait un tel honneur! Eh bien, oui, semblait-il... Il y aurait Yvette, jeune première, la belle Angélique aux yeux d'ange. Et Denise, travestie en Lucidor. Pour le valet, Ginette... Tiens! tiens! Une redoublante, une nouvelle, une troisième. De ma classe à moi, celle qui, depuis cinq ans était la mienne, personne donc? Si! Andrée...

Andrée s'y essaya dans le rôle de Blaise. Désastre... Ce n'était pas possible, non. Cependant, des voix s'élevèrent, en troisième tout justement. Eh quoi? On voulait un paysan? Un vrai de vrai, plus vrai que vrai? Pas à chercher : Marcelle Delpastre. Eus-je le temps de protester? De réfléchir? De lire le rôle que je ne connaissais pas? Non! Pas la peine. N'étais-je pas le paysan type? Naïf, grossier, bête, intéressé, *matois*... le paysan, quoi... On me mit sous les yeux le texte, copié de la main d'Andrée, il me fallut le déchiffrer tout de go. Et si vous avez vu l'orthographe de Marivaux pour ce rôle de paysan... normand... Et si vous aviez dû lire l'écriture d'Andrée... Je n'avais pas la moindre chance de m'en sortir : je ne compris même pas ce que cela voulait dire, au premier degré. On me retira le rôle aussi sec, on aurait pu m'arracher le papier des mains – j'aurais dû le jeter moi-même au visage de celles qui me l'avaient proposé. Je n'avais pas osé. Je ravalai une petite larme.

Comédie dans la comédie, tout cela était ridicule. Agacée, humiliée, je sentais bien qu'on avait voulu me faire honte. De quoi? De ce que je sortais de la campagne, une fois de plus? De ce que je n'étais pas douée pour le théâtre? Hé! ces demoiselles, filles de plombier, d'épicier, même pas de maître d'école... Mme Parizet, mise au courant, s'indigna :

– Comment? Marcelle Delpastre! Elle ne peut pas tenir ce rôle, voyons. Elle a les traits beaucoup trop fins...

La taille aussi, je l'avais trop fine, toute rondelette que j'étais. Mais il était de bon ton de me voir énorme, et quelquefois je le croyais.

Deux ou trois ans plus tôt, Mlle Tauzin avait donné comme devoir de français : faites le portrait d'une de vos compagnes. Je ne fis pas ce travail, j'avais été malade, mais je me trouvais là quand elle rendit les copies. Elle n'était pas contente.

– Je n'ai reconnu personne, dit-elle. Sauf Marcelle Delpastre.

Je tendis l'oreille. Oui! Lydie avait fait mon portrait, elle avait trouvé que mes poches – qui étaient toujours gonflées, c'est vrai, de mouchoirs, de crayons, de papiers, de boîtes de pastilles... oui, disait-elle : *ses poches, qui lui donnent un aspect volumineux.* Et voilà! Le vêtement, c'est la personne, et le masque la peau – le masque, le fard, la teinture... et des poches remplies qui servent d'embonpoint. Après la réflexion de Mme Parizet, on n'entendit plus rire, et quelques têtes se penchèrent, studieusement. Suzanne tint le rôle, et j'ai oublié le prénom de la troisième qui, de par sa belle poitrine, fut Mme Argante.

Un autre problème se trouva posé par Frontin. Un problème inattendu. Ç'aurait dû être Ginette, mais voilà! De Ginette, j'ai parlé, si peu que ce soit. L'an dernier, elle avait été Sganarelle, du *Médecin,* et aussi Jeannette, *Adieu Meuse endormeuse,* qu'on avait brûlée. Elle répéta *L'Épreuve,* un fois correctement, mais sans grand enthousiasme, ni cette aura, qui pourtant... Il y avait sûrement quelque chose... Il y avait. Ginette avait une correspondante anglaise. Que purent bien s'écrire, ou l'une ou l'autre, et sans doute dans quelque code secret, ces deux imprudentes? Il y eut contrôle. Il y eut enquête. Et Madame ne fut pas contente.

Que si elle-même flirtait avec ce qu'on n'osait pas encore appeler « Résistance » à très haute voix – si quelques-unes de nos consœurs n'étaient pas vraiment aryennes, ni de poil, ni de nom, elle n'avait pas besoin que la police, même française, vint mettre son nez dans le sérail, oh que non pas! à cause de deux gamines qui jouaient aux services secrets. Bien sûr, elle ne présenta pas ainsi les choses, mais les tempêtes du saint des saints eurent quand même des répercussions. La délinquante, sérieusement sermonnée, ne fut-elle pas renvoyée dans ses foyers, fût-ce un temps très court? Je crois m'en souvenir, mais je n'en suis pas sûre.

Je me souviens seulement que pendant quelque temps, s'était levé un vent de fronde sur cette troisième, plus que jamais classe des super-as, qui faisait bloc autour de sa martyre, rempart du corps et de l'esprit jusque dans les promenades. Elle, pâle et grave comme il se doit, subissait en silence cette notoriété, de la même allure théâtrale qu'elle se promenait solitaire dans les allées naguère, en proie à quelque inspiration romantique, la cape battante et les cheveux au vent...

J'aimais bien Ginette. En ce temps-là, elle était l'avenir de la poésie comme j'étais celui de la peinture. Aussi m'offrit-elle un poème, et je lui donnai un dessin. L'un valait l'autre. Il n'y a pas de quoi rigoler.

En attendant, il nous fallait d'urgence un Frontin. Nous le trouvâmes en Julienne, une jolie brunette qui put apprendre et répéter le rôle en trois jours. Peut-être n'eut-elle pas vraiment besoin de l'apprendre? Maintenant nous connaissions, peu s'en faut, tous les rôles par cœur. Julienne, elle, dut aussi le jouer – et se débarrasser d'un lapsus qui nous amusait bien, mais qui n'aurait pas eu sa place sur scène. Au lieu de : « Le minois dont vous me parlez est-il fait pour vous appartenir en légitime mariage? » nous disions : « ... en cause légitime ». Je ne me souviens pas si elle franchit victorieusement le pas à toutes les représentations.

De toute façon, il y en eut une à laquelle nous n'étions pas présentes, qui se fit la nuit pendant que nous étions censées dormir. Nous ne dormions pas. Nous récitions *L'Épreuve*, Lily et moi. Suzanne, la reine des super-cracks des troisième nous chanta un *Ave Maria* à fondre les pierres. Nous venions de sombrer dans les profondeurs du Léthé, quand celles qui avaient joué revinrent, les bras chargés de toutes les lècheries que nous leur avions commandées, sachant qu'un buffet suivrait le théâtre... Des tartines de vrai pain avec du vrai pâté de foie, des tartes aigrelettes juteuses de fruits... C'était dégueulasse de manger ainsi vers une heure du matin ces choses que nous aurions tant appréciées à un autre moment.

Il y avait eu, avant cela, un tout autre problème, celui des costumes. Au grenier, les malles étaient vides. On n'en sortit que quelques culottes, presque des collants gris, qu'on pouvait tout de même tirer jusqu'aux genoux, à la française. Voilà pour nos messieurs. Je ne sais quel manteau, quelle veste, purent vêtir Frontin le valet et le paysan Blaise. Mais Lucidor eut un beau peignoir rose à fleurs, qui lui servit d'habit, avec quelque dentelle aux manches et au col. Lisette se suffit d'une sorte de chemise de nuit rose, serrée à la taille et quelque peu gonflée. Mais notre héroïne eut une robe anachronique bleu de nuit, avec des étoiles, toute en soie, dont il fallut desserrer le col, à peine, une véritable robe du soir. On en prit soin de cette robe! Songez – elle appartenait à une famille qui l'avait prêtée, mais elle restait dans l'indivis. La rareté du mot redoublait notre respect pour elle. Néanmoins, à ma connaissance, il ne lui arriva rien de fâcheux.

Ces fêtes – ne l'ai-je pas dit? – comportaient en seconde partie une pièce, mais commençaient par divers numéros de chant et de danse. Il y avait eu ainsi, au fil des ans, des danses égyptiennes, hiératiques à souhait – Agnès dans une danse acrobatique – Thérèse, avec le *Beau Danube bleu*, en longue robe blanche – le *Rondino* de Beethoven, avec six jeunes filles dont l'une perdait sa culotte – et l'an dernier Monique et Paulette, *Danses hongroises*, avec leurs petites bottes blanches et leurs corsages brodés de fleurs éclatantes.

Cette année, Monique et Paulette devaient danser le *Beau Danube bleu*. Mais, en quel costume? On trouva juste assez de tissu, bleu de nuit, pour leur faire une étroite culotte et une toute petite tunique à ras le cul. C'était joli certes. Elles dansaient à ravir. Mais ne fallut-il pas que le curé alsacien qui officiait à notre église assistât au spectacle indécent? Scandale! Le tonitruant personnage fulmina en chaire, vouant aux gémonies ces *malheureuses filles, qui mettaient leur talent et leur gloire à dévoiler leur pauvre anatomie*. Je n'ai pas entendu la diatribe, elle nous fut rapportée. Je répète le sens, mais ma citation est-elle aussi exacte dans tous les termes qu'en ce qui concerne la *pauvre anatomie*? Hé! Il est vrai que c'était une anatomie charmante, toutefois un peu juvénile, monsieur l'abbé... De telles sottises me rendraient méchante. Pour voir le mal dans d'aussi étroites tuniques, il fallait vraiment être... alsacien.

Une fois de plus, Madame ne fut pas contente. Elle vint en plein réfectoire clamer une colère aussi violente que dérisoire. L'autre avait parlé de *filles de joie*. Elle parla de *filles des rues et des trottoirs*. Nous nous regardions – nous n'osions pas nous regarder – nous étions consternées. Cette affaire ridicule, en quoi nous concernait-elle? Et si les robes étaient courtes, si les cuisses apparaissaient nues, qu'est-ce que nous y pouvions? Soufflant, suant, péremptoire et acerbe, Madame coupa son sermon tout d'un coup, et sortit sans qu'aucune de nous ait compris en quoi nous étions coupables, ou responsables, ni pourquoi ni de quoi on nous menaçait. Monique et Paulette pleuraient. Eh! Elles auraient bien préféré, elles, de belles longues robes jusqu'aux chevilles...

Enfin, à tout cela nous n'avions rien compris, sinon qu'on nous traitait de putes jusqu'au secret le plus profond de la clôture, nous qui depuis des lustres n'avions pas seulement vu l'ombre de l'ombre d'un garçon. Il devait y avoir une autre représentation, en plein air celle-là; danseraient-elles? Nous décidâmes, nous, et chacune à part soi, qu'elles danseraient. Jusqu'au dernier moment, danseraient-elles? Elles dansèrent. Il ne fut plus parlé de rien. Nous restèrent pourtant en mémoire les emportements de Madame, et la pudibonderie du prêtre alsacien. Les Miauletous n'en revenaient pas.

Je crois que je mélange un peu ces fêtes... Je me revois assistant à une autre – ou était-ce la même? – en plein air – ou bien était-ce celle des garçons? Je revois la scène, et le soleil couchant derrière, à contre-jour. Nous étions là debout, Lily, Georgette, et le Petit-Chat-qui-s'en-va-tout-seul, à qui nous avions réservé une place, entre nous... Mais là, le seul spectacle dont je me souvienne, c'est ce coucher de soleil, qui pissait sur nous sa lumière rouge, et nous aveuglait.

Il y eut encore, environ le mois de juin, une fameuse grande fête, qui nous réunit tous, et tous et toutes pour une fois, sur le terrain de jeu où jusqu'à ce jour nous n'avions vu s'exhiber que des joueurs de foot: c'était la fête de la jeunesse. Culotte marine et corsage blanc, nous étions là en plein soleil, et formant tour à tour des carrés et des cercles; chacun faisait comme chaque autre, au même instant, en bas, en l'air, jambes et bras, à droite, à gauche, et un deux trois. Il y eut des garçons qui firent des pyramides, et hop! et hop! que c'était beau! Un régiment de chasseurs alpins pour la parade, nous leur emboîtâmes le pas. Que j'étais fatiguée! – j'avais mal à la tête. Au lieu de l'étude, j'allai me coucher – mauvais rêves. Non, je n'irais pas manger. Je vis seulement au matin que mes bras étaient rouges, mes épaules, mon cou. C'était une insolation. Personne n'y prit garde. J'aurais bien pu crever.

Une autre fois, nous étions sur le stade, et non pour du football, mais diverses autres manifestations, dont une d'escrime. C'est l'escrime, qui nous plut! Avec les beaux jours, il venait quelquefois – rarement – des jeunes gens, garçons et filles, qui jouaient au tennis, accaparant notre terrain de jeu. Nous nous amusions à les regarder échanger des balles, l'une ou l'autre fois, guère car ils venaient surtout pendant nos heures de cours. Or, ce printemps-là, c'est un jeu de croquet qui avait été installé sur le sable, où il était resté avec les boules et les maillets. Après une approche quelque peu circonspecte, nous profitâmes de l'occasion pour nous initier au jeu. Mais, après que nous eûmes vu les assauts d'escrime, adieu le croquet! Les maillets pris à l'envers devinrent fleurets, épées ou peut-être sabres – et c'est à cela que nous jouions, Lily et moi... Je ne sais pas où nous avions bien pu voir des danses russes, mais à cela aussi nous nous entraînions – et savez-vous que de sautiller d'un pied sur l'autre à croupetons, ce n'est pas donné!

Je n'ai pas beaucoup parlé de Lily, celle-là même qui avait son lit près du mien le premier soir dans le petit dortoir. C'est que nous n'étions pas dans la même classe, et les occasions d'être ensemble étaient plutôt rares. Cependant, c'est ensemble que nous faisions des exercices à l'échelle aux veilles de vacances, tandis que les autres piaillaient au grenier, ou dans les classes, tout excitées de leurs bagages et des beaux jours à venir... Là, seules, en silence, nous nous balancions entre les barreaux. Lily était bien plus adroite et plus souple que moi – qu'importe! Nous étions là pour le jeu, non pour la compétition.

Maintenant, elle était dans ma classe, et juste derrière moi. Quand Gilberte fut partie, personne n'occupa sa place, mais

Lily y venait quelquefois, ou bien je me retournais. Elle avait une belle écriture, ample sans fioritures ni hésitations. Je ne cherchais pas vraiment à l'imiter mais à son exemple je m'efforçais d'affermir la mienne, que je souhaitais aussi claire comme j'aurais aimé être aussi sûre de moi. Lily se foutait du qu'en-dira-t-on. On racontait à son sujet toute sorte d'histoires avec les garçons. Qu'il y eût ou non quelque ombre de vérité dans ces dires, je n'en sais rien. Elle ne me faisait pas de confidences, je ne lui en demandais pas. Comme on dit, ça m'était bien égal. Et d'autre part, elle en était capable, certainement. A l'occasion, elle fumait – la pipe de préférence.

Un de nos jeux était de nous écrire en langage codé. Nous avions établi tout un alphabet de signes qui ne nous servait qu'à écrire les choses les plus anodines, mais qui aurait pu être utilisé à d'autres fins. Elle m'écrivit par la suite, à Brive, selon ce code. Elle me racontait qu'il lui arrivait de parcourir les rues de Limoges, la nuit, le 6,35 dans la poche. La lettre me fut remise décachetée comme les autres, certainement pas déchiffrée et probablement pas sortie de l'enveloppe. Sinon... C'est que Lily faisait de la résistance active, et certes, de sa part cela ne m'étonnait pas. A ce jeu-là, elle finit d'ailleurs par faire connaissance avec les geôles lémovices, d'où la Libération vint la sortir heureusement. C'est peu après que je la rencontrai dans les rues de Limoges, en plein jour, vêtue en AFAT, peut-être armée. Nous fîmes un bout de chemin ensemble, trop court pour qu'elle eût le temps de m'en conter davantage. Ah si ! elle me dit encore qu'elle avait rencontré l'une des Marie, sa copine depuis si longtemps à l'école, et que celle-ci s'était détournée d'elle en ricanant. Cela ne m'étonna guère non plus. Cette Marie n'avait jamais été mon amie, à moi. Nous nous quittâmes, contentes de nous être vues, nous promettant de nous revoir. Nous ne nous sommes jamais revues.

Oui, le souvenir de Lily reste beaucoup lié pour moi à ce terrain de jeu, derrière le réfectoire et la salle de récréation, bordé de cytises vers le grillage des jardins, là où étaient enfermés de ce côté les chiens du mari de Madame, et plus loin, passé le coin vers la cour d'honneur, les lapins. Quand nous jouions là, ils nous regardaient, les chiens, à travers le grillage, assis sans rien dire, de loin. Et d'autres fois, ils jappaient, ou bien hurlaient tous ensemble...

Cette année-là, nous jouions souvent au ballon prisonnier. Nous avions dû apprendre à quelque cours, et cela nous avait amusées. Nous jouions – je dis *nous*, mais je ne participais guère à ce divertissement. J'entrais sur le terrain, certes, assez souvent. Et même il n'était pas facile de m'attraper – que j'attrape, moi, le ballon, voilà une autre affaire! Je revois Marie – l'autre – s'élancer sur la balle, la recevoir en pleine poitrine, la bloquer à pleins bras, la saisir au vol. Et moi j'étais là, pauvre bourrique, à tourniquer, à rire, à esquiver, les mains dans les poches ou les bras ballants. J'étais ici comme si je n'y étais pas... un chien qui passerait, un insecte... Virevoltant entre les balles, non je n'étais pas au jeu. Pas ici. Je n'y étais pas. Finalement, les mines s'allongeaient, je finissais par m'en aller ou me laisser prendre, ce n'était plus amusant pour personne.

Que voulez-vous! Les jeux collectifs n'étaient pas mon fait. Les jeux sportifs, les jeux sérieux, j'y étais maladroite comme à la danse. Si ce n'est pour faire l'imbécile, cela ne m'amusait pas. Gilberte savait plus ou moins danser – enfin, elle aurait dansé. Plus tard, elle a dû le faire, dans son pays. A ce moment, un de nos jeux était d'entrer dans le bal, tout innocemment, et, comme par maladresse, de nous cogner dans les couples, qui chancelaient, perdaient le rythme, s'indignaient, nous poursuivaient d'un regard courroucé, et ne tardaient pas à nous chasser de la salle...

Nous étions garces, c'est vrai. Elles qui cherchaient peut-être dans les illusions de la valse, du tango ou de la rumba, une évasion vers ce qui était pour elles la vraie vie, un palliatif au moins à notre condition de nonnes. Et nous, petites pestes, qui troublions sottement ce pur moment de rêve, sans en deviner l'urgence ni en pressentir la nécessité. Je parle pour moi, naturellement. On se plaint – on souffre toujours – de l'incompréhension des autres. Mais il est difficile aussi de comprendre, ou seulement de respecter, leur logique de vie. Pour ce qui est de la danse, si je n'y entre pas, j'en ai depuis longtemps admis la séduction, le charme, la finalité – de la danse des petits bals, je veux dire, *celle qu'on danse les yeux dans les yeux*, comme la java, ou qu'on exécute autour du partenaire, voire autour de soi-même. La danse-spectacle, celle qu'on regarde, moderne ou classique, sans en troubler l'ordre par celui de son propre corps, c'est autre chose. Elle me fascine.

Au temps de l'école, cette danse-là se passait, se voyait uniquement pour nous par le corps – *la pauvre anatomie* – de nos quelques compagnes plus belles et plus douées. *Danube Bleu*, *Rondino*, *Danses hongroises*... Pourtant cette année-là, participant à notre fête, il y eut une *vraie* danseuse, Marie Sabouré, dont le père, et peut-être elle-même, passait son temps de réfugié tout près de là, à Sauviat-sur-Vige. Lily, justement Lily, le connaissait et nous en parlait. Peut-être était-ce par elle que Marie vint danser, avec nous et pour nous, une danse cambodgienne qui nous laissa éblouies, et dont nous cherchions ensuite à imiter les mouvements, surtout cette reptation des bras qui évoquait pour nous tous les serpents et toutes les lianes de la jungle.

Lily, justement, avait un correspondant cambodgien. Parfois elle nous montrait ses lettres, et je me souviens d'une où il évoquait les bruits de la jungle, au moment même où ils les entendait, « crapauds-buffles et autres insectes », comme nous aurions pu entendre, nous, les rainettes et les grillons. Il lui avait envoyé une photo, où on le voyait sur un rocher. Ce qui nous amusait, c'est qu'il avait cru bon de préciser, à propos de la chose noire : « à côté de moi, mon feutre »... Je n'arrive pas à me souvenir si lui-même était assis ou bien debout...

Pour Marie Sabouré, nous pûmes la voir de près, dans les coulisses où nous attendions nous-mêmes, soit pour chanter, soit pour aider nos compagnes à se costumer. C'était une jolie jeune fille. Elle avait, je crois, dix-sept, ou peut-être dix-huit ans – notre âge. Elle ne semblait pas s'intéresser à nous le moins du monde. Et nous, encore plus intimidées par le costume et le maquillage, nous n'osions pas l'aborder. Avec nous, entre nous, un autre monde, aussi éloigné du nôtre que celui des adultes, des professeurs, des bohémiens, des jeunes qui venaient, si rarement, jouer au tennis, ou au croquet, sur notre sable... Or – le savions-nous ? – aussi artificielle qu'en soit la séparation, les mondes ne se mélangent que par scandale et conflagration. L'intégration même silencieuse de « l'étranger » en porte insidieusement tous les germes, et nous le voyons bien.

Et pourtant, « l'étranger », quelle attente de lui, quelle tentation, quelle espérance! L'appétit de ce qui est nouveau, l'appel de l'inconnu, le mirage de tous les ailleurs... Quelquefois je rêvais de voyages. Les Iles dont nous étudiions platement la géographie en classe, mais que les livres nous montraient aussi, leurs hommes magnifiques, leurs femmes parées, l'Orient d'Ingres et l'Afrique de Delacroix, *La Case de Dorothée* et le Hoggar de l'*Atlantide*, les coiffures tressées de la Grèce ou du Niger, les masques de partout et Bora Bora par la grâce de Gauguin... Ce qui me tentait le plus, c'était l'Indochine, et le temple d'Angkor sous les dents de la jungle vorace, comme une montagne oubliée. Je ne me demandais pas comment j'irais voir toutes ces merveilles. Peut-être je savais, même, que je n'irais pas. Que je n'aurais jamais la joie de seulement voir un vrai tableau, fût-ce au fond d'un musée, que je me contenterais de ces reproductions format carte postale, toutes pareilles à celles qui ornaient le mur de ma salle de classe – Dieu merci! tout le monde après tout n'en avait pas autant – comme on ne voit jamais le visage de Dieu, et pourtant son image dans tous les miroirs. Je ne voulais pas le savoir. Je le savais.

Un soir que nous rentrions de promenade, par les derrières sordides de l'école des garçons – ou du Champ de Foire –, il y avait là, à l'écart, un campement de nomades et deux gamins déguenillés. Nous avions dû les voir déjà, la sœur et le frère, nous leur avons parlé, Gilberte et moi, et ils ont chanté pour nous, un air à la mode, je crois, mais d'une voix rauque et belle qui nous toucha le cœur d'une extraordinaire, et forte, et subtile nostalgie... Oui, sous leur crasse, eux-mêmes ils étaient beaux; et je pensai à ceux, plus beaux encore, aux yeux d'Orient, que j'avais aperçus un soir dans une roulotte à Surdoux, silencieux, traqués, magnifiques comme des princes.

IL m'arrivait maintenant, non pour regretter ce temps, mais naturellement, de me rappeler Surdoux, la maison, et peut-être parce que peu ou prou j'en sortais, l'enfance. Ou parce que Gilberte, elle, parlait de son propre pays, de sa propre enfance.

Au long des promenades, bien que très occupées de nous-mêmes et des histoires que nous imaginions, il nous arrivait tout de même de lever les yeux sur des endroits émouvants, ou bizarres. Il y avait, quand on prenait la route de Sauviat, ce grand miroir au fond d'une pièce, en contre-bas, juste en face de la fenêtre ouverte, qui luisait là comme une eau dans l'ombre. Et ce mouvement, chaque fois, de se retenir pour n'y pas tomber. A quelque autre sortie de la ville, tout à l'opposé je crois, il y avait une habitation étrange, mansardée d'ardoise, avec un curieux pavillon à l'angle d'un jardin étroit – quelque chose qui semblait à la fois minuscule, massif et monumental, comme une ville allemande en réduction. Qui pouvait bien habiter pareille demeure? Nous n'y vîmes jamais personne. Ailleurs, dans les champs, près d'un bois qui aurait aussi bien pu être proche de Germont, se construisait une maison, grise et rose, dont nous ne vîmes jamais la fin. Et puis il y avait ce banc, tout seul, loin de toute maison, dans ce qui avait été un jardin peut-être, ou un champ, et qui retournait en friche. Et puis, quand on rentrait dans la ville au coin du boulevard, ce banc sous les tilleuls – un, ou peut-être plusieurs bancs de pierre, épais comme des tombes, où s'amassaient les feuilles mortes, à l'automne, où l'ombre était si froide, en toute autre saison. Et puis, ce qui nous donnait envie de salade, d'eau fraîche, de bondissement sauvage à travers les rigoles curées, ces ramasseuses de pissenlits, à la fin de l'hiver dans les prés, en allant du côté de la Vienne. Et puis...

Mais j'allais oublier le clocher, lorsque, nous retournant, ou revenant de ce plateau qui retombe au-delà de la ville, nous l'apercevions tout à coup, posé debout sur le plat de la route, nu tout seul sur cet horizon, et tellement proche et blanc, comme un clou planté droit dans le ciel. C'est ce même clocher que nous aurions pu voir de nos fenêtres, qui les dimanches matin semblait remplir la classe de ses cloches, clomb! éclatant chaque note en milliers d'harmonies.

Je parle de ces dimanches clairs, les fenêtres ouvertes. Vraiment? n'avions-nous pas du travail le dimanche aussi? Ou bien n'était-ce que l'étude? Je nous revois, chacune penchée sur l'ouvrage. On n'entendait pas un bruit. Et voilà que quelqu'un, l'une ou l'autre, demandait :

– Quelle heure est-il?

– Dix heures dix.

On ne le faisait pas exprès, peu d'entre nous avaient une montre, mais chaque fois que quelqu'un demandait l'heure, un dimanche matin, il était dix heures dix. Et le silence revenait. C'est dans un tel silence que la grande Marie-Louise entra :

– Monsieur fait dire à Marcelle Delpastre qu'elle crie moins fort. On l'entend depuis la place.

– Moi!...

Il est vrai que, le temps de venir « depuis la place », et que la grande Marie-Louise monte... Peut-être avais-je crié? Menu mystère...

N'était-ce pas par un semblable dimanche qu'il nous fallut commenter, et en composition de français ne vous déplaise :

Pâle étoile du soir, messagère lointaine...
Étoile de l'amour, ne descends pas des cieux!

Un devoir comme un autre, avec ses pièges et ses difficultés, rien à dire. Par malheur, dans la cour, juste sous nos fenêtres, on sciait du bois. Il y avait le moteur, bien sûr, le moteur à pleine puissance, mais ce n'eût rien été sans le cri de la scie :

uiiii!... bzing! – le bruit de la scie dans la bûche, le hurlement du bois sous la dent de la scie – uiiii! bzing! Ce bruit me sonnait dans les nerfs, me fendait la tête, m'éclatait dans la moelle épinière en lamelles d'acier – d'une douleur intolérable. Je n'étais pas la seule. Quelques-unes s'en allèrent, dans le grenier ou dans le jardin. Peine perdue. Le bruit traversait les murs, plus insidieux, plus pervers encore à mesure qu'on s'éloignait. Je n'ai jamais supporté le grincement de la scie qui semble aller au-delà de l'audible, même lorsque nous devions faire le même travail, à Germont. Là, du moins n'étais-je pas obligée de penser, de réfléchir, de méditer sur la poésie.

Non, je n'avais pas été la seule à endurer le martyre. Quand Mlle Tauzin nous rendit les feuilles, elle n'était pas contente, pas du tout. La meilleure note atteignait juste la moyenne. Nous non plus, nous n'étions pas contentes, mais comment expliquer, et l'eût-elle compris, que nous avions souffert mort et passion pour ne pas rendre des pages blanches? C'est ce que nous aurions dû faire, en vérité : aucune ne l'osa, ni le faire, ni le proposer, par quelle vanité stupide...

On avait bien ri, quand même dans cette classe. On y avait passé du bon temps. Après les cours, il y avait la petite récréation de cinq heures, un tour dans les allées, le goûter, et nous remontions en étude. Là, chacune sortait son petit miroir, son peigne, d'aucunes son rouge à lèvres, chacune se refaisait une beauté, s'étirait, soupirait, mangeait un doigt de chocolat, un gâteau sec.

Ce chocolat, c'est la mère Cane qui trouvait encore le moyen de nous en proposer, certains jours, un grand panier. J'y repense : c'était un chocolat noir assez grossier de pâte comme de goût, mais c'était bien du chocolat, du vrai, et personne ne se demandait si c'était un stock d'avant-guerre. Parfois, bêtement, nous en croquions toute une plaque d'un coup. Sinon, où serait le plaisir? Les plus sages en usaient parcimonieusement. Pour les gâteaux, c'était les miens, que ma mère faisait elle-même, la pauvre, d'une pâte à la crème qu'elle découpait avec un verre, où devait entrer tout le sucre de la maison. Je les distribuais pour un oui, pour un non, pour un sourire – pour qu'on me foute la paix. Tout de même, je les rangeais dans le petit placard du couloir, et on ne me les volait pas.

Enfin, au bout d'un petit quart d'heure, reposées, relaxées, et quelque douceur sur la langue, nous nous mettions au travail, parfois jusqu'à sept heures, pour le souper. A moins que la torpeur ne vînt, avec le silence. Et alors l'une ou l'autre bâillait, soupirait... Et Yvette lisait des vers, ou Denise chantait. Mais un soir qu'il pesait, le silence, que le temps n'était pas au travail... que le silence, enfin, devenait plus insupportable, qui donc eut l'idée de faire hurler les chiens?... J'allai les voir par la fenêtre. Ils étaient là, les chiens, couchés sous le pommier ou assis sur leur cul qui regardaient en l'air. Je fis psssitt! ils ne bougèrent pas, me bâillèrent au nez, secouèrent leur queue amicale. Plus je faisais de signes, et plus ils souriaient, mais ils ne disaient rien.

– Chiche que je leur jette un livre!

C'était une moitié de livre, un tout vieux livre tout usé que nous avions trouvé dans le bureau avec d'autres, un jour que nous en avions forcé la porte, comme ça, pour voir, en toute curiosité. Ce n'était pas moi qui l'avait forcée, la porte. Mais le livre, je le tenais, je le balançais.

– Je le jette?

– Oui...

– Non...

– Oui... non... oui...

Je recommençai mes grimaces. Toujours assis, toujours bâillant, souriant et battant de la queue, les chiens ne bougeaient guère et ne jappaient pas. J'eus une idée, montrant le livre :

– Voilà. Je le pose sur le rebord de la fenêtre. Tombera – tombera pas...

Quelques-unes protestaient :

– Et quand on le trouvera, le livre, on nous demandera d'où nous l'avons eu!

C'était la serrure forcée, leur inquiétude. Pas la mienne. Je posai le livre sur le rebord de la fenêtre. Il ne tomba pas. Ni dehors, ni dedans. Il était en équilibre, un équilibre parfait. L'une dit :

– Il suffirait de fermer la fenêtre...

Mais personne n'y alla. On en était là quand quelqu'un frappa à la porte, entra.

– Oh! tu serais gentille si tu voulais pousser la fenêtre...

La nouvelle venue voulait bien être gentille, elle poussa le battant. Les chiens ne réagirent toujours pas. Yvette se précipita pour voir, nous la vîmes se rejeter en arrière, confuse et pleurant de rire. Monsieur était là au milieu des chiens, qui depuis le début nous regardait faire, nous écoutait, et s'amusait autant que nous. Il le dit, d'ailleurs :

– Je vois qu'on s'amuse bien, en quatrième.

Et il alla conter la chose à son épouse qui, une fois de plus, dut lever vers le ciel des bras désespérés.

Nous étions, c'est vrai, en quatrième. J'avais seize ans, comme Marie et Jeannette. Les autres en avaient dix-sept, dix-huit, dix-neuf ou presque. Et voilà comment nous jouions : à des jeux qu'on aurait pu imaginer à l'école de Surdoux, sept, ou huit, ou dix ans plus tôt. Des transgressions puériles, dans l'infantilisme de ce qu'on tenait encore pour l'éducation. Tout ce que nous devions savoir, c'est que les chiens de Monsieur n'étaient pas nos chiens, et que même ouverte la fenêtre marquait la limite entre un état libre, où les chiens étaient enfermés, et un état soumis, où c'était nous qui étions enfermées. Encore heureux! l'incident n'eut pas d'autres conséquences.

Les chats non plus n'étaient pas nos chats. Il y en avait deux, ou peut-être trois, des siamois magnifiques. Hauts sur pattes, le poil ras, avec leurs yeux bleus et leurs oreilles brunes, ils ne ressemblaient ni à mes chats noirs, ni aux chats rayés, gris, et quelquefois roux, que j'avais déjà pu voir. Ils me faisaient penser à des chiens, plutôt, ou bien à quelque animal sauvage dont je n'aurais pas su le nom. Les chats, on ne peut pas les enfermer, ni dans des cages, ni derrière des grilles. Ceux-ci allaient en liberté. Couloirs, jardins, cuisine, ils passaient entre nous, ils étaient chez eux. Nous ne les touchions pas. Que, si quelqu'une s'y était risquée, il y en avait toujours quelqu'autre pour se moquer d'elle en parlant de chats galeux. Je n'ai pas moi non plus flatté ces pauvres bêtes, qui peut-être ne l'auraient pas accepté, mais je les ai regardées de près, et je n'ai pas vu qu'elles fussent galeuses, ni teigneuses. La rumeur cependant put leur servir de sauvegarde.

J'ai parlé aussi des lapins. Nous ne risquions guère de les toucher, les lapins, nous les regardions par la fenêtre, en liberté dans leur parc où des souches leur servaient d'abris, sans parler des terriers où nous les voyions disparaître, à la verticale eût-on dit, tête première le cul en l'air. De ce côté, entre nos murs se voyaient des jardins, où fleurissaient premiers des frileux pêchers roses, et plus tard ce pommier que j'avais peint sous un ciel d'orage, ce printemps-là.

Avais-je peint autant que l'année précédente? Peut-être pas. J'avais fait un certain nombre de programmes avec diverses scènes de *L'Épreuve*, et sans doute quelques autres avec nos danseuses de *Danube Bleu*. Et aussi, à chaque représentation, le portrait de la fiancée supposée, parce que le bel habit-robe de chambre de Lucidor n'avait pas de poches, qu'il fallait cacher le médaillon dans la manche, d'où il ressortait tout chiffonné, quand il n'était pas perdu. Et puis, il y eut cette idée d'exposition *intra-muros*, qu'avait imaginée Mme Parizet, qui venait à point pour valoriser notre travail sur les colonies, et pour laquelle j'imaginai une musicienne marocaine, une veillée chez les Touareg, une Ilienne de je ne sais plus quelle île... Je parle de ce que je pus récupérer en fin d'année, il restait d'autres choses dont je ne me souviens pas.

Je me revois dans la salle d'études, décrochant ces *œuvres*. Pour naïves qu'elles fussent, c'était ce que j'avais réussi de mieux. Il est vrai que j'aurais pu choisir un autre moment, Mme Parizet était là, qui désapprouvait visiblement, qui m'interdit de toucher à quelques-unes, parce que, dit-elle, c'était un travail réalisé en classe. J'étais contrariée, moi aussi, mais j'obéis. Que j'aurais tout laissé, et de grand cœur, si j'avais pensé revenir l'année d'après. Mais voilà, j'étais décidée : École normale ou pas, Saint-Léonard, c'était fini. Je ne remettrais plus les pieds dans *cette sale boîte*. Je n'en pouvais plus.

Certes! J'y avais mes habitudes, et même j'aimais cet endroit, la discipline n'avait rien d'intolérable, les professeurs pour la plupart étaient sans reproche et leur enseignement me convenait. Et je ne dirais même pas que j'en avais mes pleines peaux de l'hostilité latente, et des humiliations de toute farine qu'il me fallait supporter à toute heure.

Pourtant, il y avait bien de cela... Voyons... Est-ce que j'étais plus bête qu'une autre? Plus laide? Plus pauvre? Plus...? Plus quoi ? Ni meilleure, ni pire que n'importe quelle autre. Il était évident, et je n'en comprenais ni le comment ni le pourquoi, pourtant il était certain que je n'étais pas à ma place, que je n'avais rien à foutre ici. Ce n'est point par hasard que j'emploie le terme vulgaire, si j'en connaissais un qui exprimât mieux l'incongruité, le désordre – le viol – je l'emploierais.

La sortie, de toute façon, était proche. Il y avait la porte la plus honorable, la grande porte, celle qui m'eût ouvert, pour le refermer définitivement sur moi, le grand portail de l'École normale. Je ne disais ni oui, ni non, je passerais le concours. Même si je n'avais pas travaillé aveuglément dans cette perspective, je n'avais pas chômé non plus, je n'avais rien fait contre, depuis la rentrée. Gilberte partie, je redoublai d'assiduité. Je finis l'année première partout, ou presque. Ce n'était pas une originalité : nous étions toutes première en tout, peu s'en faut. Je le sais, tu parles ! La première devait classer les copies, et les rendre aux archives. Je me chargeai de plusieurs piles, et même je les classai, mais j'oubliai de les rendre... on ne pouvait attendre plus de moi.

Quand je passai le concours, un peu plus tard, je vis bien que le grand portail n'était qu'une porte étroite, un trou de passoire où je n'entrerais pas. J'en conçus quelque dépit, sans regret, c'est le moins que j'en puisse dire.

Je savais depuis l'an dernier que mes parents ne me laisseraient pas me présenter dans un de ces endroits perdus où ils ne connaissaient personne, où j'aurais eu plus de chances d'être reçue, mais qui m'éloigneraient des assises familiales. Ainsi, adieu Châteauroux, Vannes et même Tulle. Je me retrouvai à Limoges, avec plusieurs de mes camarades, et je logeai chez ma cousine Odette. M'y attendait une première déception, majeure. Alors que j'espérais de bonnes causeries avec elle, ma cousine était justement allée dormir chez une amie pour me laisser sa chambre où, pensait-elle, je serais mieux seule. Oh oui, j'y étais bien. Je savourai longuement le crépuscule. Mais ensuite, au lieu de m'endormir, je pris un livre dans la bibliothèque. Je ne me rappelle pas toute l'histoire, seulement le titre. C'était *Le Danseur mondain*, d'un auteur à la mode en ce temps-là. Je finis par dormir, mais je m'éveillai à l'aube et n'osai pas me rendormir, car je ne savais pas l'heure qu'il était.

Bref, je dormis peu, me retrouvai en avance au lycée Gay-Lussac pour les épreuves qui se passaient dans l'ancienne chapelle devenue gymnase, là où se tient aujourd'hui la *Biennale de l'Émail*. Tout ce que j'en vis, c'était une haute et vaste salle, à l'acoustique déplorable. Chacune eut sa table plate et sa chaise, seule comme au désert.

La dictée me parut facile, le questionnaire et le commentaire d'une banalité quelconque. Je crus m'en être tirée honorablement, sans plus. Mes notes, qu'on me transmit plus tard, me causèrent tout de même quelque surprise : pour avoir fait quatre fautes dans une dictée qui m'avait parue au niveau du certificat d'études, il fallait que je fusse très fatiguée, ou que j'y eusse mis une bonne volonté que je ne me soupçonnais pas... Je pense qu'au total, avec les dictées qu'on nous imposait semaine après semaine, non je n'avais pas totalisé quatre fautes, ni en une fois, ni dans toute l'année. J'étais bonne en orthographe, je l'avais toujours été, ce n'est pas une grande gloire, c'était comme ça.

Cependant, je n'avais pas besoin de cet avatar graphique pour échouer au concours. Dès qu'on eut donné le devoir de mathématiques, je compris que je ne m'en sortirais pas. Ce n'était pas difficile, certes ! C'était de l'arithmétique, qui me ramenait, une fois de plus, non pas vers les hautes spéculations auxquelles nous entraînait Madame, mais au certificat d'études primaires... L'ennui, c'est qu'il y avait là quantité de multiplications et de divisions avec au moins trois ou quatre décimales, j'avais perdu l'habitude de ces exercices, et le pire c'est que je n'avais aucune envie de m'y aventurer, je me sentais lasse... si lasse... Il dut se mettre à pleuvoir très fort, je crus entendre un bruit violent d'averse sur le toit. Je gardai peut-être les yeux ouverts, mais je m'endormis... Au sortir, un professeur s'indignait des sujets.

– C'est une anomalie ! C'est une anomalie !

Nous, c'était tout juste si nous savions ce que c'était qu'une anomalie, et nous ne savions pas du tout si elle faisait allusion à l'extrême facilité, ou à l'excessive difficulté des épreuves.

Il fallut attendre les résultats. J'allai voir *Mayerling* au cinéma. C'était tendre, touchant, pathétique. Il m'en est resté une scène de marionnettes, et une espèce de proverbe : *C'est avec les heureux qu'on fait les meilleurs damnés.* Hé tiens!... En fin d'après-midi, Odette alla chez sa coiffeuse, tout près sur le mail du Mas-Loubier. La coiffeuse était charmante. J'aidai au shampooing et même à rouler les boucles... Enfin les résultats tombèrent, du haut des hautes grilles de Gay-Lussac. Yvette était reçue, souriant une larme, ou pleurant un sourire, comblée de joie. Je m'en allai vite avec ma défaite, qui ne me pesait pas beaucoup. A la maison, je retrouvai ma mère, un peu émue mais sans colère. Elle ne m'avait jamais parue si jeune.

Voilà. Je n'étais point passée sous l'arc de triomphe. Mais il y avait une autre porte et je la pris. C'est que des mutations se faisaient, pour nous quoique par-dessus nous, sinon dans l'enseignement, dans la façon de le fournir au peuple. C'est ainsi que nous avions appris, par je ne sais quelles voies détournées, que nos E.P.S. allaient devenir Collège municipal. Ce que cela pouvait signifier au plan administratif, nous n'en savions rien et c'était le dernier de nos soucis. Ce que cela pouvait changer pour nous, nous finirions bien par le comprendre...

Il y avait eu d'abord cette conférence que vint nous faire le proviseur du lycée Gay-Lussac, un homme qui nous parut grand, un peu voûté et découpé à larges pans comme un registre noir. Et il y avait aussi sa bouche mince, qui s'ouvrait et se refermait clac! tel un couvercle de boîte. Nous n'avions pas très bien compris ce qu'il nous avait dit, sur le classique et le moderne, les études courtes ou longues, bien que son exposé nous eût paru très clair et très bien documenté. Ce qui ne nous avait pas échappé, en revanche, c'est que de l'un à l'autre cycles s'ouvraient des passages, des ponts et des passerelles, que nous n'étions pas forcément condamnées à l'École normale à perpétuité, non plus qu'à l'interruption volontaire de nos études. Marie et moi étions les plus enthousiastes, peut-être les plus concernées. On nous aurait écoutées, nous serions parties sur-le-champ et sans crier gare.

Si nous n'avions pas tout compris, nos parents respectifs

comprirent encore moins ce que nous leur avions expliqué sans ambages. Ils s'informèrent auprès de Madame qui nous convoqua, tâchant d'éclairer notre lanterne du haut de sa superbe et de son grand savoir. Nous l'écoutâmes très attentivement. A la sortie du bureau, je ne sais ce qu'avait décidé Marie, ni ce qu'elle fit. J'étais encore plus résolue, quant à moi, au départ définitif, mais seulement après le concours et les vacances. Les choses se précisèrent dans notre tête quand nous eûmes bien compris que le Collège, c'était pour la rentrée, que dès la rentrée serait ouvert un cours de seconde – seconde des collèges et lycées, avec en vue le baccalauréat – et que l'on comptait sur quelques-unes d'entre nous, les super-as de troisième et le reliquat des quatrième, pour l'inaugurer. C'est ça qui avait décidé ma mère. Elle s'indignait :

– Eh quoi! Après la classe de troisième qui correspond à celle des lycées, vous avez fait une quatrième, et on veut vous mettre en seconde!

Tu parles si j'abondais dans son sens! Pourtant, cette relégation en seconde, c'était ce qui attendait les glorieuses élues du concours d'École normale. Eh oui! Une brimade de plus, je pense. Il leur fallait bien en passer par là.

C'est de cette façon que mes parents ne s'inquiétèrent que peu de mon échec, n'insistèrent pas pour me faire revenir à Saint-Léonard, et s'ingénièrent à me trouver une place ailleurs. Or, Limoges était comble. Tulle n'avait qu'un internat des plus succincts. Restait Brive. Brive ne pouvait pas me refuser, parce que j'avais une bourse, et une bourse du département de la Corrèze, et d'autant que je prétendais entrer en première, un service qu'on ne pouvait m'offrir dans mon école actuelle. Brive ne refusa pas. On pouvait m'héberger, me nourrir, m'enseigner... Mais pas me coucher, il n'y avait plus de lit. Ou alors je devais apporter mon lit. Bien, je l'apporterais. Il me faudrait aussi passer l'examen d'entrée. Bien, je le passerais.

Avant tout cela, me restait à terminer l'année scolaire. Je m'y appliquai paisiblement. J'en garde des images douces. Ce soir que nous étions allées entendre un concert, donné par des militaires – lesquels? – avec des instruments de cuivre éclatants de reflets et de sonorités fortes. Nous applaudissions mais ce que nous voulions entendre, nous, c'était un morceau qui s'appelait *Caravane*, dont nous étions curieuses parce qu'on nous en avait parlé comme d'une chose exceptionnelle. Comme nous en parlions, Georgette et moi, un des militaires qui était à côté de nous s'en fut vers les coulisses et soumit notre désir à l'orchestre. Dommage! Ils n'avaient pas la partition...

Et cet autre jour que nous avions porté notre matériel à peindre dans le parc, là-bas vers Pékin sous les marronniers. Nous dessinions des fleurs de trèfle, d'une blancheur si délicate, avec une ombre rose aux lèvres de chaque calice. Est-ce Mme Parizet qui parla des coquelicots? Il y en avait, nous le savions, dans l'allée centrale entre le bassin et la galerie. Je courus en cueillir. Elles étaient bien là, les fleurs, d'un rouge précieux, délicat et tendre, légèrement balancées par quelque mouvement de l'air. Je me baissai pour en cueillir une, à peine l'avais-je touchée qu'elle s'effeuilla, légèrement, comme une flamme s'éteint d'un souffle. Je fus un peu étonnée, mais j'allai vers une autre : je n'eus pas même le temps de la cueillir. Quoi donc?... Cependant, je recommençai : même résultat. Et la suivante, ce fut pareil. Alors je m'acharnai – j'en aurais bien une! Au moins une. Celle-ci... celle-là... J'allai de l'une à l'autre – c'était comme en rêve – j'approchai la main, les pétales tombaient, neige rose qu'un vent qui s'était levé faisait tourbillonner au ras du sol... J'en aurais pleuré. J'en pleurai, je crois. Je ne pus en rapporter même une seule. J'avais fini par renoncer bien qu'il en restât quelques-unes, impavides et belles, qui semblaient plantées là pour l'éternité.

Et cette autre fin d'après-midi, que nous étions assises au bord de l'allée près du Petit Bois. Mme Parizet était avec nous sur son tabouret. Nous avions décidé de faire des photos, en souvenir de nous-mêmes et des professeurs que nous aimions. Yvette – la brune, l'autre – s'avançait avec son appareil.

– Vous êtes stupide! protestait Mme Parizet qui ne devait pas se croire assez à son avantage.

Mais Yvette fit la photo. Nous en fîmes d'autres, en groupe, en bas dans l'allée et à côté de la cabane du père Jean, là où la remise était entièrement couverte d'un immense bignonia que nous n'avions jamais vu en fleur, mais dont le feuillage, à lui seul, nous ravissait.

Et n'y avait-il pas eu, quelques mois plus tôt, cette grande déconvenue que j'avais presque partagée, quand plusieurs d'entre nous avaient demandé qu'on nous mène à la fête de Quasimodo? A Saint-Léonard, c'était une grande fête foraine. Nous entendions les flonflons des manèges. Georgette en rêvait comme personne, les yeux alanguis, les cheveux cascadant comme vagues de mer sous un couchant pourpre... Nous avions fini par faire nôtre ce rêve innocent. Aucune permission ne nous fut accordée d'aller faire ne fût-ce qu'un tour de chevaux de bois.

Ah viens! viens ma Nénette!
Faire un tour sur les chevaux de bois!

Au moment de s'ouvrir tout à fait, la clôture resserrait ses mailles. N'était-ce point cela?

L'école cependant avait fait une fête – une fête à l'école – et je ne sais plus sous quel prétexte, ni pour quelle occasion. Suis-je même bien sûre que c'était cette année-là? On avait dressé une scène, une large estrade vaguement drapée de bleu, au fond de la salle de récréation. On y avait joué *La Farce du cuvier*. Cela me rappelle une autre année, où l'on avait joué *La Farce de Maître Pathelin* – avec un Agnelet tout à fait remarquable dont même les yeux disaient : Bêê! Béée! Bée!... Mais cela s'était joué à la salle des fêtes, non pas chez nous. Outre *Le Cuvier*, il y avait eu des chants, et une gamine venue de Limoges qui, du haut de ses douze ans, nous avait servi des *Roses blanches* à vous tirer les larmes du ventre...

Mais ce n'est pas là que j'avais appris ces numéros qui devinrent plus tard mon triomphe pour noces et banquets. Il y avait les invités à la noce, justement, ceux qui ne savent qu'une chanson :

Cheval de bois... bois... bois...
Tourne, tourne... tourne, tourne...
Cheval de bois... bois... bois...
Tourne, tourne... encore une fois.

On fait tour à tour le marié, la mariée, le garçon et la demoiselle d'honneur, les père et mère de l'un et de l'autre époux, le cousin parisien, et celui de province, et pour finir l'affreux

Jojo, qui ne savait aucune chanson mais qui l'a apprise à force, et finit par la chanter, sous la promesse qu'il aura deux sous, à toute allure...

Tourne – tourne – encore une fois – mes deux sous!...

Il y avait aussi M. le curé qui ne peut pas éteindre sa bougie. S'y essaient la bonne, le sacristain, le voisin... sans succès.

– Pas étonnant! Ils avaient tous la bouche de travers!

Et ne pas oublier Mistress Plum Pudding avec sa conférence *dont l'Urope sera jaloux*... Ni le défilé des petites Misses qui sont allées au zoo. *Aoh, yes, how do you do? Toutes les petites bêtes ont une queue par-derrière, mais l'éléphant en a une à chaque bout...*

Non. Toutes ces impertinences devaient me venir d'ailleurs, quand les seconde jouaient le soir, par pur divertissement. L'année du *Cuvier*, ça devait être notre fête de charité. Les élèves avaient peint toutes sortes de boîtes de pastilles ou de camembert pour faire des bonbonnières. Elles avaient habillé quantité de petits baigneurs en grandes dames. Notre classe avait fait des poupées, des poupées de son qui étaient elles aussi des dames – elles surtout – avec leurs grands yeux bleus ou verts et leur bouche rouge. Je le sais bien qu'elles étaient belles : c'est moi qui les avais peintes, amoureusement. Après, on vendit des billets, on tira au sort, je gagnai une des dames, pas des miennes, le petit baigneur vêtu de satin et de tulle. L'argent récolté, ou l'une ou l'autre fois, je n'ai jamais su ce qu'on en faisait.

Je n'ai jamais su non plus si ces « expositions » de nos œuvres dans la salle d'études étaient destinées à la décoration de la salle pour nos seuls regards, et si elles n'étaient pas destinées à quelque visite de l'élite miaulétouse... Cette salle servait aussi pour la présentation de divers ouvrages que nous pouvions acheter. Je me rappelle particulièrement qu'une fois les tables étaient couvertes d'images, reproductions de tableaux, dessins sur tissu... Je me pris d'admiration pour le portrait de Mme Vigée-Lebrun avec sa fille, et je l'achetai.

D'autres fois, on nous proposait de menus objets : des papillons de perles montés en broches, qu'on disait faits par des tuberculeux ; ou encore des dessins, des paysages délicats, dont la particularité était d'être tracés avec des allumettes brûlées en guise de crayon. Mais alors, c'est une personne qui venait nous présenter la marchandise, pendant un cours, ce qui causait une diversion parfois bienvenue. Je me rappelle assez bien le peintre aux allumettes. Il était grand, maigre et râpé. Il parlait à peine français, avec un accent étranger que je ne sus pas définir, peut-être slave... polonais... tchèque... Il toussait beaucoup plus qu'il ne parlait. Il avait vraiment l'air malade et affamé. Au premier mai, venait aussi, chaque année, l'inévitable marchande de muguet, avec son panier plein de petites cloches. Nous ne manquions pas d'acheter quelques brins, en comptant que la tige portât bien treize corolles. Dans ce cas précis, le treize était porte-bonheur. Je me souviens de ce petit bouquet, que j'avais posé derrière mon lit sur le bord du placard, l'année de la Boule d'Or. Quand il nous fallut partir, il n'était pas encore fané.

Ah!... C'est aussi dans ce placard que j'ai vu la plus grande araignée de maison, noire, grosse, d'une envergure de pattes tout à fait impressionnante, oui la plus énorme que j'aie jamais vue. Cependant, je ne l'avais pas achetée et elle n'était pas à moi. Elle ne pouvait appartenir qu'au fonds millénaire des substructures de la vieille ville...

J'en reviens cependant à notre salle d'étude. Était-ce quand j'étais déjà en quatrième? Plutôt l'année d'avant. De ces deux années-là, de toute façon, nous n'allâmes pas au cinéma, pas une seule fois dans la salle de la ville. Pourquoi? Je n'en sais rien, ni que ce cinéma fût fermé, ni qu'on n'y donnât pas de films qui nous auraient convenu, ni rien de ce qu'on pourrait imaginer. On n'avait rien contre le septième art, cependant, la preuve! Oui, la preuve, c'est qu'un jour, chez nous dans la salle d'étude, on tendit un écran devant le tableau, on éteignit les lumières, et nous, assises serrées sur nos bancs, on nous montra un film, un vrai, *Les Nuits moscovites*, avec Annabella qui se promenait en nuisette à contre-jour, suprême scandale. Était-ce pour le seul plaisir de l'indécente image qu'on nous avait montré le film?... C'est la seule image qui m'en soit restée... Mais en quelle année avions-nous vu *Michel Strogoff*?

La guerre nous avait apporté un avantage inattendu. C'est que, inaccessible dans un premier temps, le réduit souterrain et glacial des bains se trouva finalement désaffecté. Désormais on nous emmena aux bains-douches à la ville, sur le boulevard. Comparé à l'autre, l'endroit était somptueux ; ce que nous en appréciions le plus, c'était ce feu mi-bois, mi-charbon qui brûlait dans la cheminée de chaque cabine. En plein hiver, la chaleur en restait un peu illusoire peut-être, mais c'était si beau ! On aurait pu rester là des heures à tremper dans l'eau tiède en regardant ce feu, et il n'y avait même pas besoin de s'imaginer sur la plage à contempler le soleil couchant – ni que la braise devînt soleil, ni l'eau clapotante à nos cuisses, la mer.

On nous conduisait aussi chez le coiffeur, un vrai coiffeur dans une petite boutique à fenêtres en ogives. Et là nous retrouvions toute la volupté de ces officines, dans l'odeur des parfums répandus et des cheveux chauffés, dans la caresse un peu équivoque des mains du coiffeur. A les entendre se plaindre de ces privautés, on pouvait penser que certaines n'y allaient que pour cela.

Cette année-là, nous les grandes, on nous mena également chez le photographe, place Gay-Lussac, non loin de la pâtisserie Petitjean. C'est qu'il nous fallait une photographie pour l'indispensable carte d'identité. Nous nous étions faites belles comme jamais, moi-même j'avais du rouge aux lèvres, du véritable *rouge baiser*, et je restai coiffée proprement au moins le temps de la photo. On parlait beaucoup du *rouge baiser*, à cette époque. Je crois que c'est par Lucien que j'en avais connu l'existence. C'était un fard sec, qui ne poissait pas les lèvres, leur laissant cet aspect naturel que rien ne remplaçait à mes yeux, et c'est vrai qu'il pouvait tenir toute la journée, s'estompant sans bavures comme s'il eût teinté la peau en profondeur, légèrement.

Et voilà, les vacances étaient revenues. Pour le début, je n'en garde pas de souvenirs très particuliers. Je dus aider peu ou prou à la fenaison, à la moisson – plutôt peu. Il venait toujours quelques jeunes à la maison, mais ils n'avaient rien de remarquable, ou je ne le remarquai pas. De toute façon, ils ne faisaient que passer, manger une fois, peut-être deux, et on ne les revoyait plus.

Il y en eut pourtant qui vinrent passer la soirée, mais même ceux que mes parents connaissaient un peu, je n'eus pas le temps de nouer avec eux quelque lien que ce fût. C'est que les chefs fréquentaient la maison, et le risque était grand de se faire prendre. Pourtant, vers la fin de septembre, nous eûmes deux habitués, un certain Robert, et l'autre... était-ce ce grand jeune homme qui se heurtait au râtelier à pain, et qu'on appelait « le mètre quatre-vingt-sept », à cause de sa taille? Enfin, Robert retint assez mon attention, à bavarder ensemble en écossant les haricots, bien assez pour que nous échangions des photos, en nous promettant de nous écrire. J'ai gardé du garçon cette photo romantique où il apparaît sur un fond de feuillages, très élégamment vêtu. En réalité, je ne le trouvais pas beau, mais même sous le treillis il avait une rare élégance de sportif, souple et plutôt fin. Et on pouvait parler avec lui un peu de tout, agréablement.

Autant que je me souvienne, ma plus grande participation aux travaux de la ferme, c'était de garder les vaches. C'est-à-dire que je les rentrais dès que le soleil commençait à taper dur entre les ombres rétrécies, et que je les redescendais au Pré vers cinq heures, jusqu'à la nuit. C'était comme ça tous les ans, depuis que j'étais en pension, ou presque. On me jugeait assez grande et raisonnable pour garder cinq ou six vaches. Ou bien était-ce les vaches qui me gardaient? J'étais obligée, de toute façon, de rester à proximité...

Mais, que ce fût dans le Pré ou le reste du temps, le travail ne me manquait pas. Au fond, si j'avais voulu entrer en première, je pensais en être capable. Cependant n'avais-je point lancé ce projet comme un défi? Les lauréates entreraient en seconde – eh bien! moi, collée, j'entrerais en première, et on verrait bien! Facile à dire, moins facile de calmer une certaine angoisse qui, malgré tout, me montrait des lacunes difficiles à combler. J'empruntai quelques livres à mon ancienne institutrice – le Monsieur était mort déjà – et, même si je me contentais de les lire et relire comme je faisais des miens, il m'en resterait bien quelque chose... Un autre problème était celui de l'allemand. Je savais que, même en seconde langue, je serais avec celles qui avaient étudié quatre, voire sept ans... et moi un an et demi...

Mon père crut pouvoir résoudre la question. Ne m'avait-il pas acheté une bicyclette? Ce devait être cette année même au printemps. Le cousin Georges, qui était marchand de cycles, lui avait dit :

– Décidez-vous! J'en ai eu trois, et je n'en aurai plus. C'est la dernière.

Mon père s'était décidé, j'avais une belle bicyclette neuve. Il fallut apprendre à monter dessus, maintenir l'équilibre, pédaler. D'abord mon père tenait le cheval et la fille dessus, mal assurée et mal rassurée, le malheureux en perdait haleine. Mais peu à peu, je pris le courage et le rythme. Je pus faire seule quelques mètres, puis aller jusqu'au Pissechien, puis jusqu'au tournant de Combedarrière. Je m'étais si bien enhardie que je voulus tourner, revenir, sans descendre de la machine. Crac, le frein! Patatras, la fille! Aïe, le genou! Enfin, nous remontâmes l'une sur l'autre, ni vu ni connu. C'est ainsi que, quand mon père parla d'aller à La Croisille, où il y avait, croyions-nous savoir, force réfugiés alsaciens, nous n'eûmes qu'à enfourcher chacun son dada, et vogue la galère! En avant pour l'aventure.

L'aventure nous mena chez un cousin garagiste, qui, s'étant gratté la tête, pensa à cette famille qui habitait à La Valade, pas loin vers Saint-Vitte, sans doute quelqu'un des dix enfants pourrait bien me dépanner. Nous y allâmes sur le coup de midi. La famille était à table, douze paires d'yeux. Il y avait le père, assis, la mère qui servait, et dix enfants dont l'aîné avait bien vingt ans et la plus jeune trois, la petite Léa toute bouclée comme un ange et jolie comme un cœur. La plupart avaient dû être ainsi. Quels beaux enfants! Nous exposâmes notre cas, le père déclara sans hésiter que Mariette devait faire l'affaire, et Mariette ne protesta pas.

Et c'est ainsi que, tous les deux ou trois jours, je descendais à La Valade. Passé Surdoux, on descend toujours entre des champs, des prés dans leur clôtures vives avec quelques maisons au bord qui sont des villages, qui s'ouvrent sur la route ou lui tournent le dos. Au retour, il faut gravir l'une après l'autres les pentes du mont Gargan. Je ne parlais plus d'y aller, au mont Gargan.

Mariette avait retrouvé ses livres de classe – l'école primaire, où l'on apprenait l'allemand. Ça me servait toujours pour le vocabulaire, même si le niveau était celui en français de la petite classe à Surdoux. Elle me faisait lire, et traduire, un exercice que n'excédaient certes pas mes capacité. Quelquefois, elle était absente, et l'un de ses frères, Henri, ou Georges, me faisait lire. Et nous parlions. J'aimais bien Mariette. C'était une charmante jeune fille, une bonne compagne pour cet été-là. Elle avait un amoureux, Marcel, son voisin. Son jules, disait-elle. Je riais, je pensais à Lucien qui chantait :

Il est taillé comme un hercule,
Mon Jules, mon Jules...
Ah qu'il est beau!

Moi, je n'avais pas de jules.

Au bout de quelque temps, mes parents invitèrent Mariette à passer huit jours chez nous. Je la ramenai donc, un soir, chacune sur son vélo. Nous n'étions pas à Surdoux quand nous entendîmes une moto derrière nous.

– C'est Marcel, dit Mariette qui avait reconnu le son.
– Marcel?
– Oui, mon jules. Il est jaloux.

Nous descendîmes de nos engins, l'autre arrivait. Un beau garçon que je ne connaissais pas, qui d'ailleurs ne me prêta aucune attention. Il en avait après Mariette :

– Tu t'en vas?
– Oui, pour quelques jours, je te l'ai bien dit.
– Et après, tu ne reviendras pas.
– Qu'est-ce que tu dis?
– Là-bas, il y a le Chantier...
– Et alors?...

Mariette me jeta un coup d'œil inquiet – on avait déjà dû en parler, de ce Chantier.

– Et alors?... reprit-elle, furieuse. Je m'en vais pour huit jours, je ne m'en vais pas pour toujours!

Et elle remonta sur sa machine, crânement. Aussitôt, le garçon enfourcha la sienne, fit demi-tour, sans adieu, et fila. Trente secondes, pas plus... Ce n'était pas une scène de rupture, il est vrai, pas même de dépit amoureux. Une scène tout de même.

La semaine pourtant se passa bien. Nous gardions les vaches et nous parlions allemand – ou peut-être alsacien. Mariette s'initiait quelque peu au limousin. Elle parlait de deux *deleser*, deux vauriens que mes parents connaissaient. Ils avaient bien bu, l'un surtout, et l'autre l'injuriait :

– *Marca-mau! Fiça-negra...*

ce qu'on pourrait traduire par : Sale gueule! Baiseur de puces!

Elle m'apprenait des chansons :

Des mittags gings man promener
Entre les jardins
Da trink man thé, und noch café
Und noch un verre de vin...

Mon allemand pouvait ressembler à ça. Je dus m'en servir, pourtant, une ou deux fois que j'avais trouvé, seul dans la maison déserte, un de leurs amis, alsacien, réfugié lui aussi. Il s'appelait Myrtil, on aurait pu penser à *L'Oiseau bleu*. Le problème, c'est qu'il ne connaissait que l'allemand, et qu'il était sourd-muet. Eux, bien sûr, et surtout la mère, dialoguaient facilement avec lui. J'eus bien du mal à lui faire comprendre ce que je voulais, et à saisir la réponse. Par chance, j'attrapai le mot *Garten* au passage, et retrouvai tout le monde au jardin. Pauvre Myrtil, je crois qu'il fut abattu par les Allemands. Je ne me rappelle pas dans quelles horribles conditions.

Mariette dut venir plusieurs fois à la maison. Au cours des mois et des années suivantes, vinrent aussi ses frères, et la petite Léa, qui aimait tant les crêpes de blé noir, qu'elle appelait des *chiffons*. C'était déjà fin août, ou septembre, quand nous fîmes les battages. Comme il n'y avait toujours pas beaucoup d'hommes dans la région, mes parents décidèrent de nous envoyer demander deux jeunes, Mariette et moi. Nous étions allées à Chamberet, faire des courses, et au retour nous nous engageâmes dans l'allée du château, jusqu'aux baraquements.

Je n'étais jamais allée par là, Chantier ou pas. En passant par l'allée pour aller à Chamberet, depuis Germont, on suivait la via de la Font, on traversait le pré de la Font, on prenait le chemin qui longeait le pré de la Gane, puis les Ribières, et on entrait dans les bois de La Farge.

Il y avait là une belle châtaigneraie que les jeunes avait bien nettoyée, pour cause, c'est là qu'ils entraînaient les chevaux à l'abri des regards et du soleil sous les ombrages. L'endroit en avait reçu le titre pompeux d'hippodrome. Passé l'hippodrome, on entrait dans l'allée, qui n'avait guère plus d'allée que le nom. C'en avait été une, un beau chemin large bordé de conifères. Mais il y avait déjà plusieurs années qu'on avait abattu ces arbres, et d'autres sur la propriété.

On disait que les grumes avaient été dérésinées sur place, ou presque, au site de Saint-Dulcet dont la fontaine miraculeuse aurait été défoncée et défigurée dans ce but. On disait... En fait, je ne sais rien du dérésinage. Ce que j'ai vu, de mes yeux, c'est quand on faisait le charbon dans l'allée, dont on avait déjà coupé les derniers beaux arbres. J'ai vu les fours à charbon sous leur croûte de terre, couvant à petit feu. C'est ce même travail que fait Jacquou le Croquant dans le dernier épisode du livre. Mon grand-père nous avait amenées là, ma mère et moi, un jour de beau temps à la fin de l'hiver. L'ouvrage avait été confié, je crois, aux réfugiés politiques espagnols, parqués dans le camp de Chamberet. N'ai-je point parlé déjà de ces gens ?...

Au bout de cette allée, ou de ce qu'il en restait, on tombait sur la route de Mortefont, et on redescendait vers Chamberet sur Ciblat, laissant juste en face, marquée par une croix, l'allée de hêtres magnifiques qui arrive aux abords du château. C'est dans cette allée, longue, profonde, belle, que je ne m'étais jamais hasardée. Nous y entrâmes, émerveillées et craintives. Non loin de leurs baraquements préfabriqués, les jeunes étaient à table, tout étonnés de la visite. Je demandai un chef de groupe, lui expliquai notre affaire, et au jour dit nous eûmes deux garçons courageux et ravis de l'aubaine. Nous ne les connaissions pas, et ils ne revinrent pas. Ainsi Mariette sut-elle *de visu* ce qu'il en était du Chantier de jeunesse et, à ma connaissance, son jules ne lui fit plus de scènes à ce sujet.

C'est le père Jean, de la Veyssée, qui fut scandalisé !

– Comment ? Une si jolie jeune fille ! L'appeler Mariette !

Il en est des noms comme de tout. Il y a des modes. Je crois que Mariette s'appelle Marie-Thérèse, mais quoi, Mariette, c'est gentil, c'est charmant. Le père Jean, lui, en fait de *Mariette* n'avait connu que des vieilles femmes de la génération d'avant, vieilles, décrépites, et quelque peu gâteuses. Une *Mariette*, pour lui, c'était ça. La nôtre était jeune et belle, voilà.

Elle racontait, Mariette. Elle parlait de sa sœur Jeanne, qui sortait le soir.

– Si mon père le savait, il la tuerait.

Crainte excessive. Elle sortait, oui. Il ne l'a pas tuée. Quand l'enfant naquit, il prit place à table avec les autres. Mais quand les vieux rentrèrent en Alsace, ils emmenèrent l'enfant. La Jeanne et son jules se marièrent : ils ne récupérèrent pas leur fils pour autant. Que s'ils sont limousins, leur fils est alsacien – sans appel. Mariette aussi épousa son jules, en a deux filles, comme elle le souhaitait.

– Tu dois être heureuse, lui dis-je, tu avais si peur pour les garçons qui vont se faire tuer à la guerre.

Elle eut un geste fataliste :

– Si ce n'est pas les fils, c'est les gendres...

Mariette m'avait raconté une histoire que je trouvais impressionnante, bien qu'il n'y eût là rien de surnaturel. Ils avaient – en Alsace – une voisine de mauvaise réputation, la Vincenne, qu'on disait méchante femme et qui passait pour sorcière. Or la Vincenne mourut, et on l'enterra. Un peu de temps après, alors que Mariette traversait le cimetière en compagnie d'une autre petite jeune fille qui était son amie, voilà que, juste comme elles passaient à côté de la tombe, il se fit un grand bruit dans le sol qui s'effondra, comme si quelque chose eût tiré la terre en dessous. Mariette eut peur, bien sûr, mais elle comprit assez vite la cause de cet éboulement. Il n'en fut pas de même pour sa compagne, qui fut comme frappée de convulsions, et resta longtemps malade, disant dans son délire que la Vincenne la tirait par les pieds.

Mariette, elle, n'avait vraiment peur que des rats et des souris. Ce n'est pas grave. Et elle attrapait les mouches comme personne. L'été fut chaud, c'est peut-être pour cela qu'il y eut tant de mouches chez nous. La maison en était pleine, on avait beau poser l'attrape-mouches sur la table, où elles se noyaient par dizaines, il en revenait toujours. Il est vrai que, ne fût-ce que pour la cuisine, le feu était allumé à longueur de journée, dans la cuisinière comme entre les landiers. C'était là justement qu'il s'en assemblait le plus, dans la cheminée derrière le rideau, et elles s'élevaient tout à coup – bzoom! – d'un seul élan. Alors, Mariette ouvrait la main, tendait le bras, et d'un seul mouvement, silencieux et lent, vous en ramenait une poignée comme dans un filet de pêche. Je m'y exerçai aussi, et bientôt ne m'en tirais pas trop mal. Tout l'art consistait dans la régularité lente du mouvement. Oui – voilà à quoi nous nous amusions!

Mon père eut un tout autre souci, même si c'est surtout ma mère qui semblait s'en préoccuper, car lui n'en parlait guère. Il lui fallut en effet parcourir les campagnes à la recherche d'un lit pour moi. Les nôtres, même ceux de coin qui ne manquaient pas, étaient trop larges et bien trop encombrants. Quand je dis les campagnes, c'est plutôt vers la ville qu'il se tourna. A Chamberet, la moindre place couchée restait prise... A La Croisille, toutefois, quelqu'un lui parla du cousin Élie, qui avait dû faire face à une véritable invasion... Et en effet, le cousin Élie possédait la chose rarissime : un lit pliant, pratiquement neuf. L'ennui, c'est qu'il n'avait pas de matelas. Qu'à cela ne tienne! Le matelas, j'en avais un.

Le problème ne s'était-il pas posé, quand nous avions dû coucher à la Boule d'Or? Et encore! dans les derniers jours. Alors que nous n'avions ni le coutil, ni la laine. Pour l'étoffe, c'était bien mon père qui l'avait trouvée, à La Croisille déjà, je pense. Et la laine, encore lui. Il était allé au Larcy, chez nos cousins. Autant Camille que la Marie, ils le lui rendraient, ce service, ah oui! Ils montèrent au grenier, là où de grands sacs pleins de laine étaient posés, rebondis, plus que pleins.

– Ça, c'est la blanche, dit la Marie. Et là, c'est la noire, pour faire les chaussettes de mes hommes.

Quand il fut pour partir, mon père installa un sac sur la bécane, puis l'autre.

– Mais, dit-il, celui-ci, je le trouve bien léger.

– Ah! dit la Marie, offusquée, si tu crois que je veux te tromper!

– Oh non, répliqua mon père. Je sais bien que non.

Et ils installèrent le sac comme ils purent. Ramener tout ça sur une bicyclette, ce n'était pas si facile. Mais à pied, en poussant le guidon, le Larcy, ce n'est pas si loin...

A peine fut-il arrivé, mon père, que les femmes se mirent à l'ouvrage. La toile tendue, on ouvrit les sacs. Horreur!

– Mais, mon homme, pourquoi m'as-tu apporté de la laine noire?

– De la laine noire?

– Regarde!

– Je vois... C'est la Marie qui s'est trompée... J'aurais dû ouvrir le sac...

Il aurait dû, mais il n'avait pas osé. La Marie était si sûre d'elle. Avoir l'air de croire qu'elle voulait le tromper! De toute façon :

– Noire ou blanche, dis-je, ça ne se verra pas.

Ma mère bougonnait. Mais mon père refusa absolument, après le mal qu'il s'était donné, de rapporter la laine au Larcy, de revenir encore chargé comme un âne. Si elle voulait faire ça, ma mère, qu'elle le fasse! Ma mère ne voulait ni ne pouvait, le temps pressait, il fallut se dépêcher de coudre la toile, et sans rechigner. C'était fini, juste à temps, et les vacances avec, juste la veille de la rentrée, quand sur le coup de midi, que voit-on dans la cour? Qui vient là, chargée comme un âne, soufflant – suant, prête à défaillir sous cet énorme sac de laine? La Marie du Larcy elle-même, et Camille derrière. Mon Dieu!

– Que faites-vous là?

C'était seulement bien après le départ de mon père, ce matin même, que la Marie avait voulu apporter sa laine noire à la filature, et que ne la retrouvant pas, elle avait compris son erreur.

– Hé! fit mon père. Tu disais que tu ne voulais pas me tromper!...

– Sûr que je ne voulais pas!

Elle voulait d'autant moins qu'elle avait réservé la laine des moutons noirs pour ses tricots... C'était facile à comprendre. Mais le matelas était cousu, maintenant, et on n'avait pas le temps de le défaire, ni surtout de le refaire, pour le lendemain matin... Et eux qui étaient venus là, à pied de si loin, par cette chaleur, avec une telle charge sur le dos... Tirant, poussant, ils étaient deux, certes ils se relayaient, par la traverse où l'on ne pouvait marcher de front. Mais nous savions bien que Camille n'était pas très fort, que la Marie avait dû porter plus qu'à son tour. Elle était là, maintenant, hors d'haleine, tâchant de contenir avec son mouchoir un providentiel saignement de nez.

– Ah non, vous ne le remporterez pas, le sac! Il vous a donné bien trop de mal...

– Ah non! Je ne veux pas le remporter...

Certes, on la paya, la laine. Et elle nous fut très utile, maintenant que, l'autre s'étant tassée, il fallait refaire le matelas. On la paya... Mais comment payer la peine que ces braves gens avaient prise, pour l'orgueil qu'ils avaient eu de ne pas tromper mon père, et lui de ne pas avoir l'air de les soupçonner? Sans compter que, cette année-là, les hommes du Larcy portèrent des chaussettes blanches... Je l'ai dit, il est vrai : justement, c'était la mode... Mon Dieu! je parle des hommes du Larcy, pourtant – bien du temps a passé depuis, un demi-siècle – à cette époque on n'aurait pas eu le cœur d'en rire : deux étaient prisonniers, le Ricou et le Léonet. Ne restaient à la maison que Joseph, qui n'était pas le plus solide, et Camille, le père, qui déjà n'était pas tout jeune.

Quelques prisonniers étaient revenus, il faut dire. Des malades ou soi-disant tels. Notre voisin Maurice, qui n'avait pas l'air de si mal se porter – mais nous n'étions pas, nous, dans sa peau pour sentir ses douleurs. Quelque temps après était né le petit Fernand, celui qu'on appela Farou, et qui fut mon petit compagnon un peu plus tard. Pour l'instant, il était dans ses langes, rose et blond. Mariette le prenait avec plaisir sur ses genoux. Elle avait l'habitude! Quand il lui pissait sur ses jupons, elle riait et le serrait plus fort dans ses bras :

– Laissez!... Ça porte bonheur. Il faudra bien qu'il y en pisse d'autres...

Un autre était revenu, le fils de la Clarisse, parce que, comme brancardier, il faisait partie du corps sanitaire. Avions-nous déjà entendu parler de la relève? Est-ce que déjà les jeunes gens, libres et forts, étaient invités à partir en Allemagne pour être échangés avec les vieux prisonniers fatigués dont on ne pouvait rien faire? Et encore! A deux ou trois contre un?... Je crois que oui. Je ne sais pas, et surtout on ne savait pas, si le marché de dupes avait fait recette, mais je n'ai pas connu un vieux si délabré qu'il fût revenu à ce titre-là. Jean, le fils de la Clarisse ne paraissait pas avoir souffert de son séjour hors de France. Mais je dois dire qu'après son retour nous ne le vîmes que peu.

C'était de ce Jean que nous parlions à la Cécile, pour la taquiner, quand nous nous retrouvions le dimanche, Odette, moi, elle, et toutes les autres filles de Bellegarde, la Hélène, la Marcelle, la Dédé, nos copines de classe, et aussi quelques réfugiées, et même parfois de très jeunes garçons. Mais les garçons frayaient plutôt ensemble, et nous, les filles, nous tenant par le bras nous marchions sur la route, parfois à la couper sur toute sa largeur, riant, bavardant, chantant, racontant des histoires. Nous étions si jeunes! D'autres fois, quand Marcelle gardait là-haut, nous montions jusque sur le puy de Bellegarde, là d'où l'on voit Germont, et les collines bleues au loin par-delà la vallée ouverte sur Bonnat. Nous nous asseyions là sur l'herbe rase avec elle, un moment.

Puis les moutons voulaient changer de place, peut-être rentrer, et nous redescendions sur la route... On marchait jusqu'à la forêt des Fayes, on revenait jusqu'à Combedarrière. Puis l'une devait partir, ou l'autre, ou le soleil baissait. On se raccompagnait, on se disait adieu, et les unes redescendaient vers les Flénours, et les autres plongeaient sur Combedarrière, par le chemin creux, et moi je remontais vers la Carrière. Et le dimanche était passé.

Quand j'allais chez Odette, la sœur du Mémé, nous prenions quelquefois le vieux chemin dans la forêt, vieux mais très bien entretenu, où l'on pouvait rouler à bicyclette, qui remontait jusqu'à la route de Chamberet et de là-haut, nous revenions sur nos pas, ou par le Pissechien, et c'est là que parfois nous nous disions adieu. Depuis le bois, nous entendions parfois une fille siffler en passant à vélo sur la route. Odette disait :

– C'est ma cousine.

Une seule fois nous avons pris d'autres chemins, par les prés, dans la forêt aussi, mais pour aller à la Combe au Par, où elle devait faire quelque commission. Quand elle venait chez moi, nous restions plutôt dans les charrières, et mes promenades, c'est surtout, mais plus tard, avec l'autre Odette, Titi, que je les partageais.

Je nous revois dans la forêt, Odette et moi, assises, et crevant de rire, sur la mousse et les buglosses en fleurs. Il y avait quantité de ces fleurettes, d'un bleu mauve, à cet endroit. Nous n'en savions pas le nom, mais nous les trouvions jolies. Que, si nous étions là, avec la plume et le papier, et l'encre dans son encrier, ce n'était pas pour rien. Nous avions médité de faire une blague à notre médecin, le Dr Daniel, qui nous soignait l'une et l'autre. Je ne me rappelle pas un traître mot de ce que nous avons pu lui écrire et je ne sais même pas si la lettre fut jamais envoyée. Je ne suis même pas sûre que ce fût bien Odette qui avait prétendu s'en charger. Mais pour le rire...

Ce n'était pas cette année-là, bien sûr, c'était beaucoup plus tôt, avant les mesures antisémites. En ce temps heureux où nos quatorze ans ne savaient pas ce que c'était qu'un sémite. Ou bien je le savais, moi, mais il ne me serait pas venu à l'esprit de faire entrer le profil fin – trop fin, il est vrai – et droit de cet homme dans le masque d'or figuré sur mon livre d'histoire ancienne. Et quand bien même!... Nous, le médecin nous faisait des misères, avec ses piqûres, ses rayons, ses potions et le reste. Ça valait bien une taquinerie de gamines, non? Eût-il été noir, et lippu, vieux et barbu, japonais ou suisse, on n'en avait rien à faire... On n'allait pas perdre une occasion de rire, et fallût-il la créer de toutes pièces...

Ces promenades dominicales durèrent toute la guerre et davantage. En fait, je n'y participais que rarement, même aux vacances, surtout quand Odette cessa d'en être. Que, si ma vie allait changer quelque peu, celle d'Odette devait prendre un virage bien plus important : elle était sur le point de se marier. Elle avait rencontré ce jeune homme à Chamberet, et comment ils firent connaissance elle me l'avait raconté, mais je ne m'en souviens pas. Toujours est-il qu'ils se plurent, qu'il la raccompagna chez elle, qu'ils se virent souvent. Et un jour que j'allai chez elle sa mère me dit qu'ils gardaient les vaches dans le pré, que le Mémé était avec eux, que je pouvais bien y aller aussi. Mais la situation nouvelle m'intimida à ce point que je restai un moment avec la mère, mais repartis sans être allée les rejoindre. Quelques jours après, elle vint à la maison, m'annonça ses fiançailles et m'invita à la fête. La surprenante nouvelle! Ils se connaissaient depuis si peu de temps! L'avais-je seulement déjà rencontré moi-même? Oui, au moins une fois au Pissechien, me semble-t-il. J'avais vu des photos en tout cas. Il était bel homme, oui, il pouvait plaire. Il était lorrain, comme mon amie Gilberte... Mais, sinon qu'il était militaire de carrière, que savait-on de lui?... Rien. C'était surtout ma mère qui s'inquiétait de ces questions-là. Moi, cela m'étonnait un peu, mais après tout, l'amour ne se préoccupe guère de circonstances semblables, et le mariage s'ensuit de l'amour – du moins était-ce là ce que j'en croyais. Ce qui me troublait vraiment, c'était qu'une jeune fille si jeune, dix-sept ans – mon âge! – fût prête pour le mariage. Le mariage... l'amour... et le reste... on pouvait y rêver, certes. En rêver, peut-être. Mais que ce fût le moment – la réalité – l'urgence... J'en restai bouche bée, et je ne fis à mon amie ni compliments, ni félicitations, ni vœux. Je ne savais vraiment que dire. J'étais interloquée. Oh! je dus bien dire quelque chose, quelque sottise de préférence... Je n'étais pas du tout dans la situation. Était-ce donc fini, l'enfance? J'en aurais pleuré, non pas de joie.

Le matin des fiançailles, cependant je me sentais heureuse de la fête, et seulement un peu angoissée parce que c'était la première fois que j'étais invitée. D'ailleurs, ma mère désapprouvait tout à fait que j'y aille, sans doute parce qu'elle désapprouvait ce mariage, et allez savoir pourquoi! Ce n'était pas elle qui se fiançait – ce n'était pas moi non plus. Tous les prétextes lui étaient bons pour me retarder. D'abord, il me fallut garder les vaches. Et peut-être que je les ramenai trop tôt... Et puis il y eut ma façon de m'habiller, mes chaussures, et que sais-je! Je crois bien que je partis en pleurant, profitant du chemin à faire pour ne pas arriver au milieu de la fête défigurée. Odette était un peu contrariée parce qu'elle m'avait dit de venir tôt... mais enfin, j'étais là. Il y avait le fiancé, son père, son frère, Fernand un cousin d'Odette, ses parents et moi... Une dizaine de personnes, guère plus. Le repas était bon, et l'ambiance excellente. L'après-midi se passa en promenades sur la route des Flénours, et jusqu'à l'entrée de Germont. Puis les parents du fiancé durent se dépêcher de partir, en voiture à cheval... Et je rentrai moi-même. Le soleil n'était plus très haut, mais pas couché encore. Ma mère était venue m'attendre sur la route. Elle n'avait pas assez d'invectives, d'injures, ni de colère contre moi... Les oreilles m'en sonnent encore.

Vous croyez peut-être qu'elle en voulait à Odette, ou à ses parents? Au fiancé? Pas le moins du monde. Odette fut toujours la bienvenue à la maison, et son mari y fut reçu en toute amitié, autant qu'il lui plut. La colère maternelle tombait toute sur moi, qui n'ai jamais été pour rien dans les aventures prénuptiales, matrimoniales, ni postconjugales de mon amie, contre moi qui ne saurai jamais pourquoi. Peut-être voulait-elle me punir d'avoir atteint l'âge nubile sans crier gare? Pour ce que j'en ai fait! N'avait pas besoin de se déranger. Ou bien étais-je le témoin – la victime innocente de l'événement mémorable?

Il était de coutume, autrefois, quand on plantait une borne, de donner une bonne claque à un gamin présent, histoire de planter aussi la borne dans sa mémoire. Et ma cousine de Monfreid ne m'a-t-elle pas rapporté cette histoire que contait son beau-père : dans ce pays-là, au passage de la guillotine – qui comme on sait parcourut les campagnes tel un comédien en tournée – au passage donc de la guillotine qui fut dressée sur la place, il y eut sept exécutions, clac! La tante de Monfreid, petite fille, était là qui regardait. Une tête qui tombe, clac! – Vlan! La gamine reçoit une gifle. Une autre tête, clac! – Vlan! Une autre, clac! – Vlan! Clac! – Vlan!... Telle est l'histoire des sept têtes et des sept gifles. Mais cela ne m'éclaire pas beaucoup sur l'attitude de ma mère à cette occasion.

Et ce ne fut pas fini! Après les fiançailles, il y eut le mariage, comme de juste. Il se fit le 31 octobre, un samedi. J'étais en pension, c'est vrai. Mais c'était le jour du départ en vacances. Même si j'avais deux ou trois heures de cours le matin, il aurait suffi qu'on m'envoie une autorisation, pas même motivée, pour que je pusse partir le vendredi soir, ou encore le samedi matin. Eh bien, non, ma mère ne voulut jamais, prétexta que je n'avais pas de vêtements convenables, que je ne pouvais pas manquer mes cours, que sais-je encore! Ensuite de quoi je continuai à fréquenter Odette comme par le passé – que dis-je! beaucoup plus, sans qu'elle y trouvât à redire.

Je me souviens d'un réveillon que nous passâmes ensemble chez nous, un réveillon de premier de l'an, le seul que nous ayons jamais fêté sinon dans la plus étroite intimité familiale, et probablement le premier après ce mariage. C'était dans la maison, nous étions tous à table, devant le feu. Le repas était agréable et l'ambiance chaude, paisible, amicale. Soudain, minuit sonna. Comme seraient tombés des blocs de glace sur cette douceur, douze coups. Nous étions là figés. A écouter le son de cette pendule qu'à force de l'entendre on n'entendait plus. Chaque coup nous tomba dessus comme un coup de marteau. Puis rien. Pas un écho dans le silence. La fin du temps. L'éternité. On ne se regardait pas. On ne respirait pas. On aurait pu être tous morts. Enfin – plus tard... des siècles plus tard – Gaston se leva, sans bruit, comme à regret, et commença à dire les vœux autour de la table. On put reprendre souffle et la durée recommença. Pourtant, quelque part, en nous ou bien ailleurs, jamais plus rien ne serait comme avant. D'une certaine façon, les choses parurent suivre leur cours le plus naturel. Peut-être n'y eut-il rien de changé. Mais où est l'apparence? Où la réalité?

Le souvenir que j'ai de ce minuit-là est celui d'un malaise oppressant, d'un froid presque absolu, insupportable. Si je devais lui donner un nom, ça pourrait être *mort*. Ou *éternité*. Mais l'un ni l'autre ne suffirait, dans sa signification abstraite, à exprimer ce sentiment qui me sembla pénétrer non seulement chacun de nous dans chaque fibre, restée à la fois vivante et devenue morte, mais aussi tout ce qui existait autour, aussi loin qu'eût porté le regard, de proche en proche, jusqu'à l'infini.

Odette vécut encore quelque temps chez ses parents, avec son mari, puis seule. Non que son mari l'eût quittée, que non! Mais les événements extérieurs pèsent sur la vie quotidienne, beaucoup plus me semble-t-il que les minuits exceptionnels. Après la relève volontaire, il y eut le Service de travail obligatoire, le S.T.O., destiné à drainer vers l'Allemagne, et sans contre-partie même illusoire, tout ce qui pouvait rester ou survenir de forces vives en France. Gaston imagina, pour tenter d'échapper à la sangsue, de devenir garde-chasse et dut à cette fin suivre quelque lointain stage. Quand il revint, lui et sa femme s'installèrent à Chamberet dans un petit appartement agréable sur la place. C'est là que je revis souvent mon amie dans les années qui vinrent. Ceci est une autre histoire.

Ma mère?... Ah, je crois surtout que ma mère supportait mal – ne supportait pas – que je pusse m'amuser loin d'elle. Être heureuse sans elle. Se sentir, se savoir exclue. Car lui suffisait d'ordinaire que je fusse présente, sous ses yeux. Mais elle ne tolérait pas non plus que j'exprimasse une grande joie, un plaisir qui ne fût pas aussi le sien. L'exubérance la blessait comme le signe funeste des plus grands malheurs. Or je prenais grand soin de lui dissimuler mes grands désespoirs et mes petits chagrins. Mais j'avais le tort de mal dominer mes enthousiasmes, surtout ceux qui n'étaient pas très importants.

BREF. J'en étais seulement à la fin des vacances, un peu écourtées – parce que je devais passer ce fameux examen d'entrée qui, sans me faire vraiment peur, m'inquiétait d'autant plus que, somme toute, et même si j'en étais aussi contente que fâchée, oui, il fallait l'admettre, je restais sur un échec. Rentrer... ma rentrée risquait de ne pas être définitive, pas aussi brillante du moins que je le désirais. Et il fallut arriver trois jours avant les autres. Je ne sais plus comment je parvins au Bas-Pays, sous l'égide paternelle. Le paysage m'étonna dès la première fois, et toujours par la suite, que ce fût les vergers en fruits, les arbres en fleurs, les prés blancs de givre ou cette maison de lauses qu'on apercevait un peu loin, toute seule dans la campagne comme un tombeau. Quelque chose qui disait à sa manière : *Et in Arcadia ego...*

Nous n'étions pas nombreuses à passer l'examen. Je fis la connaissance de Denise, qui n'ayant pas tout à fait raté le concours se trouvait sur la liste supplémentaire et désirait passer en seconde. Jeannette, mon ancienne condisciple de Saint-Léonard, briguait aussi la seconde. Nous étions bien peu à tenter la première. Encore, en plein milieu des épreuves, y eut-il un professeur chargé de nous surveiller – professeur de travaux manuels, s'il vous plaît – assez pointilleux pour remarquer une toute petite bonne femme frisée qui planchait sans bruit dans son coin :

– Hé, vous! dit-elle comme un caporal-chef en pointant son doigt vers l'inculpée. Hé, vous! N'étiez-vous pas en troisième E.P.S. l'an dernier?

La petite en convint.

– Et c'est bien en première que vous voulez entrer?

L'autre opina derechef. C'est à ce moment que je la remarquai. Je ne l'avais pas encore vue, parce qu'elle était externe. La dame reprit :

– Y en a-t-il d'autres parmi vous qui viennent de l'E.P.S.?

Je dis que j'en venais aussi, quoique de quatrième. Sous son regard dubitatif, je me sentis visée. Mon inquiétude ne dura que trop, avivée par l'arrivée de la directrice. Tout le monde se leva, y compris la surveillante qui se mit en devoir de lui expliquer notre cas litigieux. La directrice, qui le connaissait parfaitement, nous jeta un coup d'œil qui me parut amusé, en disant :

– Laissez... Si elles réussissent... avec un geste évasif de la main.

Cela suffit à me rassurer, en dépit du doute qui planait encore sur le résultat, un résultat que nous ne pourrions imputer qu'à nous-mêmes, non à quelque règlement qui aurait interdit de sauter par-dessus les classes comme des veaux dans les pâturages.

Enfin, ce fut ainsi que je connus Régine, dont les magnifiques cheveux bruns, à reflets dorés pouvaient seuls, et encore peut-être, à la rigueur, avec les longs cils sur les yeux foncés, faire douter d'un aryanisme que la petite taille rondelette n'infirmait pas forcément. Jeannette, ma consœur, n'était guère plus grande, guère plus mince, guère moins brune et guère moins frisée. Pourtant Jeannette était limousine de bonne race et de bonne souche, tandis que Régine c'était Rywka, elle était née dans le ghetto de Varsovie, dont son père avait pu sortir avant la fermeture des portes, et que cela devînt ce piège à rats dont tout le monde connut tout par la suite, mais qui déjà, avec le peu que nous en savions, faisait froid dans le dos.

Rywka devint mon amie tout de suite. Elle était charmante et surtout d'une intelligence qui, malgré son jeune âge – elle avait tout juste quinze ans – lui permettait de suivre les cours plus facilement que moi-même. Nous ne nous voyions guère qu'à la récréation de midi. Cela suffisait à nous rendre inséparables. Nous parlions. Elle me consolait dans mon cafard, et je devais lui apporter une sorte de libération à pouvoir s'exprimer sans retenue ; que si elle ne le faisait pas, du moins savait-elle qu'elle pouvait le faire. Et moi, j'aimais toucher ses beaux cheveux, et même l'embrasser comme j'aurais fait d'une toute petite fille – et si je ne le faisais pas, je savais que j'aurais pu.

J'aurais pu sans retenue, il est vrai et bien au-delà de mes désirs, qui étaient tout fraternels ! Brive, sur ce point, n'était pas Saint-Léonard, que non pas. Non que les *amitiés particulières* y fussent de règle, mais lorsqu'elles advenaient, elles ne semblaient gêner personne, à ma grande surprise, alors que là-bas on les soupçonnait en germe ou en image, naissantes ou mort-nées, comme l'obscure semence de tous les crimes. A moins que ce laxisme apparent des uns ne cachât autant de perversité que la sévérité tout aussi superficielle des autres.... Certes, nous n'en étions point là, nous deux, mais dès que se prononce le mot « amitié » il faut bien tenter de couper le bec à la calomnie. Les avatars du terme au cours des siècles, aggravés encore de nos jours par le biais des mœurs et des médias, ne font qu'ajouter à la confusion. Quoi qu'il en soit, si ténues sont les distances, et si fragiles les nuances, et tellement innombrables les manifestations, qu'il me semble téméraire de parler d'une chose abstraite, qui serait *l'amitié,* aussi fallacieux que pourrait être la santé, la qualité, la vérité... Il serait vain de disserter plus longuement sur le sujet.

Je ne sais pas si l'on peut vivre sans amitié, sans amitiés ou sans amis. N'ai-je pas entendu, voici peu, un tout jeune garçon, un enfant, dire que les amis sont *le sel de la terre* ? Les amis sont le sel de la terre. Que si je venais de quitter Saint-Léonard, pour toutes les raisons que j'ai dites, il y en avait une autre, déterminante : toutes mes amies étaient parties, ou bien elles allaient partir. Yvette, Yvonne, Gilberte. Et Mlle Tauzin aussi, qui enseignerait maintenant à Marseille dans un grand lycée. Sans elles et sans moi, l'école, désormais collège ou lycée, continuerait à élever son lot annuel d'enseignants studieux, propres et appliqués, parmi lesquels, non, je n'avais point de part.

A Brive, cependant, et jusqu'au bout peut-être, mes camarades purent s'y tromper. Nous étions nombreuses dans cette classe de première moderne, plus de quarante. C'est que, outre quelques transfuges, il y avait ici, avec celles qui avaient suivi depuis le début la filière moderne dans toute sa rigueur, les élèves-maîtresses qui auraient dû être normalement à Tulle, les grosses têtes qu'on avait reclassées en seconde l'an passé, Dieu sait pourquoi. Ou plutôt, je sais pourquoi. C'est qu'auparavant, le brevet supérieur comportait trois degrés; le baccalauréat qu'elles devraient obtenir à la place n'en avait que deux, et c'est ainsi qu'au lieu de leur donner un an de plus vers le haut, une année d'après-bac, on les tirait vers le bas en les rétrogradant. Était-ce inutile? On n'apprend jamais dans une année tout ce qui devrait être appris. Piétiner un moment peut donner de l'assurance, et consolider les acquis. Le fait est que, dans cette classe, il y avait des cracks. Que si elles avaient vingt ans et des poitrines de matrones pour la plupart, il fallait tout de même s'incliner devant leur savoir et leur maturité. Je suivais de justesse, au prix d'une certaine assiduité. Oui, cette année-là je fis du bachotage, ou peu s'en faut.

Nos professeurs la plupart étaient tout alourdis de pesants diplômes, du moins à ce que l'on disait. Pour les autres je ne savais pas, mais on disait que celui de mathématiques et celui de français sortaient des plus prestigieuses écoles. La première était une demoiselle, encore jeune, au visage rêveur. Elle connaissait si bien son sujet qu'en rien de temps elle avait tout dit, tout expliqué – cela lui semblait si simple! Et ensuite elle nous regardait, avec son doux visage et ses yeux bien ouverts, tout étonnée que son raisonnement ne nous ait pas convaincues. Tout était si clair, si simple! Elle avait une expression que je voyais à mon père, souvent, pour les mêmes raisons. Eh quoi! C'était facile! Elle savait, elle. Peut-être aurions-nous dû savoir aussi.

De fait, quelques-unes comprenaient. Quelques-unes savaient. Il y en avait une, une élève-maîtresse, toute mince et même menue, qui se dévouait pour expliquer aux autres, celles qui voulaient bien. J'avais profité de ses leçons, je crois même, quelquefois, que je comprenais. Mais en vérité, non. Cela m'intéressait trop peu, me prenait trop de temps, et pour des résultats minimes, qui ne m'apportaient même pas le plaisir de la réussite. Il m'arrivait bien de faire des efforts, il m'arrivait rarement de mémoriser ce que, par grand travail d'intelligence, j'avais cru trouver, deviner ou saisir – et quand je voulais vérifier, c'était pour m'apercevoir que je m'étais trompée. C'était désespérant.

Et comme je n'aimais pas ce sentiment-là, je le chassais de mon esprit avec sa cause – jusqu'à ce que, juste au cours d'avant qui était celui de dessin, je m'aperçusse que je n'avais ni fait mes problèmes ni appris ma leçon... Or je n'étais pas la seule à faire des maths en cours de dessin. Le professeur n'osait d'ailleurs rien dire, sachant que cette matière était plus importante au bac que celle qu'il enseignait. En revanche, je dessinais au cours de maths. Je dessinais le visage candide du professeur. Ainsi j'avais l'air d'écrire et de l'écouter. Et même je l'écoutais vraiment. Peut-être que je comprenais mieux au mouvement de son visage, pour immobile qu'il fût, qu'aux paroles égales de sa voix douce qui coulait comme une eau calme ; et l'eau, vers la fin des phrases, se perd sous les herbes, les feuilles, le sable... et je ne l'entends plus... Elle se tait... ou bien je dors.

Le professeur de français était une jeune femme. Elle ne manquait pas de compétence, même si je trouvais qu'il lui manquait, moi, le charme, la séduction, ou même cette ouverture d'esprit qui rend toute chose attirante, attachante, envoûtante. Elle savait tout et nous distribuait son savoir sans faute ni passion. Elle n'avait pas le don – le merveilleux pouvoir de l'émerveillement, ou bien elle se le gardait. Je ne crois pas que ce fût en moi qu'il avait disparu, ce pouvoir. Je dus seulement le cultiver toute seule dans mon petit jardin intérieur, maintenant. Et l'on pouvait y avoir du mérite.

C'était un homme qui nous enseignait le dessin, un homme jeune. Il était assez grand, ni beau, ni laid, avec un nez en trompette. Comme beaucoup d'hommes doués à ce niveau-là, il me semblait avoir plus de précision dans le dessin et la structure d'une composition que d'imagination ou de liberté. C'est une remarque que j'avais faite, à Saint-Léonard, lorsqu'on exposait chez nous les dessins des garçons. Leur travail était toujours impeccable, le trait ferme. Il en venait une impression d'ordre, d'équilibre, d'honnêteté. On pouvait y deviner l'esprit de simplification et de synthèse, voire d'abstraction. C'était agréable à voir, mais, sans parler de génie, où était le sens artistique? Le rêve? La poésie? Du temps que je passais à Brive, je m'exerçai beaucoup à dessiner, et je dus acquérir de l'habileté. Mais si j'appris quoi que ce fût sur l'art, ce n'est pas qu'on me l'ait enseigné.

Que dirais-je de l'histoire? De la géographie? Ignare j'entrai, ignare me fallut sortir. Les cours étaient bien faits, nets, sans digressions ni fioritures. Sans la moindre fantaisie. Je n'aurais eu qu'à les apprendre. Ce n'est la faute de personne si je n'étudiais pas, ou bien si peu. Tout juste assez – trop juste. Et puis l'étude était si sombre, si peu confortable, si mal éclairée! Sur les cartes, je ne distinguais pas le jaune, et je ne me souvenais de rien.

Sans fantaisie, réduits à l'essentiel, tels étaient aussi les cours de physique et de chimie. Abstraits serait le mot juste. On apprenait les principes. Un schéma de moteur, que ce soit à deux temps, ou à quatre, ce sont des traits, et les traits sont des lignes et allez savoir, ensuite, si ces lignes enferment une surface, ou un volume, ou bien si elles ne font que passer... Pour les travaux pratiques, on montait au grenier, où un matériel comparable à celui qu'aurait pu trouver Pascal dans le sien nous apportait plus de poussière que d'éclaircissements.

Le professeur d'histoire naturelle, pourtant, arrivait à mettre un semblant de chaleur et de vie dans la classe, mais si je pouvais répondre à son enseignement, c'était, je crois, surtout à cause du savoir acquis les années précédentes, avec d'autres – avec cette demoiselle Robinet aux cheveux si bien ordonnés que d'aucunes l'accusaient de porter perruque, dont les bottines à petits boutons nous amusaient tant –, même si, en leur temps, ce qu'ils m'avaient fait apprendre ne me passionnait pas.

Oui, à la revoir ainsi, comme cette année me paraît pauvre, mesquine, creuse. Il semblerait que je ne m'intéressais à rien, ne me passionnais pour rien, ne parvenais à rien... Était-ce vraiment ainsi pour tout? Eh! Ce n'est pas l'anglais qui m'éveillait beaucoup. Je suais sur Shakespeare et les préshakespeariens. Comme si ce n'eût pas été assez d'un anglais correct, on voulait nous faire pénétrer dans les racines de la langue – une autre langue, pour nous... Et, en allemand... *Iphigenie auf Tauris...*

Que dirais-je de la culture physique? Une, deux... une, deux... L'échelle horizontale était trop haute pour que je pusse l'atteindre, même en sautant... Je me revois lançant des pierres, par le travers de la cour, et m'efforçant, en groupe, d'en faire le moins possible, que ce fût aux mouvements de souplesse ou au basket... juste assez – trop peu.

La seule initiation que nous eûmes fut celle de la musique. A l'examen, l'option sauta. Mais du moins, et malgré la qualité médiocre du gramophone, nous avions entendu trois symphonies : la *Pastorale* et la *Septième* et celle de la *Joie* – une *Toccata et fugue* – le *Boléro* – l'*Inachevée* – et le *Prélude de Lohengrin*... Nous apprenions des airs d'opéra et nous dansâmes le *quadrille des Lanciers*!

Ah! Il a des bottes, bottes, bottes...

Et même, pour la première fois, j'allai au concert. A vrai dire, seules les grandes, les plus grandes, les terminales du second bac, avaient été conviées à ces concerts. Foin de la marmaille qui s'endormirait! Seulement, il y eut de ces demoiselles qui refusèrent l'offre. Elles avaient besoin, elles, de dormir et de travailler. Je pense qu'elles avaient raison – bon courage! Moi aussi je devais avoir besoin de travailler, ou de dormir, mais j'allai écouter du piano, un véritable piano de concert; et aussi du violon, Jacques Thibaud, s'il vous plaît; et du violoncelle; et une autre fois de l'orgue, avec Marcel Dupré. Pour la première fois de la vraie musique avec de vrais musiciens sur de vrais instruments, et pas de la musique de conserve, ou du pianotage, ni des flonflons ni des canards. De la musique. Et je sais maintenant que bien d'autres musiques sont aussi de la musique, et pas seulement celle-là qu'on dit grande et qui l'est parfois. Mais pour le comprendre, il fallait d'abord, *celle-là*, l'entendre, au moins une fois.

Maintenant, la musique, si peu que ce fût, j'en avais quelques graines semées dans le petit jardin. On avait bien le temps d'attendre voir ce qu'il en germerait.

Il faudrait dire tout à la fois. J'ai commencé par les professeurs, mais il y avait d'abord les murs. Passé le magnifique portail, tout noir d'une poussière d'algues et de suie, on avait la vue monumentale de la cour d'honneur, grandes fenêtres à petits carreaux, mansardes ornementées sur les trois corps, avec au centre ce palmier anachronique dans un massif de sauges, aussi immuables et froissées que du papier crépon. Des portes étaient closes sur des salles qui servaient d'étude, ou de classes, alternativement. Une s'ouvrait à droite sur un couloir, vers notre cour. Une autre près de l'angle au fond, sur l'escalier de pierre. Mais à gauche il y avait la tour, avec la cloche en haut sous son heaume d'ardoise, et dans son ventre l'escalier à vis, qu'on disait peu solide et sur lequel nous ne marchions que du bout des pieds. Presque partout les murs glacés retenaient une buée luisante sur la crasse, qui semblait suinter d'eux.

Notre classe, celle de première moderne, qui fut aussi celle de philo-lettres l'année d'après, était au bout du couloir de droite. C'était une vaste salle bondée de tables vétustes et de bancs, avec un seul passage au centre, où l'on pouvait marcher deux de front, et un autre autour, où il valait mieux se glisser de biais. Je pus prendre une place au bout du deuxième banc près de la fenêtre. Je me trouvai ainsi parmi les normaliennes. Suzanne, une ancienne de Saint-Léonard, occupait l'autre bout de la table. Nous n'eûmes pas beaucoup de relations pour autant. Elle avait retrouvé son amie Yvonne, ma condisciple de l'an dernier, et bien que celle-ci fût en seconde, ces deux-là se suffisaient amplement. Quand elles ne s'occupaient pas à leurs devoirs de cheftaines, car elles étaient scouts, avec le petit sifflet et le couteau à la ceinture, on les voyait rêver, ou travailler, appuyées l'une à l'autre, mais naturellement en tout bien tout honneur.

Je n'eus pas grands rapports non plus avec ma voisine, une grande grosse fille qui avait toujours la bouche mi-ouverte et des petites peaux blanches dans les oreilles. Du moins ne me gênait-elle pas. Le banc de derrière m'eût fait volontiers des misères. Ces demoiselles venaient du même pays, non loin de Brive, serrées autour de la plus belle, la mieux fardée, la plus riche visiblement, qu'elles ne quittaient pas d'une semelle. Mais j'avais le dos de ce côté-là, et ne me retournais que rarement.

Devant, il y avait d'autres élèves-maîtresses. Odette, qui était pâle, studieuse, forte en toutes matières, mais m'avait toujours paru repliée sur elle-même, aimable mais secrète, et de petite santé bien qu'elle ne fût jamais malade. Je n'osais qu'à peine l'aborder. Des deux sœurs, Yvonne et Jacqueline, c'était Jacqueline que je préférais. Elle était la plus vive, la plus riante, la plus méchante si l'on veut. Elle eût tué père et mère pour un mot d'esprit, pouvait-on dire. Elle mordait – mais de face, ça pétillait comme de jeter du sel sur le feu. Qui était la quatrième, le dos juste devant moi? J'ai oublié. A moins que ce ne fût Denise? Je me liai avec Denise mais, me semble-t-il, surtout l'année d'après. Et, quelque part, il y avait Lydie.

C'est en étude, dans la première salle sur la cour d'honneur, que j'avais remarqué Lydie. Sans lui ressembler, elle me faisait penser à Gilberte. J'appris sans étonnement qu'elle venait, sinon de Lorraine, d'un pays voisin, la Champagne. Je finis par me retrouver près d'elle en étude. De l'autre côté, elle avait son amie Gilou. Malgré son aspect tout paisible et bien assis, Gilou n'était pas d'un commerce facile, tantôt parlant et tantôt non, tantôt aimable et tantôt boudant, même avec Lydie. Lydie n'était pas de tout repos non plus. Je croyais avoir sa confiance comme elle avait la mienne – mais justement! Je compris trop tard qu'il ne fallait pas en abuser, même pour rire. Longs soirs de mai, où nous regardions les martinets faucher la cour à grands coups d'ailes, puis disparaître entre deux pierres dans le mur de l'école, appuyées toutes deux à ce mur d'enceinte dont je n'ai pas encore parlé... Longues conversations des promenades... petites confidences de l'étude... Un jour que nous parlions de l'avenir, avec plusieurs autres, projets de sable ou projets de vent, je dis bêtement :

– De toute façon, pour Lydie, c'est simple : elle se purge et elle se marie...

J'eus beau m'excuser, elle ne m'adressa plus la parole, sinon pour me rabrouer chaque fois que je tentais de me rapprocher ; le bac se passa, et les vacances nous séparèrent, sans même qu'elle me dît adieu. L'année suivante elle ne revint pas. Je l'ai revue plusieurs fois, depuis, elle est venue à la maison avec son mari, avec ses enfants, sa mère... Quand je reste cinq ou dix ans sans nouvelles, je m'inquiète un peu, sans m'étonner.

Bref, en quelques semaines, je me fis plus d'amies à Brive que je n'en avais eu en cinq ans à Saint-Léonard. J'ai parlé de quelques-unes, mais il y en avait d'autres. Et Sabine entre toutes, qui survint un peu après la rentrée, toute petite et pétillante, en compagnie d'une longue fille mince et taciturne, qui semblait toujours craindre de se heurter à quelque invisible obstacle. Ce contraste était si frappant que Jacqueline au premier regard l'évalua d'un mot : grandeur et décadence. Ce n'était pas gentil. Aurais-je dit qu'elle était gentille ?

Pour autant, l'attaque n'allait pas plus loin. Et Sabine avait bien de quoi y répondre. Les nouvelles venues arrivaient d'Eymoutiers où Sabine était hébergée chez sa tante. Je ne sais pourquoi cet arrangement n'avait pu continuer ; de toute façon Sabine entrait en troisième, et le collège d'Eymoutiers n'allait pas au-delà. On lui avait demandé, à elle aussi, d'apporter son lit, elle avait eu grand peine à en trouver un, et quand il fut en gare de Brive, on lui dit qu'elle n'en avait pas besoin, qu'on lui en avait trouvé un. L'autre fut réexpédié... Je crois revoir, dans un éclair, sa mère dans le « dortoir des lits apportés », où Sabine, tout de même, fut logée. C'est peut-être un faux souvenir, que celui de cette femme trottinante et souriante, mais quelque peu effarée...

Que, si on lui avait trouvé un lit, à Sabine, ce n'était pas n'importe quel lit.

Il y avait pourtant de tout, dans ce dortoir. Plusieurs lits pliants, plus ou moins semblables au mien, mais aussi quelques sommiers tapissiers, à quoi l'on avait mis des pieds, un grand lit en fer, tout au fond, presque un lit de milieu, avec son pied en plaque métallique peinte simili-bois. Un lit de coin, en bois, d'une seule place... Entre le grabat et le meuble de collection, il y avait le choix. Mais celui de Sabine éclipsait tous les autres. J'avais placé le mien au centre géométrique de la pièce, sous le globe et devant le poêle. Sabine eut le sien au pied, à côté de Jeannette.

Ah oui, ce lit! C'était un lit de fer, à motifs contournés, quoique simples. Un haut sommier l'occupait, si haut qu'il y fallait grimper, eût-on dit, comme dans un lit royal. Et royal, il aurait pu l'être, c'est vrai : il aurait suffi de draper ce baldaquin, dont on avait démonté l'armature, mais laissé les colonnes aux quatre coins, avec le bout amenuisé pour le rivetage. Le tout, qui portait à peine quelques éraflures, avait été peint en blanc. Dès les premiers jours, on ne pouvait pas ignorer Sabine, non pas seulement à cause de son lit, mais son lit non plus, on ne pouvait pas ne pas le remarquer. Non, on ne pouvait pas ne pas remarquer cette haute couche blanche, entre ces quatre colonnes dressées comme des cierges : nous l'appelâmes « le catafalque ».

Dès le début, Sabine avait imaginé d'apporter de chez ses parents, qui étaient épiciers, quatre bougies qu'elle allumerait tout en haut des colonnes, liées chacune d'un ruban qui devait être, si je me souviens, violet cardinal, jaune citron, rouge écarlate et vert pomme. C'était la guerre. De bougies, point. De rubans, pas davantage. Un lacet fit l'affaire pour attacher les torches de résine que Sabine dut allumer elle-même, parce que je n'arrivais pas à faire partir les allumettes qu'elle m'avait confiées, en les frottant contre le poêle. Je réussissais tout juste à leur arracher la tête. Sabine y parvint très bien, en me lançant au passage quelques regards courroucés, avec quelques injures. Et nous regardions là-haut brûler ces flammes qui jetaient au plafond des clartés et des ombres inattendues.

La surveillante, de sa cabine en toile, ne pouvait ignorer ni le vacarme, ni l'éclairage. Mais peut-être s'amusait-elle plus que nous de ce jeu inhabituel et innocent, d'autant que notre dortoir, déshérité même dans ce collège minable, avait un avantage à ne pas négliger : situé juste au-dessus de ma salle de classe, privé comme elle d'ouvertures sur la rue, dans cette aile qui faisait coin avec la rue Martine, il était assez isolé pour que l'on n'entendît de nulle part le bruit qui s'y faisait, surtout la nuit... Fût-ce autour du « catafalque ». Quelque temps après, nous « inaugurâmes » la « plaque commémorative » de sa découverte – entendez qu'un graffiti encadré fut tracé sur le mur le plus proche : *C'est ici que le Duc, le Baron et la Marquise, ont découvert le catafalque préhistorique...* Le reste est effacé de ma mémoire comme du mur rénové. Quel dommage. C'était quelque temps plus tard, je crois, peut-être même l'année suivante...

Je ne saurais dire comment Sabine devint mon amie. Elle entrait en troisième, elle avait juste quinze ans. Sans cette circonstance des *lits apportés* je ne l'aurais peut-être jamais connue. Car si on côtoyait des centaines d'élèves dans les dortoirs surpeuplés, les classes surchargées, les cours pleines à déborder, si on savait le nom de beaucoup d'entre elles, on ne les connaissait pas pour cela ; il y en avait, même de la même classe, de la même table, du même dortoir, avec qui je n'ai pas échangé le bonjour, ou si rarement. Pourtant, j'étais des plus sociables.

Au reste, les premiers jours, je me souviens surtout de querelles entre nous. Je pense qu'elle avait souvent besoin de voir clair pour quelque ouvrage délicat, car elle venait à mon lit, sous la lampe, et je la trouvais assise à ma place quand je voulais me coucher. Il y faisait aussi un peu plus chaud, les rares soirs où Baal – le poêle – fut allumé. Mais c'était surtout un défi dérisoire entre nous, je pense. Car je nous revois toutes deux debout sur mon lit, les bras levés vers le globe – comment diable l'appelions-nous, celui-là ? – afin chacune de... cirer nos chaussures plus près du soleil. Une autre fois, nous nous battions à coups de livres de messe.

C'est que, à Brive, nous allions à la messe. Eh! que faire de mieux, le dimanche matin, que de s'habiller, et d'aller entendre la bonne parole à Saint-Martin – tout proche, sur la place mais c'était une bien rare, donc bien précieuse occasion de prendre l'air, voir une rue, quelques rares passants, se mêler dans l'église aux fidèles... Que faire d'autre?

Je me revois, un matin, alors que les autres étaient à s'attifer, à lire ou à bavarder dans les salles, les couloirs et sans doute au grenier, oui, j'étais descendue dans la cour et je marchais, entre les trois platanes. D'un côté le mur, le mur de grandes pierres taillées, du grès couleur de sable humide, ni clair ni foncé, haut comme une maison. Par-dessus, un mur d'habitation, aveugle, et le clocher d'où tombait une musique chaude, sereine, ronde, à grosses gouttes, clomb! clomb! que des pigeons venaient picorer à mes pieds, semblait-il. Des pigeons mauves, roses et blancs, tout irisés comme les flaques d'huile sur les routes de mon enfance, du côté de Surdoux. J'aurais voulu les caresser, mettre un baiser sur leurs yeux rouges, ourlés comme une boutonnière de fil blanc. J'avançai la main, frrt! L'oiseau, à deux pas, qui me narguait, rangeant ostensiblement, à petits coups, ses ailes dans ses plumes.

Allant de ce côté, ce n'était pas la peine de lever les yeux. Les petits galets par terre, mêlés de boutons perdus, de poussière, d'innommables brindilles, suffisaient au regard. A trois pas du mur, je tournais d'un bloc, et là, passé le coin du bâtiment, il fallait par-dessus l'autre mur contempler l'échappée de ciel aussi vaste qu'un lac de lumière, avec ces toits dessous, plus désolés qu'une ancienne carrière, d'où aurait émergé cette pointe de tour, double entre des tilleuls au feuillage rangé comme de la mousse dans un pot. C'était splendide et dérisoire. Je m'adonnai à cet exercice solitaire pendant quelques matins de beau soleil, sans doute à la fin du printemps. Et puis, peut-être que le temps changea, ou bien moi... J'oubliai.

Cependant, je l'ai dit, nous allions à la messe. Pour le plaisir, pour la sortie. Parce qu'on y allait toutes, ou presque. Ni Jacqueline, pourtant, ni mon amie Annick. Annick la réservée. Annick la sage. L'obéissante, la stricte. Annick en pantalon sous sa blouse noire et les pieds dans de jolis sabots de bois, fins et propres comme des objets d'art. Par quelle aberration, moi dont les pieds souffraient de chaussures si laides, lambeaux de chiffons mal fixés dont les clous arrachés me pénétraient la chair – par quelle vanité n'ai-je jamais porté de sabots en classe? Quand j'étais entrée à Saint-Léonard, la première fois mes parents m'avaient donné des galoches de cuir à semelle de bois comme celles que j'avais à Surdoux. Je les mis quelques jours, mais on riait de moi, aussi à cause de cela, et bientôt je portai mes souliers comme les autres, tous les jours. Ne souhaitaient-ils pas, mes parents, que je fusse comme les autres? Il était difficile, aujourd'hui, d'en revenir aux sabots de bois. Ni Jehanne la bonne lorraine, ni Anne de Bretagne, duchesse en sabots, dont nous serinions la complainte à longueur de temps, ne réussirent à ouvrir le verrou, sans doute rouillé, entre la notion, par exemple de pénurie et celle de remplacement provisoire, ou, en l'occurrence, entre celle de chaussure confortable et celle de sabots limousins. Car nous imaginions, par surcroît de précaution contre une effraction possible de notre inhibition, que les sabots d'Annick étaient bretons. Peut-être l'étaient-ils, bretons, donc étrangers, donc exotiques, donc admissibles....

J'allais en oublier la messe? Que non. J'avais récupéré mon missel, celui de la confirmation, et je m'exerçais à suivre ces textes, qui pour moi ne signifiaient d'abord pas grand-chose, mais dont peu à peu je m'efforçai de pénétrer le sens. Je dois dire que le sens m'en parut longtemps obscur, que j'en rejetai plus longtemps encore certaines expressions, que je finis par les oublier. Que certes tout cela n'éclata pas en moi du jour au lendemain comme un éblouissement. La *révélation* germait beaucoup plus insidieusement. S'il y eut une part raisonnable de l'habitude, pourquoi non? Si me revinrent à l'esprit quantité de choses apprises par cœur au temps du catéchisme, alors bien difficiles à comprendre autrement, je le suppose. Si remontèrent depuis l'enfance quelques élans de ferveur reniés depuis, sans doute. Et si, enfin, la conscience théâtrale de la cérémonie en dominait pour moi le déroulement jusque dans les moindres détails...

C'est une tentation dont je ne suis jamais parvenue à me débarrasser. Encore maintenant, peut-être plus qu'alors, tassée sur ma chaise je me sens actrice, et public en même temps. Je fais et je me regarde faire. Je prie et me vois prier. Et parfois cela me donne envie de rire, et d'autres fois me blesse, et presque jusqu'au désespoir. C'est alors que ma maladresse éclate comme une tare, à tous les yeux : mon sac tombe par terre, fatafloc! mes gants, mon mouchoir, le missel d'où s'échappe une volée de feuilles, de cartes, d'enveloppes vides... Un courant d'air subit m'arrache la feuille où je suivais le chant... Une épine me pique le fond de la gorge... ou bien, si je fais la lecture, quelque lapsus trivial se présente à mes yeux... Et alors je deviens public et je rigole de moi-même, furieusement.

Mais cela n'est pas très important. Petit chatouillis qu'un diablotin perfectionniste vous passe à la barbe de plume sur la plante fragile des pieds. L'important – ah! l'important... J'attendais depuis si longtemps, moi, du fond de la paresse, et du sommeil, et de l'engourdissement, et du jeu, et de toutes ces petites choses aléatoires de la médiocre quotidienneté – j'attendais... Je me suis figurée depuis que j'attendais beaucoup des *révélations* de la philosophie. A travers ces longs cours de français, en quatrième, on avait souvent soulevé un coin de voile sur la philosophie. N'avions-nous pas au programme, que ce fût d'histoire ou de français, les grands historiens du XIXe siècle? Plus que des historiens, ce sont des conteurs et des philosophes de l'histoire... Et il y avait aussi la philosophie des poètes, Leconte de Lisle... Et celle de la poésie. Et, comme Mme Parizet nous initiait au jargon de la peinture, Mlle Tauzin nous enseignait celui des philosophes. Je ne vécus rien de tel en première moderne, à Brive-la-Gaillarde bien nommée. Certes, j'appris à faire un devoir d'examen correct, je suppose, encore que ce ne fût pas systématique. Mais pour le reste, un mouvement de régression naturel me remit à ma place d'ignorante si notoire que j'étais même rarement inscrite au tableau d'honneur. Ma place, quoi. Je n'en aspirais que plus, sans doute, encore que dans un grand mutisme, à l'appel sans mesure de la philosophie.

Dans cette attente, je me confrontais, ou me conformais aux usages et commodités de la religion. Et sans doute n'était-ce pas indifférent, le contexte était favorable. Or, c'est à se taper le cul six fois par terre! N'ai-je pas lu, de mes yeux lu, sous la plume d'un auteur à la mode, qu'en cette année de grâce 1943, il pouvait être difficile de s'inscrire à l'École normale à Brive, pour cause d'éducation chrétienne et catholique?... Non, mais!

Et d'un, l'École normale n'était pas l'université. On ne s'y inscrivait pas, ni avec, ni sans baccalauréat, on passait le concours avant la limite d'âge, et on entrait en seconde. En 1943, l'année où je refusai de passer le concours, plus ou moins par crainte de rétrograder, une jeune fille que je connus l'année suivante avait voulu passer les deux, avait été reçue aussi bien au concours qu'au bac moderne : on n'osa pas la renvoyer en seconde, mais elle dut redoubler sa première. Je le sais : je l'ai vu.

De deux : quand nous entrions au collège, on demandait : l'enfant ira-t-elle à la messe ? C'était une autorisation parentale qui déchargeait l'administration en cas d'accident dans la rue. Aux futures normaliennes, on ne demandait rien qui concernât la religion catholique.

Mais même pour le bac, il fallait fournir la preuve qu'on n'était pas juif, son pedigree jusqu'à la troisième génération. Comment s'y prenaient les juives ?... Garçons et filles n'eurent pas de problèmes, à ma connaissance, et pas davantage Rywka, qui pourtant avait dû se cacher plusieurs semaines dans une cave, et fut des mois sans revenir en classe, jusqu'en juin. Quant à nos élèves-maîtresses, presque toutes fréquentaient l'église, croyantes ou non. Certaines étaient très pieuses, et même suivaient le cours, facultatif, d'instruction religieuse. Je ne sais ce qu'y enseignait l'abbé Brunie notre aumônier. Je le saluais quelquefois dans la cour, il inclinait la tête et me rendait mon sourire, mais je ne suis jamais allée l'entendre sinon lorsqu'il nous disait la messe à Saint-Libéral, la chapelle désaffectée qu'on avait rendue au culte, semblait-il, pour notre usage privé. Était-ce déjà cette année-là ?

L'année précédente nous avions dû faire établir nos cartes d'identité pour le concours. Étaient-elles déjà tenues pour périmées ? Il fallut recommencer. Je crois me souvenir que les photos furent prises aux environs de Noël. Les yeux gonflés, la bouche mi-ouverte, j'ai l'air malade, sur cette photo. Je devais l'être, j'avais mal à la tête et je souffrais terriblement du froid. Brive est pourtant bien moins froid que Saint-Léonard qui l'est moins que Germont. Je me revois ce jour que le premier banc, près du poêle rougi, avait été abandonné par ses occupantes, j'avais pris leur place, enveloppée dans ma cape grise, pelotonnée sur moi-même et grelottant. Le professeur de français demanda ce que je faisais là.

– J'ai froid, madame, répondis-je sottement.

Tout le monde rit, elle haussa les épaules et n'insista pas.

Ce devait être plus tard, mais quelques jours avant Noël. J'avais déjà passé un peu de temps à l'infirmerie. J'y étais allée, un soir, la tête en feu, parce que, dis-je à la ronde, c'était la composition d'allemand le lendemain. Et vrai, je devais être bien incapable de la faire, la composition d'allemand. Nous étions là plusieurs à cause d'une grippe. Il y avait des toutes grandes, et l'une s'appelait Suzanne Delamare, et une autre venait prendre des remèdes – elle refusa de se mettre au lit malgré la fièvre et le rhume – qui s'appelait Andrée Lugué. C'était – presque – des noms de grand comédien, de grande comédienne, mais je ne m'en souviendrais sans doute pas si celle qui s'appelait Suzanne n'avait justement passé le temps à nous parler théâtre, et cinéma, et n'avait raconté *Les Visiteurs du soir*, si fortement, et avec tant de détails, que je me suis toujours souvenue de son récit, bien mieux que du film que j'ai vu beaucoup plus tard. Vraiment, elle ne l'eût sans doute pas inventé, mais elle avait le pouvoir d'en recréer les images par la parole, si puissantes qu'elles se sont imprimées en moi et celles du film ne peuvent que s'y superposer, comme n'importe quelles images sur le souvenir d'un fait vécu.

Je ne me souviens pas d'être restée là longtemps. De toute manière, il y eut les vacances de Noël, et je les passai à la maison. Pendant tout ce premier trimestre, j'avais correspondu avec Robert – entendez que nous avions dû échanger trois lettres amicales où je lui parlais de ma vie au collège, et lui de la sienne au Chantier. Il était passé chef d'équipe, ou même de groupe, et il avait fêté ses galons à la maison, en compagnie de quelque autre. Mon père me racontait la même chose. J'avais dû, et n'eût-ce été que pour lui écrire, penser à ce jeune homme beaucoup plus depuis les vacances que du temps où je le rencontrais chez moi. Je le retrouvai avec joie, mais il ne vint guère, peut-être trop pris par ses nouvelles fonctions.

Moi, à cause du temps, ou de quelque nouveau rhume, je retardai ma rentrée de trois ou quatre jours. Alors n'eus-je pas l'idée, par désœuvrement, d'écrire à Robert? Nous avions parlé de lui, en famille – quand il était venu, ce qu'il avait dit... que sais-je? Et de la même façon, ma lettre reprenait : nous avons dit... ma mère a dit... En fait, je ne me suis jamais rappelé le contenu de cette lettre; je sais que je l'ai écrite, envoyée... Mais ensuite je rentrai, et je l'avais tout à fait oubliée quand je fus appelée au bureau, un soir de janvier glacial et noir. La directrice me tendit une vilaine petite enveloppe kraft, avec un petit feuillet rayé dedans – j'ai compris depuis que c'est l'uniforme de toutes les lettres de rupture. Rupture de quoi? Je lus avec effarement. Qu'est-ce que ça voulait dire? Me serais-je jetée à la tête de ce garçon? J'avais beau ne pas me rappeler ce que j'avais pu lui écrire, ce n'était pas possible. Avait-il pris ses désirs pour des réalités? Ou s'il était cinglé? Me vint à l'idée qu'il avait voulu frapper un grand coup pour avoir une réponse... Mais à quelle question?... J'écartai cette pensée théâtrale pour m'en tenir à la lettre... Et pourquoi m'insultait-il? Et pouvait-il ignorer le mauvais quart d'heure que je passais en ce moment même? Non, il ne l'ignorait pas. Il savait que les lettres que nous recevions étaient ouvertes, que celles que nous envoyions n'étaient pas cachetées, que n'importe laquelle pouvait être lue, que la sienne ne passerait pas inaperçue et ne serait pas sans effet. Certes, ses raisons me restaient obscures, mais son but était clair : me faire renvoyer du collège comme une moins que rien. La directrice voulut me faire reproche d'avoir envoyé clandestinement une lettre de l'école, mais je lui affirmai que non, qu'à la date qu'il indiquait lui-même, j'étais chez mes parents, d'où je l'avais écrite et envoyée, et que si d'autre part je lui avais bien écrit du collège, c'était par la voie normale du bureau, et pas autrement, comme à quelqu'un que je tenais pour un camarade, et rien d'autre. Mais la directrice s'indignait :

– C'est un camarade qui vous écrit ça?

J'étais bien obligée de reconnaître que ce n'était pas les propos d'un camarade. Qu'est-ce que j'y pouvais? Elle finit par conclure qu'elle enverrait la lettre à mes parents. Je lui dis qu'elle pouvait bien le faire, qu'ils se débrouilleraient avec lui. Oui : qu'est-ce que j'y pouvais? Je haussai les épaules, bras écartés. Puis je m'en fus pleurer tout mon saoul dans un coin.

Oui, je pleurai, non pas sur la plus petite ombre de l'amour, mais sur la duplicité de la gent masculine, sur ma bêtise et ma naïveté. Je n'en avais pas fini pour autant, ni avec les unes, ni avec l'autre.

A cette lettre, naturellement, je ne répondis pas. Non plus qu'à la gentille carte reçue deux ou trois mois plus tard alors qu'il devait partir pour l'Allemagne, happé par le STO. Lorsqu'il revint, le *goy*, vingt-sept ans après, me demander en mariage, il me dit qu'il avait attendu la réponse. Vrai! il ne doutait de rien, celui-là. Je finis quand même par la lui donner, cette réponse, qui était non. Qui n'aurait jamais été que non, sans doute, même s'il ne s'était pas comporté comme un goujat. Non? Hé!... peut-être pas, avec un peu de temps et de patience, est-ce qu'on sait?... Par chance, ce fut ainsi.

Mes parents s'étonnèrent comme moi de ce courrier insolent autant qu'insolite. Le garçon ne revint pas et ils ne cherchèrent pas à le voir. Je ne pense pas qu'ils en aient rien dit à ses chefs, tout indignés qu'ils fussent. Ils continuèrent à recevoir et à nourrir tous ceux qui venaient chez nous. Et il y en eut de beaux, d'intelligents, d'aimables, de charmants. Mais lorsque je correspondis avec l'un ou l'autre, je faisais attention à ce que j'écrivais. Il n'y en eut guère, d'ailleurs. Je continuai toutefois à en rencontrer quelques-uns au hasard des vacances.

Je me rappelle un certain Salamon, qui dut venir jusqu'en été. Je crois que sa mère était aussi passée chez nous, à la quête de ravitaillement. Ce qui m'en reste de plus clair, c'est que nous chantions *La Romance de Paris* ensemble. Et aussi qu'il était de Perpignan, là où l'on a la « tête » (Têt) sous les pieds. Et encore qu'il salait de nouveau les aliments. Pourtant, ma mère n'avait pas la main légère, pour le sel! Mais n'est-ce pas lui qui se trouvait à table avec d'autres, dans la maison, cependant que ma mère faisait cuire l'omelette, quand tout à coup, dans la cour, des chevaux... Les chefs!... Ce fut une autre cavalcade, d'une chambre à l'autre, et par la fenêtre, et par l'autre fenêtre, jusqu'à la salle à manger... Cette maison-ci n'avait pas été prévue, comme la précédente, avec deux portes opposées, mais les fenêtres basses pouvaient en faire office.

Une autre fois, ils avaient participé à une « fête » à Chamberet, et il en arriva quatre ou cinq, à moitié démaquillés, qui avaient essayé de se laver dans la fontaine. C'était des rires... Ils racontaient qu'ils avaient joué dans une pièce, et d'autres avaient mimé :

Hali, Halo, et vive le chameau,
Voyez comme il trotte !...

Moi aussi, je connaissais la chanson. J'imaginais ces représentations auxquelles je n'avais jamais eu l'occasion d'assister.

Et ceux qui, une autre fois – mais qui? en quelle année? – s'étaient tant attardés qu'ils durent repartir en pleine nuit noire! Ils n'étaient encore jamais venus, sauf un qui prétendit pouvoir reconnaître le chemin. Alors ils sortirent leurs mouchoirs blancs, lui en mirent un à la ceinture par-derrière, puis au second, et ainsi de suite à la file, pour ne pas se perdre... C'est au pré de la Gane que celui qui croyait savoir se trompa, et suivit le chemin des vaches jusque dans le pré, jusque dans les marécages où ils s'embourbèrent, heureux d'avoir évité la pêcherie borgne, pleine d'herbes et de vase qui n'était qu'à quelques pas.

Il y avait aussi celui que ses copains, occupés à démarier les betteraves dans un champ près de l'allée, avaient envoyé au ravitaillement. Il était arrivé chez nous, où on lui avait donné du pain et vendu un fromage. Et il s'en revenait d'un bon pas, tout joyeux, les godillots sonnant sur les pierres, sans aucune précaution. Les chefs, qui promenaient les chevaux par là, n'eurent qu'à l'attendre pour le cueillir avec son butin. Pareille aventure – mais n'était-ce pas déjà lui ? – advint à un gentil garçon, qui portait un bien joli nom, Mareschal de Luciane. Il fut tondu au pied du drapeau, pour une telle incartade. Il avait pris très à cœur cette brimade, qui lui avait été infligée, à mon sens, par manière de plaisanterie. C'est que ses camarades en parlaient, du petit Mareschal! Il était trop poli, trop gentil, trop naïf, et cette dévotion qu'il avait pour sa mère!... Je le vis une fois à la maison. Je ne me rappelle pas quel malheur déplorable lui était arrivé avec ses vêtements, ma mère avait dû laver sa veste. Elle lui rendit ainsi de menus services. Il avait toujours besoin d'une mère auprès de lui.

Et les autres, qui ne le disaient pas, n'en pensaient pas

moins, la plupart. Ma mère, elle – ma mère avait de la maternité à revendre. Elle n'eut jamais meilleure occasion de la distribuer, gratuitement, qu'en ces temps de misère. Elle s'y épanouissait pleinement.

Ce fut pendant les vacances de Pâques. Peut-être en étais-je à la convalescence de ma jaunisse, mais c'était dans le temps de Pâques. Il se faisait alors dans les campagnes, un peu partout, un peu n'importe où, des bals clandestins où s'assemblait la jeunesse. La guerre... Elle durait, la guerre! On avait gémi, pleuré, pansé plus d'une plaie légère ou incurable... Cela n'empêchait pas le temps de passer, ni la jeunesse de mûrir. Et d'aucuns la voyaient s'envoler en fumée sans en avoir goûté l'espoir ni le plaisir. Nous, les filles, on avait déambulé sur la route du Pissechien, et sur d'autres routes. Aurait suffi du moindre accordéon, et de quelque garçon, c'eût été le bal. Ce fut le bal. Dans quelque cuisine accueillante, un hangar, une grange... Le maquis dont on ne savait pas encore grand-chose, mais le nom commençait à se dire, secrètement, le maquis favorisait et protégeait ces rencontres, où pouvait se faire une sorte de recrutement.

Lui eussé-je dit que je voulais aller au bal, ma mère ne l'eût pas permis, moins encore ce genre de bal. Mais sans doute en était-elle curieuse, et peut-être voulait-elle aussi que j'en fusse témoin, elle décida que nous irions au bal. Oh! ce n'était pas loin. Et puis, si ça ne nous intéressait pas, on pourrait toujours continuer jusqu'au Boisme, ou jusqu'aux Flénours... C'était à la Veyssée. Un bal à la Veyssée, comme du temps de ma grand-mère?... Quoique sans trop d'enthousiasme, j'approuvai. Je me fis belle – je n'avais pas grand choix, je dus prendre mes plus beaux habits. Ma mère se pomponna... Après un quart d'heure de promenade, via le Pissechien, des flonflons déjà plein la tête, nous voilà en place, dans la buge sur l'herbe rase où l'on pouvait s'asseoir, juste en face du port¬il de la grange, grand ouvert. On n'apercevait qu'à peine l'accordéoniste, au fond de l'aire, mais on avait une vue parfaite sur les couples qui tournaient, comme dans n'importe quel autre bal...

Cependant, comme le temps passait, des brindilles de paille arrachées au gerbier, à force, tombaient sur le plancher, que les pieds battaient et rebattaient, et bientôt chaque couple se trouva entouré d'un cercle de paille comme d'un cercle d'or, si bien qu'on aurait pu croire que la danse ne pourrait pas s'arrêter, ni les couples se défaire, ni les partenaires changer... La danse finissait, pourtant, venait un autre air, et les couples se reformaient, tout autres peut-être, et ça repartait... Mais au bout d'un moment il y avait autour de chacun ce cercle fragile, ce lien de blé, qu'on aurait pu croire éternel...

Pendant que nous étions là, des incidents retinrent notre attention. Il y avait ce chapeau, que les jeunes se passaient de l'un à l'autre, en le jetant à bout de bras comme un ballon, tandis qu'un autre garçon, la bouche rouge ouverte et les yeux hors de lui cherchait à le rattraper, désespérément... Ce chapeau, on eut vite compris que c'était celui de René, le tout-simple, dont les garnements s'étaient emparés. Mais d'où tenait-il ce chapeau, le René? Je ne me rappelle pas très bien, si c'était un feutre, ou un canotier; ce qui m'est resté, c'est l'image du ruban, un large ruban gris – mais gris de toutes sortes de gris, foncés ou clairs, comme un arc-en-ciel.

Et puis il y eut la Dédé, toute jeune, alors, toute belle, une enfant, venue si tôt danser que sa mère avait dû lui apporter le déjeuner, en plein après-midi, à bicyclette... C'est mon cousin Amédée, bien plus tard, qui me dit qu'elle s'était installée, pour le manger, sur le perron de la maison voisine. Eh! Elle habitait bien à deux kilomètres... Elle en aurait perdu, de la danse, si elle avait dû rentrer pour déjeuner! L'Amédée, pourtant, ce jour-là, nous ne le vîmes pas. Et je ne lui ai pas demandé s'il faisait partie des danseurs, ou d'un discret service d'ordre. Ou des deux...

Mais le plus beau, c'est quand nous vîmes une fille, au reste une jolie fille, qui se dégageait de la danse, sortait – un coup d'œil à droite, un regard à gauche – et tout soudain se glissait pour pisser derrière un panneau du portail, qu'on avait vaguement rabattu à l'extérieur, là, tout près de la porte... J'ai entendu dire depuis qu'elle avait fini par avoir la tête un peu dérangée... Les buissons discrets ne manquaient pas alentour, n'eût-ce été que le chemin creux, bordé de buis plus épais qu'un mur...

Au bout d'un temps où rien de nouveau ne survenait, le

soleil baissant nous reprîmes le chemin de la maison. Qui venait là, dans la lumière éclatante? Qui venait vers nous? Un très beau jeune homme, mince, droit, avec un merveilleux sourire. Je ne le connaissais pas, ma mère, si. Il était passé à la maison, on lui avait dit où nous étions, et il était venu nous chercher, plein d'inquiétude. Ce qu'il savait de ces bals, lui, n'avait rien à voir avec ce que nous en pensions. C'est du moins ce que je crus comprendre. Je n'ai jamais su son nom, je ne l'ai pas revu. Il venait de Montpellier, ce me semble.

AINSI donc, j'avais eu la jaunisse. Depuis avant Noël, très souvent j'étais fatiguée, j'avais mal à la tête. Je ne me sentais pas bien. Quelques rhumes n'avaient rien arrangé, et il y avait cette sensation de froid qui persistait en moi, qui s'insinuait me semblait-il jusqu'à l'intérieur du ventre, jusqu'au milieu des os. Un soir, enfin, toujours grelottant et lourde... lourde de fatigue autant que de vagues nausées, un soir, je décidai de me présenter à l'infirmerie. Je ne me voyais guère plus malade que les quatre ou cinq jours précédents... que les semaines précédentes. A ma surprise, l'infirmerie était déjà bien occupée et ne tarda pas à déborder. J'avais de la fièvre, on me garda, et mes parents furent prévenus. Couchée maintenant dans cette tiédeur relative, je somnolais, déchargée au moins des soucis de la classe... A la vérité, ces derniers temps, je travaillais en état de somnambulisme, rien ne restait dans ma tête, sauf le souci et l'inquiétude d'être présente au cours, de noircir quelque page à l'étude. Plus tard, je fus très étonnée d'avoir pris des notes sur les Burgraves, et que le professeur nous eût parlé de Victor Hugo : je l'avais complètement oublié. L'avais-je entendu ?

Pour l'instant, ce qui m'était insupportable, c'était une gamine, une petite qui ne se sentait pas bien sans doute, mais était-elle vraiment malade ? Son jeu préféré était de passer sous les lits, de les soulever en les secouant de toutes ses forces... Je l'aurais tuée – c'était moi cependant, à chaque secousse, qui croyais mourir. Je ne mourus pas. Mes parents vinrent. Le médecin aussi, qui me regarda dans tous les sens, murmura à part soi, parla de grippe, vaguement. Mes parents étaient venus en voiture – avec qui ?... Une fois de plus, enveloppée de couvertures, je retournai vers la maison. En passant à Uzerche, on s'arrêta, juste devant l'horloger-bijoutier qui nous avait vendu la pendule de salon. Je ne voulais pas descendre, et ne me rappelle pas qu'on me l'ait proposé. Ma mère m'apporta à choisir un vase de porcelaine. Je ne me rappelle pas si elle prit celui que je préférais. Et elle m'acheta aussi une bague d'argent avec une aigue-marine. Si bien que c'est sans doute à cette maladie que nous dûmes d'avoir un Tharaud bleu, et moi une bague, un bijou à moi, qui ne fût pas une cochonnerie.

Cela ne me guérit pas pour autant. J'étais vraiment malade. Seulement pâle au départ de Brive, ma peau prenait peu à peu des nuances jaunes, aux tempes, aux lèvres, le dessus des mains et le blanc des yeux... Le médecin vint – Mme Morange, sans doute – parla de jaunisse; que si grippe il y avait, c'était la fameuse grippe asiatique dont on nous parlait depuis un moment – une hépatite contagieuse, quoi. Je fus mise à la diète, ce qui ne me gênait pas car je n'avais pas faim. Je dus avaler des petits cachets de calomel, roses comme des bonbons, et pour apaiser cette fièvre terrible qui maintenant me dévorait vivante, j'eus droit à une vessie de glace, que mon père allait chercher à Chamberet, chez le boucher, chaque jour, avec la bicyclette. Cette glace qui allait de mon front à mon ventre, et me calmait si peu... Un peu, tout de même, sinon, comment ma tête n'eût-elle pas éclaté, même en rêvant de ces petits filets d'eau claire, plus blanche que neige, entre les rochers, là-bas, sur le village de Noblat...

Des jours passèrent... Enfin je restai là, tranquille, sans force, j'aurais pu me croire collée au lit, mais sans douleurs ni fièvre, et je finis par me lever, manger, marcher, vivre... Et même je rentrai. C'est le vendredi que l'on pouvait voir combien la maladie avait fait de victimes au collège. En effet, ce jour-là nous avions de l'omelette aux pommes de terre. Celles qui avaient eu la jaunisse n'avaient pas d'œufs : on leur distribuait des pommes de terre à l'eau, dans leur robe champêtre. Je pus voir qu'on en distribuait beaucoup. Des œufs en moins : il n'y a pas de petites économies.

Ce qui excitait notre colère, pourtant, ce n'était pas cela. C'est que les œufs, justement, étaient gardés dans une petite pièce, entre la salle de récréation et la salle d'eau où nous nous lavions les pieds au retour de promenade. Cette salle d'eau était dégueulasse, avec ses cuvettes percées, un vague tas de pommes de terre ou de châtaignes dans un coin, un de bûches dans l'autre... nous n'étions pas vraiment obligées d'y venir. Les œufs, en revanche, ils étaient bien obligés de rester là, dans une grande caisse, en face de la fenêtre où le soleil, en plein midi, tapait de toutes ses forces. Que s'ils n'étaient pas cuits d'avance ou bien couvés, les œufs, c'était un vrai miracle!

Je pourrais en parler de la nourriture! Oui, je pourrais en parler. Il faut le redire, c'est vrai que c'était les restrictions, c'est vrai que rien n'était facile. Pourtant, ne venait-il pas de carottes dans les champs? De vraies carottes rouges, fichtre! On en avait le dimanche, parce que ce jour-là la plupart des filles rentraient chez elles, par le train, à vélo ou peut-être à pied. Le reste du temps, on aurait pu dire comme de la tabatière de M. le curé, celle qui est ronde les jours de semaine et carrée le dimanche: *chez nous, les carottes sont jaunes les jours de semaine, et rouges le dimanche.*

Le dimanche, avec une petite cuillère et un peu de chance, on pouvait attraper quelque petit pois égaré entre les carottes. Les autres jours, elles étaient mélangées à la purée de pommes de terre. Et encore était-ce un des plats les moins écœurants. Je pense à ces pommes de terre *boulangère*, qui nageaient dans l'eau avec des oignons presque crus, et ce n'aurait été rien si elles n'avaient été malades, tavelées de grandes incrustations de pourriture noire ou marbrées de filaments rouges aussi durs que du bois. Et parlerai-je de la soupe de *légumes*, où l'on avait dû laver les pommes de terre avant de faire chauffer cette eau blanchâtre, à peine salée, où rien n'avait cuit. Et des châtaignes! Les châtaignes, en début de saison, on nous en donnait cinq ou six, dessert de luxe, elles étaient bonnes. Mais, dès que la saison s'avançait, toutes ces châtaignes entassées se mettaient à pourrir, ça allait très vite. D'une ou deux qu'on devait jeter d'abord, voilà qu'il n'en restait plus qu'une ou deux de bonnes. Et alors on nous les distribuait à grands plats, mais elles étaient toutes pourries, et on continuait tout de même à les faire cuire, à nous présenter ces plats tout pleins de pourriture puante, que les serveuses remportaient en rouspétant, que les surveillantes auraient voulu nous voir goûter une à une, comme elles prétendaient nous obliger à avaler cette eau sale qu'elles appelaient soupe, peut-être même *potage* – mais que mangeaient-elles, les surveillantes ?...

Ce fut l'année suivante, que nous fîmes grève, une fois de plus que la soupe n'était pas cuite. Et ce furent les petites, les plus jeunes, qui commencèrent, parce que la pionne, justement, voulait obliger l'une d'elles à la manger. On nous resservit le même ordinaire deux ou trois jours, mais personne ne céda. Et la preuve que, si l'on ne pouvait faire bien, on pouvait faire moins mal, c'est qu'ensuite les repas furent cuits. Pas bons, mais cuits.

Ce que je dis ici de la nourriture vaut pour les deux ans que je restai là. Il n'y eut pas d'amélioration, et ce ne pouvait guère être pire. Je ne parle d'ailleurs que des légumes pour lesquels il semblerait qu'on aurait pu trouver des solutions. La qualité du pain n'était peut-être pas facile à augmenter, ni la quantité. Et il en était de même pour la viande, réduite à sa plus simple expression. Nous ne demandions pas l'impossible.

Une chose, pourtant, me paraît significative, ô combien, des mœurs pratiquées là. Une fois, il advint que nous, les J2, et les J3, nous avions droit à un supplément de 450 grammes de sucre. Un supplément, quelque chose donc qui n'entrait pas dans la ration ordinaire. Comme nous étions sûres que nous n'en verrions pas la couleur, nous demandâmes que ce sucre nous fût remis, à chacune ses 450 grammes, afin que nous pussions nous-mêmes sucrer notre petit déjeuner. Ce fut un beau scandale ! Mais là aussi, nous tînmes bon. Et on nous le distribua. Et on nous le fit payer.

Je n'insisterai pas davantage sur cette nourriture qui n'était ni bonne, ni abondante, ni... Par chance, les mères préparaient avec amour, pour celles qui rentraient chez elles en fin de semaine, de lourdes valises de victuailles, et pour celles qui n'avaient pas cette chance, d'innombrables colis, sous un invraisemblable treillis de ficelles en papier.

La ficelle en papier fut, avec les ersatz de sucre, de café, et les autres, une production importante de ces temps troublés. Encore fallait-il l'inventer.

Ma mère ne manquait pas à ces envois hebdomadaires. On y trouvait de tout. Des confitures, du beurre, des œufs durs, du jambon fumé, du pâté de porc, une sorte de cake aux fruits confits que ma mère réussissait à merveille, et que, une fois la guerre terminée, elle n'arriva jamais plus à réaliser – jamais aussi bien. Il faut dire que, pour les fruits confits, mes parents avaient retrouvé la méthode ancestrale : les poires, bien lavées et essuyées, étaient mises dans le four, après qu'on avait enlevé le pain, et restaient là plusieurs jours, jusqu'à la dessication parfaite qui les laissait sèches, mais tendres, et savoureuses comme si on les avait sucrées. Il n'en était pas de ces cakes comme des biscuits de Saint-Léonard. Je ne les distribuais pas à tort et à travers, et s'il m'arrivait de faire des échanges, avec Jeannette ou avec Sabine, ce n'était pas sans contrepartie. Or l'une avait, je me souviens, un excellent pâté de garenne, l'autre une gelée de groseilles tout à fait exceptionnelle.

Je nous revois, Sabine et moi, au retour d'une promenade... Nous avions tiré des boîtes à provisions au milieu de la salle, et nous étions assises dessus, de part et d'autre de celle qui portait le pot de gelée, d'un rose si délicat que, rien qu'à le voir, on le sentait fondre derrière ses dents. Chacune armée d'une petite cuillère, à toi, à moi, nous plongions dans le pot... que nous avions décidé de mettre à sec. Une chance : ou par raison, ou par saturation, nous nous arrêtâmes vers le milieu. C'était un grand pot.

Dans nos colis, parfois, il y avait aussi du pain. Ce pain nous manquait plus, peut-être, que tout le reste. Au goûter, on nous en donnait une tranche normale, à peu près mangeable. Ce pain était noir, mais frais, et sans trop de dégoût. A midi, le matin et le soir, c'était le bout d'un gros pain, dur, plutôt blanc, qu'il était impossible de classer entre le seigle, l'orge et le blé. Pour y tailler seize ou dix-sept tranches, ce n'était pas facile. La mieux servie était celle qui recevait le croustet, tellement dur qu'on n'y pouvait plus rien couper. Aussi certaines rapportaient-elles de la maison la moitié d'une tourte. Je ne me souviens pas moi-même d'en avoir eu souvent, ni beaucoup à la fois. Mais c'est qu'aussi j'avais un autre mode de ravitaillement.

En effet, les chefs du Chantier avaient souvent à faire du côté de Brive. Ils y amenaient divers légumes, entre autres, et en ramenaient des oignons. Il n'y avait sûrement pas que cela... Quand ils devaient venir et le savaient assez tôt, ils le disaient à mes parents qui préparaient le paquet, et ils me l'apportaient le jour même. Bonheur de ces châtaignes encore chaudes, fumantes! Et de tant d'autres douceurs... Coup au cœur d'être appelée au parloir, de voir là-bas une silhouette connue, dans son uniforme, où pendait quelque insigne de pouvoir, et une autre inconnue, tout intimidée, entortillée de travers dans la même verdure – ou presque. Amusement de voir les yeux de l'un comme de l'autre jouer entre les groupes de jeunes filles, le passage des externes, l'alignement des internes pour le réfectoire... tant de jeunesse fraîche, vivante, neuve, rien que pour ces deux paires d'yeux, qui n'en perdaient pas la moindre bouchée... Tu parles, ils n'auraient pas raté le spectacle, les drôles! Et moi, j'avais une visite, des nouvelles fraîches de la famille, des victuailles. De quoi tenir le coup encore longtemps... Tout le monde y trouvait son compte.

JE vais... Je vais... Je me laisse emporter n'importe où par la petite chaîne des souvenirs futiles, cependant que celle du déroulement des grands événements, et des moments forts se fond en traînées obscures... Ni date, ni jour qui les grave en aucun granit de mémoire où je puisse les consulter. Ainsi, je crois bien que c'était en novembre... Est-ce possible? N'y avait-il pas deux mois que je vivais là? Qu'est-ce que je pouvais faire, à cette fenêtre d'étage, où n'était pas ma classe, ni mon étude, ni mon dortoir?...

Passèrent des avions. Je regardais par la fenêtre, et j'avais le vertige, comme si la fenêtre allait s'effondrer, le mur céder, la cour monter vers moi d'une vitesse inévitable... Pourtant je regardais, les avions passèrent de nouveau, avec leur croix carrée sous l'aile et leur gros ventre de poisson mort, si bas qu'en tendant le bras on aurait cru pouvoir les prendre... On tendait le bras. De leur ventre sortait comme un sac, une poche livide qui explosait d'un coup, avec un petit pet de fumée, et voilà qu'il tombait, volant au hasard n'importe où, des morceaux de papier déchirés, comme un journal en pièces. On tendait la main, on tendait le bras. On criait de terreur ou de joie, d'excitation certaine. Les feuillets passèrent au ras de la fenêtre, un souffle les emporta plus loin. Qu'était-ce donc que cela? Et qu'est-ce que cela voulait dire? Je descendis, récupérai quelque brindille où je ne pus rien lire – des mots qui n'avaient ni sens, ni suite. Deux ou trois grandes pourtant en avaient ramassé. J'allais vers elles :

– Alors?

Je ne prononçai même pas le mot, tant elles détournaient un visage tragique. Et personne ne disait quoi. Et je ne me souviens pas de l'avoir compris, ni de l'avoir accepté; je crois que je ne le crus pas, ou bien je l'avais oublié aussitôt.

En tout cas je ne fis aucun rapprochement entre ces papiers-là et le vacarme tout à coup, qui retentit jusque dans cette classe, où nous avions étude.

Il était nuit, et le silence. Et tout à coup, la foule hurlait. D'un cri, haut et bas, homme et femme à la fois, un cri dont pas un mot ne se pouvait comprendre. Mais ça bougeait, autour de nous, comme une eau qui aurait passé dans le boyau des rues, autour de nous, en clapotant contre les murs qu'on sentait peu solides. Et nous, nous restions là, muettes, bouche bée. On entendait ce cri. Cette colère. Cette détresse. Cette révolte. Ce malheur. Ça nous parut tomber d'un coup, comme un sanglot. Et s'il y eut une autre vague encore plus proche, à nous toucher, comme si quelque part, quelqu'un avait ouvert une fenêtre, cela ne dura pas. Juste assez pour qu'on sût, et qu'on sentît passer le souffle de l'émeute – le sang qui s'arrête, et tout à coup déborde, l'angoisse balayée au vent de l'épouvante – la foule qui cède, et les derniers en fuite, lorsque dans la rue vide sonne tout seul le bruit précipité d'un pas.

Puis le silence. Et puis ce petit bruit de guêpes, ou de fourmis, acide, aigu, qui s'ensuivit. Et enfin ce qu'on sut – qu'on n'avait plus de zone libre, pour illusoire que fût le terme, et si peu qu'il nous concernât, chacune, qui de toute façon n'en sortirions pas, libres après tout entre nos murs, ni plus, ni moins. Ça ne ferait pour nous aucune différence.

La différence – pourtant, la différence, elle était dans la tête, elle était dans le cœur, d'un poids qui s'ajoutait au poids que nous portions déjà, depuis si longtemps qu'on ne le sentait presque pas, comme une habitude. Au matin, il y eut des récits de la fête. Et comment ce motard, à quelque carrefour s'arrêta demander sa route. Une femme était là qui le couvrit d'injures, et se précipitant à coups de parapluie vous le fit déguerpir et vous le poursuivit... C'était en fin d'après-midi; mais le gros de la troupe suivait, et quand ils arrivèrent, voilà ce que nous avions entendu, les cris hostiles de la foule et le bruit de l'attroupement... Nous étions fières, au demeurant, si fières du comportement de notre ville. Et qu'elle fût capable, encore capable de dire non, même d'un cri impuissant, et d'un élan qu'il fallait taire, oui, c'était – c'était plus que du miel qu'on verse sur la plaie – c'était bien plus profond. Cette germination violente et prématurée obscurément disait qu'une semence était là, vivante, qu'il lui faudrait le temps, la patience, la prudence – qu'elle était là.

En manière de représailles, la ville fut privée de pain, pendant quelques jours, et, pour un mois, de viande. De tout un temps, nous ne vîmes donc plus dans nos assiettes gésir cette bribe rosâtre large de trois doigts, pas plus épaisse qu'une languette de jambon, qu'on disait être du rôti. Or, de cette privation nouvelle, nous portions l'orgueil comme d'une victoire.

Mais, selon toute apparence, la vie suivait son même cours : la classe, l'étude, la promenade. Et la récréation dans la cour poussiéreuse et nue, avec le ciel dessus qui se vidait en vous quand on levait la tête, d'un éclat de verre, d'un éternuement.

Les promenades... On traversait la ville, en rangs par quatre. Une, deux, non point que l'on nous fît marquer le pas, mais ça se fait tout seul, au bout d'un moment, difficile serait de suivre un rythme personnel, ou même à contre-pied.

Par la place Thiers, on arrivait à un endroit où la route tranchait la colline, en falaises droites qui suintaient, semblait-il, en toute saison. Là, nous prenait une sorte de découragement, on voulait revenir, on n'irait pas plus loin. C'était je crois la promenade la plus triste, où l'on traînait le plus les pieds, bien que personne n'aurait su dire pourquoi. Souvent, beaucoup plus souvent, nous traversions la Corrèze. Passé le pont Cardinal, on prenait la route d'Objat. Sur les coteaux, il y avait des vignes, et de l'autre côté les peupliers, qui pleuvaient de lumière exquise, miroitante et légère, et de feuilles parfois, claires, brillantes et lisses, qui semblaient mûres et non pas mortes, comme des fruits.

D'autres fois, on traversait la Guierle, par-dessous les beaux arbres on suivait le canal, tout couvert de fleurs blanches, du moins est-ce ainsi que je m'en souviens. Puis du haut de la passerelle on regardait les berges, en bas, de la Corrèze, toutes bordées d'arbustes, eût-on dit, de jardins paisibles qu'un saule pleureur dont les branches semblaient toucher l'eau suffisait à parer d'une aura de mystère tout orientale – ô rivages du Nil, vos jardins sous l'ombrage étaient-ils plus frais? Mais on allait plus loin, sur la route plate de Malemort. D'un côté le coteau, pas plus haut qu'un talus, tout buissonneux d'épines, et de l'autre l'à-plat des maisons qui cachaient la rivière.

D'où venait-elle, un jour, cette si pure voix, sonore et limpide, eût-on cru, qui tombait des taillis :

Rossignolet charmant, rossignolet sauvage...

Est-ce par cette route? On montait quelquefois sur le causse, de ce côté. Il y avait un chêne vert, feuillage immense et rêche, doux à toucher comme une feuille de houx qui n'aurait pas d'épines.

Je voudrais bien m'en souvenir, mais je n'ai jamais su, en réalité, par quel biais on sortait de la ville, souvent. Tant qu'on était en rang, que pouvait-on voir, sinon des maisons, le bas des maisons comme des bas de jupes chaussées de trottoirs, et le dos devant moi de la camarade – une, deux – que je suivais au pas comme un canard ses congénères? Et puis, on était sorties. C'était la campagne déjà, des champs ou des prés pacagés, des enclos dans leurs arbres... Où étions-nous? Et comment s'appelaient ces villages? Comment étions-nous venues?...

L'une pourtant me reste, tout particulièrement, un chemin étroit au sortir de la ville, tout bordé de prunelle et de noisetier. Un ruisseau le traversait qu'on passait en sautant pardessus. Plus haut, c'était des bosquets en buissons d'épines. Un bois des amoureux. Parfois nous restions là, égaillées sous l'ombrage, dans un entrelacs de sentiers minuscules. Au-dessous, à pic, filait un ruisselet dans un goulet de pierres noires, gluantes, avec quelques belles touffes de scolopendre, et au-delà de beaux prés irrigués. De vieilles femmes y cueillaient des paniers de fleurs – des coucous, disait l'une, des orchis en réalité.

Peut-être était-ce – mais était-ce par là qu'on arrivait au village de Fadat? Plus haut, le paysage devenait sec, avec debout sur des pentes craquantes de mousse et d'aiguilles, des pins de montagne où les processionnaires faisaient leurs nids de soie brillante. Plus loin – ou ailleurs – était le village, dans ses cerisiers mûrs. Migoule-Fadat, on aimait bien aller par là, c'était clair, c'était chaud. Mais les premiers cerisiers mûrs, on les voyait plus bas, au bord de la rue, entre la passerelle et le pont.

Je nous revois sur une route en forte pente, où de jeunes garçons faisaient de la luge, en toute saison. Leur luge, avec quatre roulettes qu'ils dirigaient d'une cordelette, c'était une plateforme sans plus où ils étaient assis, ou bien accroupis, et moi, ça me faisait penser à la bagnole de mon enfance, il n'y avait pas si longtemps. Je nous revois là, mais comment y étions-nous venues, et où allait la route?... Je nous revois aussi à Saint-Antoine, devant l'entrée du parc. Pourtant je ne crois pas y être entrée cette année-là. Et derrière la gare, et sur la passerelle de la gare, mais aussi dans la rue au-dessous d'un pont. Ou encore à la Cible, un endroit dénudé.

Et puis, sur les hauteurs qui dominent la ville, entre les beaux jardins des charmantes villas. L'une disparaissait derrière les camélias, et l'autre dans les branches d'un saule pleureur à ramures jaunes comme de l'osier fin. Mais surtout de là-haut on voyait la ville, éclatante de brume légère, et la Guierle enfumée de lumière, comme une ville de soie, ou de cristal, qu'on aurait peinte là, qu'on aurait inventée. C'était beau à vous y noyer.

C'était beau! Et pourtant je savais de plus beaux paysages, même s'ils n'existaient pas.

Sans le vouloir, ni le savoir sans doute, j'avais choisi en classe la place qui me convenait le mieux, de plus d'une façon. Que si j'en avais craint le courant d'air, je n'eus jamais à en souffrir, tandis qu'au contraire m'en venait un éclairement qui manquait à la plupart des places, obligeant que l'on eût les lampes allumées en plein jour. De plus, à portée de ma main, je pouvais dans l'embrasure à plein mur poser aussi bien mes livres que ma serviette, et sur le banc ne m'encombrer de rien. Mais surtout, surtout il y avait la vitre.

Or c'était une vitre nue, naturellement, un carreau ordinaire. En plein jour on n'y voyait rien, sinon la cour toujours pleine d'ombre, et l'arbre, un vieux platane blanc qui est encore là, par miracle. Bien sûr, il était blanc par places, il changeait de peau comme les platanes, géologiquement. Il était couleur d'arbre – de pierre – de serpent. Il portait son pelage d'arbre, généreusement. Il n'avait rien d'extraordinaire, même l'hiver lorsqu'il balançait comme d'un fil ses semences à bout de ciel, à bout de vent, ses boules de graines. C'est vrai, je l'aimais, cet arbre. J'ai parlé de ce temps où je n'avais qu'un arbre – un arbre pour me dire toutes les forêts. C'était lui dans ses branches et ses fruits, mais ce n'est pas ainsi, malgré l'envol japonais de ses inflorescences...

Non. Ce n'était pas ainsi, même sur le plus bleu du ciel à contre-jour, quand le bleu n'est que la couleur incandescente de la lumière. Mais quand le soir tombait, la brume et quelquefois le plus épais brouillard, et d'autres fois sur la vitre une infime buée – me suffisait d'y poser les yeux, là-bas je pouvais voir, en reflet, les deux lampes, ou plus rouges, ou plus blanches, et tout irisées d'un halo de lune, et quelquefois soleil ou lune – j'y pouvais voir toute une ville, un soir de pluie, et ses trottoirs et ses passants, ses lampadaires et ses brumes – j'y pouvais voir l'automne dans ses parcs, feuilles fauchées et branches nues, et là-bas des amants inconnus se disaient d'éternels adieux, se croisaient sans se voir, sans savoir – et là-bas la forêt commençait plus profonde des murs de la ville, du toit des maisons, de ses troncs, de ses branches, inextricablement – la mer virait sur ses rivages, et la pluie sur les pauvres visages, avec de tout autres reflets, sur l'asphalte et sur les sables sauvages. Et l'arbre lui-même était-là, semblait-il, immuable, et pourtant fidèle complice de ces inépuisables transfigurations.

Je ne savais pas d'autre endroit, pas une autre fenêtre, où chercher des images pareilles – où trouver, dans quel rêve? – comme s'il eût été un monde, à portée de la vue, juste à côté de moi derrière cette vitre, plus réel qu'en aucun miroir. Merveille! Car ce lieu me donnait des tableaux que je n'aurais su peindre, des lieux où je n'ai point marché, des aventures que je ne désirais pas vivre, et de la poésie que je ne disais pas, que je n'aurais pas dite, oh non pas certes! en ce temps-là.

La poésie, malgré ce que déjà j'en aurais dû savoir, la poésie marchait toujours comme les scolopendres sur ses douze paires de pattes, avec le petit crochet de sa double rime au bout de la queue. Et parfois s'en allait claudiquant, la pauvresse, tête coupée, tronquée en deux, avec des ressauts d'agonie, des sursauts et des spasmes, informe dans la forme où je voulais la forcer d'entrer. En fait, j'avais raison de bien l'emmailloter, innocente immature, alevin ou larve en butte à tous les dangers. J'avais bien, quelque part, quelque chose à dire ! Ça hurlait en moi comme une portée de loups. Mais qu'est-ce que ça pouvait bien être ? Eh non ! Je n'en avais encore ni la matière ni les moyens.

Pourtant, n'avions-nous pas, depuis l'année dernière, Gilberte et moi formé un sublime dessein ? Nous avions lu, en même temps, et peut-être ensemble, le roman de *Tristan et Yseult*. Gilberte avait souvent, pour lire, des goûts déplorables, et prétendait me les faire partager. C'est avec elle, ensemble, que nous avons lu Saint-Ange ou Delly. Grâces lui soient rendues, je connais ces grands maîtres depuis... Mais nous lisions de tout autres choses, bien que la mère Cane, à cette époque, nous ait refusé *La Divine Comédie.* Nous savions que la bibliothèque en recelait un exemplaire, sous sa responsabilité :

– Vous croyez peut-être que c'est une comédie ? répondit-elle, de haut, à notre requête.

Elle devait se dire : *mes pauvres petites.* Sa voix le disait. Dépitées, nous n'insistâmes guère. Même sans l'avoir lue, nous savions bien que ce n'est pas Labiche. Que voulez-vous ? Nous avons ri. Elle nous prenait vraiment pour des minables. Pour elle, je n'étais rien d'autre qu'une demeurée.

Tout de même, nous avions lu *Tristan,* une version moderne, en prose. Quel cœur adolescent ne se laisserait prendre, aussi bien qu'Yseult, au philtre de cette histoire, touchante et triste, et belle, qui nous transportait ? Nous savions qu'elle fut écrite, en décasyllabes je crois, de toute manière en vers. Voilà ! Voilà ce que nous allions faire : une nouvelle version française, originale et tout aussi belle, de *Tristan et Yseult*. Non pas une copie, non pas une simple versification, non. Seulement en suivant d'assez près l'histoire, en son déroulement, nous allions en faire une tout autre création.

Était-ce une ambition réellement déraisonnable ? Dans l'état de nos maigres moyens, certes. Dans son principe, je ne le crois pas. De tels héros sont à tout le monde, comme Juliette ou Roméo, si même, après Shakespeare, tout un chacun risque d'y laisser sa plume – au moins des plumes, voire des dents... Mais nous, notre enthousiasme ignorait l'obstacle, et l'ambition ne nous faisait pas peur.

Je parle ici de l'ambition d'écrire, non point celle d'une réussite que je n'envisageais même pas.

Non je ne savais pas, et jamais je ne l'ai su, si mon amie avait seulement commencé à rédiger son œuvre – notre œuvre devrais-je écrire. Moi, oui. Ta-ta-ti... Ta-ta-ta, ils avançaient les mille-pattes. Sur les rimes, sur les chevilles, sur les genoux et sur les mains, ta-ta-ta-ta, ça s'en allait. Oserai-je le dire? Il s'en publie de pire, mais sûr que ce n'était pas bon. Je ne sais à quel moment je m'y étais mise, je sais que je travaillais ferme à l'entreprise dans les premiers jours, les devoirs me laissant des loisirs, et les rares contacts de la solitude. Cependant, je ne tardai guère à trouver fastidieux ce trot de cheval, ta-ta-ta-ta, ta-ta-ta-ta, sans surprise. Je me laissai aller à quelque sujet plus accessible, ou moins convenu. L'ouverture haute, en face de moi, où l'on ne voyait rien sinon le ciel, tout blanc, un vrai ciel de lucarne... des fleurs... et toujours quelque part l'inévitable imaginaire amour.

Dans la fenêtre, au bord de moi, l'eau trouble grouillante innombrable des rêves, je n'y puisais pas, ou bien pour d'autres rêves – je ne savais pas. Je n'osais pas. De cette époque, cependant, j'ai gardé les textes, et du moins quelques-uns, plus au hasard sans doute que pour leur qualité. Et il y eut ceux qui, peut-être, me délivrèrent de l'esclavage où me tenait la prosodie technique, si je puis dire, par l'absurde.

C'est ainsi que ça commença. Sur ce banc de l'étude où j'avais rejoint Lydie, restait encore à ma gauche une place vide. Il y vint Alice, au cours de l'année, une jolie brune à la peau tachetée qui d'entrée rouspétait à grands cris, parce qu'on lui avait volé ce qu'elle avait pour ses goûters : un saucisson. On le lui avait volé, aucun doute. Dans ce collège, on volait tout, et en premier la nourriture. La charcuterie, le beurre... Et jusque dans la salle à provisions où nous n'entrions que quelques minutes, souvent les serrures sautaient, les cadenas, et fussent-ils de sûreté, de nos si précieuses boîtes. J'avais une valise, qui ne fermait même pas, ce qui m'évita maint cambriolage...

Bref, avec Alice la glace fut vite rompue, on l'accueillit, elle était des nôtres. Pas si mauvaise élève, non, mais, comme moi, nulle en maths. C'est ce qui m'inspira, ce jour qu'appelée au tableau, évitant de sortir de son banc par la gauche, le plus court chemin, elle prit par la droite et dut faire le tour par-derrière avant de remonter l'allée centrale... une façon de contourner l'obstacle, sinon de résoudre la difficulté. J'en fis un long poème, en alexandrins, et c'est après cela que nous prîmes l'habitude, quelques-unes, d'écrire en vers les *épîtres* que nous échangions, que ce fût en vacances ou dans nos murs, à la récréation ou en étude. Il n'y avait là-dedans aucune poésie, non, pas la moindre. Pourtant, c'était des vers, et même la plupart du temps ils étaient justes, autant de rythme que de rime. Et de plus ils disaient ce que nous voulions dire, précisément.

Non il n'y avait pas ici de poésie la moindre. Aussi n'était-ce pas ce que nous attendions. Encore que noblesse oblige. Lorsque les circonstances leur arrachent parfois l'épée, ceux qui sont nés trouvent un autre fer, tout aussi acéré : celui de leur plume, et fût-elle d'oie.

Un de nos jeux était alors d'inventer des *familles*. Chacune de nous pouvait appartenir à plusieurs de ces familles. C'est ainsi que la famille Tartampion, forte de cinq ou six membres, avait un *tonton Jules*. Le *tonton Jules*, c'était moi.

Mais surtout j'étais le Baron, dans cette autre de plus haute volée, où Sabine se trouva Marquise. Marquise, s'il vous plaît, Mélaine de Rond-Carré de Sans-Souci. Et moi, je vous salue bien bas, baron Ramon Talbot de je ne sais plus quoi. Auprès de nous était le duc d'Arfeuil, la Denise que j'avais connue ici dès le premier jour. C'est entre nous principalement que fusaient les *épîtres* et les joyeuses interpellations :

– Tudieu ! Marquise...

Dans les unes et les autres, nous nous efforcions à soutenir un langage « grand siècle », où les formes archaïques ne le cédaient pas aux imparfaits du subjonctif, avec une certaine prédilection pour les incidentes, subordonnées ou non, dans de longues phrases entortillées qui nous amusaient jusqu'au rire. Le poing sur la hanche, la révérence, le baise-main... Et si c'était grotesque, raison de plus pour rigoler.

Cela dura toute l'année, et la suivante, et celles d'après, longtemps... Nous vieillissons, je dois le reconnaître : depuis quelques années, nous n'utilisons que bien rarement nos titres, le tutoiement à eu raison de nos « vous » si cérémonieux, et l'on se fait la bise, comme tout le monde, sur les deux joues. Érosion de l'habitude... Je regrette nos « belles manières », pour affectées qu'elles fussent, et d'usage un peu délicat... Mais c'est pour cela que je les regrette. L'amitié n'avait rien à perdre au change, et n'y a rien gagné. Au début, la marquise Mélaine n'avait pas d'autre nom, mais il se fit entre nous une grande querelle le jour où je prétendis qu'elle avait une écriture pointue. Elle disait que son écriture était ronde, je soutenais que non, pourtant, à l'examen, je dus convenir qu'elle avait en effet des crochets et des angles, mais qu'on pouvait la tenir pour carrée.

– Pas carrée, ronde! clamait Sabine qui pour rien au monde n'aurait voulu se reconnaître le caractère épineux de sa tante Marie. J'écris rond.

– Pas rond, carré! m'obstinais-je, non sans cause.

– Rond!

– Carré!

Un autre merle...

– Rond!

– Carré!

– Eh bien, finit-elle par reconnaître dans un soupir, et pour avoir l'air de céder à quelque injuste caprice mien. Eh bien, rond-carré, alors...

C'est ainsi qu'elle devint marquise de Rond-Carré et, plus tard, je ne sais plus comment, de Sans-Souci. Elle écrivait aussi à l'occasion, de Cent-Soucis.

Après cela, nous eûmes nos blasons. Le sien n'était-il pas de sable à trois fleurs de lys d'or?... Et le mien écartelé de gueules sur champ d'azur?... ou l'inverse?... Peut-être même avec une fleur de lys d'or en abisme... Hé! Nous n'avions que l'embarras du choix. Notre noblesse pouvait être pointilleuse, elle ne s'en drapait que plus allègrement d'oripeaux de glorieuse mémoire. Et pour l'usage que nous en faisions, quel scrupule aurait dû nous arrêter?

Je n'en avais pas plus qu'à arborer le magnifique béret vert des Chantiers de jeunesse que la femme d'un chef m'avait donné, ce jour que nous étions allées déjeuner chez elle, ma mère et moi. Ils habitaient une des petites maisons qui donnent sur la rue en pente face à la pharmacie, à Chamberet. Je me rappelle qu'au menu il y avait des œufs mimosa. A cette époque, ma mère ne savait pas faire la mayonnaise, moi non plus; aurions-nous su que le meilleur eût manqué, l'huile. Enfin, cette dame nous reçut fort bien. Et pour finir elle se mit à coudre sur ce béret l'insigne vert brodé de rouge et d'or – un tout autre blason, sans doute –, que j'avais décousu bientôt tout de même, pour le collège... Mais je dus porter souvent, en guise de broche, le petit insigne de métal, la tête de cheval dans un fer à cheval, avec le sigle EHC (Établissement hippique des Chantiers) au-dessous. Certes! Je n'avais aucune réticence à porter cela. Nous rendions bien assez de services au Chantier, d'une façon ou de l'autre, pour considérer que nous en faisions partie. Et si, de temps à autre, quelque plaque de chocolat venue par ce biais améliorait mon ordinaire, nous l'avions bien payée dix fois, pour qui eût voulu compter ces choses, un geste amical, un sourire, une place à la table abondante ou frugale, ces choses qui ne se paient pas, qui n'ont pas de prix. Cet écusson tissé, cette petite épingle d'aluminium, pour moi non plus, ça n'avait pas de prix.

QUOI QU'IL en fût, l'année se traînait... s'endormait... s'étirait... Après ma jaunisse, et le vague dégoût des nourritures qui s'ensuivit, vraiment fatiguée le soir, sitôt avalée la soupe, je demandais la clef du dortoir à la surveillante et j'allais me coucher. Je ne m'endormais pas, ou rarement. Je m'allongeais sur le dos. Je regardais venir le crépuscule, puis le soleil se couchait, le ciel lui-même devenait sombre, d'un ton soutenu, où les étoiles goutte à goutte s'ensemençaient, en tournant jusqu'à l'angle de la fenêtre, noir, qui les avalait. Les autres entre-temps étaient venues, s'étaient couchées, commençaient à dormir, en cadence, d'un souffle bas.

Il y avait – il y avait eu – ces soirs où, la Marquise et moi, nous donnions vraiment spectacle, improvisant quelque querelle, ou feinte, ou réelle... mais de cette façon, les disputes n'étaient jamais tout à fait gratuites, ni le jeu tout à fait fictif, ni la contradiction tout à fait vraie. Nous pouvions jouer la colère, ou le dépit ou la passion... De ce qu'il en était, de ce qu'il en restait, malin qui aurait pu le dire. Puis la lumière s'éteignait, ne laissant éclairée que la cabine de la pionne, qui faisait « chut! » tout simplement. Et d'autres fois, elle ne disait rien, lorsque j'avais entrepris de dire un conte.

C'est que, dans ce dortoir, il n'y avait pas que les lits qui fussent disparates. Les occupantes l'étaient encore plus. Il y avait des grandes et des petites, des latinistes et des modernes, un échantillonnage de toutes les classes, de la sixième à la première, et peut-être pas de la même série. Quelques-unes pouvaient avoir douze ans, ou même moins. Quand je décidais d'amuser ce petit monde, les seules qui se plaignaient étaient des « grandes » de troisième, et encore, parce que la séance durait trop. La surveillante était bien obligée de leur donner raison. Mais, la plupart du temps, pour ne pas gêner ces studieuses demoiselles, debout sur mon lit sans parler je faisais du mime, en ombre chinoise sur la cabine éclairée, et me contentai, à voix basse, d'annoncer la scène :

– La première rencontre... La déclaration d'amour... La demande en mariage... etc.

Les petites pouffaient, sans bruit, ou presque.

Des contes, j'en savais. Ceux que j'avais lus à Saint-Léonard avaient ma préférence, naturellement : ils participaient déjà, pour avoir été écrits, d'une culture officielle – scolaire – qu'on ne reconnaissait pas à toute cette tradition limousine dont j'avais été nourrie chez moi, que je retrouverais plus tard, beaucoup plus tard... Si bien que le conte du chat-vampire était japonais, il concernait le prince et sa favorite, et je n'aurais pas eu l'idée, seulement l'idée, de le comparer à celui de ce même chat noir, qui, chez nous, apparie le curé avec la demoiselle. Mais celui de l'âne aux pièces d'or était roumain, c'était celui de l'homme qui s'en allait boucher le trou du vent...

Quelles qu'elles fussent, ces petites séances mettaient dans ce dortoir une convivialité qui n'existait pas dans la plupart des autres. Il y avait même des soirs où, gagnées par une espèce de chaleur, quelques-unes des jeunes allaient jusqu'à chanter, que ce fût *Lili Marlène* ou *La Barcarole* :

Dans le calme et le silence,
Chantez, joyeux matelots !...

Ou bien *La Pervenche, La Truite,* ou *L'Hirondelle* :

Et sa mère avec elle
De tout son cœur chantait
Sa chanson d'hirondelle
Au Dieu qui la portait...

Vers la fin de l'année, les examens commencèrent, le concours des bourses, et, me semble-t-il, deux de nos petites y furent reçues, au moins deux. Je décidai qu'on fêterait ça,

Sabine m'y poussait, Jeannette était d'accord, on prit l'avis de la surveillante, elle ne dit pas non.

Au jour dit, donc, le soir, sans traîner pour la toilette nous nous réunîmes, ayant poussé les lits qui servaient de sofas, et nous partageâmes un goûter monstre, auquel chacune avait apporté tout ce qu'on peut imaginer. Seule l'eau, dans nos verres à dents, avait un goût de dentifrice un peu trop prononcé pour semblable fête. Ce dont je me souviens, c'était des petits fromages de chèvre, ou de brebis, qui devaient venir du Causse, fondants, parfumés, délicieux... On chanta, on parla, on conta... Merveille de la fête impromptue, d'un élan, sans retouches...

Nous eûmes, que je crois, quelques jours de repos chez nous avant l'examen, et puis ce fut très simple, nous étions logées au collège et nourries de la même façon. On nous conduisit route de Bordeaux vers ce qu'on appelait le Nouveau Collège – Technique, disait-on aussi. Il y eut l'appel. Et même un incident drôle lorsque, ce nom étant prononcé haut et fort, personne ne s'avança :

– Cathala !

L'appariteur attendit un peu, personne ne bougeait. Il lança de nouveau :

– Cathala !

Alors, une jeune fille se dirigea vers l'entrée, c'était son patronyme.

– J'ai dit : Cathala ! reprit le personnage.

La jeune fille s'arrêta, hésita, regarda en arrière... recula.

– Cathala ! reprenait l'autre.

La jeune fille s'avançait de nouveau.

– J'ai dit : Cathala ! s'impatientait le bonhomme.

La jeune fille s'était encore arrêtée, hésitante. Elle dut dire quelque chose comme :

– Est-ce que ce n'est pas moi ?

Eh non ! ce n'était pas elle. L'autre était toujours là-haut, de plus en plus énervé :

– Pas vous ! Cathala !

Je ne me souviens pas si le nommé Cathala finit par arriver. Ce qui est sûr, c'est qu'on ne laissa point entrer la jeune fille avant que de l'avoir appelée, comme il se doit, par son nom précédé de « mademoiselle ».

Nous pénétrâmes dans de grandes salles, hautes, austères et sombres, moins vétustes que les nôtres, pas modernes pour autant. Elles n'avaient, je crois, aucune autre décoration que des maximes en grandes lettres noires, les mêmes, ou peu s'en faut, que celles que nos camarades scouts accrochaient à nos murs, calligraphiées sur des petits rectangles de papier blanc...

Nous fûmes assis à de larges tables noires, où l'on aurait pu tenir trois. Auprès du papillon qui disait notre nom, chacun pour sa sauvegarde dut déposer sa carte d'identité. Le voisin du devant et celui de derrière étaient presque aussi loin que ceux des côtés.

Je remarquai tout de même à ma gauche l'un devant l'autre deux garçons. Celui qui était à ma hauteur me semblait âgé, plus âgé que nous, et l'autre plutôt très jeune. Le plus vieux portait un anneau, comme un homme marié. Il travaillait d'arrache-pied, sans lever la tête. Mais l'autre se reculait souvent, à portée de voix, et même se retournait, pour écouter ce que lui soufflait son confrère, d'une voix audible quoique sourde, qui n'était pas un chuchotement. Tous deux subirent une épreuve d'hébreu, ce qui ne me surprit guère. Aucun surveillant ne remarqua le manège des jeunes gens – moi non plus, bien sûr. Pourtant j'aurais presque pu, moi aussi, subir l'épreuve d'hébreu...

Je me contentai des miennes, que je crus honorer correctement, sans plus. Les résultats m'apportèrent une mention « passable », qui était plus que je n'attendais. Chaque soir, je montais me coucher tôt. Il faisait chaud. Ma querelle avec Lydie m'était pénible, elle persistait à ne pas répondre quand j'essayais de lui parler... Le Duc avait dû passer le concours de l'École normale... Sabine, le brevet... Chacune était à ses problèmes, et la plupart étaient parties, déjà en vacances chez elles. Je me retrouvais seule comme jamais.

Le brevet de Sabine nous avait apporté, en son temps, un motif de rire qui avait commencé bien plus tôt. Il y avait, à cette époque, au collège, une vente de charité. Chaque élève devait réaliser un objet quelconque, qui serait vendu – pas plus qu'à Saint-Léonard, je n'ai su la destination des sommes ainsi récoltées ; ni dans les écoles, par où commence la charité. Toujours est-il que chacune fit ce qu'on lui avait demandé. Je crois me souvenir que j'avais travaillé à une poupée, peut-être pour peindre le visage, car je ne me souviens pas de l'avoir habillée, mais ce fut Yvonne qui lui fit des sabots, et peut-être, avec Suzanne, ses vêtements. Pour moi, je réalisai un recueil de chansons enfantines, avec deux autres. Je fis les dessins, Jacqueline écrivit les textes, et Lucette... tira les traits. Après la vente, Lucette qui tenait un stand, radieuse m'annonça que, très grand honneur, c'est M. le maire qui avait acheté le chef-d'œuvre.

Beaucoup d'autres chefs-d'œuvre furent vendus, mais beaucoup nous restèrent sur les bras, si bien que la directrice décida d'une vente forcée, en quelque sorte. Ces rebuts mis en loterie furent tirés au sort. Je ne me souviens pas d'avoir rien gagné, ni d'avoir misé. Sabine, elle, avait gagné... quelque chose. Le problème fut de savoir quoi. C'était un animal, noir, taillé dans du gros drap ou du feutre fin, rempli de sciure, avec un fil de laine rouge autour du ventre. Un animal, avec un corps, une tête, des pattes, une queue. Quel animal? Sabine disait que c'était un chien. Je disais que c'était un âne.

– Un âne.

– Un chien.

– Un âne...

Encore les merles...

– C'est mon chien.

– C'est un âne...

Ce gros ventre rond, ce museau courbe : un âne... Ces oreilles tombantes, cette queue dressée : un chien... On le faisait « courir », en tenant d'une main les pattes de devant, et de l'autre celles de derrière, et chaque fois un peu de sciure sortait par le bout de la queue.

– Moi je te dis que c'est mon chien.

– Moi je te dis que c'est un âne. Un... â-ne...

– Un hâne?...

On riait déjà trop pour continuer... On en resta là... Ce ne fut plus ni un chien, ni un âne. Ce fut un *hâne*. Le *hâne*. Sabine s'en fit un fétiche. Elle l'emportait avec elle en cours. Pour ne pas le perdre, elle l'avait attaché à une règle. Le soir, elle ramenait le hâne au dortoir, on le faisait « courir », et il sortait un peu de sciure par le bout de la queue. Quand elle alla passer le brevet, elle l'emporta et l'avait posé à côté d'elle sur la table. On aurait entendu une mouche voler, quand un des surveillants, ayant ramassé quelque chose par terre, demanda :

– Qui a perdu son chien?

Personne ne bougeait. Il redemanda :

– Qui a perdu son chien?

Sabine n'entendait toujours pas. Elle n'avait, elle, pas perdu de chien. Mais quelqu'un lui souffla :

– Ce n'est pas le vôtre?

Elle tourne la tête, aperçoit l'animal en l'air pendu comme un rat, se lève d'un bond et s'écrie :

– C'est mon hâne!

Elle ne voulait pas le perdre, tiens. Son hâne...

Comment je revins de Brive, ni comment se passa le début des vacances, je ne m'en souviens pas. J'étais reçue, c'était normal. On n'en pleura pas. On n'en fit pas la fête. Il devait venir des jeunes, les dimanches. Je ne me rappelle pas quelqu'un en particulier, ou bien c'est trop vague, ou bien je ne sais pas si c'était cette année-là. Puis Gilberte vint, au mois d'août. Elle avait réussi à obtenir une autorisation pour franchir la ligne de démarcation, qui subsistait, me semble-t-il, malgré l'occupation de la zone libre. Grande joie des retrouvailles. Elle dut rester près d'un mois et de tout ce temps je ne fus pas seule, pour rien. Ni pour les moissons, ni pour garder les vaches et ni jamais. Et j'étais heureuse, heureuse certes qu'elle fût là. Et quand elle partit, l'univers était vide. Peut-être. Mais moi je ne pouvais pas vivre sans ce vide-là.

Gilberte était déjà à l'École normale. Et sans doute les filles étaient séparées d'avec les garçons, mais pas au point de ne pas se voir, ni sans se rencontrer quelquefois. C'est ainsi qu'elle était amoureuse, hélas! d'un si beau garçon qui semblait bien ne pas la voir. En en parlant, en y rêvant, voici : nous conçûmes un projet qui, dans notre imagination, devait ouvrir les yeux du jeune homme sur l'adoration muette qu'il avait fait naître. Elle n'allait pas lui écrire, elle-même, une déclaration d'amour ; dans ce sens, ça ne se faisait pas. Moi, au contraire, je pouvais lui écrire, et lui faire entendre ce qu'on attendait de lui. Tiens, pourquoi pas? – Mais je lui dirais quoi? – Eh bien! la vérité. Que j'avais une amie qui pour lui se desséchait sous le soleil d'une passion la plus intense... enfin, quelque chose comme ça...

Je ne sais pas ce que j'écrivis – ce que j'écrivais. J'envoyai plusieurs lettres au garçon. Pas des lettres d'amour, non. Ce n'était pas moi, l'amoureuse. Mais peut-être que je parlais de l'amour... De l'automne, au moins une fois, je m'en souviens. J'étais au Pré, gardant les vaches. Le vent soufflait fort, dans les feuillages, déjà touchés d'octobre. Cette année-là, les vacances ne s'arrêtèrent qu'à la Toussaint. Plus tard, j'écrivais encore, du collège même. Quand j'avais raconté la chose à Jacqueline, elle avait ri aux larmes – elle pleurait facilement de rire – mais surtout, pour elle, quel étonnement! Enfin ce garçon, je lui disais n'importe quoi, et même, pour finir, adieu. Seulement chaque lettre, quelle qu'elle fût, se terminait par cette phrase :

Écoute,
J'ai ma sœur, la belle Aude au bras blanc
Épouse-la...

Le jeune homme s'appelait Roland. La suite ne pouvait manquer d'arriver :

C'est ainsi que Roland épousa la belle Aude.

Naturellement, rien de tel n'advint.

Quand je pense à cette période, je m'aperçois que j'en ai peu de souvenirs, ou que je les confonds avec d'autres, plus récents. Je nous revois pourtant, allant à Chamberet avec ma mère. En passant près de La Farge, vers Ciblac, il y avait un champ de blé noir, pas encore fleuri. Gilberte dit :

– Oh! le grand champ de haricots!

Elle n'avait jamais vu de blé noir. En réalité, je crois que nous parlions beaucoup, et de toutes sortes de choses, mais en quelque sorte nous nous suffisions l'une à l'autre, et cela nous empêchait sinon de rien voir au-dehors, du moins de le mémoriser. D'ailleurs il ne dut pas se passer grand-chose cet été-là.

Par quelque miracle, nos femmes avaient pu se procurer un peu de laine, en rouleaux prêts à être filés. Ma grand-mère et la marraine reprirent leurs fuseaux, tourne que tourneras. J'avais décidé de me tricoter une veste solide, au point de toile, avec de toutes fines aiguilles et de la laine à un fil. Pour le modèle, je n'en avais pas, je regardai attentivement celle de mon père et m'appliquai à faire de même, chaque pièce à part, le col, les parements, les poches... La Mémé dut m'aider largement, vers la fin, mais enfin le vêtement fut prêt. Magnifique! Une jupe marron étriquée, un pull-over rose et la veste blanche, me voilà vêtue pour l'année – oui, un vrai miracle.

J'avais même des souliers neufs, de vrais souliers, un peu trop grands, à peine un peu trop grands, pour les dimanches. Il est vrai que Denise s'arrangea pour marcher dessus avec ses godasses cloutées de scout-girl... après quoi elle s'excusa de l'avoir fait « un peu exprès », ce qui était doublement pervers, parce que j'avais cru, moi, qu'elle ne l'avait pas fait exprès du tout. Aussi l'ai-je excusée de grand cœur : ce petit geste m'en apprit beaucoup plus sur elle que je n'aurais jamais pu imaginer, et, mine de rien, j'en tirai toutes les conséquences. C'est sans doute dans le même esprit qu'elle m'expliqua, une autre fois, qu'un jeune homme était mort « un peu sans doute par sa faute ». Entre mon unique paire de chaussures propres et la vie d'un jeune homme, il y avait ce lien futile : la vanité mesquine d'une jeune fille en mal de BA quotidienne. Mais j'anticipe, ou alors je me trompe d'année.

J'avais donc passé la fin des vacances à retrouver ma solitude – à la reconquérir peut-être – et à tricoter. Je me revois aussi prenant connaissance du manuel de philosophie que m'avaient prêté les parents de Claude, mes instituteurs à Surdoux. Pourtant, n'avais-je pas fait cela l'année précédente?... Vraiment je ne me souviens pas. Et de même se brouillent mes souvenirs pour ce qui touche le jour de la rentrée. N'eut-elle vraiment pas lieu au 1er octobre?

Eh non, je ne sais pas. Certes je me revois, disant que c'était fou de rentrer le 2 novembre, le jour des Morts. D'autant qu'une facilité (laquelle?) se présentait pour le lendemain. Le père de Georgette refusa cet arrangement. Nous avions, dit-il, déjà perdu bien trop de temps. Jour des Morts ou pas jour des Morts, nous rentrerions.

C'est que, de Chamberet, il allait y avoir deux nouvelles, Georgette et Geneviève, deux petites pour la sixième – sans compter Marcelle qui venait d'être reçue élève-maîtresse. Je ne sais comment elle rentrait, Marcelle. Moi, c'était avec les petites, et sans doute un gazogène devait-il nous emmener, car je nous revois dans une voiture, et sur tout le chemin des gens qui s'en allaient vers les églises, ou vers les cimetières, à pied le plus souvent. Je me souviens d'un homme, ni vieux ni jeune, que l'on voyait de dos, qui portait un gros bouquet de chrysanthèmes mauves sous le bras, comme un parapluie, les fleurs derrière...

Peut-être n'était-ce que la rentrée des petites vacances de Toussaint? Je ne sais plus. Je ne crois pas. Ce dont je me souviens parfaitement, c'est combien j'étais contrariée, parce que c'était le jour des Morts, un jour pour penser aux morts, sans doute, pour aller à la messe, pour prier sur les tombes. Un jour surtout pour rester en famille, se serrer autour des vivants, dans le chaud du foyer et du cœur. Pas un jour pour partir, pas un jour pour quitter les vivants et les morts. Pas un jour pour faire un pas vers l'avenir, fût-ce le tout petit pas décisif d'une rentrée. J'en avais, moi, et jusqu'au fond du ventre, le plus lourd présage, une véritable suffocation. Oh! ce sentiment-là, je ne le montrais guère. Je riais, bien sûr, de l'homme aux chrysanthèmes, et de tous les menus incidents de la route. Et ça n'avait rien à voir avec la petite angoisse de retrouver les camarades, ni de recevoir un enseignement nouveau.

Le palmier était là, cantonné de sauges. Je retrouvai mon lit dans le même dortoir. Et Sabine. Et le réfectoire. Et l'escalier à vis, et le grenier vétuste, où il ne fallait pas marcher trop fort. La cour, avec les trois platanes. La même horloge dans le couloir. Les latrines infectes. La crasse suante des murs. La salle d'étude, où je n'eus pas la même place : j'étais sur le banc de devant, Jacqueline et Lucette derrière moi. Et puis Rywka, dans un éclair parce qu'elle entrait en philo-sciences, et moi en lettres, naturellement. Je lui avais demandé de m'acheter tout ce qu'elle pourrait trouver de petits livres d'art et de reproductions en couleurs dans la collection Braun, évidemment, tout ce qu'on pouvait espérer alors. Elle avait fait abondante moisson, et il y en eut pour de l'argent. Par chance, cela n'excédait pas mes finances; mes parents, les pauvres, au cas où j'aurais trouvé quoi que ce fût à acheter, me donnaient tout ce qu'ils pouvaient, et d'ailleurs je ne gaspillais pas. Pour les livres, ils étaient au courant, et d'accord. Ces livres, toutefois, me causèrent d'autres ennuis.

Je les avais rangés dans une boîte en bois qui, autrefois, me servait de boîte à provisions. Elle était pratiquement pleine. Je l'avais posée sur les casiers de la salle d'étude, et peut-être intriguait-elle les camarades. Mais on sut bien vite ce qu'elle contenait, parce que j'entrepris moi-même d'en contempler les trésors. J'en étais à Picasso, le seul qui intéressât ces demoiselles, savez-vous pourquoi? Non pas à cause des *Demoiselles d'Avignon*, ni de l'*Arlequin*, ni même de ces têtes triangulaires aux dents en touches de piano avec un œil au milieu de la joue. Non. Ce qui faisait leurs délices, c'était une œuvre bien plus réaliste, où s'enlacent fort étroitement, debout, un homme et une femme nus, et le tableau s'appelle : *La joie pure*. Voilà. Par le biais suprêmement pervers de l'art, j'avais introduit le loup dans la bergerie, et la pornographie chez les moniales. Je ne l'avais pas fait exprès, et Régine non plus, mais le diable a de ces malices, notez bien qu'il s'était servi d'une juive. Horreur et malédiction!

Les curiosités, cependant, se comblaient en silence, et les ricanements à l'étouffée. Ce fut alors que la surveillante, une ancienne élève qui profitait de la proximité pour prendre des cours à Toulouse, demanda sa part du gâteau. Je lui confiai le livre à son tour, et elle le feuilletait quand la directrice entra. Était-ce fait exprès? J'en doute. Mais comment, avec quelle dextérité, cette bonne personne referma le livre, et au lieu de le faire disparaître le mit sous le nez de la mère supérieure, prétextant l'avoir confisqué, j'en aurais sifflé d'admiration. Celle-ci, cependant, ne dit rien, me jeta un regard éberlué, sortit, et, quelque temps après m'appela au bureau. Je dus lui expliquer que c'était un livre d'art, que j'en avais bien d'autres, peut-être une quinzaine, et je citai les noms prestigieux, au-dessus de tout soupçon, de MM. Ingres, Corot, Delacroix... Que je les avais fait acheter par une externe, oui, mais pendant les vacances, qu'elle n'avait pu que me les apporter ici, que je ne pouvais pas les renvoyer par la poste, et que, et que... enfin c'était des livres d'art, et que des œuvres de Picasso, que je ne connaissais pas auparavant, je n'étais pas responsable. Elle me rétorqua que je ne devais introduire aucun livre de l'extérieur... Qu'enfin je pouvais les garder – merci, madame – mais à condition de ne pas les faire circuler – merci beaucoup, madame.

Et merci pour la culture, dans ces grandes maisons de la culture que sont les institutions nationales de l'État français – un État qui n'avait rien changé, sur ce point, aux dispositions de la troisième République. Ne pas introduire de livres était vraiment une dérision dans ce collège où n'existait aucune bibliothèque. Ou plutôt si, il y avait un gros machin qui circulait chez nous : *Augustin ou le maître est là*. Tout le monde l'avait lu, ou du moins avait tenté de le lire. On avait aussi un charmant *Portraits de jeunes filles*, qui faisait pâmer d'aise nos consœurs. Et même un livre de Colette sur les animaux. Plus *Les Roses rouges* de Jacques Rivière, et plusieurs pièces de Claudel, dont *Le Soulier de satin*, que les hautes instances n'avaient pas dû lire entre les lignes avant de nous le confier.

Encore ne suis-je pas sûre que ces derniers auteurs, Colette, Claudel, qu'on se passait entre nous, n'aient pas été introduits clandestinement. Tout de même, c'est peut-être grâce à ce manque de livres que j'avais pu, comme on dit, me consacrer à mes études, et réussir l'examen dans des conditions si confortables. *Tu es là pour étudier, étudie*, aurais-je pu me dire. Pour étudier, c'est-à-dire pour faire ce qu'on te dit de faire. Te cultiver! Tu parles! la belle foutaise. Tu as bien prétendu te cultiver, je pense, les années d'avant, vois où ça t'a menée : l'échec. Je n'en pensais peut-être pas autant, surtout je me gardais bien de le formuler. Mais je le ressentais, profondément.

Enfin, 1er octobre ou 2 novembre, nous étions rentrées. Une première déception nous attendait. Nous avions pensé avoir, en philo-lettres, M. Audierne qui avait cette classe l'année d'avant. Voilà que, cette année, M. Audierne s'occuperait des philo-sciences, des mathématiciennes, mais pas de nous. Et nous, alors?... Eh bien, pour le premier cours, nous nous retrouvâmes entassées dans une salle haute, à deux pas du grenier. Et comme professeur nous vîmes arriver une femme étonnante, sans âge, les cheveux tirés au-dessus du front lisse, qui parlait d'abondance, mais dans une logique à la fois constante et libre. Et dès le départ ce n'était pas contrainte de l'entendre, et l'on pouvait s'amuser beaucoup avec elle à explorer les replis les plus austères de la philosophie. A la regarder mieux, on pouvait voir qu'elle était belle, avec des yeux assez extraordinaires. Et enfin qu'elle était jeune.

Oui, la jeunesse n'était pas évidente, malgré la finesse des mains, du cou, des traits, la nonchalance souple du corps et le grain de la peau un peu foncée. Quant à la beauté, elle était toute, eût-on cru, dans les yeux; pas même dans les yeux, bien qu'ils fussent bruns, brillants, avec le rire de l'intelligence... Non, ce qui était remarquable, c'est l'arcade au-dessus, ouverte comme une arche et contournant la tempe – une arche de ciel clair, avec ce reflet de lumière, vers le nord, un peu avant l'aube – une arche où le temps passerait, par-dessous, l'éternité de l'éphémère... En fait, c'était une perfection d'architecture qui vous défiait là, la perspective d'un jardin maure. Je m'efforçais d'en faire le croquis naïf sans en saisir l'essence, sans comprendre que c'était un problème, magnifiquement résolu, de construction, par le pilier et l'ogive, d'autant plus difficile à définir que cette envolée ferme, hardie, souveraine – ne reposait sur rien, ou presque, portant la coupole du crâne à bout de bras, fleuron d'os où capter les échos du monde...

Attentive à quantifier l'énigme, je faisais son portrait, jour après jour, pouvait-on croire, amoureusement. En vérité, je poursuivais passionnément la recherche de cette ligne délicate, exquise, dont je n'aurais pu, au mieux, figurer que l'apparence approximative. Et, parfois, dans une jubilation triomphante, je touchais à cet effet rare : une fugitive ressemblance.

Or, la ressemblance ne tient pas à l'exactitude de la figuration. Je le savais déjà, non point par le dessin, ni même par la caricature. Je le savais par l'expérience que j'avais des visages vivants. Je ne l'avais pas vraiment remarqué dans ma première enfance. A Germont, à Surdoux, il y avait des gens qui se ressemblaient, plus ou moins, parce qu'ils étaient parents. On connaissait leur parenté, souvent multiple, et certainement recroisée au cours des siècles, et cette ressemblance, des yeux, du regard, du sourire... n'étonnait pas. Souvent même, elle n'était pas évidente, il fallait la chercher dans un examen attentif. Mais, sauf pour mes cousines les jumelles, elle n'allait jamais jusqu'à la confusion des visages. Même pour mes cousines, elle ne tenait pas au second coup d'œil, et ne se manifestait que lorsque les traits, la conformation et l'expression avaient réellement quelque chose d'identique.

Ce fut bien plus tard, à Saint-Léonard, que je m'aperçus de ressemblances autres. Des ressemblances qui ne tenaient ni à la taille, ni à la couleur, et pas même au faciès, aussi évidentes qu'indéfinissables. C'est cette ressemblance-là qui faisait s'exclamer chez nous, lorsque sur la taque un de mes dessins évoquait pour eux telle ou telle personne de leur connaissance, le voisin ou la mère Canacabé. Et c'est de cette façon-là que Robert ressemblait à Jean, ou Lydie à Gilberte. Des garçons, l'un était beau, et l'autre guère. Et les filles non plus ne se ressemblaient pas, en rien.

A cette époque, je dessinais beaucoup. Je « copiais », si l'on peut dire, fidèlement mes modèles, mais personne ne pouvait les reconnaître, ils n'étaient pas ressemblants.

Que ce fût cette année ou, déjà, l'année précédente, j'avais fait de mes compagnes nombre de portraits. Des croquis au crayon, d'ordinaire, et plus souvent de profil que de face, mais assez fouillés, que je travaillais et retravaillais, justement, à la recherche de cette ressemblance que je n'arrivais pas à capter, qui, au contraire, à mesure des recherches s'estompait jusqu'à disparaître, lorsque l'avait laissée transparaître le premier jet.

Dans les commencements, je prenais très au sérieux, très à cœur, ce travail. J'avais envoyé quantité de feuilles à Mme Parizet, dans l'espoir qu'elle me donnerait quelque critique et peut-être son approbation. J'eus droit, en effet, à quelques critiques qui ne m'encouragèrent pas beaucoup, et je ne revis jamais ces dessins, qui pour moi n'auraient certes pas eu valeur d'œuvres d'art, mais de bons souvenirs de mes camarades, le visage, si peu ressemblant fût-il, de celles qui m'avaient aimablement consacré quelques minutes de pose – ou leur visage, ou leurs mains.

Il est vrai que Mme Parizet pouvait voir là une manière de lui soutirer des leçons gratuites. Et c'est vrai qu'à cette époque je ne pouvais pas la payer. Mais puisqu'elle n'aimait pas mes dessins, trop conformistes et gauches, je veux bien le croire, qu'avait-elle à faire de les garder? J'ai déjà dit sa réticence à me les laisser reprendre, quand je quittai Saint-Léonard. Il y avait eu ce concours, aussi, pour lequel j'avais préparé trois choses : un salut aux couleurs dans un Camp de jeunesse, et surtout un paysage aux saules en fleurs, que j'avais peint d'après nature à la pêcherie des Combes.

Depuis longtemps, dans mes promenades longues ou courtes à travers la campagne, j'aimais passer près de cette eau dormante où se miraient le ciel, les saules du bord, un lieu fermé comme un patio, mais immense. Et ce jour-là j'avais rêvé, rêvé profondément en plein bonheur de cette paix, de ce silence, en demi-teintes grises de tous les tons, de cette vie endormeuse endormie, intensément fugitive, éternellement furtive qui me passait par le travers, qui m'était moi, l'eau dormante et les saules en fleurs.

J'avais dû rentrer en retard, mais seulement de quelques jours, et voilà, les dessins des autres étaient déjà partis, bien que la date limite du concours ne fût pas dépassée... Et quel dommage, et on allait... On verrait bien... On entendit force parlotes. On ne vit rien du tout. Les dessins, moi, je ne les revis jamais. Ce n'était pas sans doute le chef-d'œuvre que j'imaginais. Mais, faute d'une place flatteuse et sûrement méritée à ce concours, peut-être aurais-je pu garder la chose, en souvenir... C'est vrai que, pour le souvenir, je n'en ai pas besoin... Et voilà qui me fait penser à ces visiteurs qui viennent et reviennent les mains vides en disant : nous n'osons rien vous offrir, vous avez tout... J'ai tout? Merde, alors! Il est vrai que ce ne fut pas faute ni de donner, ni de laisser prendre... Pardonnez-moi, ce n'est pas que je compte et recompte, ni sur personne, ni sur rien, mais parfois on se lasse qu'on vous prenne pour un imbécile. Surtout quand on est réellement un imbécile... De toute façon, il faut être très bête, ou très fort, pour soutenir ce personnage. Fort et bête, cela va ensemble. Cela va de soi.

Au long des années, j'avais connu quelques jeunes filles qui se passionnaient pour le dessin. Je ne parle pas de celles qui, comme Suzanne, ma consœur de quatrième, réussissaient bien et dessinaient volontiers. Je parle de celles pour qui c'était en quelque sorte un mode de vie. L'année même de la guerre, je revois Jacqueline – d'autre part remarquable par ses très longs cheveux plats, d'un châtain foncé, qu'elle rangeait dans un filet sage – oui, je la revois penchée, louchant et tirant la langue... imaginant jour après jour des aventures qu'elle retraçait et coloriait en bandes dessinées interminables sur un cahier d'écolier. L'année de philo, il y avait Simone. Elle avait un cahier à dessin, demi-format, et elle le remplissait de croquis, s'attachant linéairement aux attitudes plutôt qu'aux visages, et cherchant l'expression dans la position des bras, des membres, du corps plutôt que dans la fugacité des traits. Elle y passait toutes les récréations, le battement entre les cours... à pleines pages.

Nombre de nos camarades, surtout parmi les élèves-maîtresses, avaient choisi la section sciences expérimentales, et quelques-unes mathématiques-élémentaires. D'aucunes se proposaient sans doute de continuer des études spécialisées, mais même pour celles qui s'arrêteraient là, ça faisait tellement plus sérieux. Beaucoup, en revanche, nous vinrent du classique, et justement Simone, qui de plus, était juive. Son profil et son nom étaient bien d'accord pour le titre. Le fait aussi qu'elle fût si jeune, et même petite fille.

...Que si j'avais, parmi les autres, deux amies qui fussent de la race maudite – et il y en avait encore une autre, Alice, une cinquième – je ne l'avais pas fait exprès, elles non plus je pense. Elles n'étaient pas les seules à arborer tous les noms des fils d'Abraham, mais les autres ne m'intéressaient pas et ne s'intéressaient pas davantage à moi. La plupart faisaient partie de la gentry locale, arrivaient le matin frisées, fardées, vêtues comme je ne l'aurais pas été pour aller à la noce et nous regardaient, nous pauvresses, de si haut et de si loin que nous nous serions senties indignes de cirer leurs chaussures. Par chance, leurs belles chaussures, fines et confortables, n'avaient pas besoin de nos soins... Simone, dans son pays natal au-delà de la *ligne*, aurait bien pu faire partie de la même société, mais ici, il n'était nom ni religion ni race qui la rapprochât des autres, allez savoir pourquoi.

Non qu'elle fût la seule à n'avoir que seize ans, alors que j'en avais dix-huit, et la plupart beaucoup plus, c'était tout de même jeune. Angèle, qui était ma voisine, elle aussi n'avait que seize ans. Elle était assez grande et plutôt jolie, Angèle, et elle chantait à ravir, en se faisant prier tout juste ce qu'il faut :

Ramona – j'ai fait un rêve merveilleux...

Mais si je lui disais :

– Sans toi je ne saurais vivre...

c'était seulement en souvenir de ce jour où elle m'avait prêté quelques feuilles volantes, alors que j'étais complètement démunie de papier.

Cela nous arrivait souvent, à cette époque, et de plus en plus. J'avais pris l'habitude d'écrire très petit, tous les deux interlignes, une habitude que j'ai gardée. Et, comme nous n'avions pas d'enveloppes pour nos lettres, il y avait différentes manières de plier la feuille de telle façon que le timbre assurât la fermeture du pli. A un moment, nous avions réussi à nous procurer du papier pot. Ce grand format de papier médiocre, ni gris ni blanc, qui s'accrochait à la plume, convenait pour nos brouillons. Mais pour les devoirs à présenter, pour les notes à relire, ce n'était vraiment pas possible. Et puis, celui-là même vint à manquer. Et les livres firent défaut. En histoire, nous avions en tout et pour tout un mémento dérisoire, et en géographie de courts résumés qui rappelaient ceux de l'école primaire, avant le certificat. Le professeur d'anglais arrivait maintenant avec des polycopies qui coûtaient les yeux de la tête. Et, en cosmographie, il y eut un manuel pour toute la classe, que je ne tins pas dix minutes entre les mains.

Tout de même pour la philosophie, notre matière principale, nous avions le double manuel de Cuvellier, et le professeur, en cours de trimestre, nous fit acheter le manuel de psychologie du Pr Guillaume. J'étais absente quand on commanda ce livre, mais Mlle Mouton m'en procura un et même me l'offrit, ce que je tins à grand privilège.

Notre professeur, en effet, s'appelait Mouton, c'était sa signature, G. Mouton, avec un mouton stylisé comme pictogramme... Il y eut controverse entre nous sur la signification du G, si bien que je me levai au milieu d'un cours pour lui demander son prénom. Elle s'appelait Georgette, dit-elle, mais ses amis disaient Claude, nous pouvions choisir. D'aucunes furent scandalisées de mon sans-gêne. Elles voulaient bien savoir, mais pas demander. Je ne me débarrassai pas si facilement de l'opprobre où me reléguait leur désapprobation. Je finis par leur dire qu'elles avaient raison, mais que de toute façon j'aurais très bien pu le demander à part moi, et de plus ne pas le leur dire. C'était vrai. J'aurais pu.

J'aurais pu d'autant mieux que j'étais parmi celles que Mlle Mouton faisait sortir, soit le jeudi, soit le dimanche après-midi, et nous n'étions pas si nombreuses. Cela nous avait bien étonnées, lorsque, dès les premiers jours, elle nous avait fait cette offre, et l'offre aussi de poster, ou même de recevoir notre courrier, celles qui voulaient échapper au contrôle directorial.

Pour le courrier, je me sentais un peu méfiante, et de toute façon, c'était sans objet pour moi. Mais pensez! Pouvoir sortir, et ne fût-ce que quelques heures, franchir impunément la clôture qui me retenait *dedans* depuis tant d'années! Être appelée au parloir, passer le portail... quel rêve... A Saint-Léonard, mes parents venaient rarement, mais ils venaient, quelquefois. A Brive, je ne les avais vus que pour m'emmener, enveloppée de couvertures comme une momie de ses bandelettes... Cette année, les parents de Georgette et de Geneviève venaient les voir souvent. Il ne leur passa même pas une fois par l'esprit, je ne dirai pas de me faire faire quelques pas dehors, seulement de m'appeler pour me dire bonjour... Mais sortir! Ah, sortir!

Sans plus tarder, je fis part de la nouvelle à mes parents. Sous l'autorité d'un professeur, de mon professeur de philosophie, qu'avaient-ils à craindre? L'autorisation, pourtant, ne venait pas. Ma mère, évidemment... Je désespérais quand mon père se décida, tout seul – *n'en dis rien à ta mère*... Ah oui, que je n'en dirais rien! De ce moment, dès qu'elle le pouvait elle-même, Mlle Mouton nous prenait sous son aile, et nous allions marcher dans les rues, nous asseoir sur la Guierle, prendre un thé, voir un film... Beaucoup de mes compagnes avaient l'autorisation. Peu en profitaient, elles avaient bien mieux à faire, rentrer chez elles, aller chez un correspondant... Généralement, nous étions deux ou trois, au début toutes timides, puis nous apercevant que notre gardienne n'était guère plus âgée que nous, pas beaucoup plus maligne, et qu'elle pouvait profiter de notre compagnie comme nous de la sienne.

Les jours où elle ne nous emmenait pas, nous suivions les promenades comme les autres. Ne nous avait-elle pas encouragées, au retour de ces promenades, à raconter par écrit ce que nous avions pu observer? Denise et moi nous y étions appliquées quelquefois. Elle trouva que nous avions vu les mêmes choses, et ce n'était pas si étonnant : nous avions marché ensemble, parlé ensemble, obnubilées par l'idée de ce que nous aurions à dire, et finalement empêchées dans l'expression par cette même contrainte. J'étais bien plus libre dans les innombrables dissertations dont je l'accablais sans vergogne jour après jour.

Certes, le premier devoir qu'elle nous avait donné à faire, ce n'était pas une réussite. « Vivre dans le présent », tel était le sujet. Sur le fil de rasoir du *présent* je m'étais coupé les ailes. Qu'il n'y a pas – qu'il n'existe pas – de présent, et qu'on ne peut pas y vivre, ou bien que vivre est un perpétuel présent, difficile d'en faire un devoir d'écolière candidate au baccalauréat. Je compris par la suite qu'au lieu de l'amincir à sa juste inexistence, il convenait d'étaler le présent sur la tartine de la vie. Je tartinais. Non, je ne veux pas minimiser, ce serait trop facile, l'abondant discours que m'inspirait alors tel sujet ou tel autre ; la vérité, c'est que je ne m'en souviens pas. Du reste, c'est surtout au cours du deuxième trimestre que je me vouai à ce jeu-là, corps et âme, et, je pense, dans les deux ou trois dernières semaines de notre scolarité écourtée.

Nous nous étions dit, Denise et moi, que nous devrions bien remercier Mlle Mouton de son dévouement. Elle n'était pas du tout obligée de nous faire sortir. Mais comment?... Toutes les idées que j'avançais lui semblèrent déraisonnables ou irréalisables... Sans doute avait-elle raison. Nous n'aurions pas fait fortune à chanter sur les places publiques, certes!

Et nos autres projets valaient bien celui-là. Mais comme elle ne se décidait pour rien, une fois que la demoiselle était malade j'envoyai Régine lui apporter des fleurs, et personne d'autre n'en sut rien. Une autre fois, alors que nous devions nous rendre à une conférence à Saint-Antoine, nous fîmes un détour pour la saluer, prenant tous les risques de quitter les rangs. Puis, je fus malade, une fois de plus, quelques jours avant Noël. Je gagnai l'infirmerie, et en fait m'y installai si bien que je m'y fis apporter livres et cahiers, et entrepris de copier, et d'illustrer, à son intention un petit recueil de poèmes. Ce n'était pas mes poèmes, non, mais des textes de Paul Valéry, de Verlaine, de Rimbaud...

Les roses étaient toutes rouges
et les lierres étaient tout noirs...

Quand je lui offris le chef-d'œuvre, elle fut étonnée que j'eusse choisi ses textes préférés... Vrai ou non, ce n'était pas ses poèmes préférés que j'avais choisis, je n'y avais même pas pensé. C'était les miens – mais comment pouvait-on ne pas préférer ceux que je préférais, moi!...

Oui, l'infirmerie était devenue mon quartier général, en ces jours-là. Le médecin avait bien dit que je ne revinsse pas en cours jusqu'à ce que je ne tousse plus. Il n'avait pas dit que je ne devais pas sortir. Aussi, quand il y eut à voir une exposition Eiffel, j'y allai avec les autres, et sitôt rentrée rejoignis mon séjour, que je ne quittai plus que pour partir en vacances à Noël.

Je ne me souviens guère de ces vacances. Ma mémoire est troublée comme furent ces temps de misère. On parlait d'arrestations, d'un camp à Saint-Paul, d'un homme de Chamberet qui y avait été interné, peut-être accusé de marché noir. On parlait de déportation. Pour la première fois, j'avais entendu mes parents prononcer le mot de torture. J'en avais été épouvantée. D'autres mots étaient entrés dans le vocabulaire de tous les jours. Gestapo, STO, Maquis, Vengeance. A Chamberet, un homme avait été exécuté. D'autres disaient : assassiné. A Surdoux, un couple de vieillards avait été menacé chez lui, en pleine nuit. On parlait des Espagnols qui avaient été réfugiés à Chamberet... des réfractaires... on ne savait pas... le commando, pour finir, avait laissé les vieux sur ces mots :

– Vous avez de mauvais voisins.

Ce qui laissait croire à une méchante délation. On reparlait des attentats perpétrés précédemment contre les... batteuses. C'était, paraît-il, une action pour empêcher les céréales d'aller en Allemagne. Dérisoire protestation. De tels dégâts ruinaient quelques paysans, et n'empêchaient rien. L'incendie de plusieurs granges assouvissait sans doute une vengeance personnelle, appauvrissant un peu plus le pays... Ces gestes désordonnés, rares d'abord, ne firent que s'intensifier pour atteindre leur paroxysme dans les mois qui suivirent, nourris de rumeurs qu'ils nourrissaient en retour d'échos terribles.

A Chamberet, où je dus coucher une ou deux fois pour prendre l'autobus de Tulle avant jour, notre cousin Georges écoutait la radio.

– Ici Londres. Les Français parlent aux Français...

Tututut... tututut... Et les messages défilaient. La pension, dans ces jours, était havre de paix. Brive, même, que ne secouaient pas encore d'aussi sourdes haines, d'aussi violents sursauts que notre campagne profonde. Tranquilles paraissaient les rues, où de gentils soldats qu'on disait géorgiens, je ne sais pourquoi, en uniforme vert-de-gris, à tout moment tiraient de leur poche quelque rouleau de bonbons qu'ils offraient à des gamins – ou à leur mère. On se serait cru là dans n'importe quelle ville de garnison, la paix sur le monde. Que, si violence il y avait, elle ne franchissait pas nos murs. Nos dissensions et nos amours n'y soulevaient pas de bien hautes vagues.

Il y eut un petit scandale, pourtant. La Marcelle – pas moi, la nôtre – n'avait-elle pas osé entretenir quelque correspondance secrète avec un garçon? Or elle était élève-maîtresse, tenue à une réserve qui ne nous concernait même pas, nous le *vulgum pecus* des collégiennes. Conseil de discipline, s'il vous plaît! Enfin, la coupable fut relaxée, avec sans doute un léger blâme, comme *ayant agi sans discernement*. Hé! Elle était mineure. Elle n'avait que dix-huit ans. Comment, à un âge aussi tendre, oser lever les yeux sur un représentant de la race masculine, nanti de tous ses attributs?

Dans notre classe, nous savions qu'une grande belle jeune fille était fiancée, Suzanne. Elle était fiancée très officiellement, dans son pays. J'eus même l'occasion, à cette époque, de rencontrer son futur beau-père! Pour qu'elle pût recevoir sans difficultés les lettres de son promis, celles-ci étaient glissées dans des enveloppes écrites par ses parents, contresignées par ses parents. La ruse, afin qu'elle pût les distinguer au premier regard des lettre parentales, c'était un cachet, marqué du motif d'un bracelet qu'elle avait confié à son amoureux, qui en interdisait l'ouverture clandestine. Oh oui, elle était gardée, notre vertu! Si bien gardée...

Si bien gardée que, quand je rencontrai telle de nos consœurs au début de l'année suivante, elle poussait une voiture d'enfant. Et cette autre, que je n'avais rencontrée qu'au cours d'allemand... J'avais décidé, cette année-là, vu mon si faible niveau, de suivre le cours des plus jeunes, en l'occurrence la classe de Sabine. Encore étais-je bien au-dessous. J'aimais la petite salle, toujours bien chauffée, où nous prenions nos cours d'allemand au premier en face du grand dortoir. C'était la seule qui fût un peu décorée de reproductions – les *Jardins* de Monet, le *Cheval blanc* de Gauguin... Elle était si exiguë que les tables laissaient juste un étroit passage entre les rangées. Les petites coquines, qui avaient remarqué la taille épaissie de leur compagne, ne trouvèrent rien de mieux que de resserrer encore le passage, pour être sûres. Peu de temps après, la demoiselle, qui était externe, ne revint pas, et nous la rencontrâmes ensuite, poussant le landau. Notre vertu, hélas... Dit mon voisin : *un régiment ne garde pas une femme, une femme se garde d'un régiment.*

Pour ce qui est de Suzanne, elle aussi était mineure, quoique fiancée. Dix-neuf ans... Eût-elle largement dépassé la majorité, cela n'aurait rien changé. En franchissant le portail, ici comme ailleurs, on entrait en tutelle – on tombait en enfance. En ce temps qui n'est pas si vieux, il est vrai, la femme toute sa vie n'était-elle pas tenue pour « incapable » et sa seule fonction reconnue n'était-elle pas l'imbécillité ?... Mais ce n'est pas ici le temps ni la place de se demander ce qu'elle a fait, depuis, de son émancipation.

Justement, à propos de filles majeures... Denise, celle qui nous était arrivée impromptu en quatrième à Saint-Léonard ne l'était pas. En revanche, à Brive, il nous vint en classe terminale une bien jolie blonde, qui l'était largement. C'était d'autant plus surprenant qu'elle était élève-maîtresse, et qu'elle venait du Puy. Que si l'arrivée de Denise cachait quelque mystère, celle de l'autre en recouvrait sûrement un plus grand. Avez-vous vu qu'on déplace une normalienne, sans raison? Qu'elle puisse le faire de son chef est plus invraisemblable encore. Nous rêvions à part nous sur ce sujet, mais si d'aucunes posèrent des questions, je m'en gardai bien, et je n'aurais certes pas attendu de réponse. Si je me souviens bien qu'elle venait du Puy, c'est à cause de la dentelle. Elle n'avait aucun moyen de s'y consacrer chez nous, et pour l'exercice de son métier, il lui faudrait absolument initier ses élèves, dans le département auquel elle restait attachée.

Son nom? Je l'ai oublié. Mais je me rappelle si bien son joli visage, ses longues boucles blondes, son sourire... et ce nom que nous lui avions donné : Emmanuella Tudor. Car elle fit partie de notre noble famille, laquelle s'était encore agrandie de Janine, sous le titre de comtesse de Picassiette. Depuis mes démêlés avec Picasso, ç'avait été un de mes surnoms ; je crois entendre encore Janine m'interpeller de sa puissante voix de soprano :

– Picasso!... Picasso!...

à travers la cour d'honneur. Cela m'agaçait, je répliquai :

– Picassiette!...

Il n'en fallut guère plus pour qu'elle devînt comtesse. Elle était beaucoup plus jeune que moi, et sans doute en seconde, comme Sabine. Je la retrouvais au cours d'allemand. Ces cours nous étaient dispensés par Mlle Monnot, qui d'autre part était surveillante générale à l'externat. Je ne sais pourquoi, elle ne portait pas Janine dans son cœur. Elle n'y portait pas non plus Mlle Mouton, il est vrai. Les allures désinvoltes de celle-ci – je la revois, en pull-over jaune et jupe verte, le sac à bout de bras et tirant par la manche une veste rose qui traînait à terre, se diriger à longs pas vers la salle des professeurs – non, de telles manières ne pouvaient pas convenir à Mlle Monnot. Mais pour Janine, toujours correctement vêtue, et d'une politesse parfaite, non, je ne comprends pas. Un jour que Janine arriva au cours, essoufflée, avec quelques secondes de retard, plus elle s'excusait, plus l'autre s'énervait, rouge, cinglante. Janine connaissait bien mieux l'allemand qu'aucune de nous. Elle pouvait écrire rapidement une grande page dans cette langue. Il fallait voir comment le professeur y pourchassait la moindre faute, ou de grammaire ou d'orthographe. Elle lui reprochait jusqu'à ses connaissances. Et l'autre encaissait...

Janine avait une jolie voix. Elle chantait mieux qu'aucune de nous. Quand elle nous chanta *Stille Nacht* de sa voix toute pure, ça ne fut pas un triomphe pour autant, au regard de Mademoiselle...

On ne pouvait pas dire non plus que je fusse dans ses préférées. Elle me regardait de haut, avec un mépris assez évident ; toutefois, elle ne m'ennuyait pas, malgré ma médiocrité. Il semblait en revanche, on le devinait à sa voix moins sévère, qu'elle fît grand cas d'Annick, qui était studieuse, sage, obéissante. Et aussi de Sabine, qui était polie, studieuse, propre. De mes affinités avec Sabine, je ne sais ce qu'elle pensait. Mais quand je « débauchai » Annick, elle resta bouche bée, désapprobatrice et muette. C'est qu'en effet j'aimais bien étudier avec Annick. Cela m'obligeait à me pencher sérieusement sur des matières qui par elles-mêmes ne me passionnaient pas. Et même pour la philo, n'avait-elle pas repéré dans la salle des professeurs de gros dictionnaires auprès desquels nos manuels, sur certains sujets, restaient puérils? Sous couleur de les consulter – mais nous les consultions – nous restions là des heures. Quand elle nous voyait traverser la cour d'honneur, près du portail... suivre un couloir interdit... courir dans le grand escalier, être où il ne fallait pas à l'heure qu'il ne fallait pas, elle ne faisait pas même une réflexion. Il me semblait, pour moi, que seules ces menues transgressions, ces prises de liberté innocentes – et pourtant dangereuses – rendissent supportable la vie en ces lieux étriqués et sombres.

Sombres! Plus sombres encore étaient les salles ouvertes sur la cour d'honneur cette année. Ne s'était-on pas avisé que, du haut des belles lucarnes ouvragées, là-haut depuis les mansardes auxquelles nous n'avions point accès, de temps en temps tombaient des pierres? Aucune tête à ce jour ne s'était rencontrée dessous. Sinon, pensez! Le malheur, et, surtout, le scandale! Aussi imagina-t-on de construire, tout autour de la cour, une galerie de bois, à la hauteur du premier étage, dont l'écoulement irait vers le mur, pour la pluie comme pour les pierres. Et ainsi personne ne fut assommé... Et ainsi put-on voir, un jour, qui? L'anticonformiste Mlle Mouton entrer dans le dortoir au premier, par la fenêtre... Elle avait d'abord enjambé une fenêtre de la salle, face aux cuisines, où une cantine avait été aménagée pour les professeurs, et puis, pas à pas sur la galerie se glissant...

Avec cela, on ne voyait plus rien dans la salle d'étude, la lumière électrique allumée en plein jour luttant difficilement avec le peu de clarté qui s'insinuait par les fenêtres.

On avait prévu le coup depuis longtemps. On nous avait, pour un exercice d'alerte bien programmé, fait descendre une fois dans les caves de l'école, du côté où les portes étaient encore surmontées de la destination des classes. « Rhétorique »... Je ne sais plus à quel étage on nous avait rassemblées, ni par quelle porte nous étions entrées... Nous y restâmes peu, par chance. Y eût-il eu un bombardement, le bâtiment vétuste au-dessus n'aurait pas tenu au moindre choc – nous étions prises comme des rats.

Cependant, nous l'apercevions quand on allait par là, de l'autre côté du mur, au-delà de la rue Martine, des travaux s'effectuaient là, sous un vaste emplacement où devaient avoir été démolis des bâtiments vétustes dans un temps plus ou moins récent. Quelqu'un dit que, auparavant, c'était la prison... La prison, ou un terrain vague. Bref, on creusait par là. Et nous sûmes enfin que c'était nos abris. De vrais abris boisés, recouverts d'une bonne épaisseur de terre, un incroyable confort.

Ce fut par une nuit de grande lumière sans lune. Une nuit semblable, peut-être même celle-ci, Denise me montrait le ciel. On en voyait un beau carré, la nuit, quand même, en levant les yeux sur la cour d'honneur. Juste au-dessus de nous, en gouttes de lumière blanche, floc! aussi blanches que neige, il y avait la Croix du Cygne, si proche qu'on aurait pu craindre qu'elle vous tombât dans les yeux. Et le Char de Cassiopée. Il me semblait entendre, au loin, comme un bruit de moteurs.

A peine étions-nous couchées et tout juste endormies, un hurlement qui nous sort du sommeil. Quel mugissement formidable... On s'arrache des draps, on s'habille en désordre, on se chausse – on se bouscule; on se dépêche. La petite, la toute petite qui n'a pas dix ans, brame toutes ses larmes et s'en vient vers nous, et par chance Sabine la prend sur son cœur, la console et l'embrasse. On descend, on traverse la rue, on descend, c'est l'abri, on respire.

Plus ou moins éclairées, ce sont des galeries, soutenues en charpente avec de véritables poutres, on peut s'asseoir tout au long, en rangs d'oignons. La tension est un peu dure, au début. Mais par chance il règne chez nous un esprit scout, quelqu'un essaie de la décompression par le chant... par le rire. Et aussi parce que rien ne se passe, pas la moindre explosion, allons, nous reprenons courage, sans céder non plus à l'excitation.

Ça s'est passé un dimanche,
Un dimanche au bord de l'eau...
C'est le chant d'un gardian de Camargue...
Moi, qui l'aimais tant,
Mon bel amour, mon amant de Saint-Jean...

Et vas-y! Tous les refrains à la mode et les autres. On eut bien le temps. Ça n'en finissait pas. Il me sembla qu'on restait là des heures. Et on y resta longtemps. En effet, sitôt sonnée l'alerte, l'électricité fut coupée. Et quand elle fut coupée, on ne pouvait plus sonner la fin de l'alerte. Du moins, c'est ce qui fut raconté le lendemain.

Les semaines suivantes, par quelque claire nuit sans lune, nous regardions le ciel. Jacqueline disait :

– La sirène sonnera cette nuit.

Assez souvent, elle sonnait. Mais nous n'avions plus peur. Nous avions compris que ces avions qui passaient, qu'on entendait au loin, apportaient sans doute des armes, ou d'autres choses, pour les maquis, mais pas des bombes. Cependant, je dus descendre une autre fois dans les caves de Sainte-Martine. Et puis, quand la sirène sonna de nouveau, alors que je grelottais de fièvre entre mes draps, avec un rhume de cerveau à m'éclater la tête, je me dis que non, crever pour crever, autant me valait une bombe. Je m'enfonçai jusqu'au pied du lit et ne bougeai pas. J'allais me rendormir quand l'alerte finit, je me vêtis en hâte et j'attendis... La surveillante criait :

– Et Marcelle Delpastre? Où est Marcelle Delpastre?...

– Eh bien... mais... je suis là...

Crut-elle vraiment que j'étais remontée plus vite que les autres? A partir de ce jour, je ne descendis plus dans les abris, sauf une fois, la dernière. Ça sentait le moisi, dans ces caves, il y faisait froid, et c'était humide. De quoi y attraper le mal de la mort... Les bombes? Ah oui, les bombes!

Elles nous réveillèrent une autre nuit, les bombes. Elles ne tombaient pas du ciel, mais ça résonnait. Drr-drr-drr... Sabine courut ouvrir les fenêtres. Et c'est elle encore qui prit la petite avec elle dans son lit. La surveillante disait bien :

– Ouvrez les fenêtres!

Mais personne ne bougeait, elle non plus. Du reste, une fois qu'elles furent ouvertes, il n'y eut plus d'explosion. Ç'avait été rapide, coup sur coup. Cela me rappela ce jour, l'année d'avant, que de puissantes explosions, chez nous, avaient fait trembler les vitres. Et la fenêtre sur sa crémone – drr drr drr drr... drr drr drr drr... Lointain était le son, mais d'une profondeur, d'une puissance. Un tremblement de terre.

– C'est l'arsenal de Bergerac, dit mon grand-père.

– Si loin?

Force était d'estimer la direction. Et en effet, c'était la poudrerie – l'arsenal, que sais-je...

Était-ce l'année d'avant?... Plus tôt? Oui, j'ai le souvenir des faits, pas celui des dates. Enfin, cette nuit-là, ce n'était pas aussi loin. Ce n'était pas aussi puissant. Ça sonnait fort parce que c'était tout près.

– Six locomotives et une plaque tournante..., expliqua une externe à une élève qui le lendemain matin lui posait une tout autre question.

L'autre question n'était évidemment pas aussi importante. Il y eut, je crois, quelques nouvelles explosions nocturnes. Et encore une autre, en plein jour, comme un éclatement de grenaille, un bruit de graviers qu'on décharge. Or, en effet, c'était une grenade. Il y eut, je crois, un pylône endommagé et un jeune homme tué. On disait que le jeune homme était l'ami d'une de nos compagnes. Il se disait tant de choses! La jeune fille continua à fréquenter les cours. Le fait est qu'elle avait l'air désemparée, les jours suivants. Je la connaissais à peine. Il y avait ainsi, même dans la même classe, et surtout parmi les externes, des élèves à qui on n'avait seulement pas l'occasion de dire bonjour une fois.

C'est vrai que, là-dehors, tout de même, les choses ne s'arrangeaient pas. Une fois que j'étais sortie avec Mlle Mouton, nous étions allées au cinéma. Je ne me rappelle pas le film. C'était peut-être *La Symphonie fantastique*, ou *La Vie ardente de Rembrandt*, ou peut-être un navet quelconque... Mais ce qui m'a laissé un vrai souvenir, c'est le petit film de propagande nazie qui mettait en scène des « terroristes » terrorisant les pauvres paysans, pillant les poulaillers, se livrant à toute sorte de méfaits déplorables. Je me rappelle le film, mais surtout l'éclat de rire qui soulevait le public comme un seul homme; plus c'était tragique, plus on riait. C'est dire le cas que les Brivistes osaient faire de ce qu'on leur montrait, et de ce qu'on en attendait. Le grand film passa, comme il se doit, sans incident. Mais, à la sortie, attendaient des soldats en armes. Nous nous glissâmes de biais vers la droite, mine de rien, sans courir, mais non sans presser le pas. Vérification d'identité et rafle, du coin de l'œil, nous semblaient aller de pair. Cependant, nous n'eûmes pas d'informations précises sur les résultats de l'opération. Moi, du moins, je n'en eus pas.

Voilà. Les rues de Brive n'étaient plus aussi sûres. Il eût été prudent, je pense, de rester derrière nos murs, soigneusement enfermées. Nous y étions, il est vrai, la plupart du temps. S'y poursuivaient nos petites vies larvaires, autour de nos cervelles en gestation.

Dès janvier, c'est Mlle Mouton qui avait été malade. Elle était vraiment de santé fragile, cette fille-là. Après les premiers jours, nous avions rassemblé notre courage et demandé à assister, provisoirement, aux cours de M. Audierne, celles du moins qui le souhaiteraient. Nous fûmes bien reçues! Mlle Monnot nous fusilla des yeux et nous cingla du verbe. Eh quoi! On nous en avait trouvé un, professeur, et on allait bien voir, si nous oserions le refuser! Et nous en avions, de la chance, une chance que notre audace, notre impolitesse, ne méritait pas. Une chance? ... Nous en étions sûres, nous le savions, qu'on allait nous donner Piou-piou-parapluie. Oui, c'était bien pour ça que nous avions cherché une échappatoire, et voulu court-circuiter l'inéluctable.

Piou-piou-parapluie? Elle n'était pas méchante, certes, nous ne lui voulions aucun mal, mais de toute évidence, elle ne faisait pas le poids, cette petite bonne femme en robe moutarde qui, faute d'un emploi à la mesure de son savoir, faisait chez nous office de pionne, ou de maîtresse d'internat. Je me souviens d'avoir été dans l'étude qu'elle surveillait. Elle ne parvenait pas à obtenir le silence. A un moment, je me levai :

– Pardon mademoiselle, est-ce que je peux demander un renseignement à haute voix?

Elle tendit l'oreille :

– Quoi?

Je répétai ma demande. Elle prêta l'autre oreille :

– Comment?

– Est-ce que je peux demander un renseignement tout haut?

– Que dites-vous?

Je répétai de nouveau :

– Est-ce que je peux...

– Oui, finit-elle par répondre. A condition que je n'entende pas.

C'est dire que nous avions quelque raison d'appréhender son magistère. Eh bien! Cela n'alla pas si mal. Elle suivait le livre de près et nous avions pris l'habitude, Jacqueline et moi, mais aussi Simone, et peut-être d'autres, de défricher le terrain en préparant une leçon d'avance. Quand elle arrivait en trottinant, nous avions déjà lu le cours, et c'est ainsi, cahin-caha, que nous pouvions être studieuses, sages, et pas excessivement mal élevées.

Sabine, qui eut l'occasion de connaître mieux cette personne dans les années suivantes, m'a dit combien elle était cultivée, intelligente, charmante. Et j'ai souvent pensé depuis à ces personnes un peu timides, un peu désavantagées physiquement, qui, pour leur malheur et celui de leurs élèves, si elles doivent enseigner, n'arrivent pas à tirer d'elles-mêmes leur propre savoir, et moins encore à le communiquer.

Je ne sais pas combien dura l'absence de Mlle Mouton. Je me souviens qu'elle m'avait prêté *L'Éthique*, du bonhomme Spinoza, pour lire pendant les vacances de mardi gras. Je lus sans omettre un iota cet enchaînement de propositions, de solutions et de théorèmes. J'étais enthousiasmée. Était-ce cette année-là que, me promenant dans le bois des Combes, j'y avais trouvé un petit cerisier en fleur – presque en fleur – avec ses boutons blancs comme des flocons de neige dure, à vous faire pleurer – de tant de fraîcheur, de grâce, de silence...? Non. Ce devait être l'année d'avant. Pour Spinoza, tiens! Qu'on y vienne un peu! Surtout après que Mlle Mouton m'eut donné à lire son propre diplôme sur *L'Éternité selon Spinoza*. Nous restait seulement à courir derrière, les secondes d'éternité... Nous y courions à perdre haleine – attrapes-en une, si tu peux!

Faute de quoi, on s'initiait aux syllogismes. Comment oublier ici celle qui s'appelait Marie? Marie-Hortense, en réalité. Marie-Hortense venait d'une autre école, elle était dans ma classe. Petite, presque blonde, avec une voix sonore et douce à la fois, un peu cassée, elle témoignait en toute chose d'une espèce de naïveté qui la poussait à faire, à dire, ce que les autres dissimulent ou ne disent pas.

Elle n'était pas seule, certainement, à se poser des questions sur les grands mystères de la métaphysique et de la religion. Mais, là où nous nous contentions de réfléchir, ou peut-être d'attendre l'illumination, faute de suivre une vocation sans nuage, elle, elle expérimentait. Entendez par là qu'elle suivait docilement la messe catholique, et s'arrangeait, passant tranquillement le portail sans autorisation, pour... assister au culte protestant. Je pense que le motif est assez rare pour être signalé, d'autant qu'elle n'était pas croyante, ou si peu. Mais, quoi qu'ils en disent eux-mêmes, je me garderai de tirer des conclusions hâtives sur la foi, ou de ceux qui, pratiquant une religion scrupuleuse ne souffriraient pas qu'on la mette en doute, ou de ceux qui l'attendent impatiemment et qui, en quelque sorte, cherchent le Christ dans tous les coins de la maison.

La démarche, de nos jours, se pratique à la lettre. En ce temps-là, ce n'était pas la mode. Ce qui reste encore difficile et aléatoire était alors impossible. Mais comment ne pas aller, ne fût-ce qu'en esprit, chercher chez les juifs, les musulmans, les bouddhistes et les autres, le vrai visage de Dieu? Ou chez les philosophes, autant ceux qui répondent oui que ceux qui disent non? Il m'était apparu assez tôt que chacun présentait, comme dans un miroir, un reflet, une image. Et pour ce que j'en savais, tant de Dieu que du miroir, une image vraie. Dès que je voulais voir, d'un peu plus près, l'image se troublait, se déformait, se recouvrait de pellicules, de bavures, de boue – entendez de pratiques, d'erreurs, de fanatismes, de détails humains, de routines, de toutes sortes de figures et représentations ou illusoires, ou rationnelles, ou passionnelles... Un embrouillamini du grand tonnerre de Dieu, à décourager toutes les patiences. Et pourtant il y avait toujours quelque part sous l'ordure un authentique reflet du vrai visage de Dieu. Et c'est ainsi que, par passion moi-même, ou raison, ou paresse, dès ce temps je m'en tins à la religion de mes pères, à leur pratique, à leur conviction. De l'un ou de l'autre, c'est le secret de Dieu.

Ne l'ai-je pas dit déjà? Toute société, toute personne vit selon des règles. Mais au-dessus des règles, il y a les lois. Un grand désordre sur terre vient de ce qu'on appelle *loi* ce qui n'est qu'une *règle*, et la règle n'est pourtant qu'une pâle figure de la loi. La gravitation universelle, la relativité, dépendent de lois comme la poésie ou la biologie. Le mécanisme de l'horloge obéit à des règles comme la société. Les lois ont ceci de particulier qu'elles ne sont pas seulement générales mais inéluctables, tandis que les règles sont étroites, ponctuelles et interchangeables. Les limites des lois se déploient interminablement, celles des règles se resserrent sur l'individu jusqu'à l'étrangler. Chacun pour soi obéit aux règles, en oubliant les lois. Tu veux survivre? Il faut bien que tu te plies à quelque chose, aussi larges que soient tes aspirations, aussi rebelle que tu sois.

Ce jour-là, par la force de syllogismes assez bien calculés, je démontrai à Marie-Hortense qu'elle était Dieu le Père. Sur le coup – sous le coup – elle en fut soufflée. Je la revois, bouche ouverte, paupières baissées. Elle avait pourtant répondu oui à toutes les prémisses... Elle était pourtant sûre qu'il y avait un vice, quelque part, dans la conclusion. Un vice? Sans doute. Mais lequel? Et où? Tous les Grecs sont menteurs... Tout ce qui est rare est cher... Marie-Hortense ne croit pas qu'elle est Dieu le Père, mais elle raisonne comme si elle le croyait... Ou du danger des affirmations péremptoires, et de considérer les règles comme des lois.

De l'erreur qui vous laisse croire que la technique, c'est l'art, ou le savoir-faire le génie. Que la prosodie, c'est la poésie. Que le pratiquant est un bon chrétien. Que quatre races d'hommes différents se partagent la terre. De l'erreur contraire, qui vous abuse avec l'idée que le génie se passe de la technique, l'art d'un travail constant, la poésie de lois indéfectibles, la foi de ses œuvres, et que les hommes se ressemblent comme des clous.

J'aimais beaucoup Marie-Hortense. Mon petit hortensia bleu. Quand j'avais le cafard, elle arrivait à me distraire. Je me rappelle ce jour que nous chantonnions :

Maman, les p'tits bateaux qui vont sur l'eau
Ont-ils des jambes...

– C'est une chanson nouvelle? fit ingénument Marie.

Simone faillit éclater, tant elle se retenait de rire, bouche close et lèvres gonflées, cuisses serrées pour ne pas pisser dans sa culotte. Mais tout fini par éclater... Marie-Hortense en fut encore plus surprise :

– Hé bien, mais, sur de très vieux thèmes, on fait bien de nouvelles chansons...

Naturellement, c'est elle qui avait raison. N'empêche, personne n'attendait sa réaction.

Et cet autre jour... De la cour, où je m'ennuyais ferme, je crus entendre sa voix, tout en haut, dans le couloir où elle avait la chance d'avoir un vrai placard où ranger ses affaires. Je me précipitai, grimpai l'escalier, traversai le dortoir – l'autre palier – l'autre escalier – elle était là, petite bonne femme pliant son linge :

– Marie-Hortense! Fais-moi rire.

Elle me faisait rire, si gentiment que, tout en riant, on ne pouvait se défendre d'en être ému.

QUEL jour étaient les Rameaux cette année-là? Je ne m'en souviens pas, et je ne sais plus pourquoi on avait retardé notre départ en vacances, qui finit par être reporté à la veille de Pâques, avec une semaine de retard. Ce que je sais, c'est que nous avions décidé, nous les grandes, de fêter dignement ce jour. Depuis qu'on nous avait dévolu Saint-Libéral pour nos dévotions dominicales, nos messes étaient plus intimes, plus communautaires. La veille, on nous conduisait par groupes à Saint-Martin pour les confessions, et, le dimanche, il y avait beaucoup de communions. Mais ce qui était pour nous tout à fait nouveau et remarquable, c'est que, pendant que l'officiant faisait à l'autel son petit ménage en latin, plusieurs filles donnaient en français lecture des textes les plus importants, des oraisons comme de l'épître. Et ainsi restait le mystère de la célébration jusque dans le verbe, mais le voile était levé sur l'obscurité de la participation. Ainsi étaient respectées les lois de la pudeur et celles de la connaissance. Je dis bien les lois, transparues au travers des règles.

Je me rappelle peu les sermons édifiants de notre aumônier, l'abbé Brunie, si ce n'est un qu'il fit sur la politesse, et qui se terminait par : *Notre Seigneur Jésus-Christ, qui a eu la charité – j'allais dire la politesse – de mourir pour nous sur la croix.* Une parole qu'il est plus facile de méditer, peut-être, que de mettre en pratique. Et pourtant!

Donc, nous avions, dans un seul élan, décidé d'une chorale qui chanterait à la fois la *messe des Anges* et quelques cantiques de circonstance. Nous étions jeunes. La musique, on l'avait déjà un peu dans la tête. Quelques-unes se chargèrent de nous faire répéter, et latin ou pas, chacune se mit en mémoire ces paroles qui étaient aussi bonne parole, louanges, *credo, miserere*...

Sur nos chemins, les rameaux et les fleurs...

Et puis le beau texte de Lamartine :

Dieu de paix et d'amour...

si facile à railler :

Enlève-moi mon Dieu de la terre où l'on pleure...

– Le plus tard possible...
Comme si l'on ne pouvait être *enlevé* que par la mort, ne voir Dieu que par elle. Et de ceci on pourrait conclure encore que le culte de Dieu se confond au culte de la mort, ce qui est absurde.

Et nous avions aussi un beau canon, pour l'offrande :

Ô Dieu ! Reçois le froment broyé,
Vois comme est beau ce pain :
Qu'il soit ton corps...

Nous le chantions souvent, pour le plaisir. Régine – Rywka – le chantait avec nous, et comme j'osais m'en étonner :

– C'est, dit-elle, qu'il est très beau...

Mais savions-nous vraiment, l'une et l'autre, que le juif Melchisédech, fondateur du sacerdoce éternel, offrait déjà au Dieu unique, dans la solitude, le pain et le vin, à l'image prémonitoire du juif Jésus ?... On savait, peut-être. Mais aussi on ne savait pas. Est-ce qu'on sait vraiment ? Même par cœur ?...

Bref, ce beau jour vint, de soleil, de douceur, presque d'été. Comment nous étions-nous procuré du buis ? Assez pour que chacune en eût un gros bouquet ? A la chapelle, nous montâmes dans la tribune, où il n'y avait guère de chaises, mais où nous pouvions nous agenouiller, et ceci valait bien cela, d'autant que, nous le savions, notre voix retombait sur la petite foule avec plus de force et de pureté tandis que nous pouvions voir, à l'autel, tout le rituel de la célébration.

L'après-midi, Mlle Mouton vint nous prendre, nous étions plus nombreuses que jamais, une bonne dizaine, la Princesse, Jacqueline... Nous montâmes sur les collines au-dessus de la ville. Près d'un bois de sapin, dans un pré, il y avait des fleurs blanches dans la haie, l'herbe poussait, tendre... Nous étions assises, en rond par terre, et chacune, désœuvrée, autour d'elle tondait autant qu'elle pouvait d'herbe, bêtement... Mais pas si bêtement, peut-être : sentir l'odeur de l'herbe, et la sève qui mouille les doigts, la résistance de la feuille – une ivresse gonflée de printemps, d'air tendre, de soleil... Nous nous laissions aller à ce bien-être, quand une jeune fille, toute vêtue de blanc, survint, appuyée sur un homme qui nous parut être son père. Ils contournaient le pré, précautionneusement. Et l'homme, après un temps, s'en vint nous dire, benoîtement, que nous abîmions l'herbe, et l'on quitta les lieux...

Je crois que nous allâmes nous asseoir à côté dans le bois. Où l'herbe finissait, un lourd tapis d'aiguilles, luisantes de verre, lisses de soie, toutes douces à nos mains, mais d'une douceur morte, sèche, chaude... Nous étions déjà venues là, un jour, je crois, Denise, et la Princesse, et moi, avec Mlle Mouton et un autre professeur qui partageait son appartement, sinon sa chambre, et qu'elle disait pour cela sa co-turne. Cette fille était quand même un peu bizarre... Un peu plus tard, Mlle Mouton en parlait ainsi :

Une femme, fakir touchant...

Fakir? Non, mais elle prétendait avoir des dons de guérisseuse. Elle avait même conjuré les furoncles de Sabine, et Sabine croyait ferme à son pouvoir.

C'est que Sabine, depuis quelque temps, souffrait d'une furonculose monstrueuse. Cela avait commencé par les doigts. On lui parlait de panaris. Ses mains étaient gonflées, douloureuses. Ça devait être insupportable.

J'avais eu un panaris, moi. Je m'étais mis une toute petite épine dans le doigt, ça s'était infecté, rouge puis blanc... Je me rappelais tout ce qu'on avait tenté d'y faire : les fleurs de lis, l'oignon chaud, l'œuf cru, le cataplasme de sceau-de-Salomon, et pour finir l'intervention du Dr Daniel qui s'était contenté de presser l'abcès, faisant gicler le pus, plaf! comme un gros ver de mouche... Je me rappelais surtout la douleur intolérable, comme si on arrachait l'os, les premiers jours. Et les nuits que j'avais passées sans dormir, à culbuter dans mon lit des pieds à la tête, de la tête aux pieds.

Pauvre Marquise! Elle devait souffrir mort et Passion. Et puis, des furoncles, elle en eut dans le dos, par deux, par quatre, énormes. Ils résistaient à tous les traitements. On lui fit même un autovaccin. On envisageait le pire. Elle en avait un maintenant à la base du cou, qui la gênait affreusement. C'est alors que la demoiselle intervint, touchant le mal, de plus près que Napoléon, sur le tableau de Gros, ne touche les bubons des pestiférés. Aussi ne posait-elle pas pour la postérité. Ce qu'elle fit, ce qu'elle dit, nous ne savons. Mais Sabine qui s'inquiétait d'une incision devenue nécessaire et pas forcément efficace, dès le matin suivant vit son furoncle, parfaitement mûr, s'ouvrir comme une poire blette, couler partout à son grand désarroi – puis sécher pour ne pas reparaître, jamais.

Je souffrais dans ces jours, moi, à mon ordinaire, de toux, de rhumes en cascade, de sinusite, de bronchite, et de tout ce qui peut y ressembler. Assises là, dans ce bois, elle prétendit me soigner, voire me guérir, et les autres s'étant éloignées, à courir sur le pré, voilà qu'elle me pose les mains sur la poitrine, en me disant de me détendre. Et moi, vaguement inquiète, je ne bougeais pas. Quand tout à coup m'apparut à l'évidence le ridicule et l'équivoque de la position. Je pouffai de rire – le charme était rompu. Qui aurait pu me guérir, hélas! de l'incrédulité.

Cette promenade m'en rappelle d'autres, l'hiver ou l'automne, ou le même printemps. Ce pâle jour d'hiver fin décembre, ce pré qu'on aurait cru peint aux *Très Riches Heures*. Et là-bas, de l'autre côté de la combe, était-ce possible? Des champignons! J'y courus, dévalant la pente, et c'était bien des champignons, d'une espèce que je ne connaissais pas, brun clair, hauts sur pied, lisses, luisants, tout neufs. Des champignons!...

En cette fin d'hiver, en pleine campagne, un arbre en fleur, tout blanc. Nous y courûmes : un prunier, naturellement. L'une et l'autre fois, je crois que nous étions seules, Mlle Mouton et moi. Elle riait de ces escapades comme d'une réelle folie. L'innocence même.

Nous étions quatre, beaucoup plus tard, dans le mois de mai – il y avait la Princesse, et quelle autre? – quand nos pas nous menèrent à un endroit charmant, tout un bois d'aubépines en fleur. De petits sentiers parcouraient les lieux, étonnamment vides. Nous nous étions assises dans ce parfum, on n'avait besoin de rien d'autre, ni de rien dire. On aurait pu se demander si nous n'étions pas les personnages d'un tableau, participant sans le savoir à quelque fête. Et puis de loin nous parvinrent des rires, le son d'une musique, des voix, et cela se rapprochait, suivant le même chemin que nous, et tout un groupe de très jeunes gens, garçons et filles, tournant le coin du bois, passèrent près de nous... Et puis d'autres. Et d'autres encore dont l'un portait un accordéon, et ceux-ci s'arrêtèrent, et ils nous parlaient. Le musicien joua pour nous, la Princesse, dans sa jolie robe blanche et ses boucles blondes, dansa sur le chemin. Puis ils s'en allèrent, et nous les regardions monter sur la colline, jeunesse heureuse, vers un village qu'on voyait à peine, qu'on devinait là-haut...

Nous n'étions pas encore au mois de mai. On nous avait volé l'espoir de passer les Rameaux en famille, nous avions accepté l'idée d'une semaine sainte vouée aux études – perspective qui fut coupée bien plus brutalement. Le mercredi, voilà qu'il fallut déguerpir, peut-être même le mardi. Je ne sais plus comment j'arrivai chez moi. J'y étais cependant, et même on avait fait un beau projet avec Sabine, qu'elle vienne passer les vacances chez moi. Il était prévu qu'elle irait à Limoges ou à Saint-Yrieix, et moi je l'attendrais à l'autobus du soir, je pense, à Pissechien, l'autobus ou bien je ne sais plus quel autre véhicule que nous avions prévu, qui marchait, normalement. Pour la recevoir, oui, mes parents étaient d'accord. Qu'elle viendrait, ils n'y croyaient guère. Ils commençaient à voir quelques réalités qui m'échappaient encore, à la vérité que je n'imaginais pas. Il ne voulurent pas me l'interdire, au cas... Je montai donc au Pissechien, attendre. Eux se doutaient que l'autobus ne passerait pas, ni rien d'autre. Mais s'il était passé, et que ma compagne s'y soit trouvée...? Il faut dire que je n'y comptais guère, mais j'attendais. Tout à coup – boum! Là-haut sur Saint-Gilles, une explosion. Une seule. Et par-derrière la colline, une fumée, toute droite, toute blanche comme un nuage d'été.

Justement, c'était un beau jour, un vrai jour d'été, bien qu'on fût je crois le 18 avril, et le jeudi saint. Il faisait bon. J'attendis un peu de temps encore, et je rentrai à la maison. Bien sûr, Sabine ne viendrait pas. Et moi, qu'est-ce que je faisais encore là-dehors ? Je dis l'explosion, la fumée.

– C'est le château de Ribeyrie, dirent chez nous. Ça ne peut être que le château.

On le sut plus tard, c'était le château. Mais qui l'avait fait sauter ? Ils se doutaient bien que les maquis étaient par là, mais ils ignoraient que ce fût le PC du grand chef, depuis six mois au moins. Aussi se demandaient-ils par quelles représailles avait été détruit l'édifice, et chacun se contentait de regretter dans son cœur. Saint-Gilles, c'était le pays de ma grand-mère, et si nous n'avions guère de relations avec les actuels propriétaires, on avait bien connu les précédents. Alors, qui avait fait sauter le château, et pourquoi ? Les maquis ou les Allemands ?

Peu de temps auparavant, au retour d'une de ses longues promenades qui pourtant l'amenaient rarement jusque-là, mon grand-père avait dit, tout triste :

– Cette fois, c'est la fin de tout. Les maquis ont fait sauter le rocher de Larsinat.

Je ne la connaissais pas auparavant, et je ne l'ai vue que bien plus tard, cette table de pierre nue qui sortait de la colline comme un bras tendu. J'en avais entendu parler, certes, par la légende de la Taure-Maure et celle de l'Illusion blanc. Quand je le vis, le rocher était brisé, par terre, mais il était impossible de voir si la chute était naturelle, ou si elle avait été le résultat d'une explosion. Bien sûr, on aurait pu avoir la tentation de chercher là l'incalculable trésor de la Taure-Maure, encore que les trésors mythiques ne se gardent pas, et ne se trouvent pas, de cette façon. Quoi qu'il en fût, les explosions, les coups de feu, les rafales qu'on entendait à n'importe quelle heure du jour ou de la nuit ne pouvaient pas être le fait des Allemands. Des Allemands, on n'en voyait guère, jusque-là. Et même, on n'en voyait jamais. D'où le dilemme. Les maquis ? Ou les Allemands ?

C'était bien les Allemands. Quand ils arrivèrent, la Résistance avait quitté la place. Mais les propriétaires étaient là. Les Allemands les avaient alignés dos au mur, avec la bonne et sa fillette, qui avait douze ans. Ils restèrent là, debout, sous la menace des armes, de longues heures. Et pour finir, boum! L'explosion, l'incendie. Dans la nuit, la vieille dame, la grand-mère, mourut dans le lit de Maria, la bonne, où on l'avait couchée malade. Son cœur n'avait pas supporté... La Maria vivait non pas dans le château, mais dans la maison attenante à la grange, en face. Et la grange ne fut pas touchée. Du château, aujourd'hui même les ruines sont arasées. Rien n'en reste.

Quand je me tourne vers cette mémoire, déjà ancienne il est vrai, mais qui est la mienne, qui devrait tenir en cohésion ces choses qui furent, et d'une certaine manière me furent moi, je m'étonne de ce désordre où les faits m'apparaissent, semblerait-il, sans liens et comme désarticulés.

N'était-ce pas lorsqu'il était venu m'attendre, la veille ou l'avant-veille à Chamberet, que mon père avait rencontré les premiers Allemands, sur la route vers Journiac?

– *Papieren... Papieren...*

Mon père, comme tout le monde, avait sa carte d'identité, et ma mère, et mon grand-père... Ils s'étaient fait faire des photos à Chamberet, chez le père Jaquet, qui s'était réfugié rue Veilham avec sa femme. Cet homme avait été, je crois, ébéniste de son métier. Peut-être même avait-il fait l'école Boulle. Sur ses vieux jours, c'était des photos qu'il faisait, dont le réalisme déclenchait le rire de ses modèles – et de ceux qui les regardaient. Le moins qu'on en puisse dire, c'est qu'ils n'étaient pas flattés. De toute façon, on finissait bien par rattraper l'âge qu'elles vous donnaient.

Donc, mon père avait montré ses *Papieren*, et il était passé sans encombre. Avait-il oublié ces messieurs pour autant? Les avais-je oubliés, moi?... Nous n'y pensions pas, ce vendredi saint, alors que nous étions tous deux dans le jardin à greffer des arbres fruitiers. Des pommiers, des poiriers, des cerisiers, et même des pruniers, en dépit de la date tardive pour l'espèce. Le reste, c'était la bonne saison, faute du jour particulièrement faste des Rameaux. Nous étions donc là, très occupés, quand nous entendîmes des pas pesants, des voix fortes, juste au-dessous sur le chemin de la Montade. Je levai la tête – des Allemands. Je n'eus pas peur – des Allemands, moi, j'en voyais tous les jours ou presque. Je ne dis pas que cela nous fît plaisir, à mon père et à moi, mais tout de même nous continuâmes tranquillement notre travail, un moment, avant de revenir à la maison. Il y en avait déjà deux dans la cour, et mon grand-père leur versait du cidre. Nous sûmes que d'autres étaient allés chez les voisins, que chez la mère Génie ils étaient descendus dans la cave, et qu'elle s'était fâchée lorsque l'un d'eux, découvrant le saloir, avait, croyait-elle, voulu voler du lard... Déjà ils remontaient le village, et l'un, qui devait être le chef, interpella rudement ceux qui étaient chez nous, qui ne se firent pas dire deux fois de le suivre.

Cependant ma mère était inquiète, et elle avait une bonne raison. Depuis l'hiver dernier, ou même l'automne, les jeunes du Chantier, au lieu d'attendre un enrôlement massif au STO, filaient aux maquis les plus proches. Il y avait des recruteurs et des passeurs. Nous connaissions bien un jockey, entre autres, qui s'y employait assidûment. A La Farge, il s'occupait des chevaux de course – je me rappelle un certain Mignon qui s'était distingué l'été d'avant à Pompadour – et il promenait les montures des chefs par les chemins de campagne. Autant que je me souvienne, ce statut spécial lui permettait à l'occasion de conter fleurette aux demoiselles, de préférence celles qui ignoraient qu'il eût installé femme et enfants, dont il ne s'occupait guère, au voisinage du camp. Mais ceci est une autre histoire.

Il passait souvent par chez nous, donc, et je me souviens de l'avoir entendu frapper à la porte, assez tard le soir, en compagnie de quelque jeune que nous ne connaissions pas et que nous ne reverrions jamais. Ils entraient, se chauffaient, quelquefois soupaient, et rentraient dans la nuit : ils allaient au bal. Et en effet, il y avait bal, à la Veyssée ou ailleurs, mais le jeune ne reviendrait pas. Passé le bal, il y avait les bois, Saint-Gilles...

Or, quelques jours plus tôt, un de ces jeunes, en passant, avait laissé une valise. Une valise lourde, très lourde, disant qu'il la reprendrait, plus tard. On la rangea quelque part. Et c'est alors que mon père avait rencontré les Allemands. Aussitôt ma mère se souvint de la valise, se leva avant jour et, à grand effort, traîna l'objet jusqu'au premier arbre creux venu, un gros châtaignier à l'entrée du bois des Varachoux. Et voilà qu'aujourd'hui les Allemands, ayant contourné le village, redescendaient vers les Varachoux, dont ils visitèrent le moindre recoin et le creux de tous les arbres, sauf, par quelque miracle, le premier châtaignier au bord. Ouf!

J'étais encore là, quelques jours plus tard, quand le jeune homme revint chercher sa valise. Il n'était pas content. On l'avait fait cacher avec d'autres, trois jours, dans un souterrain, et de là, ils entendaient les pas des Allemands qui battaient le sol au-dessus. Il dit tout cela, et qu'on ne le reprendrait pas au maquis – s'était-il figuré la vie de clandestin comme une partie de rêve? Il dit tout cela, ou plutôt nous le devinions avec quelques mots qu'il baragouinait tant bien que mal. On nous avait dit qu'il était basque, et s'appelait Baum.

Enfin, les Allemands ne trouvèrent rien, ni chez nous, ni dans le village, ni dans les bois proches. Mais tout à coup, paf! On s'avance, on regarde par-dessus les haies : au Pescher, ils avaient fait brûler la maison de la mère Nanette, une masure peut-être, qui était vide depuis longtemps, à moins que les petits-enfants n'y vinssent passer les vacances; pour pauvre qu'elle fût, enfin, une maison... Et maintenant, de l'autre côté vers la Montade, venait une autre fumée. Était-ce une maison, là-bas?... Seulement un gros tas de feuilles, qu'on avait assemblé pour la litière, mais qui aurait bien pu, c'est vrai, cacher des armes, ou l'entrée d'un abri. Et tout le bois brûla.

On entendait de temps à autre des coups de feu par la campagne. Nous sûmes un peu après qu'ils avaient abattu un jeune homme, entre Surdoux et Meilhards, au village du Mas. Le garçon se sauvait et n'obéit pas quand ils l'interpellèrent. Il était sourd-muet.

Oui, depuis quelque temps, le Chantier de jeunesse était percé, son contenu fuyait dans les bois. Un jour, quelques-uns qui venaient chez nous racontèrent que, la nuit précédente, ils avaient été « attaqués » par le maquis, et comment ils passaient aux assaillants les couvertures par les fenêtres. Ils en avaient mis tout de même une paire de côté, pour nous. C'était des couvertures de cheval, peu importe : par les temps qui couraient, ce n'était pas de refus et somme toute, nous les avions bien méritées. Ces jeunes, tout un groupe de cinq ou six, étaient bourguignons. Deux d'entre eux, Marius et Claudius, venaient depuis longtemps, je les avais rencontrés, nous avions même échangé quelques lettres, et je crois leur avoir envoyé de Brive, et sans doute grâce à Régine, des plumes de stylo ou d'autres babioles qu'on ne trouvait pas à Chamberet. L'un d'eux fut le seul à nous donner des nouvelles, peut-être vingt ans après, avant que l'autre ne revînt voir le pays, quarante-sept ans plus tard.

Un autre, du même groupe, avait failli se marier... peut-être. C'est qu'elle était jolie, la Aîmée, à cette époque, toute jeune, charmante. Lui-même était beau garçon et, à ce que dirent ses camarades, fort riche. C'est ce qu'ils racontèrent un jour qu'il n'était pas venu manger avec les autres, parce que, justement, il devait la rejoindre.

– Mais elle aussi, ajoutèrent-ils, elle a une belle propriété.

– Une propriété? fit ma mère en toute innocence. Si sa propriétaire veut lui en faire cadeau, certes!

– Quoi?

Ils étaient contents, les autres! Eux qui jalousaient le camarade d'avoir trouvé si belle fille ensemble et si beau parti.

– Ne le lui dites pas, disait ma mère, ne lui dites rien... Ne rien dire!

– Il le saura. De toute façon, il faut bien qu'il le sache. Soyez-en sûre, il est bien trop fier, il ne la reverra pas. Et vous ne le reverrez pas non plus.

Et ils ajoutèrent :

– Ce n'est pas parce qu'elle serait pauvre. C'est parce qu'elle a menti. Ça, il ne le supportera pas.

On ne le revit pas. La fille pour autant n'est pas restée seule. Les hommes, mêmes riches, ça ne manque pas.

Le printemps s'avançait. La démarcation entre le Chantier et le maquis devenait de plus en plus floue et interpénétrable.

Hé! Comment aurait-il été blessé par arme à feu, s'il avait été au Chantier, ce jeune homme qui était venu, une nuit, en compagnie de quelques autres, se chauffer et manger? Il était guéri, il est vrai, bien qu'il continuât à souffrir d'une soif que seul le lait calmait quelque peu. Le fusil d'un camarade, parti accidentellement, l'avait blessé aux jambes, à bout portant. Au

Chantier, comme arme, ils disposaient d'un couteau. Et encore! Les chefs d'équipe. Tiens... j'ai oublié le nom sauvage par lequel le désignaient ses copains, son nom (ou même son surnom) de guerre; c'est que je ne l'ai pas du tout connu, moi, ce sont mes parents qui parlaient de lui.

Et ils me contèrent aussi le spectacle inoubliable des parachutages nocturnes sur le puy des Fayes, qu'ils avaient admirés par la fenêtre de la chambre de la Marraine. Et comment, une première fois, les maquis étaient venus demander les bœufs pour transporter les containers, et bien sûr, mon père les avait liés et les avait confiés à l'un des garçons. Mais par la suite ils ne demandèrent plus jamais notre attelage. Sans doute les bœufs avaient-ils eu peur et peut-être ne les avait-on pas traités avec la douceur à laquelle ils étaient accoutumés. Depuis cette nuit-là, le Maillou n'avait jamais supporté de voir un homme vêtu de kaki. Quand cela arrivait, même de loin, il roulait les yeux et redressait violemment la tête, comme sous un choc inattendu. C'était un bœuf patient, pourtant, et sans méchanceté.

Un jour, il vint à la maison un groupe de jeunes gens du Chantier, et un autre groupe. Ma mère les mit à table, les uns par un bout, les autres de l'autre côté. L'étonnant de la chose, c'est qu'ils ne se connaissaient pas, et que les uns demandèrent aux autres ce qu'ils avaient mangé, et toute sorte de renseignements sur le camp. Ils étaient encore à table, quand le père Monarque entra. Monarque, haute figure de Chamberet, avait été notre marchand de vin. C'était un homme plutôt grand, qui se tenait très droit, faisant claquer ses moustaches avec assez de suffisance.

Ce jour-là, il voulait acheter du blé noir, des œufs, quelque volaille. Et tant il se plaignit, le bon homme, et de ceci, et de cela, qu'on lui donna tout ce qu'il voulut. Au moment de payer, au lieu de demander la note, il sortit de sa poche un papier où tout était inscrit, le prix officiel de toute chose, celui qui se pratiquait à la réquisition, un prix dérisoire. Personne ne protesta, il paya ce qu'il voulut. Quand il fut parti :

– Comment? fit l'un des garçons. Ce bonhomme vient se plaindre chez vous, vous lui donnez tout ce qu'il demande, que vous n'avez pas le droit du tout de lui vendre, vous vous mettez en faute pour lui, et c'est ainsi qu'il vous remercie!

Mais il ne s'était pas contenté de ça, Monarque. Il était si sûr de lui qu'il expliqua, à voix haute et intelligible, qu'on ne lui prendrait pas sa voiture, parce qu'il avait ôté les roues, et encore parla-t-il de ce cognac, qu'il conservait en barricot, et que sais-je encore!...

– Je lui en aurais donné bien plus, disait ma mère, pour rien, pour qu'il s'en aille.

Et elle ajoutait :

– Si je lui avais tenu sa langue, je la lui aurais coupée entre mes dents.

Hé! Que pouvait-elle dire? – Taisez-vous, j'ai là quatre garçons du maquis, qui vous écoutent?... Non, elle ne pouvait rien dire...

Quelques jours plus tard, on la lui emmena, sa voiture, et les roues, et le cognac du barricot, et même sa belle veste en cuir, dont il était si fier. Chez nous ne pouvaient qu'en rire. Il y eut encore un épilogue. J'étais à Limoges, l'année d'après, je logeais rue Montmaille dans un hôtel qui n'existe plus. La guerre était finie, ou presque, restait la poche de Royan. Quand les armées remontèrent, de nombreux camions s'arrêtèrent dans notre rue, et les soldats vinrent prendre un repas, peut-être deux, dans les restaurants les plus proches, mêlés aux pensionnaires. C'est ainsi que je pus converser avec mon voisin :

– D'où êtes-vous?

– De Chamberet.

– Ah oui, Chamberet!...

Il était passé par Chamberet. Il connaissait. Et le voilà qui se met à me raconter l'expédition chez Monarque, et la voiture, et le cognac dans le barricot, qu'il prétendait être du vin blanc, gâté et le reste...

MON Dieu! Fut-ce seulement cette année-là? Ou déjà l'année précédente? Ce jour-là, mon père était allé à Chamberet, avec la bécane bien sûr, faire des courses. Entre autres, il lui fallait de la graine de carottes. Il n'y en avait pas dans les épiceries; mais on lui indiqua que M. Maffrey, qui cultivait lui-même un grand jardin, pourrait lui en fournir. Je connaissais peu ou prou ce monsieur, pour l'avoir vu animer quelque fête à Chamberet, raconter des blagues, annoncer les numéros... En fait, je n'avais dû le voir que costumé, je ne l'aurais peut-être pas reconnu au passage. Mes parents, si. Mon père donc se rendit chez lui. Les gendarmes étaient déjà là, comme en visite cordiale. Mon père serait reparti sans rien dire, mais Maffrey l'aperçut et l'interpella :

– Vous vouliez quelque chose?

Alors mon père salua, et il le dit, pris de court :

– J'aurais voulu des graines de carottes... Mais que...

– Est-ce que je sais! Ils veulent m'emmener...

– Et, disait mon père, il m'a donné les carottes, et il n'a pas voulu me les faire payer. Et je suis parti...

Sa voix restait en suspens sur ce départ comme s'il se demandait s'il n'aurait pas pu faire quelque chose, tenter quelque chose. Mais, pensions-nous d'abord, ce n'était sans doute pas si grave, même s'il était arrêté, ce n'était que par les gendarmes, ceux de Treignac, les nôtres... Que pouvaient-ils bien lui reprocher?

– C'est un communiste, disait ma mère.

– Et alors?

– Que veux-tu que je te dise? Qu'est-ce qu'on sait?

On ne savait rien. Sinon que les gendarmes l'emmenèrent, on sait pas où, on ne sait pas pourquoi. Et qu'on ne l'a jamais revu.

D'autres aussi, on ne les a jamais revus. Il y avait ce si beau jeune homme, à Bonnat, dont j'avais beaucoup entendu parler sans jamais le voir. Un soir – je crois que c'est le soir, l'autobus d'Eymoutiers dut s'arrêter, à la sortie de Domps, là où s'amorce la sinueuse petite route de Saint-Gilles, celle qui passe par Traïeux, l'Éburderie, les Buges, délicieusement. *Berce-le bien, belle nature,* il n'est pas seul à dormir là-haut. Il avait été, m'a-t-on dit, plusieurs fois menacé. Mais si c'était à cause de ses relations, de ses actions, ou de sa belle figure, comment savoir? Je n'en sais rien.

Et il y avait eu, à Chamberet, un homme, réfugié, dont je ne sais rien non plus, qu'on ne connaissait pas dans le pays, ou guère. Ne fut-il pas, celui-là, abattu sur le pas de sa porte? Je crois même que c'est lui qui inaugura la série, toutes catégories confondues.

– Ils l'ont tué? dit la Marraine. Ils pouvaient aussi bien l'écorcher et le manger. Ça leur aurait fait de la viande.

De telles horreurs la rendaient malade, à vomir. Tuer et manger pour elle, c'était tout un, puisqu'il fallait bien tuer les bêtes, pour les manger. Sinon, on aurait dû les manger vivantes. Elle dit la même chose, quand notre cousin Denis fut massacré chez lui devant sa femme et ses enfants. Mon Nez-Noir, qui s'était établi forgeron à Vergnas pour élever sa petite famille. Je l'avais rencontré peu avant, chez sa mère à Surdoux. Le moins que j'en aurais pu dire, c'est qu'il ne m'avait pas semblé pro-nazi, certes, bien qu'un peu accablé par la tristesse de la conjoncture. Je ne me rappelle pas textuellement ses propos, évidemment. Ils n'étaient pas de ceux qu'on voudrait graver sur des tables de pierre. Mais pro-allemands – jamais de la vie.

On a conté au sujet de cette exécution, bien des choses. D'abord qu'il était l'ami du maire. Celui-ci, mon grand-père le connaissait. Il l'avait rencontré peu de temps auparavant, à quelque foire, et aussi d'autres personnes, dont l'une interpella le maire, justement, de façon assez cavalière :

– Tiens ! Tu es là, toi ?

– Hé ! J'y suis, ce me semble...

– Tu n'es pas mort ?

– Mais non...

– Ah, je crois que tu n'as pas bien longtemps à vivre.

Ç'aurait pu être une plaisanterie. Mais le maire fut abattu, deux ou trois jours plus tard. Et on lui avait coupé les oreilles.

Denis aurait donc été l'ami de cet homme-là. Être l'ami de quelqu'un, seulement lui parler, là commençait le crime. Quel crime ? Qui en était le juge ? L'exécutant, on le voyait, généralement à visage nu. Le véritable responsable, lui, pouvait se dire. Il s'appelait Rumeur, Vengeance, Calomnie, Jalousie, Rivalité, Haine... et de toute manière Lâcheté, Délation, Bêtise. Son visage pouvait être celui de la victime elle-même tout comme celle du bourreau. Allez savoir !

Pour Denis, on parlait encore d'une méprise, à cause d'Hubert. Hubert était un sien cousin que j'avais rencontré chez Pradeau, au temps de l'école primaire, un beau garçon un peu plus âgé que moi. Avec un autre jeune de son âge, il avait réussi à s'échapper de Paris et à franchir la ligne de démarcation : à nous la liberté ! Je ne sais s'ils l'avaient depuis Paris, ou s'ils avaient trouvé cette opportunité ailleurs, ils avaient volé une voiture de la Gestapo. Dans un premier temps, cela leur facilitait les déplacements. C'est ainsi qu'ils se seraient rendus chez Denis. Le but de leur visite peut très bien s'imaginer, quel qu'il ait été – repos, ravitaillement, prise de contact avec un groupe local de Résistance. Mais si l'entretien resta secret, le véhicule, lui, ne passa pas inaperçu. Une voiture de la Gestapo ! Cela se comprend : une goutte d'ammoniaque dans la fourmilière. La nouvelle fut vite répandue, et l'on doit reconnaître qu'elle ne pouvait pas ne pas être conjurée. Elle le fut de la façon qu'on sait, pour l'exemple, par le corps d'un père pissant de partout son sang devant trois petits enfants et leur mère.

Quant à la voiture coupable, elle dut poursuivre sa route plusieurs jours encore. La seule trace qu'on ait retrouvée d'Hubert, c'est une photo anthropométrique de très mauvaise qualité, prise quelque temps plus tard, dans les bureaux parisiens de la milice – ou de la Gestapo, je ne sais plus – juste avant son départ pour ces lieux de mémoire, Ternagot le Pays dont on ne revient pas.

La Gestapo je m'en souviens, on en parlait très peu et à voix basse, comme si le mot lui-même avait été porteur de maléfice. Il l'était. Jeannette m'avait raconté, déjà l'année précédente, une petite aventure qui leur était arrivée, à elle et son frère. Tous deux se promenaient, je pense sur la route de Paris, au-delà de Limoges où elle habitait. A un moment, ils avaient beaucoup marché, ils se retrouvèrent loin de chez eux, fatigués et en retard. Son frère n'eut-il pas l'idée de faire de l'auto-stop? Même sur la route de Paris, les voitures étaient rares. Ils firent signe, et l'une s'arrêta, les prit aimablement en charge. Il y avait un homme et une femme et c'est la femme qui leur parla, en excellent français, mais avec un accent qui ne trompait pas, même si elle n'avait pas fini par leur dire :

– Nous sommes de la Gestapo.

La Gestapo, à l'époque, Jeannette n'en savait pas plus que du NKVD ou de la CIA. C'est à peine si elle connaissait le mot de maquis que la femme avait prononcé plusieurs fois. Quant à son frère, il n'avait pas ouvert la bouche, pas même pour dire merci quand leurs hôtes si obligeants les laissèrent à leur porte. Et comme elle lui en faisait reproche, il lui avait expliqué quel danger ils venaient de courir, directement à côtoyer ces gens, indirectement à être vus en leur compagnie. Après coup, elle frissonnait de l'incident, mais aussi n'en était-elle pas peu fière. L'aura du danger n'est-elle pas aussi couronne de gloire?

Dans la hâte qu'on eut d'oublier ce passé si lourd, si triste, si peu honorable, quantité de papiers furent brûlés, de documents détruits, emportant à jamais le souvenir des victimes et des coupables, laissant planer sur les uns et les autres le même opprobre, la même suspicion, sous les eaux troubles d'une mémoire infidèle et vague qui, aujourd'hui déjà, n'est plus capable de dénouer les fils de la réalité, encore moins de faire la part des choses, et qui, de plus, s'en moque comme de l'an quarante. Les années quarante, nous les vivions, pour nous, c'était l'aujourd'hui.

C'était tellement l'aujourd'hui que nous vivions au jour le jour. Ce n'est pas seulement dans ma mémoire que les temps semblent juxtaposés, comme sans relations l'un avec l'autre, au coup par coup. Il en était ainsi. Au bout des vacances – mais quel jour? – nous rentrâmes. Je pense que c'est cette fois que je rentrai en compagnie de Marcelle. Georgette et Geneviève n'étaient pas avec nous. Nous pûmes aller par l'autobus jusqu'à Masseret où il nous fallut souper et coucher dans un hôtel près de la gare. Je me souviens de cette chambre, assez confortable, encombrée de fauteuils, de tapis, de coussins, de napperons. Je me disais que j'aurais aimé passer des vacances, n'importe où, dans une pareille chambre. C'est qu'il me prenait aussi de temps en temps des envies de confort, de bric-à-brac bourgeois, de féminité.

Dans notre cour exiguë, tout autres étaient les soucis peut-être. Ce n'est pas seulement en qualité de Baron que je mettais le poing sur la hanche, *drapée dans ma capa*. N'étions-nous pas aussi, d'une certaine façon, Cyrano de Bergerac? J'en avais la cape, Lucette le nez, Jacqueline... l'esprit. Le *triumvirat* s'en donnait à cœur joie de provocations et de controverses. Sans parler de ces *romans* que nous inventions ensemble, de toute notre vitesse d'élocution. Ce que nous pouvions raconter, inventer, ainsi parlant, dialoguant, criant, riant, traversant la cour à grands pas, gesticulant, sautant ou serrées l'une contre l'autre par le coude, je n'en ai pas le moindre souvenir. Sinon que, comme dans les nobles conversations que j'entretenais avec la Marquise, nous nous efforcions à un langage recherché, classique, avec des formes « grand siècle » qui nous ravissaient.

Ah! La Marquise, toujours tirée à quatre épingles, ponctuelle, efficace – quel contraste avec moi qui achevais sans façon d'user mes dernières guenilles, mal coiffée, tout juste lavée, toujours en désordre et toujours en retard... La Marquise n'aimait pas les chats. Nous disions qu'elle avait peur des chats. Il y en avait toujours quelqu'un qui s'installait aux cuisines, errant par toute la maison. Pour pauvres qu'elles fussent, nos cuisines étaient quand même moins froides que les rues, et les souris non plus ne manquaient pas. Dans le plancher du dortoir, nous avions repéré plusieurs trous habituellement fréquentés par la petite demoiselle grise à qui souvent nous faisions l'offrande d'une miette de pain, d'un fragment de biscuit caséiné. Quand elle daignait offrir à nos regards son petit bout de nez tout frais rasé, quel ravissement! Entre les souris et les chats, je ne choisissais pas, moi. S'ils avaient querelle, je n'y pensais même pas. J'aurais bien voulu caresser l'horrible petite chose noire qu'on voyait par la fenêtre, ou qui descendait dans la cour d'honneur, grosse tête, gueule rouge et toujours ouverte, miaou!

– Miaou!... Miaou!... Miaou!...

Ça le prenait par crises, et souvent. Minuscule, avec une voix énorme, qui devait retentir dans tout le quartier. Nous l'avions appelé Charlemagne.

Or, un matin, dimanche, que j'étais particulièrement en retard, la Marquise, impeccable, m'attendait avec grande impatience. Tout le monde était descendu, je n'avais pas encore mes chaussettes.

– Attends-moi!

– Baron, si tu n'es pas prêt, je descends sans toi.

Elle ne voulait pas manquer sa messe. Eh! Moi non plus. Je me hâtais, mais il faut le temps.

– Tu n'es pas prêt, je descends.

Et elle marche vers la porte, d'un pas décidé. Elle ouvre la porte – se trouve nez à nez avec le chat, qui arrivait la queue en l'air.

– Miaou!

– Oh! Charlemagne!

Elle referme la porte sur l'indésirable.

– Baron, je t'attends...

Quelques minutes plus tard, cependant, elle ouvrit elle-même bravement la porte, et, constatant l'absence de l'animal :

– Ah! tu vois! Il a eu peur de moi.

Nous en avions oublié le *vous* de cérémonie.

– Miaou! Miaou! Je m'efforçais, moi, d'imiter le chaton, tout heureuse quand je le voyais accourir, ou que je l'entendais répondre à mes appels, comme si j'avais été un authentique matou.

Elle n'aimait pas les chats, non, et guère plus les chiens.

Lorsque l'un d'eux s'approchait, menaçant ou débordant de caresses :

– Dis au chien qu'il s'en aille.

On était bien loin des crimes de guerre. Le scandale avait tenté pourtant d'entrer chez nous. J'étais avec Annick quand nous les aperçûmes au bout du couloir dans la lumière vive de la cour d'honneur, *feldgrau* sanglé autour du poitrail, deux intrus dont la vue nous rejeta en arrière, puis dans l'escalier, et jusqu'à la fenêtre du premier d'où nous pouvions voir, par-dessus, la scène inquiétante. Oui, c'est une chose que j'ai vue, que nous avons vue comme personne. Pourtant ne m'en est restée aucune image réelle, si ce n'est la silhouette en raccourci des deux personnages. Il est vrai que nous voyions les gestes, mais que nous n'entendions pas, et sans doute alors n'ai-je rien compris à la pantomime. Nous sûmes pourtant qu'une de nos compagnes, une seconde je crois, avait été arrêtée, et emmenée pour interrogatoire... Accusée de quoi, cela fut dit, je l'ai oublié. Quand elle revint, après quelques semaines, elle souffrait d'une extinction de voix qui dura encore longtemps.

Il faisait chaud dans notre cour. La poussière qui s'en levait sous les pas, écœurante, nous faisait rechercher l'ombre des deux platanes, au fond de la cour, devant le pavillon grillagé sur la rue, où nous avions parfois des cours, des loisirs... Rare était cette ombre. L'autre platane en faisait tout juste pour se couvrir son propre tronc. Au réfectoire, il fallait se dépêcher, on faisait maintenant deux services, les externes étaient de plus en plus nombreuses à partager notre maigre pitance. Les professeurs eux-mêmes avaient leur cantine, face aux cuisines, dont les fenêtres donnaient sur la cour d'honneur, ce qui laisse penser que, du côté de la nourriture, les choses ne s'arrangeaient pas dehors. Parfois, on les entendait parler, rire. Il y avait toute une couvée de jeunes et jolies filles, juste sorties de l'université; ce petit monde-là, comme nous-mêmes, eût aimé rire et s'amuser.

Parfois, Mlle Mouton engageait, avec M. Audierne son confrère, quelque savante discussion, et il m'arriva d'en être. Même si je n'avais pas grand-chose à dire, je suivais le mouvement, et ce n'est pas une simple façon de parler. C'est que M. Audierne, qui était unijambiste, je l'ai dit, se déplaçait sur ses béquilles, par une sorte de mouvement de pendule, avec une extraordinaire rapidité, et comme nous tournions autour du palmier dans son massif de sauge, Mlle Mouton devait marcher vite pour le suivre, et moi, à l'extérieur, je courais presque. Pour autant, je n'aurais pas laissé ma place, croyez-m'en! Que si cette performance me valait mainte réflexion désagréable et quelques quolibets, à mon avis ce n'était pas trop cher payé. Et qui m'empêchait de rire avec les autres? Tant pis pour qui ne sait pas rire de soi. Si je n'avais pas su, moi, que de rancœurs, que d'impuissantes colères, que d'acrimonie n'aurais-je pas accumulées en moi, dans une tristesse déprimante!

On entendit encore quelques détonations en ville, et cette nuit-là une explosion. Le lendemain, on nous dit que c'était l'usine Philips. Le dimanche d'après, Mlle Mouton vint nous chercher, j'étais seule à sortir avec elle. Il faisait beau, un jour de printemps comme on en rêve, presque d'été. Nous traversâmes la Guierle, la Corrèze sur la passerelle – encore quelques pas, et voilà l'usine Philips, une ruine, avec le tas des ardoises du toit par-devant. Ces ardoises, dont beaucoup semblaient intactes, nous donnèrent une idée. J'en pris deux ou trois des plus belles, des plus lisses : nous allions faire du dessin. Nous voilà, franchi le ruisseau, dans le joli chemin à gauche. Le chemin, d'habitude parcouru de jeunes couples, de groupes riants de garçons et de filles, de familles entières avec leurs jeunes enfants, ce jour-là le chemin était vide. Nous finîmes par le remarquer, mais en nous disant qu'il était sans doute encore trop tôt. Et puis nous en eûmes assez de marcher.

Il y avait là, à droite en contre-haut, derrière de mauvais barbelés que nous pûmes franchir sans peine, un pré à moitié en friche, sans doute brouté par des moutons, mais déjà gagné par des touffes de genêts et d'ajoncs, et des arbustes dont l'ombre légère nous semblait un paradis. Senteurs des herbes en fleurs, de la sève verdoyant aux haies, enivrement d'un soleil léger, mobile... Les ardoises, vraiment, n'offraient pas au trait une surface facile. On finit par les abandonner. Et puis on restait là, à moitié endormies... Mais que se passait-il? Là, sur la colline en face, qui était toute couverte de taillis épais et courts, un coup de feu. Deux. Et encore d'autres. Pan! Les détonations se succédaient, très irrégulières, mais proches. Oui, semblait-il, là, un peu plus haut, un peu plus loin – un peu plus près – dans les buissons en face. Nous nous demandions ce que cela pouvait être...

Croyez-vous cependant que nous eûmes l'idée qu'il serait prudent de partir? Que non. Bien au contraire. Nous avions le sentiment, derrière cette clôture de barbelés, entre les genêts épars, d'être en parfaite sécurité. D'ailleurs, la fusillade avait cessé – ou presque. On entendait encore, de temps à autre, deux ou trois coups, parfois un seul, qui nous faisait sursauter. Et puis, tout redevenait calme. Une paix... Se serait-on battu, ici-contre, nous n'étions pas concernées. Et même, ayant jeté les ardoises, nous entreprîmes de nous coiffer. De nous inventer des coiffures. Je voulais m'en faire une que je qualifiai de grecque. Je commençai par des petites nattes, qui furent retressées en bandeaux sur les tempes, et d'autres, par-derrière, étaient relevées pour rejoindre celles-là... Pour ma compagne, ce fut plus simple : les cheveux un peu gonflés sur le front, vers les oreilles où deux nattes venaient se perdre depuis la nuque. Elle garda cette coiffure qui lui seyait, d'ailleurs, pendant un certain temps. Quant à l'espèce de panier que je m'étais confectionné, holà!

A un moment, la fusillade avait repris. Mais enfin, qu'est-ce que ça pouvait être? Dans le chemin proche, personne n'était passé. Il faudrait bien rentrer. Nous n'avions pas de montre. Il devait être tard; là-bas, le soleil baissait, les ombres se faisaient longues. Enfin, on n'entendait plus rien, nous nous décidâmes, nous hâtant à présent. Quelle heure était-il donc? Il fallait que je sois rentrée à sept heures, pour le repas, et Mlle Mouton aussi, puisqu'elle profitait de la cantine, et puis il lui faudrait rentrer avant le couvre-feu. Dans les rues, on courait presque, mais elle voulut passer chez elle, ce qui nous retarda encore. Et cet autre problème : quelle excuse présenter pour notre retard? Le sien... elle était libre. Mais moi! J'eus une idée :

– Nous dirons que nous avons été arrêtées par les GMR.

Il devait y avoir un corps de GMR à Brive, on en parlait quelquefois. Elle amusait bien Mlle Mouton, cette idée. Mais elle la trouvait quand même farfelue.

– Eh bien, trouvez mieux!

En passant devant le théâtre, nous vîmes l'heure : 7 h 20. Les gens se hâtaient. Nous aussi, tout en réfléchissant. Oui, nous réfléchissions, c'est sûr. Mais le collège était là, et nous n'avions rien trouvé de mieux que les GMR. Et moi, avec ma coiffure *à la grecque*! Nous passâmes le portail, je courus vers le grand dortoir, où étaient les lavabos, et les glaces, devant lesquelles j'entrepris de défaire la vannerie. Le dernier tressage ne posa pas grand problème, mais voilà maintenant que les petites nattes se hérissaient autour de mon front. J'en comptai dix-sept, droites comme des bâtons de réglisse. J'y plantai le peigne, et je tirai. Peine perdue, il me fallut les défaire une à une, patiemment, et en silence, car la surveillante était dans sa cabine, là tout à côté de moi. J'y étais occupée quand, dans la porte qui donnait sur le faux palier – et de ce côté on y accédait par quelques marches – voilà Mlle Mouton qui clame :

– Voilà, ça a marché...

Et moi, je lui faisais chut! le doigt sur la bouche... Bien sûr, présenté par elle, ça avait marché. Ça ne pouvait pas ne pas marcher, encore ne fallait-il pas vendre la mèche, maintenant. Elle reprit :

– J'ai tout expliqué. Vous êtes excusée.

L'incident provoqua un peu d'effervescence, les autres voulaient savoir. Nous racontâmes les coups de feu... Je n'ai jamais su si les GMR étaient de la fête, mais ça pouvait paraître vraisemblable, même s'ils ne nous avaient pas arrêtées. Non, je n'ai rien su à propos de ces coups de feu, qui sonnaient si proche, et qui ne nous ont pas même dérangées. Seule, Sabine ne crut pas un mot de l'histoire. Elle dit même, d'un ton plutôt acerbe :

– Les GMR t'ont arrêté, Baron? Ils ont bien fait. J'aurais voulu qu'ils te mettent en prison.

Je me récriai, naturellement pour la forme, pour authentifier nos dires. Mais comment lui en vouloir? C'était un jeu.

La surveillante générale à l'internat, Yvonne, était venue aussi voir ce qu'il en était. Je finissais de me laver, de me recoiffer comme à l'ordinaire. Elle jeta vers moi un noir regard de ses yeux télescopiques, et me fit servir à souper, toute seule, dans le grand réfectoire vide. Sans doute ne crut-elle pas non plus à cette aventure. Elle n'en dit rien, toutefois. La première émotion passée, on n'en reparla plus.

Cependant mes relations de plus en plus amicales avec le professeur commençaient à faire jaser. J'entendis ces demoiselles, dans la cour, faire des réflexions vraiment désobligeantes. Denise elle-même y alla de son petit couplet, amical, mais édifiant. C'était pure jalousie de gosses, parce qu'elles me considéraient comme le « chouchou », et m'enviaient davantage mes bonnes notes qu'une sorte de situation privilégiée auprès d'elle. Mais cela aussi leur déplaisait. Hé! Elles rentraient chez elles tous les samedis, la plupart, et passaient quelque trente heures en famille chaque semaine. Les moins favorisées avaient un correspondant en ville, chez qui elles pouvaient aller tout un après-midi, une demi-journée, et même le jour entier. On venait les voir, leurs parents, de la famille. A part les rares entrevues, d'une dizaine de minutes au mieux, avec les chefs du Chantier, qui se contentaient même souvent de laisser mon paquet chez le concierge, je ne voyais jamais personne, moi. Sans Mlle Mouton, je n'aurais jamais franchi le portail qu'en rang par deux au pas cadencé. La messe, le stade – *le Stadium,* il est vrai – et la promenade.

Mais, lorsqu'on a tant de facilités, comment s'imaginer qu'ils étaient longs, les dimanches dans les salles d'étude où nous étions si peu nombreuses, et si rares celles qui se retrouvaient là toujours les mêmes, semaine après semaine. Et ce que c'était, le samedi après-midi, quand l'étude se vidait peu à peu, un train après l'autre emportant sa charge de privilégiées :

– Tulle... Limoges... Capdenac...

On appelait les directions, selon les heures, et chaque fois des volées de manteaux, de sacs hâtivement bouclés, de valises, se précipitaient vers ce bonheur qu'on imagine et qui, d'un retour de larmes qu'on ravale en douce, vous serre le cœur. L'espoir, il est vrai recommence : un jour, quelqu'un viendra.

Jamais personne ne vient.

Et voilà : elle venait. Qu'elle fût le professeur quotidien, après les réticences du début, cela ne changeait pas grand-chose. Quelqu'un était venu. Que l'on fût allé s'asseoir dans l'obscurité d'une salle de cinéma, ou dans la merveille d'un pré de marguerites, ou dans le tintamarre éblouissant d'un café, c'était peu de chose, certes, ce n'était rien – c'était tout, cependant, c'était la merveille de la liberté.

Il y avait eu ce jour où nous avions marché ensemble, avec ses voisines – une mère et ses filles – par les chemins tout en fleurs du printemps, une allée de marronniers roses, un pré de marguerites, justement... et la lumière tourbillonnait au travers des feuillages tendres, des pétales blancs.

Et cette autre fois que nous étions allées à Saint-Antoine, sans nous contenter de passer dans la route, comme en promenade, sans nous arrêter au premier bâtiment, à l'accueil, où l'on nous menait quelquefois, pour des conférences très sérieuses – les oreilles du conférencier, qui flambaient, rouges à contre-jour, comme une fleur sur sa soutane noire... Nous, et il y avait aussi la Princesse, nous étions montées, par-devant les grottes, d'un calcaire gris que la végétation gagnait, jusqu'à l'esplanade de la chapelle, et même nous avons marché dans le parc et même nous sommes entrées dans l'église. Et si je suis incapable de décrire l'endroit, c'est que ma mémoire n'en garde que des images trop insaisissables pour les confronter à aucune réalité. Je me souviens pourtant que nous hésitions à entrer dans l'édifice sacré, parce que nous n'avions rien pour nous couvrir la tête. La solution se trouva dans nos poches – dans nos sacs. J'avais un petit mouchoir bordé de dentelle, un cadeau de Gilberte probablement, nous en fîmes à la Princesse une coiffe délicieuse sur ses boucles blondes – cette image-là m'est restée. Je crois que nous entrâmes les unes après les autres... On ne plaisantait pas alors, avec l'indécence.

D'autres fois, d'ailleurs, Mlle Mouton se contentait de venir nous chercher, de nous ramener à l'heure dite, et nous pouvions aller et venir dans la ville, librement. Une fois, il y avait aussi Sabine, nous étions allées au cinéma, et prendre quelque rafraîchissement à l'entracte. Je revois Sabine piaillant :

– Il est radin, le Baron ! Il est radin !

J'avais dû offrir une bière.

La bière, en ce temps-là, c'est ce qu'il nous plaisait de boire, quand nous pouvions aller au café. Elle était amère, je me souviens. Je disais :

– C'est du jus de topinambours...

Je pensais à la sève des tiges jeunes, plutôt qu'au tubercule. J'avais dû y goûter. Je me revois ainsi, plusieurs fois, attablée devant une bière, en compagnie de Régine, dans ce café qui faisait coin avec le boulevard du Salan. Je devais y avoir rendez-vous avec Mlle Mouton, pour rentrer. J'avais passé l'après-midi avec Régine. C'est avec elle aussi, une autre fois, que j'étais allée vers Malemort, tout au bord de la Corrèze sous les peupliers. Régine avait emporté son maillot de bain, et elle s'exerçait à nager, tout près de la rive, parce qu'elle était encore un peu novice. Puis elle s'était allongée dans le soleil léger qui filtrait des feuillages tremblants. Son corps était rouge comme si on l'avait frotté d'orties. Dans cette eau clapotante, fraîche, qui renvoyait aux branches de mouvants reflets, je dus bien, moi aussi tremper mes mains moites, et le bout de mes pieds. Torpeur de ce soleil, à travers les feuilles, au mouvement de l'eau...

Oui, la philosophie m'apportait de bonnes notes. Par chance. Elles étaient plutôt médiocres, dans les autres matières. Mais il fallait voir, aussi, la peine que je me donnais. Je prenais au cours d'abondantes notes, alors que je n'ai jamais su le faire, et que cela me déplaisait presque autant qu'aujourd'hui. J'étudiais les leçons sur les manuels. Je faisais de nombreux exercices. J'avais même lu des gros bouquins, et d'autres plus minces, mais plus ardus. Avaient-elles lu Bachelard, ou Bergson, mes compagnes moins bien loties? D'ailleurs, je n'étais pas seule à m'offrir les premières places. Jacqueline, qui avait l'esprit plus clair et un sens plus rationnel de la composition, y figurait avant moi, d'aventure. Et d'autres aussi. Nous avions formé, hors des cours, des groupes de discussion libre. C'était le lundi soir. Dans le mien, il y avait deux filles qui s'endormaient régulièrement, pour avoir trop dansé la nuit précédente. Une fois, furieuse, je les envoyai se coucher. Est-ce que je dansais, moi? Si j'avais pu seulement, un samedi soir, ou un dimanche, dormir dans mon lit... veiller à côté du feu...

J'avais fait, en deux fois, un long exposé sur le livre de Lévy-Brühl : *Les Fonctions mentales dans les sociétés primitives*. En lisant ces exemples, que l'auteur analyse avec assez de justesse et d'intuitive finesse, quoique un peu succinctement, je fus frappée par d'étonnantes résonances avec ce que je connaissais de nos traditions – ce qui se disait chez moi, ce qui se faisait, ou ne se faisait pas, ou dont quelqu'un se souvenait, que révélait après coup une expression, un geste, un signe. Je me disais qu'il n'était pas la peine d'aller chercher cette matière chez les Negritos, ni dans n'importe quelle peuplade que l'on pouvait dire « primitive », ou « sauvage »... Mais, naturellement, on voit mieux chez les autres ce que l'habitude, la vanité, la proximité même, dissimulent à nos yeux complaisants, complices, ou blasés. Pour se regarder soi-même, il faut un miroir, et la distance, une certaine distance avec le miroir.

Je me disais cela, mais n'envisageais pas pour autant de me mettre à étudier, ni seulement à répertorier toutes ces choses, autour de moi – autour de moi à la maison – qui avaient mené la vie de mes grands-parents, qui étaient leur vie, et qui déjà avaient tellement changé, même depuis ma petite enfance. Les temps, c'est vrai, étaient exceptionnels, on pouvait encore espérer sinon que tout serait pareil, du moins une certaine continuité... De toute façon, je n'imaginais pas la vie, ni ma propre vie, au futur. A chaque jour me suffisait le jour présent. Le futur ? On peut bien toujours le rêver. Ressemble-t-il jamais à ce qu'on rêve ? Le siècle dernier a rêvé d'innocente vapeur et de mécanique fonctionnelle, le nôtre s'achève en électronique, ayant brûlé plus de bitume que Sodome et Gomorrhe n'en auraient pu imaginer dans leur plus grandiose folie. Il y a cent ans, on témoignait de plus d'impudeur à ôter les épingles de son chignon qu'aujourd'hui à montrer les poils de son cul. Ce que sera demain, nul ne saurait le dire. Philosophe ou voyante, je défie quiconque, les savants ni les politiques, de nous l'assurer. On n'ose même plus nous parler de bonheur, ni en ce monde ni dans un autre, sinon par habitude, et de quelque manière, automatiquement. Nous sommes vieux.

Vieille était la civilisation de mes grands-pères : elle marchait sur ses deux mille ans. Mais celle de mon père n'a pas duré le temps de sa vie, et la mienne fut plus courte encore, déjà elle me laisse en arrière, et depuis longtemps. Le futur s'accélère, il n'est pas plus prévisible pour autant. Bien au contraire.

A cette époque, je pouvais penser, et dans une certaine mesure formuler, des choses comparables. Je n'en imaginais pas la portée imminente. Le passé était passé, oui, mais comment croire, à dix-huit ans, que bientôt le futur serait passé? Un passé aussi dépassé, aussi lointain, que le plus lointain passé? Et surtout, aussi différent? Certes, la vie de ma grand-mère, celle qu'elle racontait, ne ressemblait que de loin à la mienne, ce que j'en avais vécu. Aussi pensais-je que, plus tard, j'écrirais sa vie et celle des autres, de son âge, et que j'en ferais un roman. Mais pour écrire un roman, il faut être romancier, ou le devenir. Or je ne l'étais pas. J'attendais de le devenir. Je n'attendais que ça. Écrire? Mais je savais, écrire! Le problème n'était pas là. J'aurais bien pu aligner des mots, ajouter les phrases aux phrases... Mais un roman, ce n'est pas ça. Je pensais à ma grand-mère, à sa vie, au roman que j'en devrais faire.

J'avais quantité d'idées fausses dans ma tête, qu'il fut difficile d'en extraire, qui n'en sortirent qu'avec le temps. Que la poésie, c'est la prosodie, par exemple. Ou que l'une ne va pas sans l'autre. J'avais beau voir le contraire tous les jours, je voulais m'y tenir. J'ai toujours eu le vertige, sur les arbres, les échelles, les escaliers volants. Aurais-je dû monter un peu haut, il m'aurait fallu tenir solidement la rampe, fermer les yeux... C'était pareil. C'était pire. La poésie, pour peu qu'on y voulût monter, c'était l'inconnu, la hauteur, le vide – le vide autour, et il fallait le voir, ce vide. On ne pouvait pas fermer les yeux. Tout au contraire. Alors, tenir la rampe, solidement. La prosodie, c'était la rampe.

C'est à ce moment-là, tout justement, que je fis un premier pas sans la tenir, la rampe. Un tout petit pas, mais qui parut me projeter si haut! J'aurais cru marcher sur la lune. Je ne tardais pas à me raccrocher. Mais, maintenant j'avais moins peur, et bientôt, j'avançai pas à pas, sur le fil ténu des rayons de lune, et riant comme un funambule, experte à reprendre équilibre, inventant, rien que pour le plaisir, de multiples difficultés. J'avançai? J'avancerais. Je fus longtemps sans voir, ou le voyant, que je volais à ras de terre, ni très haut, ni très dangereusement. C'était encore le jeu de marelle, comme à Saint-Léonard sous la galerie. Tiens! Je l'avais oubliée, la galerie. Ici, il n'existait rien de comparable.

Oui, il y eut le choc de la découverte – j'en eus la conscience – la certitude. Pourtant sur le coup je ne m'engageai pas sur ce chemin, qui me parut s'ouvrir au hasard, plein d'embûches... Merveilleux sans doute, mais exceptionnel comme un cadeau qu'on ne reçoit pas deux fois. En vérité, c'était *cela*. Mais je m'efforçais de ne pas prendre l'événement au sérieux, de le minimiser... Après, que n'aurais-je donné pour rattraper ce moment-là... l'impondérable. Au reste, de tout ce temps, de toute cette année scolaire, je n'écrivis que guère de poésie.

Pour ce qui est de la prose, mes préjugés étaient aussi solides, aussi vains. Et pourtant, j'aurais pu en discuter, les combattre, les anéantir en paroles. Et même, je le faisais. Ils ne restaient pas moins ancrés au fond de l'inconscient, et me continrent des années dans une incapacité infantile qui ne ressemblait à rien davantage qu'à l'imbécillité. Je mis encore plus de dix ans à savoir que l'on peut dire tant de choses, et en prose, sans que ce soit pour autant un roman. Mais cette constatation ne fit que me raffermir dans l'idée que seul le roman est une forme noble, qui vous donne *ipso facto* le statut suprême d'écrivain. Je ne faisais en cela que suivre l'opinion commune, qui prévaut encore de nos jours. Mais je n'étais toujours pas romancier. Enfin, quelque vingt ans après mes premiers contacts avec l'ethnographie, ou l'ethnologie peut-être, je réalisai ce que j'avais alors entrevu concernant ce pays... des centaines de pages qui n'étaient toujours pas des romans. Trente ans de plus, ou presque, à la veille du gâtisme, voilà, j'écris ces souvenirs – de paille sèche ou de sève vive – qui ne sont pas davantage des romans. Qui ne sont rien. Des souvenirs de rien. Une enfance de riens. Une adolescence de rien. Une vie pour rien. Où est-il, l'écrivain qui n'a pas commis au moins son petit roman? Il faudra bien que je m'en passe.

Et je m'en passerai.

Vingt ans! Il me fallut encore vingt ans tout juste pour m'apercevoir que cette langue que j'entendais depuis ma naissance, que j'avais décidé de parler, solennellement, à l'âge de quatre ans, oui que cette langue était vraiment ma langue, et que je l'écrirais. C'était pourtant là-bas, à Brive, oui, quand j'avais dix-huit ans, que la nouvelle avait couru comme le feu sur la semée de poudre : notre « patois » était bien une langue, une vraie, qui n'était pas morte avec les troubadours, qu'elle pouvait revivre et s'écrire aujourd'hui. Qui avait bien pu faire franchir aux murs tellement sourds de notre couvent vérité semblable? Raymond Buche, je pense, notre voisin de Malemort... Jean Mouzat... le frère Gabriel... Je ne connaissais même pas leurs noms. Certes, l'idée était piquante. J'en fis une petite poussée de fièvre : un poème en limousin – *Lorelei*. Eh quoi? Pourquoi non? J'ai bien su, plus tard, que la Vierge, chez nous, vient s'asseoir sur la pierre du feu de Saint-Jean, où elle peigne ses cheveux... Mais malheur si la pierre chavire, ou si la barque est retournée.

Pouvais-je savoir, alors, que je m'endormirais vingt ans... Et d'ailleurs je ne dormais pas. Je faisais autre chose. J'étais ailleurs. Pour le moment, on allait passer le bac. Ce n'était pas quelques détonations en ville, ni parce que chez nous à Germont les plâtras commençaient à tomber dans la chambre de ma grand-mère, à chaque explosion vers Saint-Gilles, d'on ne savait quoi, non ce n'était pas pour si peu que le bac ne serait point passé. Nous y travaillions d'arrache-pied – Annick et moi, Jacqueline et moi, Simone et moi, et les autres autour, chacune avec des amies, chacune dans la solitude. En cours, certains chapitres furent l'objet d'attention particulière... Liberté et volonté...

Le grand jour nous mena à l'école Jeanne-d'Arc, ce qui donne à penser que les rapports entre le public et le privé, alors, n'étaient pas aussi fâcheux qu'on a pu le croire. Les vieux pupitres où nous fûmes installés juste assez à l'écart pour ne pas lire directement sur la feuille du voisin, nous virent peiner sur... Liberté et volonté, au choix en triple exemplaires ou presque, puisque le sujet que j'eus l'idée de choisir était le plus éloigné de la question de cours : *Étudiez les rapports du cœur et de l'esprit*. Je me souviens surtout que le reste des épreuves me trouva médiocre, dans un mauvais jour sans parler du bas niveau de mes connaissances. Dans la nuit, il y avait eu une alerte, je n'avais pas osé me dispenser de descendre aux abris, parce que je m'étais trouvé, dans le grand dortoir, une place douillette à côté de la cabine de la surveillante. Il eût été difficile de me camoufler.

Et puis, la veille, Mlle Mouton nous avait emmenées, en

nombre, vagabonder sur les bords fleuris de la Corrèze, entre la Guierle et Malemort. Nous étions rentrées trop tard et on ne nous avait pas servi à souper. Tout le temps que dura l'examen, d'ailleurs, elle nous prit en charge, moralement, nous soutenant et nous encourageant de son mieux. C'est ainsi que nous étions assises – couchées – vautrées – sur une pelouse, au milieu de je ne sais quelle place – c'était l'après-midi, il faisait soif et chaud – quand la nouvelle nous parvint : les Alliés avaient débarqué, la nuit précédente, au moment peut-être que nous faisions les imbéciles sous un mètre de terre dans nos abris. On dut nous dire, à la vérité : *Les Anglais ont débarqué* ! Or, pour nous, cela voulait dire quelque chose de bien précis, *les Anglais ont débarqué*. C'était devenu une plaisanterie habituelle que d'attendre ce débarquement, pour sanglant qu'il fût, dans notre petite culotte. Si bien que l'on y crut... qu'on n'y crut pas... qu'on douta... qu'on espéra... qu'on attendit. Mais les autres nouvelles se firent attendre. Elles ne vinrent pas, sinon comme une confirmation. Oui, les Alliés avaient débarqué, quelque part sur la côte. Il n'y avait qu'à attendre. Il fallait attendre.

Les épreuves durèrent deux jours – peut-être trois, pour une seule matière le matin du dernier jour. Un soir, Mlle Mouton nous emmena, sept ou huit, du côté de Fadat. Nous nous étions arrêtées à l'ombre de beaux arbres. Il faisait chaud. Nous prit une envie de cerises, une grande envie. Toutes désignées, Marie-Hortense et moi, pour aller en acheter au village proche. Dans le village, nous avons frappé à plusieurs portes. Personne. On entendait tousser dans une maison, une toux qui revenait, sèche, égale, qui n'en finissait pas. Une porte s'ouvrit, enfin, et même une autre. Des cerises ? On n'en avait pas de cueillies, et on n'allait pas monter sur le cerisier à cette heure-là...

Et puis, quelqu'un nous en vendit, plusieurs kilos, nous indiquant encore un arbre, au bord d'un champ, où nous pourrions en manger tout notre saoul. Revenant, nous trouvâmes l'arbre, en effet, dans l'angle d'un champ de blé, et avant de rejoindre les autres, nous nous régalâmes de ces beaux fruits tout frais, à peine mûrs, qui ressemblaient tellement aux cerises de Germont.

Il fallait bien qu'il m'arrivât quelque chose encore... M'étant retirée dans le bois, derrière des buissons épais, je m'aperçus en me relevant que je venais de pisser dans ma robe, ma seule petite robe correcte, de surah bordeaux à point blancs, tout ce que j'avais à me mettre. J'en aurais pleuré... J'en ris, naturellement. Enfin, un ruisseau coulait par là. Je pus y laver la robe, et elle sécha.

Le lendemain, qui était le dernier jour, tout le monde partit dès la sortie. Moi, je devais encore attendre un train, dans l'après-midi. Mlle Mouton m'invita à déjeuner avec elle, et nous allâmes à la Truffe Noire, le restaurant le plus réputé de la ville. Je ne me souviens pas de ce qu'on nous servit, sinon de l'espèce de bouillon grisâtre qu'on nous versa d'abord, d'où s'élevait un fumet comparable à celui de la chaudière à cochons, chez nous, quand on ôtait le couvercle. Là-dedans nageotaient quelques bribes de chou, vertes comme des noyés mûrs. Au bout de trois cuillerées, ma compagne se leva et prit le chemin des toilettes, disant qu'elle avait terminé. Moi, j'avalai ma pâtée, consciencieusement. Elle n'était pas revenue quand la serveuse passa, hésitant à reprendre l'assiette pleine. Je fis signe qu'elle pouvait, expliquant :

– Elle ne mange pas de soupe.

– Ah? répliqua la donzelle. Elle ne prend pas de potage...

Une envie de rire... Voilà. Les marques étaient prises. Pourrai-je jamais l'oublier? Il y a ceux qui mangent de la soupe, et ceux qui prennent du potage, avec une barrière entre eux plus infranchissable que le mur de l'Atlantique. Qu'importe que le potage soit un infect ramassis de légumes à nourrir les porcs! Dans ce monde-là, monsieur, on prend, on ne mange pas. Et c'est vrai que nous avions pris, mais l'une de nous, au moins, n'avait pas mangé – l'autre, au contraire, avait aspiré, tout d'un trait, en se bouchant le nez et les oreilles. C'était plus abominable que le brouet du collège. Du potage! Enfin, je ne me plains pas, j'ai déjeuné une fois à la Truffe Noire...

Un peu après, je dis adieu à mon professeur, en lui faisant promettre de venir passer quelques jours à la maison pendant les vacances. Comme elle ne pouvait pas rentrer chez elle – dans l'Aisne – et qu'elle avait une tante à Madranges, ce n'était pas impossible. On verrait.

Et voilà. Je te quitte, collège, platane, palmier, catafalque, dortoir – si doux à voir, beau pays par-dessus, et par-dedans si maussade, sordide, crasseux et triste, cave, prison, clôture... Je n'emportais qu'une valise, tout le reste attendrait, s'il fallait revenir. Non, de toute façon, je ne pouvais rien emmener d'autre, rien de plus, ayant bouclé la malle et replié le lit.

Je n'étais pas seule à prendre le train pour Tulle. Il y avait cinq autres jeunes filles, qui allaient à Tulle pour passer le concours de l'École normale. L'une d'elles n'était venue au collège que pour cela, ces derniers temps. Parmi les autres était Sabine. On peut se demander qui était le plus inconscient, de ces jeunes filles qui allaient arriver là, un soir, dans une ville inconnue, sans le moindre point de chute, ou de leurs parents, ou du collège qui, à la vérité, s'en lavait les mains...

Toujours est-il que dès l'arrivée je les aidai à porter leur mince bagage à l'hôtel le plus proche, en face de la gare. Une chambre? Non, on n'en avait pas. On courut à côté. Oui, il y avait une chambre, avec deux lits. On monta voir. Il y avait deux lits, deux lits de coin, comme à la campagne. On pouvait bien y dormir à deux. Et la cinquième? – Rien d'autre. Eh bien, on s'arrangerait, en serrant les deux lits l'un contre l'autre.

Ouf! Les voilà casées. Confort ou pas, elles n'étaient plus à la rue. Peut-être, en cherchant, auraient-elles l'occasion de trouver autre chose, demain. Demain...

Je revins à la gare. Mon train à moi – il n'y avait plus l'autobus – c'était le petit train de Treignac, par Seilhac, avec l'étang de Pissevache en prime. Taca tac tac... Taca tac tac... Je le connaissais déjà. J'avais dû le prendre, dans l'autre sens, pour revenir passer le bac, justement. J'avais déjà couché chez nos cousins, au Trech, la Clémentine et son mari le Joanès... J'avais dû dormir avec Éva, leur fille, un peu plus âgée que moi. Et puis, dès avant jour, j'avais pris le train des Caillades. Taca tac tac... Taca tac tac... Une jeune femme était montée en vitesse, au dernier moment, portant à demi une petite fille blonde endormie. Puis, elle avait déployé la belle chevelure, et l'avait longuement peignée. Ce soir, le train des Caillades était presque vide, il n'en secouait que davantage, cahot sur cahot, de toutes les lattes de ses antiques sièges de bois nu. Taca tac tac... J'arrivai à Treignac à la nuit. Je dormis. Le lendemain, avec Éva, nous fûmes dans la ville, où elle avait des courses. Elle me dit alors qu'elle allait se marier, sans doute, prochainement. Lorsque j'en parlai chez nous, plus tard, il se trouva que mon grand-père connaissait la famille du fiancé. Dans la matinée, assise sur la muraille, face à l'un des chemins qui descendent du Trech, je fis un dessin, la colline en face, avec le derrière de l'église au-dessus des pentes et des jardins. Tout était calme. C'était demain.

Ce jour-là, on pendit dans Tulle à tous les balcons, des otages, *un peu moins de cent*. Et l'on ne parle pas de ceux qui furent déportés, tant fut horrible le premier carnage. Devant l'hôtel où étaient les jeunes filles, une mitrailleuse depuis le coin de la rue couvrait toute la place jusqu'à la gare, sauf l'angle mort juste à leur porte ; de temps en temps elles osaient descendre là sur le trottoir, mais certes pas jusqu'au milieu de la place, où l'on voyait des blessés, qui ensuite, étaient peut-être morts.

Les deux hôtels, le leur et celui qui les avait refusées, communiquaient, et l'autre était occupé par les Allemands. Cependant, il n'arriva rien aux fillettes. Elles furent prises en otage, faillirent être violées, fusillées... Gâtées cependant par la pute qui accompagnait ces messieurs, et qui les consolait, pauvres petites, en leur offrant du chocolat. Cependant, dis-je, il ne leur arriva rien. Elles purent même, je crois, quelques jours après, passer le concours. Il me semble que Sabine se retrouva sur la liste supplémentaire, du moins admissible à l'écrit. Elle se retrouva surtout avec des cauchemars. Elle mit vingt ans à revenir sur ces lieux de misère, quarante à pouvoir raconter ce qui s'était passé. Et, j'insiste, il ne leur arriva rien.

Sur sa lancée, la *Division Das Reich* poursuivait ses semailles de mort. Par chez nous il y eut le Lonzac, toute une rue brûlée, combien de morts. Mon cousin le Raymond du Boisme était marié là-bas. Il racontait plus tard. Il était là, chez lui. En face, les maisons flambaient. La truie des voisins enfermée dans l'étable criait à la mort. On voit brûler les maisons, après tout c'est du bois, de la pierre, et ça ne hurle pas. Mais c'était insupportable d'entendre la pauvre bête, comme si c'eût été le cri de cette ville mise à mort. Et lui, sans réfléchir, il s'avançait pour ouvrir la porte de l'étable. Un planton était là, tout seul, qui gardait l'incendie. Toujours sans réfléchir, Raymond lui cria :

– Vous n'avez pas honte!

Alors il entendit l'autre qui disait, sans remuer les lèvres :

– Chefs mauvais... Chefs mauvais...

Sans essuyer non plus les larmes qui lui mouillaient les yeux.

Et puis, on sut, pour Oradour. Chefs mauvais! Non, ce n'était pas possible. On n'y croyait pas.

Bien qu'on ait essayé de le faire, je ne sais pas si certains actes de résistance peuvent expliquer Oradour. A Tulle, je le pense. Il y a des erreurs dont il faudrait peser les conséquences. Mais aucune explication n'excuse. Ni aujourd'hui, ni hier, ni demain, rien qui justifie le meurtre des otages. Rien qui autorise le massacre des innocents.

On parla longtemps d'Oradour. On en parle encore. On peut en parler. Il y bien des Oradour, de par le monde. Aucun ne dépasse le nôtre en horreur, ne serait-ce qu'en ce sens que le massacre y fut constamment entretenu et contrôlé par ses auteurs, en quelque sorte face à face, jusqu'à la fin dans les détails de l'agonie. On a fait aussi bien. On ne saurait mieux faire. Chefs mauvais!

Vers midi, mon père me rejoignit chez la cousine Clémentine, avec ma bicyclette. Nous partîmes après déjeuner, ma valise sur le porte-bagages et nous sur le vélo, à tour de rôle. Tandis que l'un marchait, l'autre se laissait glisser sur la pente, et puis attendait l'autre, et l'on repartait. Nous arrivâmes sans encombre jusqu'au Pont Rouge, en bas de Chamberet, sur la Soudaine. Là, je voulus pisser, avant d'entrer dans le bourg, je descendis dans le pré. Au bord du ruisseau, en montant, il y avait des iris d'eau, merveille! Ils étaient en fleurs, ton sur ton, jaune pâle deux ors. J'en cueillis un bouquet, et je crois en avoir mis quelques-uns à l'église – d'autres séchèrent dans un livre. Je les ai vus là longtemps, décolorés, comme un petit fragment de soie – un dessin de peau – entre les pages.

A Chamberet, tout était calme. Et à Germont, comme à l'ordinaire.

Quelques jours après, je reçus une lettre de Sabine. Elle était rentrée chez elle, elle avait dû rester huit jours à Tulle, très pénibles, pour son examen. *Très pénibles*, ce fut le seul commentaire. J'ai gardé cette lettre, comme toutes les autres.

C'était la mi-juin maintenant. Les semailles de blé noir. La fenaison. Nous en étions à faucher la Buge, dont seule la plus haute parcelle, contre la cour, était rentrée, quand, un dimanche j'avais décidé d'aller à la messe. Ma grand-mère, elle aussi, viendrait. Oh, je l'ai dit, chez nous n'étaient pas très assidus aux offices. Mais, enfin, ils y assistaient, à l'occasion, sans nulle répugnance. Aujourd'hui, l'occasion, c'était mon désir d'y aller, et ma grand-mère suivrait, de compagnie, surtout pour que je ne sois pas seule face à tous les dangers. Naturellement, nous ne passerions ni par les Fayes, ni par Journiac. Bref, c'était décidé. Mais, avant, on pouvait travailler un peu à faner ce foin que les hommes venaient de faucher, à soleil levant.

Or nous étions là, dans la Buge donc, quand un ronflement nous fit lever la tête – tout léger d'abord, comme un bruit d'abeilles – un essaim – un murmure. Eh quoi! Déjà bien haut sur le puy de Bellegarde, des avions... Toute une volée d'avions... Et puis d'autres derrière... et encore d'autres... Ils s'en allaient tranquillement, Dieu sait à quelle altitude, pas plus gros que des mouches, et luisant comme autant d'étoiles, merveilleux, par doubles escadrilles, dans un bruit maintenant qui tenait tout le ciel, comme d'un seul soupir allègre et triomphal.

C'est dans nos cœurs, je crois, qu'elle était, l'allégresse, et le triomphe aussi. Depuis que j'étais là, on n'avait plus aucune nouvelle du front. Personne n'avait la radio. Aurait-on eu un poste, que l'électricité était coupée, sauf par moments imprévisibles, certains jours. Et les journaux n'arrivaient pas. Ils ne disaient rien, d'ailleurs. Les lettres elles-mêmes – par quels détours, par quelles voies – parvenaient rarement au destinataire, des lettres innocentes, des lettres muettes, qui n'avaient rien à dire, qui ne disaient rien. Mais ces avions! Certainement, c'était un signe. Oui, c'était vrai! *Ils* avaient débarqué! *Ils* avaient réussi ! Qui donc osa suggérer qu'après tout, ces avions, c'était des Allemands peut-être ? D'ici, on ne voyait pas. Des Allemands ! Et où seraient-ils allés, ces Allemands ? Bombarder l'Espagne ?... Au-dessus de la France sans armes, ils n'avaient pas besoin de voler si haut.

Ma grand-mère, en tout cas, n'irait pas à la messe. Ce qui allait maintenant se produire, on ne savait pas. Courir sur les routes, même à travers bois, non... Ce qui nous eût guetté, ou ce qui serait arrivé ici en notre absence... Je regrettais ma messe, moi, et la sortie en compagnie de ma grand-mère. Je menaçai même de partir seule, mais je ne le fis pas. C'était vrai : il pouvait advenir n'importe quoi...

Les avions étaient descendus, ils remontèrent et ils volaient beaucoup plus bas, et il n'était pas difficile de comprendre qu'ils se livraient à un parachutage, par là derrière, sur le puy de Saint-Gilles et les environs. Ils firent plusieurs passages, ils tournaient, juste au-dessus du village, presque sur la maison. Un des ballots s'était accroché, et il pendait là-haut comme un gros sac, sous le ventre de l'appareil. D'un tour sur l'autre, il ne s'était pas détaché. Et nous on ne disait rien. On aurait crié de désespoir et de rage, à le voir se balancer là-haut, quoi qu'il contînt, si dangereusement.

Les autres escadrilles remontèrent aussi, à haute altitude, dans un murmure tout autre, joyeux eût-on dit, en quelque sorte allégé. Et puis, une ou deux heures plus tard, et tout l'après-midi, on vit cet avion à double fuselage qui tournoyait là-haut, dans un vrombissement de guêpe ou de mauvaise mouche. Mais on ne savait pas si c'était un Allemand venu surprendre les mouvements au sol, on le pensait seulement.

Quelques semaines plus tard, et là je me rappelle la date, parce que c'était le 14 Juillet, le même murmure d'avions nous appela dans la Buge, et c'était un cortège d'étoiles en effet tout semblable. Mais là, sans qu'on ait rien entendu, juste comme ils passaient, semblait-il, au-dessus du puy de Bellegarde, en face, dans le groupe du milieu, un appareil se mit à perdre de l'altitude, lentement, semblait-il, laissant dans le ciel une épaisse fumée noire comme une trace de charbon. Lentement, d'une lenteur insupportable et toujours vers le sud, il disparut derrière l'horizon. Les autres cependant poursuivaient leur route.

Il pouvait être onze heures, ou midi, quand ils remontèrent, en petites formations, groupés par trois. Je ne sais pourquoi, j'arrivais à la Cime de Puy, par le chemin du sud, je n'eus que le temps de me retourner, ils étaient sur moi, à basse altitude, énormes. Ils revinrent par le nord, un peu plus élevés, et c'est alors que les parachutes se mirent à pleuvoir, rouges, blancs, de toutes couleurs, petites corolles de méduses à peine épanouies, qui allaient mollement s'abattre sur les bruyères, sur les champs, du côté de Saint-Gilles, et vers Sussac plus haut, jusqu'au-delà de l'horizon. Magnifique spectacle! Et qui avait de quoi nous combler de joie.

Au soir, l'avion à double fuselage tournait, là-haut, comme chaque fois, disaient mes parents, qu'il y avait eu un parachutage nocturne. Or, sur notre colline, il n'y en eut que peu. Sur le puy de Saint-Gilles, bien davantage. Plusieurs jours plus tard, depuis nos champs, on pouvait encore voir les larges taches rouges, ou blanches, des parachutes.

– Mon Dieu! Vont-ils les laisser encore! s'impatientait ma mère. De quoi faire détruire le pays tout entier...

Peut-être avait-on récupéré les containers. Peut-être, alors qu'on les voyait si bien d'ici, ne les avait-on pas trouvés sur place...

Hé! Il y avait eu cet après-midi. Nous étions encore à table. Un avion passa, très bas sur la maison, nous nous précipitâmes. Nous étions habitués au passage régulier d'un courrier – probablement Paris-Toulouse – mais qui semblait à plus haute altitude, et ne faisait pas un raffut pareil. Moins rapide, aussi, bien que ma grand-mère l'eût chafré *lamba-foira*, entendant par là qu'il se dépêchait comme quelqu'un qui court au bois, pressé par la colique. Ceux-là, ils étaient deux, ils n'allèrent pas virer plus loin que le bas du village, tout juste au-dessus des arbres. Mais quoi? C'était quoi? On eut le temps, juste, de voir la noire croix de mort sous l'aile. Et nous voilà à courir, pour voir, jusque derrière le fournil. Un tour, et un autre tour, vers la vallée entre Saint-Gilles et le mont Gargan. Au second tour, nous étions là, dans la friche, le nez en l'air. Tac-tac-tac-tac... Une rafale de mitrailleuse. Une autre. Sans demander si c'était pour nous, nous voilà sous les pommiers. C'est alors que se suivirent plusieurs explosions, au-delà de Saint-Gilles. Les avions firent encore un tour, peut-être deux. Mon père et moi étions déjà rentrés. Je dis en riant, comme pour plaisanter :

– Eh bien, nous allons finir la salade.

Effectivement, nous avons terminé le repas. Mais mon père ne répondit pas. Il haussa les épaules, et il paraissait triste. Les autres rentrèrent, ils n'en avaient pas vu davantage.

Je n'ai pas su au juste ce qui avait été touché ce jour-là, vers Sussac. Et non plus quelques jours plus tard, en fin d'après-midi, alors que j'étais sortie, le cahier plié en deux dans la poche, et que j'attendais l'inspiration vers la Cime du Champ, assise en contre-haut du chemin creux, les yeux sur la vallée de champs, de prairies dans leurs haies, d'arbres et de collines. Oui, je devais en être à quelque tentative de « roman », le seul que j'aie commencé... ou peut-être m'étais-je abandonnée à la tentation déjà plus insidieuse de la poésie... Toujours est-il que j'étais là, le crayon à la main, les pieds ramenés sous moi, quand, avant même les avions, j'entendis le bruit, sourd, bien que proche, des explosions. Ou peut-être n'avais-je pas remarqué le bruit des avions, car ensuite je les entendis. Un certain réflexe me fit sauter dans le chemin creux, sous l'abri du talus, abri d'autant plus précaire que je me disais que, si j'avais dû bombarder quelque chose, moi, c'est justement les chemins creux que j'aurais pris pour cible. Ces chemins creux, couverts de feuillages, aux talus tendres où l'on pourrait cacher n'importe quoi... Presque aussitôt, je rentrai.

– Où étais-tu?

La peur s'installait.

C'est l'une ou l'autre fois que ma cousine Renée, depuis Cros, se trouva tout installée pour voir ce qui, de bien plus près, avait échappé à nos regards. Cros, à ce moment-là, n'était pas très bien planté d'arbres fruitiers. Mais il y avait tout en haut du village, sur le chemin des prés, un grand beau cerisier cette année-là couvert de fruits. La Renée y était montée, et elle se régalait quand les avions passèrent, à ras de l'horizon. Et tout à coup, par l'échancrure entre deux puys, dans un subtil mouvement de piqué, lâchèrent leur bombes. Oui, sur Sussac.

La vie continuait. Nous allâmes à la foire de Chamberet. J'y retrouvai les petites, Georgette et Geneviève. C'est elles qui m'apprirent que j'étais reçue au bac, elles avaient la liste sur un journal – certains journaux arrivaient donc à Chamberet – et me donnèrent l'article. Bonne nouvelle, bien sûr, mais qu'on ne fêta nullement, qui même, parmi les préoccupations du moment, passa tout à fait inaperçue. Tout à fait... enfin, presque.

Cependant, nous ne sortions que peu, de moins en moins. A plusieurs endroits, sur la route de Chamberet, l'odeur était intolérable. Une odeur de charogne, de viande pourrie, de saumure, d'urine. Une odeur qu'on n'oublie jamais plus. Dans la forêt, aux abords de certains virages, et même plus loin, presque aux abords de Chamberet...

J'aurais dû – ah certes! J'aurais dû, à ce moment-là du moins, tenir un journal, au lieu de m'embrouiller comme je fais dans mes souvenirs. Mais qui a vécu des temps troubles sait bien d'une part qu'on les accueille au jour le jour, à la fois dans l'angoisse et dans une sorte de frénésie, car il est urgent de survivre à la crainte inévitable, et que d'autre part on n'imagine pas pouvoir rien oublier. Cependant, on oublie. On oublie. On se souvient, mais on oublie. Pour moi, j'ai oublié les dates, et même la succession, pourtant logique, des événements. Il est vrai que je n'entends pas écrire l'histoire de ces moments, mais le souvenir qu'il m'en reste. Or, au milieu de tout ce remue-ménage parfois terrible, Germont se trouva particulièrement protégé. *Protégé* est le mot qui me vient. Entre La Farge tenu par le Chantier de jeunesse et le maquis de Saint-Gilles – entre la Veyssée et Journiac – ç'aurait pu être un point de friction permanent; ce fut un *no man's land* privilégié, si bien que les nouvelles n'y parvenaient qu'en écho indirect, de la guerre qui passait autour, au-dessus, et peut-être à travers. Aussi me garderai-je de témoigner en quoi que ce soit. Même lorsque les explosions, de plus en plus fréquentes, arrachaient les gravats de la cloison, dans la chambre de mes grands-parents ou celle de la Marraine, ce n'était là que résonance, et ce que nous apprenions par ouï-dire n'était que rumeur.

Dans les premiers jours des vacances, n'avait-il pas couru le bruit qu'un fou parcourait la campagne? On l'avait vu vers le Leyri, qui se cachait à moitié nu aux abords de Chamberet. Il se serait échappé de quelque asile – il s'était échappé de Tulle... Comment, de Tulle?... Un peu plus tard, il y avait même deux, ou trois fous, tout un asile... Et puis, on ne parla plus des fous. Et l'on finit par avoir des nouvelles de Tulle.

Le premier *fou*, on l'avait peut-être aperçu, en effet. C'était un jeune homme qui, ayant réussi à échapper aux pendaisons, après deux jours d'errance, finit par trouver à Chamberet une maison pour l'accueillir. Il arrivait de Tulle à pied. Ce qu'il racontait, qui aurait pu le croire? Comment les Allemands avaient cogné à sa porte, alors qu'il se rasait :

– En bas. *Schnell! Schnell!*

Il serait sorti, mais voulut s'essuyer le visage, et tandis que les Allemands tapaient aux autres portes, il s'avisa que Tulle est ainsi construite que le rez-de-chaussée s'ouvre sur la rue, en bas, et le deuxième étage sur les jardins, de plain-pied. C'est par là qu'il sortit. Le temps de voir un homme se jeter à l'eau, le temps d'entrevoir l'horreur, le voilà de prés en champs, de bois en pâturages, à Chamberet, où personne ne pouvait le croire... Les autres « fous » n'étaient que le produit prolifique de la rumeur. La réalité, elle, était autrement folle.

C'est peu après qu'une idée me vint. J'avais tout mon réseau de correspondantes, le Duc, Mlle Mouton, Marie-Hortense,

Régine, qui recevaient mes lettres, à l'occasion, comme j'avais les leurs. Et Sabine, bien sûr, qui reçut cette idée avec enthousiasme. Enfin, voilà l'idée : puisque les journaux ne paraissaient plus ou n'arrivaient pas, nous allions nous-mêmes fonder un journal, le nôtre. Chacune écrirait un numéro complet, et l'enverrait à la suivante avec ceux qu'elle aurait reçus de la précédente, selon un ordre établi sur la liste de nos six noms. Je devais commencer. Je commençai. Ce fut *Le Canulard déchaîné*, dont le titre s'ornait d'un oiseau entre les deux parts d'une chaîne brisée. Avec les nouvelles fantaisistes, les dessins, les « gnorles * », les mots croisés... le gros morceau devait être un roman collectif dont chacune écrirait un chapitre... Que tout cela fût puéril, et plus encore dans la réalisation que dans le projet, voilà qui nous importait peu. Et d'ailleurs, ça marchait. Ça marcha jusque vers la fin de l'automne, où les cinq derniers numéros furent confisqués entre les mains de Régine, dans je ne sais plus quelle école où elle se préparait au noble et passionnant métier de dentiste. Et notre *Canulard* resta le bec dans l'eau.

On n'en était pas encore là, en ce mois de juin, où, le jour dit, je voulus absolument faire mon feu de Saint-Jean dans le haut de la Buge. Certes, l'endroit convenait, ce devait être là que nous l'avions fait l'année d'avant. Mais mes parents refusèrent d'y venir, ou n'y firent qu'un très bref passage. Ils disaient que c'était de la folie, un feu dehors, visible de loin et surtout de la route, par les temps qui couraient. Ils avaient raison, mille fois raison ! Cependant, ils ne purent me dissuader. Et moi, était-ce quiétude ? insouciance ? bravade ? Je fis mon feu. Pas un très grand feu, me semble-t-il, mais qui dura assez longtemps, et je restai là, moi, à côté, sous la lune. De temps en temps, des coups de feu traversaient la nuit, une ou deux fois juste en face, peut-être sur la route, vers les Pratdenaut, et plus bas vers Bellegarde, et encore du côté de Surdoux. Je ne m'attardai quand même pas outre mesure, je rentrai sous le silence de la réprobation – mais aussi peut-être d'un certain respect. Quelque chose qui disait, et d'ailleurs la Marraine dut le dire :

– Eh bien, tu as voulu le faire et tu l'as fait.

* *Gnorle* : grosse blague limousine.

Je l'avais fait, sans aucun sentiment, à aucun moment, d'avoir couru aucun danger. Et certes! Le pire n'était pas sûr...

Pourtant, les événements se précipitaient. Après Tulle, Oradour. Et puis la nouvelle, plus terrible d'être plus proche, s'il se peut, et que si nous ne connaissions que peu les victimes, la famille – les Dutheil – si. A l'Estivalerie, qui est sur le chemin de Cros, tout proche, on avait ce matin-là découvert trois cadavres, abattus de près – le père, la mère et le fils, âgé de dix-sept ans.

Le jour venu, les poules commençaient d'attaquer les visages. L'assassinat s'était passé la veille au soir, alors que la famille travaillait aux étables. Le motif? Une sombre histoire de... pommes de terre. Ne me demandez pas combien il faut de tonnes de pommes de terre, même au prix du marché noir, pour payer trois vies! Mais la mesquinerie de l'argument dérisoire ajoutait encore à l'horreur.

Le drame avait eu deux témoins : Yvonne, la petite fille âgée de neuf ans, qui entendit, enveloppa son petit frère, encore bébé, dans un châle, et s'enfuit par-derrière chercher refuge chez quelque voisin, et le domestique qui, lui, réussit à se cacher dans l'étable où il resta terré longtemps, avant de partir, à pied, prévenir le père, à des kilomètres de là. Au reste, réveillé en pleine nuit, le père ne le crut pas. Lui-même partit, à pied, à des kilomètres prévenir ses autres enfants. Eux non plus, naturellement, ne crurent pas le père, qui était vieux et sourd... Ou il avait rêvé, ou il n'avait pas compris. Non! Ce n'était pas possible. Les voilà pourtant partis, à pointe d'aube, et toujours à pied, kilomètre par kilomètre : ils arrivent et découvrent le massacre. C'était bien vrai.

On était au 4 juillet. Il faisait chaud. On dut enterrer les corps au plus vite.

– Quand j'ai vu passer à la file ces trois cercueils!..., racontait la mère Buisson à ma grand-mère, quelques jours plus tard.

La pauvre en frissonnait encore. Elle avait l'habitude pourtant de voir passer les enterrements, sur la place juste devant son magasin. Mais trois cercueils! Et sachant les conditions de la tuerie! En plus de l'horreur légitime, ce spectacle pénétrait en elle comme une prémonition. C'est ainsi que j'avais ressenti la chose, au récit qu'en faisait ma grand-mère, au retour de la foire. Nous aussi, on n'avait pas cru l'histoire, d'autant que les récits, au départ, ne s'accordaient pas, ni sur l'heure du drame, qui aurait eu lieu le matin, ni sur la fuite de la fillette, qui serait partie vers le Mazeleygue ou se serait cachée dans les couderts, ni sur la présence, ignorée, contestée, niée, du domestique dans l'étable... Bref, rien n'était sûr, sinon que toute une famille avait été abattue, par une belle nuit d'été que les foins parfumaient la campagne.

Était-ce un peu plus tôt? Un peu plus tard? Une autre nouvelle nous parvint, qui nous touchait de plus près encore, d'une autre façon. C'était Jean, le fils de la Clarisse, qui l'avait dit. Et la Louise qui le répétait :

– Ils ont tué le secrétaire de mairie de Lagraulière.

Ils, cette fois, c'était les maquis. Et Jean avait ajouté :

– C'est bien un cousin de Paul.

Un cousin de Paul? Paul, mon père, ne se connaissait pas ce cousin-là. A force de réfléchir, il dit :

– Ce doit être le mari de la Germaine.

La Germaine? On ne connaissait pas cette Germaine-là. Mon père non plus ne la connaissait pas. Mais il savait qu'il y avait dans la famille une Germaine qui devait être institutrice, et son mari pouvait bien être celui qu'on venait d'exécuter. Ce qui nous étonna, c'est que Jean connaissait certains détails sur l'arrestation. Deux ou trois garçons se seraient présentés, lui demandant de les suivre. Or il était en chemisette, et sa femme voulut lui faire prendre une veste.

– Ce n'est pas la peine, Madame. Là où il va, il n'aura pas froid.

Il est vrai qu'il faisait très chaud. Et l'autre les suivit... Plus tard, beaucoup plus tard, nous sûmes que la Germaine cherchait les restes de son mari... Plus tard encore, nous fîmes sa connaissance. Oui, mais alors Jean était mort, de sa belle mort. Et jamais nous ne sûmes, ni ne saurons d'où il tenait les détails de l'arrestation, et que cet homme était notre cousin, ni pourquoi il venait nous faire savoir tout cela, à nous. De fait, cela nous frappa comme une menace, ou une mise en garde. Nous avions en mémoire l'exemple de notre autre cousin, le Denis, que nous connaissions bien. Et certes, nous n'avions rien à nous reprocher. Mais, à cette époque, ce n'était pas une sauvegarde. Loin de là!

Le temps passait. D'autres aussi cherchaient leurs disparus. On était toujours sans nouvelles du père de Georgette et de ses amis. On voulait les croire vivants. Le père de Georgette n'était pas n'importe qui, c'était le maire de Chamberet quand la guerre vint. Qu'il eût gagné la mairie contre Beneitou ne faisait certainement pas plaisir à tout le monde, mais c'était le jeu électoral. Si lui faisait faute la puissance financière, l'efficacité de cet honnête homme lui avait gagné grande estime. Qui aurait pu faire mieux, lorsqu'il avait réussi à accueillir, à héberger, à nourrir plus de deux mille réfugiés dans les sombres mois de 1940? Et puis, le nouveau pouvoir l'avait démis de ses fonctions, au bénéfice d'un autre dont je ne parlerai pas... Ce jour, je me rappelle ce jour, que nous devions partir en vacances, et les parents des petites tardaient – et ils ne venaient pas. Et Georgette, malade d'inquiétude, qui pleurait :

– Les Allemands ont emmené mon papa! Les Allemands ont emmené mon papa!...

Ce ne fut pas les Allemands.

Il y eut rarement d'aussi belles cerises que cette année-là. Tous les cerisiers que mes parents avaient plantés quelques années plus tôt, maintenant dans leur belle jeunesse, étaient chargés de fruits, des fruits rouges, sains, aussi gros que le voulaient les espèces. J'étais montée sur celui des Masures, dans ce qui avait été le coudert des oies. D'une branche à l'autre comme sur une échelle, il suffisait de tirer les longues branches souples, et de manger, et de cueillir. J'en ramassai un plein petit panier pour Georgette, la petite de Chamberet. Je confiai le panier à mon père, et il le porta. Mais il revint avec des nouvelles qui n'étaient guère rassurantes : son père avait disparu. – Disparu? – Oui, et pas seul. Un de ses amis, un instituteur était avec lui, et un autre qu'on connaissait moins. – Mais comment? – Eh bien, des gens du maquis sont venus les chercher, et ils ne sont pas revenus. – Mais ils reviendront? –...

On apprit ensuite qu'on les avait vus dans l'après-midi aux

Borderies. Les garçons s'étaient attablés dans une maison. Quelqu'un leur avait parlé :

– C'est vous?... Que faites-vous là?

– C'est bien moi. Pour ce que je fais ici, je n'en sais pas plus que vous.

On les aurait vus, encore, peut-être à Journiac.

A Journiac, cette nuit-là, les gens avaient bloqué leurs portes et fermé les fenêtres. Il y aurait eu des courses... des bruits de bagarre... des paroles... des coups de feu... Tout le monde avait entendu. Personne n'avait vu, ou l'inverse. Cela se disait à mi-voix. La vérité, le mensonge et le silence formaient une rumeur murmurante, insistante, inconsistante et tenace, où il était impossible de rien distinguer qui parût vraisemblable.

Quelqu'un vint nous dire de ne pas sortir du village. Les routes n'étaient pas sûres, dans les Fayes.

– Méfiez-vous. Ceux qui sont à la Veyssée, et aussi ceux qui sont à Journiac, ce sont des tueurs.

Combien étaient-ils? – Deux cents. – Deux cents! Les routes, non, n'étaient pas sûres. A n'importe quelle heure du jour, ou de la nuit, on entendait passer des camions à toute allure, sans savoir s'ils étaient pleins d'Allemands ou de maquisards. On ne savait pas, sauf lorsque, au milieu de la nuit, vous arrivaient à pleines oreilles les accents de *La Jeune Garde*. Mais on ne savait plus, des amis ou des ennemis, ce qui était le plus à craindre. On n'était, personne n'était à l'abri d'une dénonciation, véridique ou mensongère, que ce fût dans l'un ou dans l'autre camp. On trouve toujours des délateurs – des imbéciles, des lâches, des jaloux – des gens qui veulent vous nuire, et dans l'exaspération montante, vous supprimer. Ni l'un, ni l'autre camp, ne faisaient dans la dentelle.

Ne vint-il pas un jour, dans notre propre cour, un de ces connards, à l'ombre de sa mitraillette, s'en prendre à mon grand-père! Mon grand-père n'avait-il pas eu le tort de critiquer les bals clandestins?

– J'étais au Pissechien, sur la route, et j'entendais le bal à la Veyssée. Les Allemands passent à tout moment sur cette route. Quelque jour, ils l'entendront comme moi, et ils iront, et ils tueront toute cette jeunesse. Quel malheur!

Voilà ce qu'il avait dit, mon grand-père. Sauf que, probablement, il n'avait pas dû dire « les Allemands », mais « les Boches ». C'était la raison même. Seulement, comment un tel propos avait-il été rapporté ? Le jeune homme était là, bien protégé de son arme, contre mon grand-père qui s'essuyait la barbe avec son mouchoir.

– Vous voudriez empêcher les bals? disait-il sans aménité.

– C'est dans les bals que vous voulez gagner la guerre? répondit l'autre. J'ai fait quatre ans la guerre, moi. Et je vous assure qu'on y dansait d'une autre façon.

Finalement, le garçon partit, la queue entre les jambes et l'arme basse. J'avais bien reconnu, moi, le mari de ma bonne copine Marilou, et j'avais tourné le dos en haussant les épaules, pour crâner. Mais les femmes avaient eu peur.

Les blés étaient déjà mûrs, ou presque. Depuis qu'on n'avait plus d'engrais pour les terres, aux endroits où l'on n'avait pas pu mettre assez de fumier, et surtout ceux qui avaient déjà porté du maïs, le blé montait de bonne heure sans taller, ne tardant pas à blondir des épis maigres et clairsemés. Chétive récolte. Mais pour moi qui n'osais pas trop m'aventurer ni dans les bois, ni sur la route, c'était l'idéal de partir avec mon cahier, mon crayon, ou même mon sac et tout ce qu'il faut pour écrire : j'entrais dans un champ de blé, je m'asseyais entre les tiges, et j'aurais pu rester là des heures me croyant seule et bien cachée, à écrire maintenant de plus ou moins longs poèmes, d'un lyrisme spontané qui ne me satisfaisait pas, peut-être, mais dont pour l'heure j'étais bien forcée de me contenter. Car, pour dire ce que j'avais sur le cœur – ah! ce n'était pas encore le temps. Pas encore. Et pourtant, chaque fois me semblait la première. La première et l'ultime.

...Où c'est le seul moment.

J'étais donc là, cet après-midi de juillet, dans le soleil, assise, les épis autour de moi murmuraient à peine et certes, on entendait bien là-bas vers Saint-Gilles, le Content, Excidioux, et plus loin par-derrière la colline, oui, on entendait des coups de feu. Mais il fallait bien, n'est-ce pas, que les jeunes apprissent à manier leurs armes. Dans le calme de ce beau jour, tout semblait innocent. Même l'oiseau qui vint siffler, soudain, à mes oreilles – d'un souffle, d'un bourdonnement, d'un battement d'aile, ah! J'en fus saisie à ce point que je mis un moment à pouvoir me lever, à regarder autour de moi. Je ne vis rien. Mais je partis, le plus lentement – le plus vite – possible, me sentant seulement rassurée, à tort ou à raison, lorsque j'eus regagné le chemin, derrière les hauts talus d'un côté, et, de l'autre, la bordure de fougères. Une balle perdue? Peut-être.

C'est dans le même temps, un peu plus tôt, que, le Matou étant monté dans le cerisier des Divisions, il en redescendit beaucoup plus vite encore, à cause de ces petits taons de cuivre qui s'étaient mis à cingler les branches autour de lui. Du champ où j'étais entrée, à découvert, on pouvait me voir de loin, et les balles venir de plus loin encore. Quelqu'un sur le cerisier, dans ce pli de la combe, entre les frondaisons, que non pas. Mais, perdue pour perdue, une balle peut tuer aussi bien.

Non, personne ne pouvait savoir d'où venait le danger. Personne ne devinait par où entrerait le malheur. Pour le père de Georgette, la rumeur courait qu'il n'était pas vivant, mais personne n'osait abattre le dernier espoir que nourrissaient encore les siens.

– Mauvaises choses... mauvaises choses..., dit le voyant consulté par des amis. Mais il n'en voulut pas dire plus. Et eux, moins encore.

La rumeur cependant persistait, insistait. Journiac était maintenant nommé, à voix très basse.

Et la vie continuait. Nous restions de plus en plus à la maison, nous les femmes surtout. Mais les hommes travaillaient dans les champs. Ils sarclaient les légumes, et je crois retriaient (éclaircissaient) les navets dans la pièce des Buissons, vers la Cime du Puy. C'est de là-haut qu'ils s'aperçurent, dans un de ces jours particulièrement chauds de juillet, un peu avant midi, que les choses changeaient du côté de Saint-Gilles. On avait pris l'habitude de coups de feu isolés, de rafales sans réponse, d'explosions inattendues, mais voilà qu'il s'était fait comme un silence, par là, et au loin une fusillade régulière. Ils reconnurent encore de véritables explosions d'obus, tout autres... Ils rentrèrent, à regret... Ils racontèrent, mais ils n'avaient rien vu.

Cependant, cette guerre, obscure, mais si proche, ne laissait pas que d'attirer mon grand-père. On ne s'était pas même aperçu qu'il était parti pour l'une de ces longues promenades dont il était coutumier, quand un bruit de voix nous attira vers la route, derrière la maison. Je regarde : toute une troupe de gens descendait par là, des femmes, des enfants, et mon grand-père... Les femmes portaient des sacs, des petits ballots, et même les enfants... Qu'est-ce que c'était que ça? Depuis le seuil, nos femmes reconnurent la Lise.

– La Lise de la Croix!

L'étonnement n'en était pas moindre. Et quoi? Et pourquoi? Et comment? Mon grand-père raconta.

Tous ces bruits de bataille, il avait voulu voir ce qu'il en était.

Non pas y entrer, il n'était pas armé, mais voir ce qui se pouvait voir. Depuis nos champs, du haut des Fayes, on ne voyait pas, à cause des arbres, et c'était trop loin. Il n'avait pas vu grand-chose non plus du puy de Bellegarde, se rapprocher davantage eût été de ce côté-là dangereux. Le voilà donc parti par-derrière les Flénours, vers le puy Labrune et le Chaumont, par le chemin de crête... Il était justement là-bas, lorsqu'il entendit, assez près dans le bois, un bruit de hache... un bruit de voix. Il se rapproche, et voit tout ce monde :

– Que faites-vous là ?

C'était la Lise qui fuyait avec ses quatre enfants. Une vieille voisine avait suivi, et le Cantonnier avait offert de les accompagner. Elle voulait aller chez ses parents, à la Gane, non loin de Meilhards où ils seraient facilement hébergés, et peut-être, du moins provisoirement, à l'abri.

Elles avaient mis quelques hardes dans des sacs. Partir... Mais comment ? Ce ne pouvait être ni à découvert par le puy de Saint-Gilles, tout nu dans ses bruyères, ni par Surdoux où l'ennemi s'annonçait, ni par la Veyssée... Ils avaient pris par les champs, les prés, le Chaumont... C'est là, dans ce bois épais, que la serpe du Cantonnier s'était trouvée tellement utile, dans les fourrés. Et voilà, mon grand-père était là, comme s'il les attendait.

– Eh bien, vous n'avez plus besoin de moi, dit le Cantonnier. Et il retourna chez lui.

Il ne restait pas grand monde à Saint-Gilles. Les jeunes au maquis, et les hommes qu'on avait armés ; ceux qui ne l'étaient pas encore, avec les jeunes ; les enfants et les femmes cachés aux villages voisins. Seuls quelques vieux refusaient de quitter leur maison, les étables, les bêtes :

– Ils peuvent bien me tuer, j'ai fait mon temps.

Ils ne souhaitaient pas être tués. Ils en acceptaient l'éventualité, et le sacrifice de ce qui leur restait de vie. Restaient aussi quelques hommes valides, pour les liaisons, et le PC, à la mairie. Le matin même, la Lise avait aperçu le Grand, qui passait des consignes, en espadrilles, une « poupée » à la main. M'est restée dans la mémoire, curieusement, comme estampée, l'image de cet homme, que je ne connaissais pas, vêtu de blanc dans le soleil, en espadrilles, une bombe antichar dans la main... Je ne savais pas non plus à quoi ressemblaient ces fameuses « poupées ».

Le lit de la cuisine, depuis longtemps on n'y couchait pas. Il restait pourtant là, on lui avait scié les pieds et il servait de divan, pour s'asseoir ou faire une sieste. On le rétablit dans sa fonction de lit, et des matelas furent étendus par terre pour les enfants. Bref, on dormit. Le lendemain, la belle-mère de la Lise vint aux nouvelles, et en apporta. Le Cantonnier lui avait dit où trouver les siens. Ils restèrent trois ou peut-être quatre jours.

Un après-midi, la Lise voulut revenir chez elle chercher du linge, et voir. Elle revint par le Content. Comme elle prenait par les prés sur la pente du puy, une colonne de camions allemands débouchaient juste en face sur celle du Gargan, à pleine route. Elle avait entendu tirer. Puis un orage avait passé sur elle, si violent qu'elle avait peine à marcher. Ses vêtements, ses cheveux, tout était tellement collé à sa peau qu'elle paraissait nue.

Un soir, son mari vint aussi, le Gustou de la Croix, peut-être le même soir. Il racontait, le lendemain matin, comme il avait bien dormi. Voilà huit jours qu'il dormait avec d'autres dans les granges, et les dernières nuits à la Veyssée. Dormir, une façon de dire. Il se méfiait, non sans raison, d'un de ses compagnons, d'autant que le père Jean lui avait fait peur, en se précipitant sur le quidam, comme pour le fouiller :

– Tu ne l'as pas apportée aujourd'hui ?

Le père Jean ne parlait pas des armes de guerre, ils en avaient tous, mais de celle, toute particulière, dont le personnage s'était servi récemment pour éliminer quelqu'un. L'acte aurait dû rester secret, à ce que je compris, mais l'homme de la Lise savait – le père Jean venait de montrer qu'il savait. Comment allait-il prendre la chose, l'autre ? Sous l'apostrophe du père Jean, il était devenu blanc comme un linge. Le Gustou n'osait pas dormir.

– A chaque bruit, chaque fois qu'une vache secouait sa chaîne, ou se levait, ou soufflait plus fort, j'étais réveillé. Je me disais : il ne veut pas me faire de mal. C'est mon voisin. C'est mon copain. Nous nous sommes élevés ensemble... Mais je ne pouvais pas dormir. Et s'il bougeait, tout mon sang se glaçait, et des frissons me couraient dans le dos...

Le Gustou se sentait menacé. Quelque temps plus tôt, il avait exprimé l'intention d'acheter une génisse. Et voilà que, ce matin-là qui était encore récent, trois hommes s'étaient présentés chez lui, qu'il connaissait plus ou moins :

– Tu veux acheter une génisse? J'en sais une belle. Veux-tu venir la voir?

Les gars étaient armés, ce qui en ce lieu et en ce temps n'avait rien de rare, mais n'était pas obligatoire non plus. Gustou n'osa pas refuser. Ils partirent... bon. On marchait, on parlait... bon. Au bout d'un moment, ce qui gênait le brave homme, c'est que ses compagnons le tenaient toujours entre eux, et dans les chemins étroits, ne le laissaient jamais ni passer devant, ni rester derrière... Quand ils furent chez le vendeur, à l'étable, au lieu de la génisse on lui montra un gros taureau, certes une belle bête, bien membrée, qu'on le força à marchander.

On ne lui fit pas d'autre mal. On ne l'obligea pas à acheter, il put rentrer librement chez lui. En d'autres temps, on eût parlé de plaisanterie, il aurait pu en rire. Tel n'était pas le cas. Pour allusive qu'elle fût, la menace était claire, et depuis il avait peur. En fait, la peur ne le quitta jamais plus.

J'entendais tout cela, et bien d'autres choses, souvent sans comprendre, non que je fusse stupide, mais parce que beaucoup d'éléments me manquaient, que personne n'exprimait, cela allait sans dire pour ceux qui étaient toujours dans ce contexte, ce qui n'était pas mon cas. En tout état de cause, il valait mieux se taire. Chacun parlait toujours trop, pour lui et pour les autres. Je sentais cela avec tant de force, que je ne demandais aucune explication, jamais. Si bien que certaines choses n'en sont que mieux restées gravées dans ma mémoire, comme autant de mystères.

Pour le moment, d'ailleurs, j'étais assez occupée avec les quatre enfants, que je me chargeais longuement de distraire en les promenant d'un cerisier à l'autre, par le couvert des haies vives et les chemins creux. L'aînée devait avoir onze ans, et l'on pouvait déjà parler avec elle, qui était sérieuse comme une petite femme. Janine était la plus jolie, toute menue et noire de soleil. Et puis la blonde Marcelou et le petit Jean qui avait cinq ans. Me voilà jardinière d'enfants... Mais la fusillade semblait parfois trop proche, l'abri des talus trop précaire, et, ma mère étant allée au Pré garder les vaches, elle les rentra en catastrophe, parce qu'une balle était venue se ficher dans l'arbre, tinc! juste au-dessus de sa tête.

Le deuxième jour, la mère Marie, la mère de Gustou, était revenue, vers midi. Elle avait des difficultés avec les bêtes, mais ce n'était pas grave. Les Allemands étaient passés : quelques-uns avaient demandé à se nourrir dans les fermes, les vieilles avaient dû faire quelques omelettes, mais ils n'avaient pas pillé ni maltraité les habitants. Les maquis... Ah oui! Les maquis!

– Il y en a six derrière chez nous dans la carrière. J'ai apporté des serviettes sur les visages pour que les poules ne les mangent pas. Les mouches...

Geste vague. Elle ne pouvait rien contre les mouches. Elle était encore plus enrouée que la veille. On ne l'entendait presque plus parler.

Dans l'après-midi, nous étions montés, presque tout le village dans la route derrière notre maison, pour tenter de comprendre les mouvements de la bataille. Nous y restâmes un moment, à regarder vers l'ouest, d'où venait très irrégulièrement un bruit de mitraille, parfois le ronflement d'un camion. Le père Léonétou croyait entendre des plaintes. Où donc? On tendait l'oreille. Je n'entendais rien. On ne voyait rien non plus.

Il y avait bien longtemps, au moins depuis Pâques, que la mère Louise parlait de faire un trou, chaque famille, pour cacher quelque peu de nos humbles trésors. Ils en avaient fait un, justement, au Bois de la Font, et c'est par là qu'étaient venus les Allemands, sans le trouver, par chance. Ils en firent un autre au fond du coudert, du côté de la bataille... Nous, nous eûmes une autre idée, nous y travaillions depuis plusieurs jours. C'était de faire un abri, pas loin, mais en dehors des habitations, dans le talus de notre jardin. En rejetant la terre devant, mon père creusa un trou, qu'il avait entrepris de boiser avec du châtaignier fendu, où nous pourrions loger tous les six, qui nous cacherait à la vue, en effet, et nous abriterait des balles, voire d'éclats légers. On ne pouvait espérer plus...

Or, c'est certain, ce trou, le « trou des Allemandes », nous aurait protégés des regards ! Nous étions là tous deux à y travailler, un après-midi – entendez que mon père travaillait. Mais moi je pouvais lui approcher son bois de refend, car l'ouvrage était bien avancé – nous étions donc là, affairés, quand un bruit nous fit lever la tête. Des voix – de nombreuses voix d'hommes, descendaient du village, par le Charriérou, par la via de la Font, et les voilà qui passaient juste au-dessous de nous, à côté de nous, sous le double talus par-derrière la haie dans la Buge de la Font, avant de remonter vers les Combes par l'orée du bois. Des hommes, armés, sans uniforme la plupart, des paysans de tous âges, plus ou moins en rang par trois, portant aussi des armes moins légères.

– Les chargeurs derrière les mitrailleurs... Les chargeurs derrière les mitrailleurs..., répétait sans grand succès un gaillard en kaki, très droit, qui s'était arrêté à quelques pas de nous.

Les hommes se traînaient, mordant presque tous dans une énorme tartine de pain recouverte d'une espèce de fromage blanchâtre que je reconnus.

La Marraine avait essayé de faire du beurre. La crème était à point, bien double et fraîche. Mais il faisait si chaud ! Dans un premier temps, la crème trop froide monta en chantilly, puis à la chaleur ramollit, si bien que le beurre n'était ni fait, ni à faire. Il eût suffi, c'est vrai, de le refroidir pour pouvoir le laver, mais nous n'avions pas d'eau assez fraîche pour y parvenir... Tel quel, le mélange restait gonflé, mousseux, aigrelet, pas désagréable, une sorte de fromage à la crème. Quand les hommes étaient arrivés, ils avaient demandé à boire, on leur avait donné du cidre, et coupé de larges tranches de pain dans les tourtes encore fraîches, avec, dessus, ce babeurre s'il faut lui donner un nom. Et ils s'en allaient maintenant comme des gamins à la récréation, avec leurs tartines.

Exception faite des armes, le défilé devait ressembler à nos promenades de pensionnaires, par quelque jeudi torride. C'était drôle, d'être là, si près de ces « militaires » dont pas un ne leva les yeux pour s'assurer que l'ennemi n'était pas derrière la haie... C'était si drôle que je finis par éclater de rire, et alors quelques regards fatigués se tournèrent vers nous, mornes, inexpressifs... Nous pensâmes tout de même qu'il valait mieux retourner à la maison. La cour était encore pleine d'hommes, assis, debout, seuls ou par petits groupes. Quelques-uns buvaient, mangeaient du pain. Ce jour-là, il passa ainsi plusieurs détachements. Certains dirent qu'ils allaient sur Treignac. D'autres qu'ils ne savaient pas.

C'est au moins la veille qu'on avait parlé, cette fois avec un peu d'avance, de l'arrivée des Allemands; c'est qu'aussi c'était la première fois qu'ils ne se contentaient pas de passer en tuant et brûlant n'importe qui, n'importe quoi; la première fois qu'ils rencontraient, ouvertement, la Résistance, des combattants qui n'étaient plus les « terroristes » de l'ombre pour lesquels payait la population présumée complice. Ici, des arbres abattus les arrêtaient quelques secondes, et là un pont sauté, et là une rafale. C'était peu, certes. Lorsque les premiers camions étaient apparus sur les pentes du Gargan, salués par la mitraillade des garçons dans la carrière, sur la hauteur d'en face, la réplique ne tarda guère, témoin les six qui restaient sur la place étendus. Et pourtant, ce n'était pas pareil.

Le bruit de la bataille et sa rumeur nous étant parvenus, donc, depuis les Quatre-Routes et même de plus loin, ma mère avait envisagé de partir, du moins me dit-elle de faire une valise en cas qu'il faudrait se sauver.

– Se sauver? Pour aller où?

J'ouvris une valise. Que mettre dedans? Je la refermai. Il faisait chaud, si chaud que j'étais en short, un short blanc, que je m'étais taillé moi-même dans un drap. Ma mère voulait me faire prendre d'autres vêtements – des vrais vêtements – des vêtements décents, quoi. Quels vêtements? Elle-même ne s'habillait pas, elle restait dans ses guenilles de tous les jours. S'il avait fallu fuir... mais où serions-nous allés? Et en aurions-nous eu le temps?... J'avais toujours ce short quand les hommes passèrent, et d'aucuns plaisantaient entre eux à ce sujet, je le voyais bien. Le short, ce n'était pas vraiment la mode, en ces jours-là.

Partir... Au bout de quelques jours, la Lise avait repris la route avec ses enfants, en avant pour la Gane! Les petits étaient tout contents de s'en aller, sûrs que la grand-mère aurait de quoi les gâter, la confiture et le chocolat. Chez nous, ils n'avaient pas eu faim, certes, mais les lècheries ne surabondaient pas, faute de sucre, et comment avaient-il dormi par terre sur les matelas!

Et puis, les bruits de bataille s'éloignèrent, s'estompèrent. Il y eut encore des explosions, des gravats qui tombèrent. On raconta comment une troupe de jeunes, qui auraient eu rendez-vous avec le Grand, après un bon repas se firent piéger aux Buges par les Allemands, sur la route de Domps en passant le ruisseau. Ils appartenaient, disait-on, au groupe de la Veyssée, de sinistre mémoire. En fait, on n'a jamais su la position exacte de ce maquis dans le maquis – ou bien quelqu'un la connaissait-il? Ce qu'on l'on sut, c'est que, de même qu'à Journiac le père de Georgette et ses amis, trois jeunes gens furent enterrés là-haut dans le coin de la châtaigneraie, entassés la tête sur les pieds comme des sardines. Et sans doute toutes les victimes ne furent-elles ni trouvées, ni recherchées.

A ce moment, on n'en savait pas tant. Couraient seulement à leur sujet les rumeurs les plus fantaisistes comme les plus effarantes. Et voilà, ils étaient morts. Les morts ne parlent pas.

On était maintenant aux environs du 20 juillet. Nous étaient parvenus des récits, des anecdotes... De partout, les hommes valides, les jeunes garçons qui approchaient de leur vingtième année, ceux qui jusque-là s'étaient dissimulés chez des amis, dans des fermes lointaines... tous avaient rejoint la Résistance. Je m'étais bien amusée, moi, de retrouver les chefs du Chantier, que je connaissais bien, avec un brassard FTPF sur l'uniforme. Il en était ainsi. Pour quelques-uns, cela avait de quoi surprendre. D'autres, non. Lorsque Cavalou avait fait halte, chez nous, avec quelques autres, alors qu'il conduisait un cheval et sa carriole, « réquisitionnés » pour les besoins du maquis, rien à dire. Et même, il n'y avait là rien de surprenant, pas plus que lorsqu'il était allé « réquisitionner » du lard chez nos cousins du Larcy, pour ses besoins personnels.

Non : qu'il confondît ses besoins personnels avec ceux du maquis, il n'était pas le seul; et un petit quartier de lard, c'était si peu de chose que nous, nous avions souvent commencé par l'offrir, le morceau de lard. Mais on ne peut pas tout donner. Les charretées de sacs qu'on amenait au moulin des Buges, ce blé n'était pas toujours destiné au maquis. Certes! Les garçons réfugiés là, *contre* le STO et quelquefois *pour* une conviction patriotique, ou politique, plus positive et plus profonde, ils ne cultivaient pas beaucoup de terre, et il leur fallait bien manger, se vêtir, se couvrir. Maintenant, on pouvait se demander à quoi leur servait maint salon bourgeois, « déménagé » en plein jour, tel stock de linge féminin ou de layette... Et si la Claire, par exemple, qui, restée seule sans son mari prisonnier, avait bien dû vendre quelques douzaines d'œufs et quelques cochons au-dessus du prix officiel, voire à des trafiquants qui eux, multipliaient par dix ce prix de misère, oui si la Claire pour un tel méfait méritait d'être tondue, et qu'on lui volât son pauvre meuble, jusqu'à son lit...

Je le dis : il y eut, entre les nécessités de la Résistance et les intérêts personnels des confusions terribles. Entre les besoins d'une cause juste et l'assouvissement de jalousies, de vengeances, de méchancetés odieuses. S'ensuivirent des actes mesquins, des incidents dérisoires, des crimes irréparables. J'ai parlé de ces vilains sentiments, la haine et l'envie, mais il en est un autre, et des plus nobles, qui peut amener à d'aussi néfastes erreurs, provoquer de toutes semblables méprises, c'est la tentation de l'héroïsme, et je dirais de l'héroïsme obscur. Dans le secret de l'ombre, l'héroïsme secret de l'espionnage qui entraîne celui de la délation, ce pouvoir plus enivrant d'être frelaté.

Que de fois, et récemment encore, ne l'ai-je pas entendu dire :

– J'ai rencontré Pierre, tel jour, à tel endroit. Que faisait-il là, avant l'aube, d'où venait-il? Qu'avait-il fait?

Hé! Et vous-même, que faisiez-vous là? Où alliez-vous? Une rencontre fortuite, un œil qui épie, et c'est le soupçon. Après le soupçon, la certitude. Et, de tel côté ou tel autre, la dénonciation, ou l'indiscrétion, parfois suffisante. Pierre, un peu avant sa mort, a voulu revoir les lieux.

– Que de nuits j'ai passées là! me dit-il. A surveiller... à attendre les parachutages... Je la connais bien, la forêt des Fayes... Et personne ne le savait.

Personne? Voire... Par chance, on pouvait aussi mettre son héroïsme secret à ne pas livrer sans preuves un ennemi soupçonné de meurtre. Mais, dans ce tourbillon de sentiments très forts, d'émotions inhabituelles, difficile de savoir, de prévoir ce qui serait contenu, ce qui éclaterait...

Ce qui éclaterait comme une grenade ou une rafale de mitraillette, en plein cœur du coupable. Ou de l'innocent.

Que j'aurais dit, à ce moment-là, les mêmes paroles? Que je ne me serais pas, moi aussi, laissée emporter par la passion? Par la colère? J'évitais d'en parler. Dans notre journal puéril, les allusions mêmes, je les tournais en dérision. Mais il est sûr que ces choses-là, en famille, nous les ressentions profondément.

Et puis, tout de même, entre nous, oui, en famille, nous en parlions, souvent à mots couverts, et parfois clairement. D'une certaine façon, nous nous sentions ensemble en sécurité. Mais nous savions aussi cette sécurité précaire, avec l'intuition que chacun, à chaque moment, supportait une menace aussi sûre qu'indéfinissable. Et, je l'ai dit, une bonne conscience ne servait de rien. Pas même le silence ni l'effacement. Or, cette certitude même, nous rassurait : on ne peut rien contre la fatalité.

Et la vie continuait, avec ses occupations et ses rires. Mais laquelle de nos femmes eut-elle l'idée, après le passage des gens armés, de faire précautionneusement le tour de la maison, pour s'assurer qu'ils n'eussent pas laissé des traces évidentes de leur courte halte? Ma mère? La Marraine?... Toujours est-il que, des traces, il y en avait : un chargeur de fusil-mitrailleur, intact, qui avait sans doute été déposé là, ou jeté depuis la route, tout exprès. Il ne pouvait en être autrement : la cour, de ce côté-là, était clôturée et personne n'avait eu à passer par là. Personne.

Hé! Il était peu probable que les Allemands vinssent, eux aussi, de ce côté, maintenant qu'ils étaient tout occupés à se battre réellement, mais ce n'était pas si sûr, sinon pourquoi serait-on allé si promptement les attendre vers Treignac? Que s'ils étaient passés, cette munition de guerre ne nous eût-elle pas désignés à leurs yeux :

– Terroristes?... Maquis?...

Quelle qu'eût été la réponse, c'était la famille dos au mur et le feu à tout le village, nous en premier... On l'avait vu!

Et de même, quand mes parents allèrent faucher le trèfle, cette jolie grenade que mon père évita de justesse avec la faux, avait-elle été perdue accidentellement? Peut-être. Mais le champ n'était pas le chemin, et marcher dans ce trèfle, haut de quatre-vingts centimètres, peu engageant. Et on ne s'était pas battu par là. Et les grenades, elles étaient solidement crochetées aux ceintures. N'empêche. Si la pointe de la faux avait peu de chances d'accrocher la goupille, il y avait peu de chances aussi que le trèfle ne fût pas fauché à la machine. Et le passage de la machine, lui, n'aurait pas évité l'explosion. Enfin, peut-être effets du hasard, ces deux découvertes ne pouvaient pas exclure non plus une malveillance, tout injustifiée qu'elle fût.

Lorsque Cavalou était passé, comme j'ai dit, avec la carriole et le cheval, lui et ses camarades étaient bardés de ces grenades quadrillées qui ressemblaient à des œufs de Pâques. Depuis, je ne peux pas voir un œuf de Pâques, surtout de ces gros œufs en chocolat à motifs craquelés, sans penser aux grenades, que j'avais vues alors pour la première fois. Ils n'étaient pas peu fiers, les garçons, de cet attirail. En ce beau jour de juillet, des avions bourdonnaient dans le voisinage. Quelqu'un suggéra qu'il serait bon de rentrer, voire de conduire l'attelage à l'abri des arbres.

– Pour quoi faire? Je suis un paysan, chez un paysan, avec ma carriole, répliqua ledit Cavalou.

Cependant, ils entrèrent, un moment. Ils n'étaient pas à cent mètres de là, les avions rasaient le sol, et toute une colonne d'Allemands filait par le Pissechien.

Toutefois, c'est bien la grenade que mon père avait rapportée du champ que nous pûmes regarder le plus à loisir. Perplexité de la trouvaille, plus grande incertitude de ce que nous allions en faire. Les voisins vinrent aux nouvelles. Maurice, prisonnier de retour, avait bien fait la guerre, mais jamais il n'avait seulement vu pareil engin. Et ceux de la Grande Guerre, bien moins encore. Restait Jean. Il vint, prit l'objet en mains, expliqua, pérora... Tout le monde comprit très bien que, tel quel, l'objet n'était pas dangereux mais pouvait le devenir, qu'il fallait enlever la goupille, le jeter au loin, qu'il exploserait… Mais personne ne voulut se risquer au geste qu'il n'était pas sûr de maîtriser. Pas davantage Jean, qui lui, disait savoir… Alors mon grand-père prit une décision.

Il descendit au fond du Pré, là où le marécage regorge de toutes les eaux de ses sources mortes et de toutes celles qui coulent depuis le haut des combes. Il emportait d'une main la grenade, de l'autre un gros piquet et la masse pour l'enfoncer. Là-bas, non loin de la haie, à un endroit qu'il m'a montré maintes fois, il cura un trou profond dans la mollasse, et laissa glisser la grenade au fond, qui se recouvrit presque d'elle-même de la boue refermée sur soi. Je pense parfois à cette grenade. Il est probable qu'elle a été mangée de rouille, le détonateur noyé, l'explosif dispersé dans les eaux. Mais il n'est pas impossible non plus qu'elle soit encore intacte dans la tourbe et comme fossilisée. Elle pourrait dormir là des siècles dans les profondeurs, mais tout aussi bien remonter, car il arrive que le marécage rejette des pierres, tout aussi bien qu'il les avale.

Mais de digression en digression, j'en reviens tout de même aux jours qui suivirent ce qui devint pour l'histoire la bataille du mont Gargan. Ce qui laisse croire aux touristes qui montent là-haut que la malheureuse chapelle a subi quelque terrible bombardement. Pas du tout. Elle était en ruines bien avant. Au moment de la bataille, je crois qu'elle put servir d'infirmerie provisoire, et les stigmates qu'elle en gardait, c'était la faucille et le marteau symboliques, à la peinture rouge sur l'une des marches. Le dessin y est resté des années. Là-haut sur l'esplanade, l'Escòla dau Mont-Gargan avait donné un spectacle folklorique, mon père se souvenait d'y être allé, en 1942 je crois, une époque à laquelle certains croyaient encore aux belles promesses de l'État français. Cependant, la ruine de la chapelle, bien entreprise dès les années 1930, était déjà consommée. Pour moi, je n'avais pas encore gravi ces rudes pentes. Bref. En ces jours-là, on sut que la guerre avait sévi sur les routes du Gargan. Outre les garçons tués à la Croix de Saint-Gilles et ceux des Buges, il y en avait eu deux à la Boissonie, et un à La Croisille, à l'entrée du bourg. Malheureux enfants… A La Croisille, on s'était battu, bien battu. On avait pris une mitrailleuse. On la montra à toute la ville, on la fit défiler. Puis on voulut voir, on voulut la nettoyer, on la démonta. On la remonta. Zut! Il y avait une pièce en trop...

Au Courboulet, là d'où l'on peut surveiller la route de La Croisille et celle de Meilhards, le chef de section plaça un groupe d'hommes.

– Tenez bon, les gars! Coûte que coûte, tenez bon, les gars! Je pars en mission.

Il partit. Les gars tenaient. Facile, il n'y avait rien à faire, pas le nez d'un ennemi sur nul horizon. Le temps passait. L'autre ne revenait pas. Le jour passait. Ni ordre, ni contre-ordre. Ils tenaient. La fusillade vers La Croisille, au loin... La faim commençait à se faire sentir. La soif. Eh mais! Ce n'était plus pour rire! Tous ces camions sur la route de La Croisille... Ces rafales, tout près, là, vers les Rouchoux... Et l'autre qui ne revenait pas... Quand les camions débouchèrent vers Malassagne. – S'ils viennent par là, à quatre que nous sommes, nous avons bien de quoi les arrêter, les Allemands! Avec nos fusils de chasse!...

Et voilà nos hommes à travers champs, vers Treignac, aussi vite que leurs jambes pouvaient les porter. Ils arrivent à la Rigole de la Borie, affamés, essoufflés, crottés, déguenillés... et tombent sur leur chef, tout serein, en chaussettes blanches, qui s'en allait tranquillement, lui aussi, vers Treignac, et qui ne les reconnut pas.

On peut se demander, après coup, comment et pourquoi tant de gens allaient chercher abri et refuge à Treignac, où cependant on s'attendait aussi à quelque attaque. C'est pourtant de ce côté qu'avaient fui les habitants de Chamberet. Évacuer Saint-Gilles, PC du maquis, bourré d'armes même si elles étaient camouflées, cela se comprend de reste. Mais Chamberet?... Toujours est-il que l'ordre fut donné aux habitants de partir, et ils partirent. Sans panique, qui plus est. A pied. Nos cousins, Adèle et Georges, poussant le fauteuil roulant de leur mère infirme. Dans leur hâte, ils avaient posé sur la table le paquet de leur petite fortune, et l'avaient oublié là. Or, tout le monde était parti, même les voleurs : ils le retrouvèrent intact, à la même place.

Voilà ce que nous apprîmes, un peu plus tard. Certes, c'est

une tentation que de partir. La fuite... Une autre façon de se faire soi-même victime certaine, lorsqu'on ne l'est que virtuellement, une autre façon de devenir un héros. Le héros de l'anecdote, tout au moins. Cependant, pour inutile qu'elle fût, cette fuite-là n'était pas sans risques. Une jeune mère poussait le landau de son petit enfant. La poussette toucha une grenade, clac! Plus de petit enfant. Quelle tristesse. Une grenade! Pareille, sans doute, à celle dont j'ai parlé. Pour les autres, l'exil dura quelques jours. De temps en temps, un courageux se désignait pour aller voir ce qui se passait au bourg.

Au bourg, il ne se passait rien. Pas plus d'Allemands que de beurre en broche. Ils revinrent, d'abord quelque peu inquiets, puis se rassurèrent. On commençait à espérer la libération. Maintenant tout semblait si calme qu'on aurait pu croire que c'était arrivé.

Il nous fallut pourtant attendre, des semaines, pour enfin apprendre que nos villes, Brive, Limoges, Tulle... étaient libérées. Et même alors, bien plus tard, Brive ne reçut-elle pas quelques bombes, *made in Czechoslovakia*, dont quelques-unes n'éclatèrent pas, tandis que d'autres faisaient de nouvelles victimes. Du moins cela se dit, chez nous, de cette manière. Brive... Restaient là-bas mon lit, mon linge, ma misérable garde-robe... C'était aussi loin dans mon esprit que mon passé le plus lointain.

On ne savait toujours pas ce qu'il était advenu de Buisson, le père de Georgette, et de ses amis. Il était de plus en plus certain qu'ils n'étaient pas vivants. Depuis quelque temps, c'était ma grand-mère qui gardait les vaches dans le Pré. Un jour, elle dit :

– J'en ai assez. Chaque jour la mère Canacabé descend de Combedarrière, flac-flac, flac-flac, et elle me demande en risotant : *E queu canacabe Buisson, l'an-t-eu trobat?* Tu vas voir.

Et le soir, elle raconta, contente d'elle, parce que quand la vieille lui avait demandé, dans son bon limousin et la crise de bégaiement rituelle :

– Et ce ca-ca-ca-ca-canacabé Buisson, l'a-t-on retrouvé?

elle avait répondu :

– Je ne sais pas. Ceux qui l'ont perdu, sûrement ils le cherchent. Pauvres gens. Ils le trouveront bien.

Et après un silence :

– Mais j'ai appris tout autre chose. C'est que, maintenant, tous ceux qui auront tué des gens, volé, commis des crimes, ils vont être punis, et on leur fera la même chose, à eux, tout ce qu'ils ont fait.

La vieille restait interdite, souffle coupé. Elle murmura, tout de même :

– Ce ne serait pas comme on avait dit, alors...

Elle s'en fut sans demander son reste et ne revint plus. Ah oui, elle n'était pas peu fière, ma grand-mère !

– Elle m'agaçait, la vieille ! Qu'est-ce qu'elle voulait dire, avec son petit ricanement ? Elle sait où il est, elle, le malheureux Buisson ?

La mère Canacabé n'en savait sans doute pas plus que les autres. Mais elle avait également dit à ma grand-mère, en parlant des maquis :

– Maintenant, c'est eux, les petits, qui feront la loi. Et ils iront où il y en a, et ils prendront ce qu'ils voudront. Et ils (les nantis) seront contents (qu'on leur laisse la vie) !

Bref : la Révolution culturelle avant l'heure, voilà ce qu'elle annonçait, la bonne femme. Ma grand-mère n'était pas d'accord. Pas du tout. Hé ! elle n'était pas méchante, la mère Canacabé. Pas idiote. Pas des plus intelligente non plus.

Or, Buisson, on le retrouva. On sut en même temps qu'on l'avait retrouvé, qu'il était enterré à Journiac comme cela s'était déjà dit, et qu'on allait l'exhumer le jour-même vers les cinq heures. Est-ce que nous irions ? Tous les hommes du village voulaient y aller... Mon père et mon grand-père firent rapidement un bout de toilette et partirent avec les autres. Nous étions bien d'accord, il fallait y aller, on ne pouvait pas y manquer. Mais tout de même nous étions bien inquiètes, nous les femmes. Comment cela allait-il se passer ? Et s'*ils* étaient venus, et s'*ils* avaient tiré !

Eh bien, s'*ils* avaient tiré, *ils* en auraient fait de la viande ! Quand les hommes revinrent, eux aussi avaient pu acquérir leur petite couronne d'héroïsme. Mais ils n'étaient pas les seuls. A la fois accablés par l'horreur du spectacle et tellement fiers d'eux-mêmes, fiers de la commune – de la communauté faudrait-il dire.

– Il y avait toute la commune. Un monde! Et un silence.

– Oh, ce n'était pas beau à voir, non.

Dans une sorte de coudert, à moins de cent mètres des maisons, la tombe était un trou étroit et peu profond, les hommes couchés dedans, en sens inverse, pour tenir moins de place. Par cette chaleur, et depuis le temps, ne demandez pas... On crut remarquer pourtant qu'ils avaient les doigts crispés sur de la terre, et de la terre dans la bouche. Comble d'horreur, les aurait-on enterrés vivants? – Encore vivants!...

Le comble de l'horreur? Mais non. On peut toujours faire mieux. Le crime avéré, il fallait un coupable. On en trouva un. Peut-être l'était-il. Sans doute l'était-il, mais qui pourrait affirmer qu'il avait agi de son propre chef? Ou s'il avait reçu des ordres? Toujours est-il qu'on l'amena, mort, exécuté, sanglant sur la place de Chamberet, qu'on vous le déchargea sur le perron devant la porte de la veuve :

– Madame, voilà l'assassin de votre mari.

Et débrouille-toi avec cette chair morte, qui ne parlera plus, ni pour accuser, ni pour excuser, ni pour se défendre... On dut bien l'enterrer quelque part.

Ce devait être déjà le mois d'août. Quelque temps plus tard, un jour mon grand-père rentra de promenade, bouleversé.

– J'ai vu le colonel Monteil.

Le colonel Monteil? Nous, ça ne nous faisait ni chaud, ni froid. Ce n'était pas quelqu'un de nos relations, et même si nous avions entendu parler des massacres de Tulle, nous ne savions rien de ceux qui y avaient tenu quelque rôle.

– J'ai vu le colonel Monteil. Je lui ai serré la main. Ses mains étaient froides! Il était blanc comme la mort. Cet homme porte la mort en lui.

Mon grand-père était à Pissechien, sur la route. Une voiture s'était arrêtée. Un homme en était descendu, qui lui avait serré la main en se présentant :

– Colonel Monteil.

Et le grand-père expliquait :

– Il cherche son fils. Il a été tué à la Veyssée. C'est un qui était dans l'auto. Je lui ai dit ce que je savais.

Ce qu'il savait? Nous, on ne savait rien. S'il savait quelque chose, le grand-père, il s'était bien gardé de nous le dire. D'ailleurs, en se promenant comme il faisait, il avait dû voir bien des choses, qu'il ne disait pas, à nous ni à personne. Je l'ai pourtant entendu parler, plus tard, de cette voiture – celle qui avait amené le jeune Monteil et ses amis – et comment on l'avait camouflée au bord du chemin dans la forêt, et puis peut-être dévalisée, et ensuite déplacée... Et qui ? Il ne savait peut-être pas... mais, avec Germain, son cousin, quand ils se rencontraient, ils avaient ensemble à ce sujet, comme sur d'autres, de longs conciliabules à demi-mot... Toujours est-il que le colonel Monteil eut tôt fait, après cela, maigre consolation, de trouver la tombe de son fils.

DANS ces jours-là, j'avais eu, moi, une grande joie. J'étais dans la chambre bleue, devant mon armoire. Peut-être que je lisais... J'entendis le chien qui jappait, et on m'appela. C'était Mlle Mouton – Claude – Maître Claude, comme nous disions, parfois, à Brive. Elle arrivait de Madranges, à pied. Et même elle avait fait une bonne partie du chemin pieds nus. En passant au Pont-Rouge, elle les avait baignés dans la Soudaine, et depuis, elle portait ses souliers à la main. En fait, le Pont-Rouge avait sauté, au plastic sans doute, pendant la bataille du mont Gargan, il lui avait bien fallu marcher dans le ruisseau. Elle était venue! Mes parents lui laissèrent leur lit, et s'installèrent dans celui de la cuisine. Il en était déjà ainsi, et cela ne changea pas : mes parents recevaient mes amies à bras ouverts. Je ne dis pas qu'ils se mettaient en quatre pour les recevoir, au contraire ils les assimilaient à la famille parfaitement. Pour que j'aille chez elles, autrement que pour un déjeuner ou un après-midi, c'était une tout autre question. Cela ne changea pas, jamais.

Pour l'instant, nous étions tout à la joie de ces retrouvailles – enfin, moi. Elle aussi, je suppose, sinon elle ne serait pas venue. Elle semblait se plaire ici. Mais il devint vite très clair qu'elle avait des difficultés avec notre cuisine, dégoulinante de la graisse d'un gros cochon bien gras, qui ne convenait pas à son foie délicat. Il n'était pas si facile de se procurer des grillades, qu'elle cuisait à même la braise, floc! et qu'elle mâchait dans un grincement de cendre et de charbon. Des pommes de terre dans le bouillon avec du lait caillé, je n'en ai jamais tant mangé, pour lui tenir compagnie. Ma mère et la Marraine haussaient les épaules dépitées du peu de cas qu'on faisait de leurs petites sauces bien mijotées, et de leurs pommes sautées à l'ancienne, confites entre les lardons.

Mais enfin, le soleil brillait, on parlait, j'avais bien commencé des leçons de latin que je prenais assez au sérieux, car il ne m'aurait pas déplu de m'adonner à la philosophie. Ce n'était pas pour l'amour du professeur, c'était l'inverse. Que si je m'étais attachée à elle, c'était pour l'amour de la philosophie. Et c'est vrai que je l'aimais bien, mais sans ce lien-là, et par exemple si elle eût enseigné dans une autre classe, ou dans une autre matière, je ne crois pas que je l'aurais seulement remarquée. Ce que j'aimais, c'était l'art qu'elle avait de dire les choses, même compliquées, d'une façon claire, directe, naturelle.

Sans qu'elle en dît rien, j'ai su par elle que ni l'élévation, ni la profondeur, ni la finesse de la pensée ne résident non plus que s'expriment dans l'amoncellement de mots prétendus savants, bien au contraire. Et si ce n'est pas d'elle que je tiens cette certitude, peut-être lui dois-je de m'y tenir sans complexes, usant parfois de termes techniques comme de raccourcis, jamais pour y retrancher la nébulosité d'une pensée immature. Je sais, pour les avoir lus peu ou prou, que certains philosophes, même réputés grands, s'amusent à ces jeux de terminologie, qu'il m'est arrivé de poursuivre moi aussi dans leurs livres avec un certain sourire... Un jeu lassant, dès que la solidité des arguments ou l'intuition de la conclusion le cèdent à la confusion des définitions...

Oui, la philosophie! Mais voilà, il me manquait maintenant, ce latin de malheur, dont me restait une grammaire et ce livre d'exercices que mes parents avaient achetés, inutilement, l'année d'avant mon entrée en pension. Je me mis à l'ouvrage. Et je dois dire que je m'en tirais plutôt bien. Cependant, n'est-ce pas, nous étions en vacances, il fallait en profiter aussi. Et il y avait le travail des champs, où l'on ne me demandait pas d'être assidue, mais auquel il fallait bien, de temps à autre, prêter la main...

Maître Claude n'avait pas sa bicyclette; une fois nous partîmes sur la mienne toutes les deux, pour aller à la messe à Surdoux où j'envisageais que nous passerions la journée chez Odette. Ce devait être le 15-Août, sinon je n'aurais pas insisté autant pour y aller. Or, voici qu'arrivées juste au-dessus des Pratdenaut, elle refuse d'aller plus loin : elle m'attendrait là, à se reposer au bord de la route sous les bouleaux, pendant que j'irais à la messe... Ainsi fut fait, je crois.

Une autre fois – une autre fois, je m'en souviens. C'était un dimanche, à moins que ce ne fût justement le 15-Août. Il faisait chaud soleil et, l'après-midi, les femmes décidèrent que nous irions au Boisme, naturellement à pied. Oh, la promenade est belle, par les petites routes entre les champs et le Bois de la Veyssée, alors traversé d'un chemin creux où l'ombre gardait pour la mousse quelque semblant d'humidité, avant que de s'ouvrir sur le rocher à moitié nu de la Gratade. Et sur l'autre côté de la combe, les pentes du puy de Bellegarde, et cette échappée large vers le Gargan...

Ma mère, ma grand-mère, mon amie et moi, nous allions légères, quand toute une assemblée de gens, vers le village de la Veyssée, requit notre attention. Des hommes. Quelques-uns sur le chemin. La plupart disséminés, par petits groupes, entre les arbres, là, dans la châtaigneraie en contre-haut... Des hommes, mais pas des gens du maquis. Le maquis, c'était fini, ou presque. Que pouvaient-ils bien faire? à regarder, plus haut, vers le coin du bois, un autre groupe d'hommes qui s'affairaient...? Ce qu'ils faisaient, certes, nous l'avions bien déjà compris, on nous le confirma. Ils procédaient à l'exhumation du capitaine Monteil et de ses amis.

Nous nous étions arrêtées. Nous regardions, de loin. Je l'ai su plus tard, un des hommes dit :

– Il faudrait une truelle.

Et le Félix au Mémé :

– Va vite chercher la truelle.

L'enfant – il n'avait pas seize ans – courut aux Flénours, tout proche, et rapporta l'outil. Comme personne ne l'en déchargeait, il s'approcha jusqu'au bord de la fosse, et vit la chose terrifiante. Les corps aplatis l'un sur l'autre où dans la pourriture en marche on pouvait reconnaître les formes de la vie. Des années durant, comment revenir par là? en portant ces images que toute une vie n'a pas estompées.

Nous nous étions assises, nous, largement appuyées au talus tout contre la maison. Nous regardions de loin. Une ou deux fois, ou plus, je me levai. Je voulais voir. Me rapprocher. Voir. Claude se leva également, je crois, mais se rassit. Les femmes ne bougèrent pas. Je ne pense pas que ma grand-mère serait venue, de toute manière. Ma mère hésitait.

– Nous ne les connaissons pas...

Elle craignait d'être indiscrète. D'être indiscrète? Ou de voir? Moi aussi, je craignais. Mais en même temps, j'avais la certitude que c'était un moment exceptionnel. Que je ne pouvais pas, comme ça, passer à côté. Qu'il fallait participer. Certes, nous participions. En silence. En formulant quelque prière. Mais moi je savais, je savais que ce n'était pas assez. Le hasard qui nous amenait là, où nous passions si rarement, et moi jamais, et juste ce jour-là, et juste à ce moment, non, ce n'était pas un hasard. J'ai dit depuis que je regrettais de ne pas être allée voir, que c'était une chose qu'il fallait avoir vue dans sa vie, une fois. Je l'ai dit, mais ce n'était pas cela tel qu'on peut l'entendre. Cela n'avait rien qui tînt à la curiosité. Était tombé sur moi, d'un coup, tout le poids de la nécessité immédiate – j'étais investie de la fatalité. Je me sentais plus lourde qu'une pierre. Qui aurait pu porter cela?

Pas moi, certes, pas moi! Je me levai, je sortis de moi. J'étais jeune, légère. Je pouvais courir. Je pouvais chanter. Je pouvais rire. Je prenais mes amis par la main. J'avais la tête vide, il faisait grand soleil. Certes je pouvais vivre, à côté de moi – qui restais quelque part, dure comme une pierre, assise, éternelle, insensible eût-on dit, comme un rocher fatal, autour duquel bourdonnent les averses et les essaims de vie... Nous avons repris notre chemin vers le Boisme, et quelles bonnes heures nous avons passées, avec nos cousins. La Yvonne était là, et son mari peut-être. Il y eut de la dinde au goûter. Je me souviens que la Yvonne disait combien la vie était chère, à Paris, et elle avançait des chiffres fabuleux. Et Claude leur dit qu'elle ne pourrait pas se permettre de telles dépenses, et que même son père, qui était professeur d'allemand en fin de carrière, ne gagnait pas assez pour cela. Elle y pensait encore au retour, quand elle nous demanda quel métier pouvaient bien exercer nos cousins si riches. Je pouffai : elle était concierge, lui, petit employé. Mais il ne coûte rien de gonfler les chiffres, dans la conversation... A la Veyssée, nous passâmes en silence.

Nous passions en silence, aussi, au Bas-Journiac. La petite route longeait la parcelle où l'on avait retrouvé les corps, et nous pouvions apercevoir, à une quinzaine de mètres, la petite levée de terre fraîche qu'on avait rejetée en curant la tombe. Pendant longtemps, personne ne toucha à cet endroit, ni pour le cultiver, ni pour recouvrir le trou, ni pour égaliser la terre. Nous savions plusieurs autres endroits, dans les environs, où personne n'avait plus semé, ni planté, ni labouré, pendant des années. Exécutions, assassinats et morts accidentelles... Le sol de ce pays garde bien des secrets, que personne ne saurait résoudre.

Quand je gardai les vaches dans le Pré, l'été finissant – j'étais seule alors – elle revint vers moi, l'odeur, celle que nous avions si bien repérée sur le chemin de Chamberet. Ma grand-mère l'avait remarquée encore faible, du côté, disait-elle, de Combedarrière ou des Pratdenaut. Je n'y avais pas vraiment cru, mais ensuite ce fut moi qui gardai les vaches.

A certains moments, on ne sentait rien. Et puis cela venait, on ne sait d'où, à plein visage. Souvent, je m'asseyais sous le chêne qui était là, ou bien à l'abri du talus sous les hêtres un peu plus haut, près de la barrière au fond du pré de Combedarrière. Le soleil arrivait par-dessous les branchages jusqu'à la fin de l'arrière-saison et le vent n'y soufflait que guère. On était bien. Et tout d'un coup, cette odeur emplissait la combe. Je me levais, cherchant du nez d'où cela pouvait bien venir. Croyant avoir déterminé l'endroit – j'y allais. Dans la châtaigneraie... Cette senteur m'avait conduite là, jusqu'au dernier talus. Et voilà, je ne sentais plus rien. J'attendais un moment. Voilà que ça descendait, par le Combedarrière, à pleine combe; ou bien des Pratdenaut. Et je courais au Pâturage où il y avait cette pêcherie borgne, mangée de saules... Rien. Et j'entrai dans le Bois de la Fontfrege, précautionneusement, contournant chaque souche et chaque cépée. Dans le pré, je suivais toutes les rigoles, et tous les marécages. Je descendais jusqu'à l'étang. Il est vrai que je n'en ai pas sondé les bords, non plus que la pêcherie envasée de Combedarrière. Mais l'odeur ne semblait pas venir de là. D'où venait-elle? Elle finit par s'estomper, se perdre... Et l'on pouvait aussi descendre à Chamberet sans être assailli, au hasard des virages, par les mêmes effluves de mort.

Eh! me direz-vous, pourquoi ne pas prévenir la police? Quelle police? Celle de Vichy déjà chargée, au propre comme au figuré, de tous les péchés d'Israël? Celle des petits garçons en brassard FFI qu'on voyait dans les foires, sous la protection de leur petit pistolet, demandant leur carte d'identité aux filles? S'il y avait une police quelque part on ne la voyait guère, et par chance! De la police, nous, on en avait tout notre saoul. D'ailleurs, que dire? Que dénoncer? Une odeur qui courait la campagne, et qui aurait pu être, pourquoi non, celle d'un âne crevé? Les odeurs sont libres, même en temps de guerre. Elles peuvent venir de loin. Celle-là, d'où venait-elle? Comment vérifier ses papiers?... Et pourquoi moi, de plus? Quiconque avait un nez! Eussé-je trouvé quelque chose – et quoi que ce fût, ce n'était guère caché, je pense, seulement je n'étais pas tombée au bon endroit – oui, si j'avais trouvé *quelque chose*, qu'aurais-je fait?

Du temps que j'avais Maître Claude, il n'en était pas ainsi, pour ce qui est du Pré. On n'y sentait que l'odeur délicieuse des feuilles, celle des marécages, avec leurs joncs, leurs mousses, et leurs petites renoncules tout étoilées d'or. Celle aussi de la source, qui est de sable et de vent sur les salades fraîches en toute saison. Nous avions passé là des heures paresseuses, des heures studieuses, des heures merveilleuses, à discuter, à lire, et même à dessiner. Elle s'essayait à écrire en vers. Elle avait fait de moi toute une page de portraits.

– Si vous ressembliez à ce portrait, me dit-elle, vous auriez du génie.

Je regardai le portrait, j'éclatai de rire. Hélas! je n'y ressemblais pas. Je dessinais beaucoup moi-même, cet été-là. Claude m'avait offert une boîte de Crayolors, à défaut des pastels qu'elle n'avait pas trouvés, et j'appréciais cette couleur un peu sèche, qu'il m'était facile d'emporter dans les champs, et dont les effets légers s'accordaient bien à transposer les lumières et les nuances du paysage, pour des croquis tout à fait honorables. La brume sur le Pâturage, au-delà du Pré... Une friche d'oseille sauvage... Et ce portrait de mon amie, qui n'est qu'une esquisse, parce qu'elle en avait assez de la pose...

Oui, je m'attachais davantage au motif, à la représentation de la nature. Mais je crois aussi que je rêvais moins en peinture, et davantage en écriture. C'est que mon dessin quel qu'il fût ne me suffisait pas. Oh, depuis longtemps – depuis toujours peut-être – il ne me satisfaisait pas. Même quand je le trouvais joli, et que de quelque façon j'étais contente de moi, ce n'est pas seulement sur un plan technique, voire esthétique, que j'en étais déçue. Non : c'est que, je le sentais bien, il était loin, très loin, de raconter l'histoire de sa création, qu'il ne portait rien de cette chaleur à plein sang qui l'avait bouilli, de cette dureté qui l'avait arraché, de ce froid qui l'avait saisi, glacé dans une forme approximative comme une pierre de lave. On n'en voyait plus que les défauts. Toutes ces choses que les mots, je le croyais alors, pouvaient dire... Mes premiers poèmes... Eux non plus ne me contentaient pas. Mal finis. Mal fermés. Étriqués. Et comme si ce n'était pas assez qu'ils ne fussent pas mûrs, il y pendait toujours quelque lambeau de chair, vive arrachée, toute fraîche aux digestions de la jeunesse.

Je le sentais profondément : il y avait quelque chose, quelque part, que je devais dire – mais quoi? Mais comment? Je ne savais pas. En attendant, je couvais mon silence dans la solitude. Je me couvais. Je me couvais et même j'en avais conscience, c'était moi-même que je couvais. Mais quand je dis moi-même, ce n'est pas à mon aléatoire petite personne que je pensais, c'était à ce qui, par le moyen dérisoire de ce que je serais, pourrait être. Ne me dites pas que j'ai vu cela après coup, que je le dis maintenant en quelque sorte pour justifier ma pauvre inutile vie. Non. Je le pensais. Je le savais. Et si j'en suis tellement sûre, c'est que je l'ai écrit. A ce moment-là. En termes grandiloquents que je ne désavouerais pas, bien que je les tienne secrets. Que je tiens secrets, mais que je ne renie pas. Ce n'est ni un serment, ni un plan de vie, ni un engagement, ni même un projet. C'est tout juste – une lumière au loin – ou un appel – une attente. L'espoir, l'appel et la lueur, c'est en vous peut-être qu'ils sont, et de les suivre, ou pas, vous êtes libre, à ce qu'il semblerait. Rien n'est sûr.

Cette année-là, si chaude que les grenouilles badaient le bec, la jeunesse des environs avait colonisé la Grande Pêcherie dans le Pré. On les entendait là-bas rire et crier, aux plus chaudes heures de l'après-midi, ceux de Bellegarde, des Renardières et d'ailleurs, les autochtones et les réfugiés, ceux qui étaient en vacances et les paysans. Ils avaient nettoyé la pièce d'eau de toutes ses herbes, et même les bords. Je n'eus jamais l'idée de les rejoindre, c'était justement l'heure où nous mangions, et quand nous arrivions avec les vaches, il n'y avait plus personne, parce que l'ombre tombait déjà sur l'eau et que nous avions attendu ce moment pour sortir les bêtes. Les rares fois où je redescendis, je m'y trouvai seule, et j'aimais autant cela pour me baigner nue. Mais ensuite il y eut un orage, l'eau qui était déjà froide de toutes ses sources ne se réchauffa plus. Une seule fois nous y allâmes, Claude et moi, c'est à peine si nous osâmes descendre vers la fausse bonde, là où l'eau ne dépassait pas le nombril. Ce temps passa, heureux dans la tragédie qui, autour de nous, choisissait ses victimes, selon le hasard – peut-être au hasard.

Était venu septembre. La rentrée des classes, bientôt. Je m'étais décidée – mes parents refusaient catégoriquement de me voir partir pour Paris : l'instabilité du pays, l'incertitude de la guerre, l'insécurité, tout leur était bon, tout leur était prétexte – je m'étais donc décidée à demander une place de maîtresse d'internat qui me laisserait dans la région, et peut-être avec la possibilité de poursuivre d'éventuelles études... Tout cela était assez vague... Mais si cela ne marchait pas, j'envisageais, à défaut de Paris et des Beaux-Arts, d'entrer à l'école d'Arts décoratifs de Limoges, qui, elle, existait, et tout proche. Limoges n'est pas Paris ! Mes parents connaissaient Limoges, je pourrais revenir tous les dimanches, on ne me perdrait pas de vue, et je ferais au moins quelque chose qui me plairait.

Claude aussi devait rentrer. Elle aurait bien voulu revenir à Madranges pour voir encore sa tante, mais à moins que d'y aller à pied, ce n'était pas possible, et elle se souvenait des ampoules qu'elle avait dû souffrir en venant. C'est pourquoi nous allâmes à la foire de Chamberet, dans l'espoir qu'un boucher serait venu de la région de Brive, ou de quelque endroit où passait le train. Et en effet, il y en eut un qui voulut bien se charger d'elle jusqu'à Allassac, où elle prendrait le train pour Brive – un marchand de cochons. Et elle partit. Au revoir, Maître Claude, et bon vent! Hé! elle n'allait pas loin... Pourtant nous la revîmes une fois encore, et elle ne revint pas. Nous avons correspondu plus de vingt ans, mais à la fin, tout entière engagée dans ses idées d'avant-garde pour lesquelles elle fut cependant doublée par mai 68, elle avait réduit chacun de ses innombrables correspondants à la portion congrue, et je trouvais, moi, que ce n'était pas la peine de s'écrire pour se dire bonjour-bonsoir.

Vers la fin de septembre, ne me demandez pas quel jour, il fallut bien aller à Brive reprendre mon lit, la malle, et divers autres paquets restés au collège. M. Leyrissou, qui avait une voiture à gazogène, accepta de faire le voyage et nous voilà partis, mon père et moi, sur la route du Midi. Brive, le riant portail du Midi... C'était aussi le nom d'une association, dont le président avait un jour reçu une lettre adressée à « monsieur Portail Riant ». Dans le même ordre de confusion, le père de mon amie Simone en avait reçue une adressée à « Les Huit Frères »... Tiens, il y a bien les Trois... Au collège, on s'amusait de telles choses.

C'était là aussi que j'avais eu le plus de surnoms. Avec ceux de Saint-Léonard, je m'en étais trouvé quatorze... et il y en avait peut-être que je ne connaissais pas. Certains étaient descriptifs : *cigogne sans cou*... D'autres, évocateurs : *cimetière de chocolat*. Il y en avait de gentils : *Mounou*. J'étais aussi, comme j'ai dit, *Cyrano* pour un tiers, *Tonton Jules* par épisodes et *Baron* à temps complet. Il y avait encore *Zénaïde*, à cause de Zénaïde Fleuriot parce que je signais certaines lettres d'une petite fleur. Fichtre! Je n'en retrouve que la moitié. Aurais-je perdu l'autre moitié de ma personne? Ah! Il y avait aussi *Picasso*, excusez du peu, et faites-moi grâce des autres.

Nous étions à peine à Brive quand le gazogène donna des signes de faiblesse. Il fallut se mettre en quête d'un mécanicien. Pendant ce temps, nous fîmes un peu le tour de la ville, mon père et moi, ensemble, et puis chacun de son côté. Il y avait encore bien peu de choses dans les vitrines, et à des prix qu'on n'osait qu'à peine prononcer. Cependant, j'avisai des chapeaux, luxe oublié, et l'envie me prit d'en acheter un. Je ne sais par quel miracle cette année-là ma mère avait trouvé une étoffe bleu clair, dont elle m'avait fait faire un costume à notre couturière Mme Monteil. Veste longue au bas des fesses, que la jupe très courte dépassait tout de même un peu. On voyait le genou, guère les cuisses. Je me dis que ce chapeau gris conviendrait au costume. Oh! certes, pas celui-ci, qui ressemblait à une voiture d'enfant, mais l'autre, tout simple, avec son petit mouvement directoire. Pour le reste, même feutre et même couleur, il n'y avait pas grand choix. J'entrai. J'essayai. Celui qui me plaisait ne m'allait pas du tout, l'autre, si. Il fallut s'y résigner. Va pour la décapotable.

Naturellement, j'allai voir Claude. Je la trouvai au lit, malade. Je ne dus pas rester très longtemps. Je voulais aussi voir Régine, j'allai à son journal, où elle faisait fonction d'administrateur depuis quelques semaines. Je ne me rappelle plus quel était ce journal. Régine, depuis longtemps, travaillait pendant les vacances. N'avait-elle pas été déjà secrétaire d'un écrivain très connu? Nous étions heureuses de nous rencontrer, tant de choses s'étaient passées depuis le temps du bac. Et nous nous sommes embrassées pour ce qui était un autre dernier adieu. Nous avons correspondu quelque temps, Régine et moi. Et puis, quinze ans plus tard, j'ai reçu un mot d'Amérique. Et puis, plus rien.

Au collège, j'avais rencontré au moins deux ou trois jeunes filles, venues elles aussi chercher leur malle ou reprendre des documents. L'une, qui était institutrice, avait l'intention de poursuivre je ne sais plus quelles études, l'autre allait entrer à l'École des chartes. Une troisième me dit qu'elle aurait bien aimé inviter Mlle Mouton chez elle, mais qu'elle n'avait pas de chambre assez belle... Tu parles! Mlle Mouton, ce n'était pas le pape!

Je voulus rejoindre mon père, qui devait m'attendre au garage, il était déjà tard. Je me trompai de rue. Je revins au collège, mais je ne compris pas les explications du concierge. Je repartis au hasard. Comme je marchais sur la chaussée, boulevard du Salan, un cycliste me heurta, et s'il fit exprès de m'envoyer par terre je ne sais, mais il alla rouler encore bien plus loin, se ramassa et repartit sans demander son reste. La nuit venait. Je finis par entrer dans un commissariat, où l'on m'indiqua enfin clairement la rue que je cherchais, du côté de la Guierle. Je m'y rendis, et trouvai tout le monde penché sur ce matériel qui refusait toujours de fonctionner.

Nous attendîmes là peut-être une heure encore. Il était bien trop tard pour espérer trouver une chambre d'hôtel. Nous avions dû emporter quelque chose à manger, je ne me souviens pas non plus que nous soyons allés au restaurant, ni que nous ayons manqué un repas. Les temps incitaient à prendre des précautions. Pour dormir, n'avais-je pas mon lit, là-haut dans le dortoir où d'autres lits inoccupés n'attendaient que nous? Je dépliai le mien, mon père occupa, je pense, celui de Sabine. Nous n'avions que peu de temps à y passer. Il fallut, comme quand je venais, aux vacances, se lever en pleine nuit, refermer les lits, courir à la gare. Vers Allassac, l'aube se leva sur les prés blancs de givre, aussi blancs que s'il avait neigé. Lorsque enfin nous fûmes à Chamberet j'étais si fatiguée que je refusai de faire un pas de plus. J'allai chez mon cousin Georges, je me jetai dans un lit et dormis jusqu'au grand midi, d'un trait. Je dus rentrer vers le soir, à petits pas.

Ma mère n'était pas contente. Eh quoi! Ce n'était quand même pas notre faute si le gazogène n'avait pas marché. Il était convenu que M. Leyrissou ramènerait mes affaires dès que ce serait réparé. C'est ce qu'il fit deux ou trois jours plus tard. Et elle n'était pas contente non plus que je sois restée à Chamberet, à traîner par les rues et à encombrer les cousins. Elle, elle n'aurait pas agi ainsi. Elle aurait mieux aimé... Peut-être. Oui, peut-être bien... Je me demande encore aujourd'hui, du reste, pourquoi j'étais si fatiguée d'une expédition il est vrai décevante, mais après tout, bien courte, même si dans l'autobus depuis Masseret j'avais souffert du mal de la route. Toujours est-il que je n'en pouvais plus. J'aurais pu aussi bien mourir. Je me sentais mourir.

CEPENDANT la vie continuait. Cependant un grand événement se préparait, auquel nous étions invités : notre cousin se mariait, l'André des Martyrs qui devait épouser sa jeune voisine un samedi d'octobre, très bientôt. Ma mère, cette fois, me trouvait tout à fait bien vêtue pour la circonstance, que j'avais même le chapeau, et une paire de souliers que j'avais ménagés toute l'année dernière, et la cape qui avait traîné dans toutes les poussières de la cour à Brive, mais comme elle était grise ça ne se voyait pas. Il me manquait quelque chose, pourtant. Me manquait un corsage blanc. J'en aurais eu un vert, on l'aurait pris. Mais je n'en avais plus, ni de vert, ni de bleu, ni d'aucune couleur sauf un rouge vieux de quatre ans et plus... Heureusement la cousine Lise, ou bien la Irène peut-être, nous avait donné de grands morceaux de parachute. Il y en avait du jaune, du kaki, et du blanc. Du blanc! J'achetai du fil, et de tout petits boutons blancs. Et mon corsage, je le fis moi-même, dans un véritable élan de génie. Et non, le drapé ne tombait pas si mal, ni les manches froncées du poignet... Je l'ai porté ce corsage! Inusable, si le fil n'avait cédé, pour finir, au nylon.

Le grand jour venu, c'est René, le frère d'Odette, celle qu'on appelait Titi, qui devait nous conduire en voiture à cheval. Je ne sais plus s'il vint nous prendre à la maison, ou bien si nous avons marché jusqu'à Surdoux, mais il nous mena jusqu'en vue des maisons près des Martyrs, et nous y parvînmes à pied, en plein milieu des préparatifs. La cuisinière s'affairait dans l'âtre, autour d'une quantité de cocottes et de casseroles perdues dans les braises. Ailleurs, le four ne chômait pas, mais le four était, si je puis dire, aux mains des hommes. La cousine Louise courait de l'un à l'autre, salant une volaille, arrachant à l'autre quelque ultime plume, levant les bras au ciel quand celui qui enfournait lui rapporta deux grosses poulardes qu'on n'avait pas vidées... Mon Dieu, mon Dieu, tout allait mal, on ne serait jamais prêts... Les invités commençaient à arriver.

– Pourvu que la Petite puisse venir !

La Petite, c'était sa belle-sœur, celle qui habitait à Châteauneuf avec son mari et sa troupe d'enfants. Tout à coup se fit entendre un ronflement. Une auto dans la route, à l'entrée de la cour. En sortirent quatre garçons, qui la mitraillette et qui le pistolet au poing – non, le plus jeune, un gamin, n'était pas armé. Et puis un homme, et puis une femme, qui portait un bébé dans les bras. Pan ! Pan !... Quelques coups en l'air firent savoir que la poudre n'était pas muette, tradition oblige autant que maquis. Et ce furent les embrassades : c'était la Petite avec tous les siens. Et la Louise :

– Qui est celui-ci ?

Et la Petite :

– C'est le mien.

Et la Louise

– Et celui-ci ?

Et la Petite :

– C'est le mien.

Et la Louise :

– Et ce tout-petit ?...

– C'est le mien...

Elle connaissait les aînés, la Louise, et aussi Marie, une très jolie jeune fille qui n'était peut-être pas l'aînée, car elle n'avait, si je ne me trompe, que dix-sept ans.

Il y avait un lit dans la cuisine, et l'enfant s'étant endormi, on le coucha dedans. La cuisinière s'affairait à la pâte à choux pour le saint-honoré et, de temps à autre, touillait dans les casseroles. A un moment, comme le petit s'était mis pleurer, elle voulut le prendre et, découvrant le lit, s'aperçut qu'il était couché tout à côté d'une mitraillette, d'un pistolet américain et quelque autre arme de guerre qui la firent reculer d'horreur. Hé ! les garçons avaient tout bonnement posé là une artillerie légère qui les aurait gênés, peut-être, pour danser. La brave femme ne le prit pas ainsi :

– Si vous ne m'ôtez pas ça d'ici tout de suite, je m'en vais.

Déjà, elle dénouait son tablier d'un geste tragique et résolu. Il fallut la calmer. Les armes trouvèrent quelque autre place.

– Et dire qu'on avait couché cet enfant dessus!

Elle ne s'en consolait pas. Toutefois, personne ne prenait la chose au sérieux, même ma mère qui, pourtant, haussait les épaules.

D'autres invités étaient venus. Deux autres FFI, les neveux de la Louise. De petite taille, trapus, j'appris par la suite leurs sobriquets : Croupion et Poitrine de Bœuf. Pour l'instant, l'un d'eux m'ayant repérée dans mes beaux atours, je vis qu'il demandait tout bas quelque chose à la Louise, mais la Louise se défendait :

– Ce n'est pas moi qui décide, c'est les jeunes, ils ont fait comme ils ont voulu.

Tiens! celui-là, il aurait souhaité être mon cavalier. Mais mon cavalier, qu'on me présenta un peu plus tard, c'était le plus beau garçon de la noce, plus beau même que mon cousin André le marié. L'ennui, avec mon cavalier, c'est qu'il dansait, qu'il dansait très bien, et moi pas du tout. Oh, ça ne l'empêcha pas de danser, mais entre nous, ça ne favorisa guère les rapports qui restèrent polis, sans que la conversation trouvât le moindre sujet intéressant.

Quand le monde fut assemblé, on alla chercher la mariée, un peu en débandade, pour le premier repas. Ce n'était pas loin, la maison voisine. Quelques-uns entrèrent dans la maison, mais j'étais restée sur le seuil à demander :

– Où est la mariée? Qui est la mariée?

L'étonnement, quand une petite fille qui se tenait tout près de moi répondit d'une voix fluette :

– C'est moi, la mariée.

Je la regardai, je vis ce joli visage enfantin, cette fraîcheur florale, cette jeunesse... Elle avait tout juste quinze ans. Je ne sais ce que je dis, mais quel compliment eût été à la mesure de ma surprise et de mon attendrissement – de mon admiration?

– Oui, disait un peu plus tard la Louise à ma mère, je lui ai bien dit, au garçon : Tu la veux, ou tu la veux pas? Si tu la veux, prends-la. Si tu ne la veux pas, laisse-la. Et qu'on en finisse avec ces cachotteries par les charrières. Hé! Un malheur est vite arrivé, et après, c'est du dépit pour tout le monde.

Elle avait raison, la Louise. L'André la voulait, il la prit. Et fit bien.

On forma le cortège et l'on se dirigea vers la grange toute tendue de draps, entre les crèches et les barges, toute couverte de feuillages artistement mêlés au-dessus de l'aire où l'on avait levé les tables et les bancs. Le menu était copieux, excellent. Beaucoup de volailles, bien sûr, depuis la poule en vinaigrette jusqu'à la pintade, excellente dans une sauce aussi légère que parfumée... On y resta plus de deux heures, et puis l'on partit, à pied, pour La Croisille, où il y eut la mairie et l'église, et le bal naturellement. La mariée avait maintenant pris sa coiffure avec la voilette blanche qui la distinguait. C'est bien plus tard dans la nuit qu'on revint pour manger encore, pour chanter, pour danser, pour porter le vin chaud aux époux qui, sur le seuil, au retour, munis de cuillères tordues, avaient dû avaler la soupe à l'avoine, aux épices, au poivre avec l'incontournable carotte et les deux oignons.

Entre-temps, la mère de la mariée nous avait montré la chambre nuptiale, tout en se plaignant de son mari qui était resté au bal au lieu de revenir s'occuper de son bétail. Et en effet, on l'avait vu danser, son chapeau enfoncé sur la tête, toute la soirée. Elle et la Louise au retour, et heureusement avant la nuit noire, elles étaient arrivées juste pour trouver les moutons en maraude, parce que quelqu'un avait oublié de fermer la barrière – ou bien l'avait ouverte exprès...

Un peu avant jour, à l'aube grise, nous avons suivi la Marcelle, mon autre cousine qui était de noce, avec sa mère, jusqu'à Pailléras et nous sommes rentrées, à pied, traînant la jambe par la route qui s'allongeait, me semblait-il, à chaque pas.

Le temps passe, et la vie. Si ce n'est un jour de balade alors que les deux enfants étaient déjà grands, on ne vit guère le couple à Germont. Et les femmes à donner l'eau bénite, aux enterrements. Et, si ce n'est pour les mêmes services, nous ne revînmes pas souvent aux Martyrs non plus. Mais nous nous rencontrions à Chamberet, à La Croisille, aux foires, aux messes. L'amitié perdurait. L'André, c'était la famille de mon arrière-grand-père, dont il perpétuait le nom, comme la Marcelle était celle de mon arrière-grand-mère, la Noble, dont elle portait encore le nom, dépouillé il est vrai, de toutes ses particules. Et – si – nous étions revenus aux Martyrs, un beau jour de printemps plein de soleil pour une plus joyeuse fête, la communion de Daniel, le plus jeune garçon. Quelle horreur ce fut, quelques années plus tard, d'apprendre que l'André était mort sur la route, la tête écrasée par son tracteur.

De tracteurs, à l'époque dont je parle, il n'y en avait guère. Il n'y en avait pas. Les avions et les parachutes et les armes modernes, c'était notre affaire, notre quotidien. Pas les tracteurs. Après le grand parachutage du 14 Juillet, il n'y en eut pas d'autre, aussi spectaculaire, en plein jour. Mais il y en avait encore, de nuit, sur le puy de Saint-Gilles, et au moins un sur le puy de Germont. Cette nuit-là, nous avions dû bavarder longtemps, Claude et moi, et je pense qu'elle dormait, car elle n'entendit pas. Moi, j'entendais les avions. Ma mère vint frapper à la porte :

– Levez-vous. Venez voir ! Il y a un parachutage.

– Oh non, dis-je, non ! Laisse-moi dormir.

Je devais être dans mon premier sommeil, il me parut audessus de mes forces de me sortir du lit, d'aller secouer l'autre, d'autant que je savais comme elle dormait mal, pour une fois qu'elle avait l'air de se reposer.

– Vous ne direz pas que je ne vous l'ai pas dit ! insistait ma mère.

– Laisse... Il y en aura bien d'autres...

Il n'y en eut pas d'autre. Je l'ai dit : vient toujours un jour qui est le dernier, qu'on ne croit pas être le dernier, qu'on ne remarque pas, dont on ne se souvient pas... Mais pour celui-là, je garde l'amer souvenir de n'avoir pas profité du spectacle unique qu'il m'offrait : un parachutage de nuit sur le puy de Germont, à portée de mes yeux. Et ma mère disait que c'était une vraie merveille. Par quelle aberration ai-je refusé ça, privant du même coup ma compagne de l'événement ? Ce n'était pas que nous eussions peur de sortir la nuit ! Il nous arrivait, quelquefois, d'aller voir le clair de lune entre les arbres, en haut de la Buge derrière la maison. C'était des nuits magnifiques, on aurait cru toucher la matière cristalline de l'air. Oh, nous n'allions pas loin, le pays n'était pas sûr encore, mais pour ce que nous aurions dû voir, c'était plus qu'assez. Et voilà que j'avais préféré dormir! Quelle imbécillité!

Déjà, nous avions de tout autres soucis. Ma grand-mère était malade. Pas celle de Germont, non, la Mémé de Cros, la mère de mon père – la mère Miette. Elle était très malade, au lit, paralysée, pouvant s'exprimer à peine. Nous allâmes la voir, ma mère et moi. Mon père avait dû y aller, seul, à bicyclette. Nous y restâmes un jour ou deux. Quelle tristesse de cette petite femme toujours jolie dans ses cheveux frisés, qui perdait ses mots et le sens de ses paroles. Je ne savais que lui dire, moi, voyant pourtant qu'il fallait lui parler, être là, qu'elle ne dormait pas, qu'elle vous écoutait vivre et qu'elle se plaisait à vous entendre raconter les choses... Mais quelles choses? Que pouvais-je lui dire, moi? Je ne lui avais jamais rien raconté, rien dit. Elle non plus ne m'avait rien dit jamais. Elle ne m'avait rien demandé, non plus. Je la connaissais à peine. Comment savoir si elle attendait quelque chose, et ce qu'elle attendait de moi? J'étais là, bouleversée. Je me sentais bête. Et certes, je l'étais. Mais les bêtes enfin se détournent des morts – de ceux qui vont mourir, et même la chienne du chiot étouffé, son propre petit. Je restais là, un temps. Et puis je m'en allais, stupide. Je n'avais rien à faire. Elle était bien soignée.

Du moins le croyait-on. Mais quand elle fut morte, on s'aperçut qu'au lieu d'avaler les pilules, comme elle en faisait le semblant, après les avoir gardées dans sa bouche assez longtemps pour donner le change, elle les recrachait derrière son lit... On peut tromper les gens, malgré leur vigilance, mais on ne trompe pas le mal, et elle mourut. Si les remèdes l'auraient guérie? Comment savoir? Maintenant elle serait morte, de toute façon. Ma tante nous raconta qu'elle avait eu un répit, juste avant, les embrassant tous :

– Venez la voir, celle qui est guérie!

Et, en effet, on aurait pu le croire, tant elle était joyeuse, les membres libres, et la langue déliée. Mais c'était, comme l'on dit chez nous, l'accalmie de la mort. Quelques heures plus tard, après ce moment qui leur avait fait si grande joie et porté un tel espoir, elle avait été prise d'horribles souffrances, et elle mourut.

Mon père reprit la bicyclette et il revint à Cros. Pour s'occuper autant que pour rendre service, il avait tiré les fumiers. On était à la fin de novembre, et le temps était de saison. Dans la nuit, la pluie s'était mise à tomber en tempête, et le vent. Nous étions déjà couchées quand mon père arriva, fourbu, trempé. Ma mère se fâcha, et le fit mettre au lit avec un grog.

– Mais que viens-tu faire là, par ce temps?

Le temps l'avait surpris en chemin, le gros mauvais temps car toute la journée avait été pluvieuse, et à la tombée de la nuit mon père ne devait plus savoir s'il était trempé de pluie ou de sueur. Ma mère ne décolérait pas.

– Enfin, tu n'étais pas dehors! Il n'y avait plus de lit, à Cros?

A Cros, les lits ne manquaient pas. Mais n'avaient-ils pas eu l'idée, le soir, alors qu'ils veillaient ensemble, qu'il faudrait une couronne pour cette morte, qu'on n'avait plus une fleur, et qu'à Limoges on trouverait certainement quelque chose, alors qu'il n'y avait rien à Chamberet.

– Attraper le mal de la mort pour une couronne!

Non, ma mère ne se consolait pas. Elle dut bien dire que, les autres, ils l'avaient toujours eue pour eux tout seuls, la grand-mère, qu'ils pouvaient bien se déranger pour elle maintenant; que de toute façon la couronne ne la ressusciterait pas; que, cette couronne, on l'achèterait toujours plus tard; qu'en attendant on trouverait bien quelque chose à Chamberet, et toutes sortes de considérations aussi aigres et raisonnables les unes que les autres. Tout le monde s'endormit. Et quand l'heure de se lever pour l'autobus arriva, que le réveil, peut-être, sonna, mon père fit un grand soupir et battit l'air des deux bras, mais il retomba sur l'oreiller et se rendormit, miséricordieusement. Le temps était toujours aussi exécrable, la pluie battait les murs à les écorcher.

Dans l'après-midi, nous partîmes tous pour Cros. Le temps s'était radouci un peu. Le vent soufflait encore par rafales à nous emporter quand nous passâmes sur la crête, vers le Chaumont, mais la pluie, si ce n'est quelques gouttes, restait là dans les gros nuages violets, tout frangés d'air, qui par moments rasaient le sol. Faute d'aller à Limoges, mon père avait dû descendre à Chamberet. Il s'était arrangé de toute façon pour que quelqu'un vînt nous prendre en taxi pour l'enterrement, car ma mère ne se sentait pas capable de faire tout ce chemin à pied, et je n'étais guère chaussée non plus pour une telle expédition, ni elle. Elle avait passé toute la journée, la veille, à teindre en noir nos pauvres hardes, elle m'avait même inventé une espèce de turban, avec son voile pendant, en retaillant quelque vieille robe en crêpe noir, et ç'avait été toute une affaire aussi de trouver un voile de crêpe gaufré pour elle... Mon malheureux corsage rouge, celui que je ménageais tant depuis si longtemps, périt corps et biens dans le bain de teinture. Hé! que voulez-vous? On ne pouvait pas imaginer, alors, un deuil autrement que dans ces horribles draperies noires qui auraient enlaidi la mort même, qui en quelque sorte l'augmentaient et la perpétuaient. Mais la mort se perpétue bien d'elle-même, sans aucun besoin de ces oripeaux.

Il y eut la veillée funèbre, et quelqu'un dit à voix haute la prière, une jeune fille des environs.

– Hier, j'ai dû la faire moi-même, me glissa une de mes cousines.

Crier – proclamer – la prière, ce n'est pas l'affaire des très proches parents, non plus que de porter le corps ou le drap mortuaire. C'est un honneur qui revient aux amis, aux voisins, aux parents éloignés. C'est un honneur, un service aussi. C'est pourquoi ma cousine ajoutait :

– Personne n'a eu la charité de le faire pour nous...

Plus tard, je ne manquai pas de la faire moi-même, chaque fois que l'occasion se présenta. Je me rappelais la réflexion de ma cousine.

Le cortège partit au matin, dans une pluie fine qui ne s'arrêta que pour mieux faire sentir le froid d'une brume incessante. Ma mère et moi, nous attendions le taxi, assises sur quelque machine sous l'abri entre les deux granges. Nous avions bien dit qu'il restait une place, que Renée devrait en profiter, elle qui était assez fragile. D'un regard étincelant de colère, mon oncle dit qu'elle n'en ferait rien, que si elle ne pouvait pas suivre le deuil de sa grand-mère... Je m'étais sentie visée, mais mon oncle ne savait pas quelles chaussures j'avais aux pieds... Ma mère aussi, se sentait visée, certainement, car c'était elle qui ne décolérait pas, maintenant, contre ce taxi qui n'arrivait pas – contre moi – contre mon père – contre le monde entier et cette pluie qui n'en finissait pas. A marcher, nous aurions moins pleuré, c'est sûr.

Que s'il y avait quelque raison pour que la Renée, justement elle, montrât plus ostensiblement son attachement à la grand-mère que toute autre, et marquât sa tendresse filiale à l'usure de ses pieds, ce n'était pas notre faute, ni la sienne. Si ma mère avait proposé la place pour elle, c'est qu'on ne pouvait pas choisir entre les jumelles, et que ma tante n'eût pas accepté.

Il arriva enfin, le taxi. Le chauffeur avait été retardé par quelque autre course, mais nous ne serions pas en retard. Et en effet, nous rattrapâmes le cortège bien avant l'entrée du bourg. Naturellement, la Renée avait été si fatiguée, en route, qu'elle avait dû monter et s'asseoir à côté du cocher, sur le siège du corbillard. Elle ne suivait plus sa grand-mère, elle la précédait.

La cérémonie à l'église était superbe, plus que jamais j'aurais voulu qu'elle ne finît pas, avec les chants, les draperies frangées d'argent et jusqu'à cette litre qui courait du maître-autel jusqu'aux chapelles latérales, brillante de velours et de broderie. On avait même trouvé une couronne de feuillage bronzé, peut-être à Lacelle, peut-être à Chamberet. Mais le moment vint de la séparation définitive. Je ne sais ce que je regrettais le plus, d'avoir perdu cette grand-mère, ou de l'avoir si peu connue.

Dans le temps qui suivit, j'allais vêtue de noir, et même, pour sortir avec le turban. Ça m'était bien égal, ça ne me touchait pas, j'aimais assez porter du noir, depuis ces robes de velours noir que me faisait, ou me faisait faire ma mère, lorsque j'étais enfant. Ce que je détestais, c'était les voiles devant les visages, ou drapés sur le cou, et entre tous ce voile, froissé eût-on dit, tout constellé de taches plus noires, et qui flottait autour des femmes comme les voiles mortes d'un bateau-fantôme, ou les guenilles d'un épouvantail. Au contraire, les rites de la mort, la cérémonie à l'église, les remerciements, sans savoir pourquoi je les sentais nécessaires comme une dernière étape, et peut-être la plus importante, avec le mort.

Même le repas funèbre, aujourd'hui je le sais, était d'une totale nécessité. Je n'y voyais guère alors que l'occasion de se retrouver en famille, sans ressentir peut-être que, cette famille blessée, amputée d'un membre, il était utile de la ressouder, de la remettre en forme autant que de la sustenter, par le moyen vulgaire de la nourriture. De toute façon, ces parents venus de loin parfois, ils ne pouvaient rentrer chez eux, *emb la gorge badeie*, comme dit la chanson – entendez donc la bouche ouverte, sans manger. On ne risquait pas. Mon oncle avait bien fait les choses, au restaurant comme à l'église. Il présidait. A un moment, une de mes cousines, me poussant le bras, me fit remarquer le visage de son père. Les yeux perdus, il souriait. Il souriait aux anges, comme font les enfants. On pouvait imaginer qu'il savourait sa nouvelle puissance, maintenant seul à bord du superbe domaine de Cros. Ou simplement que la tension, la fatigue de toute la vie comme des derniers jours si éprouvants, se relâchait un peu dans la tiédeur de cette salle agréable et de ce repas bienvenu.

Vers le soir, il nous fallut reprendre le chemin de Germont. Le vent s'était remis à souffler avec plus de violence, il vous jetait à plein visage des paquets de pluie, de glace, de petite grêle, il vous retournait avec le parapluie, qu'entre les averses on portait devant soi comme un bouclier. Nous avions pris pourtant le chemin des bois, plus abrité entre les taillis, par la Croix de La Farge et l'allée. Mais ce mauvais temps-là passait partout.

Il y eut par la suite les messes rituelles, la quinzaine, la quarantaine, le bout de l'an... Pour l'une au moins nous fûmes invités au « château ». Notre cousine Hélène, cette grande dame noire, très droite et très sévère, était la nièce de mon grand-père, la défunte était sa tante, et je pense qu'elle entendait lui faire ses honneurs en nous recevant. A ce que j'ai compris plus tard, Cros avait, pendant les guerres, rendu de grands services alimentaires au « château ». Nous, naturellement, on ne connaissait même pas notre existence de pauvres paysans besogneux... Toutefois, nous fûmes invités aussi, et nous y allâmes. Oh! la! la! que j'étais intimidée d'entrer dans ce parc plein de mystère derrière ses hautes grilles, dans ces salons dont la seule chose que je me rappelle, c'est le feu de pin dans la cheminée, auquel je tentai de sécher mes godasses fumantes de neige... Le meuble... je n'osais seulement pas le regarder. Ou si j'ai regardé, je ne m'en souviens pas. Quand la cousine m'interrogeait, c'est à peine si j'osais répondre.

J'en avais entendu parler de ces cousins-là ! Une sœur de mon grand-père, la Eugénie, s'était mariée au Mont-Ceix, qui était alors une grande ferme, tout un village en haut de la colline, au-dessus de Cros. Le peu que je sais de ces gens, c'est qu'ils vivaient en patriarcat à l'antique, pratiquant les vertus de la terre et du ciel sur la terre de Saint-Nicolas... Je n'ai connu l'endroit qu'à demi ruiné, et maintenant mangé de pins comme d'une incurable lèpre. Des chemins qui le joignent au monde, l'un est une voie romaine, et l'autre a brisé d'anciennes fortifications peut-être gauloises. D'un prieuré qui dépendait de Comborn, reste un sol dallé sur un entassement de tuiles gallo-romaines. De cultes anciens subsistent plusieurs sources miraculeuses, et le verrou de la chapelle que les garçons comme les filles vont secouer, au 9 mai pour la fête du saint, afin de rencontrer l'épouse ou bien l'époux.

C'est sur cette terre inspirée que naquit, vers 1855, la petite Hélène qui épousa un de ces hommes ambitieux qui ont bâti Paris sinon la France, Paris où il emmena sa femme, l'entraînant dans une fortune colossale et fondant avec elle une famille dont les innombrables rameaux, à l'heure qu'il est, couvrent le monde entier. On peut imaginer comment mon grand-père s'en fut de La Vergne, une autre grande ferme aujourd'hui de même mangée par les pins, là-haut sur le Plateau près de Pérols, pour entrer comme on dit dans la mouvance de son neveu... Mais mon grand-père n'avait pas du tout le sens des affaires. J'ai dit comment il avait repris la ferme dont avait hérité sa femme, et comment il voulut garder près de lui son fils Amédée, au lieu de le confier à ce neveu qui, même en l'exploitant, eût fait de lui « quelqu'un ». Je ne saurais, moi qui suis de sa race, non, le désapprouver. Au reste, pour le peu que je sais de ce cousinage, aujourd'hui encore les descendants de la cousine Hélène se partagent en deux : ceux pour qui un *chou* est un *chou*, qui brassent des fortunes, et ceux qui se construisent des maisons d'air, marchant à l'ordinaire cinq pieds au-dessus du sol. Mais, rêve pour rêve, l'un est-il si loin de l'autre!

A cette époque, la seule que je connusse, c'était Hélène elle-même, donc, cette femme droite, noire, qui avait sa chaise à l'église dans la chapelle de Saint-Joseph où je l'apercevais le dimanche, qui nous avait reçus chez elle une ou deux fois, et que je n'osais même pas saluer car elle regardait au-delà de vous, au-dessus de vous, des choses que n'atteignait point ma petite taille. Plus heureuses que moi, mes cousines avaient leurs petites entrées au château, une belle maison bourgeoise au milieu du parc aujourd'hui dépecé, dépouillé de – presque – tout son mystère. Elles connaissaient quelques-unes des petites-filles d'Hélène, et Renée m'a conté comment, lors des fiançailles de la Françoise, elle avait servi en quelque sorte de page, ou de chaperon, dans une promenade que ces jeunes avaient faite au Mont-Ceix.

Je pense que c'était pour le service des six-mois, car il faisait très beau soleil, très doux, ma mère avait offert un repas très simple, chez Laval, qui avait réuni avec la famille quelques autres de nos parents. La convivialité sans le protocole... C'est évident, j'anticipe. Nous en étions encore au mois de novembre. Mais dans la vie, chaque instant n'a de sens que s'il est vécu dans la projection du passé et l'appréhension de l'avenir, l'un fût-il récent et l'autre lointain, à plus forte raison lorsque la mémoire, en un étalement désordonné, vous présente des souvenirs aussi précis, aussi vifs les uns que les autres, mais tellement épars que seule quelque logique peut les rétablir dans leur évidente fonction.

SECOUANT ainsi le sac magique de la mémoire, j'y retrouve qui? la Cécile, notre Cécile de l'école de Surdoux, ma presque voisine, tout à fait voisine d'Odette et du Mémé, cette Cécile avec qui, avec la Hélène et la Marcelle, et la Odette et la Dédé, j'avais si souvent parcouru la route à Pissechien en ces temps où l'on n'y rencontrait pas encore à pleins camions les Allemands ou les maquisards en armes. Oui, je revois la Cécile, un beau jour d'été, un jour de foire, près du Monument. Jamais je ne l'avais vue si fraîche, si grasse, dans un beau corsage qu'elle s'était tricoté, une dentelle de coton qui aiguisait toutes mes envies, ou du moins toute mon admiration. Mais pourquoi était-elle si grasse, et fraîche comme une rose? Elle que je connaissais bien charpentée, mais plutôt mince et pâle. Une idée me traversa l'esprit, que je renvoyai aux calendes. Mais elle me revint, l'idée, par les murmures d'une rumeur qui ne transportait pas que des nouvelles tragiques.

Ce doit être fin novembre, ou bien en décembre, que le pauvre Guillaume mourut. J'ai déjà raconté, mais non pas ici, l'histoire lamentable de cet homme, qui était né à Germont, quelques années avant la guerre de 1870, je pense, fils d'un premier lit de mère Mariou. Par malheur son père mourut, et la mère Mariou épousa le père Boulaud, ce mauvais voisin qui avait tant fait plaider mon arrière-grand-mère, tant fait de misères à sa femme, et tant maltraité les enfants de ce premier mariage. Louis était le plus intelligent, le plus leste, le plus malin, mais il était voleur. Le père Boulaud ne lui défendait guère de voler, mais malheur à lui s'il se faisait prendre!

Une fois, il avait volé un fouet. L'homme s'en était aperçu et interpella le père Boulaud, *l'oncle* :

– Votre garçon m'a volé mon fouet. Qu'il me le rende!

En rentrant chez lui, depuis le Pré de la Font il entendit le garçon qui faisait claquer le fouet. Clinc! Clac! Clinc!...

– Oh, dit-il, que tu as un joli fouet!

– Je l'ai trouvé, oncle.

– Ah?... Eh bien montre-le moi.

Le gamin se méfiait peut-être, mais que faire? Il le tendit à l'homme qui, dès qu'il l'eut en mains, se mit à pourchasser l'enfant, clic! clanc! à grands coups par le travers des jambes en montant la Buge.

Voleur, oui. Il venait chez nous. Mon grand-père et la Marraine étaient tout petits, bien plus jeunes que lui.

– Chez vous sont dans le champ, à tel endroit. Ils m'ont dit de leur apporter du pain pour les quatre-heures.

Et hop! Voilà le garçon sur le banc. Et hop! sur la table. Quand il avait pu chaparder ainsi un gros morceau, peut-être une tourte entière, il se sauvait dans les bois et on ne le revoyait pas de plusieurs jours. Mais, quand il disparaissait ainsi, c'était souvent après une réprimande du père Boulaud. D'ordinaire, il rentrait au bout de deux ou trois jours, mais une fois, il y avait plus de huit jours qu'on ne l'avait pas vu, et les voisins hésitaient à informer les gendarmes. Or ne voilà-t-il pas que, alors qu'il travaillait à l'étable, le père Boulaud s'aperçut que, dans un coin, sous un tas de gerbes battues, quelque chose avait bougé. Il alla voir, et découvrit le petit Louis dessous, presque sans connaissance, presque mort. L'ayant tiré de là, voilà que la mère Mariou s'était mise à crier, la pauvre. Mon arrière-grand-mère entendit, et courut au secours. Que faire?... Elle comprit aussitôt que l'enfant allait mourir d'inanition, voulut le faire boire, mais, craignant de le faire étrangler, elle roula un chiffon en guise de tétine, et l'ayant imbibé de lait commença à lui en frotter les lèvres, qui peu à peu s'humectèrent, s'ouvrirent et il put téter ce chiffon, s'alimenter, revivre.

– Pourquoi as-tu fait ça?

– Je voulais mourir, mère Marie. Je suis trop malheureux.

Et la mère Marie, mon arrière-grand-mère, le consola, le réchauffa, le morigéna, le réconforta, si bien qu'il abandonna toute idée de suicide. Quand elle mourut, longtemps plus tard, il voulut suivre l'enterrement et il le fit, accroché d'une main au corbillard. Pourtant à cette époque, il n'avait plus ses jambes, mais deux pilons qu'il se taillait lui-même, à la hache, dans de grosses bûches.

– C'est, disait-il, qu'elle m'a sauvé la vie. Je ne l'oublierai pas.

La vie! Elle n'avait pas été si heureuse, sa vie.

C'était devenu un beau garçon, avec des yeux bleus magnifiques et des cheveux bouclés qui ne devaient pas le desservir auprès des dames.

Il était toujours aussi voleur, et braconnier maintenant qu'il savait tenir un fusil. Un jour, parti à la chasse au lièvre, il tua un chevreuil.

– Malheureux! dit le père Boulaud.

Mais, pas vu, pas pris, le chevreuil améliora bien l'ordinaire.

La nuit, il allait à l'affût, et parfois se promenait pour toutes sortes de raisons plus ou moins avouables. C'est ainsi qu'une nuit il entendit le diable qui battait son linge à la chaussée de l'étang Brunet. L'étang Brunet n'est plus qu'un trou de vase, mais à cette époque, c'était une grande pêcherie où vivaient force poissons; les anguilles remontaient jusque-là et quelques-unes y restaient, qu'on trouvait l'été dans l'humidité des hautes herbes, grasses et rondes comme des gros bâtons de chair. C'était peut-être ce qui l'avait attiré par là.

Une autre fois, monté dans un beau cerisier mûr par une nuit de grande lune, du côté d'En Cube, il se régalait, quand la chasse volante vint s'ébattre dans son arbre, à grands cris, grands bruits de chaînes et d'os froissés, grands hurlements de douleur, d'effroi, interminables plaintes. Il aurait bien voulu partir, le Louis, il aurait mieux aimé être ailleurs. Mais voilà : impossible de bouger, même un membre, même la main. Il était là, paralysé, en plein milieu de la tourmente.

De tels incidents le troublaient, certes, mais lui donnaient aussi l'occasion de raconter ses aventures, qu'on le traitât de menteur ou qu'on le crût. Clac! Clac!... Pan... Pan... Oiseau sauvage battant des ailes et claquant du bec, ou esprit maléfique voisin des laveuses de nuit, brr! bien d'autres l'avaient entendu, le diable qui battait son linge... Et pour la chasse volante, c'est justement dans cette année 1945 qu'une de mes compagnes des Arts-Déco m'en donna un témoignage vécu quelques années plus tôt : alors qu'ils fuyaient la capitale, ses parents et elle, le train s'était immobilisé dans la nuit, soudain, un peu avant Toulouse, en pleine campagne, et voilà que la chasse volante était passée par là, terrible avec tout son cortège classique d'invisibles bruits, de vacarme indicible...

Mais j'en reviens à Louis... Quand il partit au régiment, il s'était fait faire un bel habit. Il avait dit au tailleur :

– Je vais à la foire de Chamberet, tel jour. Venez-y, je vous paierai.

Au jour dit, le tailleur était là. Louis était là aussi, qui faisait le beau et s'amusait de tout son cœur avec les autres conscrits. Vers le soir, le tailleur n'était pas parti. Quelqu'un lui dit :

– Que faites-vous là?

– J'attends Untel. Je lui ai fait un habit et il doit venir me payer...

– Attendez toujours! Il est parti depuis deux heures avec les autres. Ils sont bien à Eymoutiers, maintenant.

Au régiment, il avait écrit, ou fait écrire à sa mère pour lui raconter ses misères. Comme elle ne savait pas lire, une fois, elle avait demandé à notre petit domestique de lui lire la lettre.

– Mais, demanda la mère Mariou, où est-il?

– Ah, ma pauvre femme, là où il est, il y va qui veut. Mais n'en sort pas qui veut.

– Qu'est-ce que ça veut dire? allait répétant la mère Mariou. Il y va qui veut, mais n'en sort pas qui veut...

Et elle restait perplexe. Le père Boulaud grinça des dents :

– Bourrique! Il est en prison...

Cependant, tout aurait bien marché, si sa belle prestance et son bien-dire ne l'avait fait s'acoquiner avec une dame fort riche, et s'il n'avait déserté pour elle, ou ne s'était pas enfui après l'avoir quelque peu volée – on ne savait pas au juste. Si bien que, ne le revoyant pas, la belle porta plainte et on le rechercha plus activement. C'est ce qui lui sauva la vie, car on le retrouva dans un trou à sable plein d'eau glacée, avant qu'il ne fût mort noyé d'épuisement. Mais il avait les pieds gelés, les jambes gelées, qu'on dut lui couper à peine au-dessous du genou.

Quand il revint, on l'avait appareillé de deux pilons et de cannes. Le voyant ainsi, sa mère ne put se garder de rire :

– Eh bien, ma foi, comme ils t'ont arrangé!

Ces pilons tout élégants étaient beaucoup trop minces, il tombait. Alors il s'en fit d'autres plus courts, très larges, à peine amincis et taillés en grosses pattes par le bas, sur lesquels il allait agenouillé, maîtrisant tout à fait son équilibre, et pouvant avancer assez rapidement. Même si cela faisait rire quand, devant faire un trajet de compagnie, il disait aux autres :

– Commencez à marcher, je vous rattraperai bien.

Mais il y eut aussi ce jour qu'ayant perdu sa tabatière, il demanda à ma grand-mère encore enfant d'aller la rechercher pour lui sur le chemin de la Veyssée.

– Vous reconnaîtrez bien mes pas.

Certes! Ces pilons étaient solides, ils s'usaient pourtant. Et, un matin que le père Nanard de Combedarrière passait au Pissechien, il entendait des appels désolés dans le chemin qui descend vers les Flénours, un chemin creux très profond là où ne passait pas encore la route.

– Au secours! A mon secours! A l'aide!

– Oui? répondit de loin le père Nanard, sans avoir vu l'accident. Que voulez-vous?

– Apportez-moi vite un marteau et des pointes! Je me suis cassé une jambe!

Le père Nanard approcha, surpris, un peu effrayé, et reconnut Louis, qu'on appelait depuis longtemps Jambes-de-Bois.

Pauvre Jambes-de-Bois! Son infirmité lui valait un petit secours de la commune, je crois. Mais il n'y avait pas là de quoi faire des folies. Il travaillait, peu ou prou, à faire des tonneaux, à peler des piquets... Il aidait à certains travaux des champs. Pour moissonner le blé ou le blé noir à la faucille, il posait ses pilons et menait son rang comme les meilleurs... Cela lui rapportait tout juste un peu d'argent pour son tabac, car il prisait, et pour ses cartouches, car il était resté chasseur, et passait encore de longues heures à courir le lièvre. L'ouverture était un jour dont il rêvait et parlait longtemps à l'avance. Or, une année, la Cécile avait eu une idée, et la Odette n'avait pas dit non, si bien que, la veille de l'ouverture, mes deux petites garces se glissèrent à la porte de sa cabane, sans bruit. C'est Odette qui me l'a raconté. Elles l'entendaient qui faisait cuire sa soupe, tout en l'entretenant de ce qu'il allait lui faire :

– Que je te monte... Que je te taille... Ah, tu bous? Trois grains de sel... Que je te trempe... Que je te mange...

Et puis il se coucha. Alors les deux gamines, avec un solide fil de fer attachèrent la poignée de sa porte, de telle manière qu'à midi il n'avait pas encore fini de se libérer.

– On m'a empêché de sortir, clamait-il ensuite. Ce sont les jaloux qui m'ont enfermé. Moi qui savais un si beau lièvre là-bas vers les prés...

J'ai dit « pauvre Jambes-de-Bois »... Cependant, il ne semblait pas malheureux. Personne ne se serait avisé de le plaindre. Il n'inspirait pas plus de pitié que de respect, et malgré la méchante petite plaisanterie des fillettes, n'incitait pas à la moquerie. Il parlait poliment, agréablement; ni geignard, ni obséquieux, on lui accordait la même considération qu'à tout un chacun, sans plus. Dans sa jeunesse, les dames avaient pour lui, m'a-t-on raconté, tendresse de cœur. Et quand il disait à son voisin :

– Ménage la tienne, moi j'en donnerai à la Jeannette!

les malveillants disaient qu'il ne pensait pas seulement à sa tabatière ni au contenu d'icelle.

Il fallait tout de même qu'il fût adroit. Il s'était fait une maison lui-même, dans un bois non loin du Pescher. Le propriétaire ne disait rien, ça ne le gênait guère. Mais ne se trouva-t-il pas des imbéciles pour lui expliquer que, selon l'usage, maintenant qu'il s'était établi là, qu'il y avait allumé du feu et fait fumer sa cheminée, le terrain était à lui sans partage, la maison et ce qu'il y avait autour. Et lui, le malheureux, il allait répétant cela, si bien que le propriétaire se fâcha, et il dut s'en aller habiter aux Flénours chez Guillaume son frère, qui le laissa installer sa boutique contre le fournil. J'ai vu cette habitation, me demandant comment il avait pu la réaliser. Je pense d'ailleurs qu'il n'y serait jamais parvenu tout seul. Pourtant, mon grand-père disait qu'à côté de ce qu'il avait au Pescher, ce n'était qu'une mauvaise cabane.

Ce n'est pas gratuitement ni par hasard que je parle de Jambes-de-Bois maintenant, et non pas dans les récits de la petite enfance. C'est que je l'avais rarement rencontré alors, que si l'on en parlait beaucoup, je ne le connaissais pas, ou si peu. A partir de la guerre et surtout cette année 1944, que les vacances se prolongèrent jusqu'en janvier et au-delà, je le vis plus souvent, et il cessa d'être pour moi seulement un mythe.

Il faut dire qu'en cette période, avant les événements tragiques qui bouleversèrent le pays, il s'était établi, ou rétabli dans les campagnes un climat que je n'avais jamais connu auparavant, quelque chose de comparable à ce que racontaient ma grand-mère ou la Marraine quand elles parlaient de leur jeunesse, je veux dire une chaude convivialité. C'est vrai que le travail tournait au ralenti. On produisait pour soi, pour quelques relations, on ne forçait pas une production rendue difficile par le manque d'engrais, d'essence, de commerce. Tiens! Produire pour les Allemands! On n'y tenait pas, et le maquis y eût mis bon ordre, de surcroît. Cela laissait quelques loisirs. Et puis, il y avait les réfugiés, désœuvrés souvent, et qui observaient le repos dominical. Si bien que, non seulement comme je l'ai dit les jeunes se rassemblaient pour des bals dans les granges, non seulement nous les filles, ou par groupes les garçons à bicyclette, on se rencontrait à parcourir les routes joyeusement, mais dans chaque village, ou bien à quelque carrefour, les hommes se retrouvaient pour jouer aux quilles le dimanche après-midi.

Les jeunes garçons de la région, eux, mes cousins du Boisme, surtout le Gervais qui aimait tant la chasse et le travail du bois, et les autres de Saint-Gilles, des Borderies, de Bellegarde, du Cheyron, dimanche après dimanche se retrouvaient chez Jambes-de-Bois. Cela dura longtemps, jusqu'après la guerre. J'y descendis un jour avec Odette, il y avait foule. J'y revins certainement plus tard, puisque je fis de lui plusieurs portraits, tant à la plume qu'à l'aquarelle. Il était toujours très entouré par ces adolescents. Il leur parlait de ses chasses, de sa jeunesse, il établissait avec eux quelque petit commerce... Même si je soupçonne certains de l'avoir encore dépouillé du peu qu'il avait, c'était sa joie, sa vie. Seul, il n'était pas plus heureux.

Il était seul, une fois, quand il lui arriva un curieux accident. Par chance, ce jour-là, la Mélie de Journiac gardait ses moutons non loin, sans doute dans le champ de Guillaume. Elle se dit :

– Tiens ! Il y a bien longtemps que je n'ai pas vu Jambes-de-Bois...

Comme les moutons ne bougeaient pas, elle s'avança vers la cabane. Encore loin, elle vit un tonneau, debout sur le cul – un tonneau inachevé, auquel manquait encore un cercle... De ce tonneau sortaient deux... deux quoi ? qui s'agitaient en l'air, tout seuls semblait-il, deux piquets... deux morceaux de bois... les deux jambes de bois du pauvre Louis qui était tombé dans son tonneau tête première. Elle se précipita et n'eut qu'à renverser le tonneau pour le tirer de là. Elle ne pouvait s'empêcher de rire, et ceux à qui elle le racontait non plus, en se rappelant ces deux jambes de bois gigotant au-dessus de la barrique. N'empêche ! Si elle n'était arrivée assez tôt, c'est l'homme qu'on aurait retrouvé mort, il n'y aurait pas eu de quoi rire.

Quand on le retrouva glacé par terre, à côté du puits, quelques années plus tard, il s'était seulement cassé une jambe, une fois de plus, sans doute, comme il disait, juste sur le pivot. Ce pivot était le point faible, bien sûr, mais il devait le marquer pour que le pilon soit moins lourd. Oui, il était tombé, et il avait crié disait-il. Il avait cru crier très fort. Mais personne ne l'avait entendu. Personne n'était venu. Quand on le découvrit, par hasard, il était là depuis deux jours. On l'emmena à l'hôpital. Il se remit assez bien, et même rapidement. Mais il n'était pas question qu'il revînt chez lui, ni même qu'on lui rendît ses jambes de bois. Il s'en plaignit à quelqu'un qui était allé le voir :

– Ils ne veulent pas me rendre mes jambes.

Vous pensez ! Ses grossiers pilons ferrés de gros clous dans les couloirs de l'hôpital... Ses habitudes, son pays, ses longues chasses, fussent-elles bredouilles... tout lui manquait. Il s'ennuyait à mort. Il mourut.

En ces années de guerre, il était encore bien vivant. Il s'insultait parfois, en termes sonores et parfois malsonnants avec son frère Guillaume qui, lui, vivait encore dans la maison, si l'on peut dire...

Au contraire de Louis, Guillaume n'était pas très malin, pas très beau, et les mauvais traitements du père Boulaud n'avaient arrangé ni l'un ni l'autre. La Marraine racontait qu'une fois, pour le punir d'on ne sait quoi, le bonhomme s'amusait à jeter l'enfant sur le sol de la grange – un sol en terre battue – depuis le haut de la charretée de blé noir. C'était le plus souvent sur lui qu'il passait ses colères, quand ce n'était pas sur la Mariou, parce que le gamin n'était pas assez prompt pour s'esquiver. Devenu grand, il se vengeait, d'ailleurs sans méchanceté aucune. On les avait vus, une fois, qui voulaient porter un gros tronc d'arbre. Guillaume avait soulevé le tronc d'un côté, et il disait à l'autre :

– Tenez, vous! parce que moi, je tiens.

Et le père Boulaud ne ménageait pas ses forces, sinon le garçon aurait pu l'écraser dessous dans la pente.

– Tu sais, disait-il ensuite à la mère Mariou, il est fort, il me fait presque peur.

– Eh bien, ma foi! répondait la femme.

Quand il alla au catéchisme, Guillaume n'apprenait rien. Mais pour les sottises que disait le père Boulaud, il avait bonne mémoire. Aussi quand le curé demandait :

– Qu'est-ce que l'Église?

Guillaume avait une réponse :

– L'Église, c'est une grande maison, sans fenêtre et sans cheminée, qui nourrit trois grands fainéants dans l'année.

– Bien, mon Guillaume, bien, disait le curé. Mais, dis-moi combien y a-t-il de sacrements?

– Sept pleins bâtiments.

– Et de personnes en Dieu?

– Trois pleins nids...

Il en savait probablement davantage, mais le curé, ou la mémoire de la Marraine, s'arrêtait là... Au reste, la Marraine et les autres filles l'aimaient bien, elles étaient contentes quand ils les accompagnait à la messe, ou la nuit au bal, parce qu'en sa présence personne n'eût osé les ennuyer. Quelquefois, elles ne s'étaient même pas aperçues qu'il les suivait.

– Si seulement Guillaume était avec nous...

Elles se retournaient, il était sur leurs talons, silencieux et fidèle.

– Guillaume, mon Guillaume, disait le curé, il me semble que j'en ferai quelque chose... Et où as-tu appris ce catéchisme, mon Guillaume? Qui te l'a appris?

– C'est mon oncle, l'autre jour en coupant la litière dans les Varachoux.

– Ton oncle! Eh bien, dis-lui que j'irai le voir, j'ai à lui parler.

– Je le lui dirai, monsieur le curé. Oui.

Et, au retour :

– Oncle, le curé va venir, il veut vous parler.

Quand il entendit venir le curé, platin platan, à cheval, sur le chemin de la Montade, Boulaud entra dans sa grange et fila par le portaneu, qui, de ce côté-là en contre-terrain, tombait de plain-pied vers les bois des Combes...

Jeune homme, il passa le conseil de révision mais fut exempté de service militaire.

– Je suis exempt hors de la guerre...

Son parrain voulut le faire beau, avec un costume neuf.

– Oui, en drap de Châteauroux, disait-il, pour faire mes honneurs, et mes déshonneurs...

Et puis on le maria.

Quelqu'un lui dit bien, à la Maria de Combedarrière :

– Tu veux épouser ce garçon? Mais, ma pauvre! Je suis bien vieille, moi, je t'assure pourtant que je n'en voudrais pas.

– Peut-être, dit la Maria. Mais il est bien gentil, il travaille bien, et moi je le veux.

Elle le voulait, elle le prit, on les maria. Au retour de la noce, Guillaume voulut entraîner la Maria avec lui dans le « parçou » qu'il avait à l'étable, où était le lit des garçons.

– Allons, viens!

Mais la Maria ne voulait pas y aller. Guillaume tirait d'un côté, la Maria de l'autre. Louis insistait aussi :

– Viens! Tu peux bien venir! Il n'y a que moi et mon frère.

Mais, décidément non, la Maria ne voulait pas y aller. Elle tira tant et si bien qu'elle s'échappa et prit le chemin de Combedarrière. Au petit jour, on entendit Guillaume qui montait aussi – tra-tra-tra-... Et on le vit passer, le paquet de ses hardes sur la tête, avec par-dessus, bien blanche qui tenait toute la lumière, sa chemise blanche de marié.

Ils s'installèrent aux Flénours. La Maria gardait les moutons. Guillaume allait à la journée et cultivait le peu de bien. Ils eurent des enfants qu'ils élevaient paisiblement, mais par malheur ils en perdirent un ou deux du croup, une année de grande épidémie. Nos femmes en parlaient encore, avec des larmes, comme si c'eût été leurs propres enfants. Ils aimaient bien la Maria, qui à l'occasion leur donnait un coup de main. Au besoin, elles employaient Guillaume. Comme disait la Maria, il savait bien travailler. Du temps qu'il était chez Boulaud, il avait défriché tout un champ que la Marraine appelait encore « le défrichement de Guillaume ». Un peu après son mariage, il était revenu à Germont et il regardait le blé qu'il avait lui-même semé :

– Hé! le blé comme tu as poussé! Tu as des épis comme des pierres à faux.

Le sens des images ne manquait pas à Guillaume. Il chantait beaucoup. Les soirs, quand il rentrait de sa journée, revenant du Pescher, mes parents me disaient :

– Viens! Viens écouter Guillaume qui chante!

On entendait cette voix qui sonnait là-bas du côté de l'étang. Je n'étais pas sûre d'y reconnaître un chant. Quelque chose de sauvage... Il chantait, mais surtout, ce qui étonnait beaucoup le monde, il faisait des chansons. Si l'air dépassait tout juste les variations d'une mélopée, les paroles, elles, ne manquaient pas de surprendre :

Maria, tu es ma mie...
Maria, tu la seras...

chantait-il pour sa femme. Et pour sa fille :

Louise, Louise, tu es ma fille...
Je te ferai une robe
De poivre, de sel, et de graines de foin.
Et si n'es pas contente encore
Je te donnerai une hémine de noix...

Mais il y en avait quantité d'autres dont on n'a pas gardé le souvenir, et qui d'ailleurs ne duraient que le temps d'être chantées. Sa fille, sa femme, bien souvent les chansons étaient pour elles. C'est qu'il l'aimait, sa Maria!

Il l'aimait tant qu'il en devint jaloux. Qu'elle lui donnât quelque raison de l'être, joyeuse et plaisante comme elle l'était, je n'en sais rien et ne le dirais pas... Ils étaient encore jeunes mariés, avec un tout petit enfant, quand ils furent invités à la noce. La Maria riait, et elle dansait. Cela ne plut pas à Guillaume, qui la tira en arrière :

– Et la goutte de lait? Tu n'y penses pas, à la goutte de lait de ce pauvre petit?

Il y pensait, lui, à ce lait si précieux qu'elle aurait pu perdre. Et, en revenant, il morigénait la Maria :

– On ne va pas à noce. On reste chez soi. Quand on veut de la viande, on en achète, et on en mange. Quand on veut du vin, on en achète, et on en boit.

Lui-même était sobre. Dans les repas de batteuse, ou aux veillées, les hommes auraient bien voulu faire boire Guillaume pour rire de lui. A peine avait-il bu une goulée qu'on lui remplissait son verre. Et lui riait :

– Verse, verse... Il n'est pas encore plein, ce verre...

Mais le verre ne se vidait pas.

Ce fut cette jalousie qui gâta le ménage. Le jaloux, il n'a pas besoin de raisons pour être jaloux. Si peu qu'on lui en donne. Et il se trouva comme toujours quelqu'un pour glisser au pauvre garçon :

– Tu sais, la Maria...

Les paroles engendrent le soupçon, et le soupçon suffit à gangrener la vie. Vint le temps des reproches. Le temps des colères. Le temps que Guillaume, au lieu d'aller à sa journée gagner l'argent du ménage, suivait de loin sa bergère pour s'assurer si quelque galant n'allait pas lui conter fleurette. Loin, le temps qu'il disait en riant :

– La Maria est allée voir si les jeunes feuilles poussent...

La jalousie le rendit paresseux et la paresse ladre. Il en était venu à marquer sur la tourte la ligne qu'il ne faudrait pas dépasser dans la journée. Si bien que la Maria, lasse de querelles et de mesquineries, prit son dernier-né dans ses bras et s'en fut, à Lyon où l'ouvrage ne lui manqua point. Bien plus tard, elle revint aux Flénours, vivre ses dernières années et mourir. C'est là que nous allâmes la voir, ma mère et moi. Toutes deux dans les bras l'une de l'autre, je les vis bien verser quelques menues larmes. La Maria ne voulait pas la laisser repartir. Mais ma mère sortait peu, plus casanière encore dans sa vieillesse, et nous étions allées ce jour-là veiller chez Félix, comme nous avions coutume de le faire environ une fois l'an. Une autre fois, la Maria m'avait chanté *La Chanson des mensonges*, celle dont existent tant de versions en limousin, disant à peu près : *Je me levai à l'aube quand le soleil se couchait. Je rencontrai une petite vieille qui venait juste de naître... Je vis un cerisier couvert de prunes, je le secouai, il en tomba des pommes...*

Mais la version de Maria, que je croyais avoir bien apprise, je l'ai bien oubliée, comme tant d'autres choses, corps et biens.

Or donc, à cette époque-là, que finissait la guerre parmi les soubresauts d'une armée allemande pilonnée de toutes parts, alors que les V1 s'apprêtaient à pleuvoir sur l'Angleterre comme de sales mouches dans leurs ailettes papillonnantes, et les V2 à la rescousse, Guillaume vivait seul dans ce qui était encore la maison, par la porte, les fenêtres et la cheminée. Je n'y étais jamais entrée. La Génie et Pincette étaient venus habiter là un temps, puis ils étaient repartis, et personne ne s'était plus occupé de rien, si bien qu'on disait que la cabane de Jambes-de-Bois, auprès, faisait figure de luxe. Le lit n'était plus qu'un nid de chien, et Guillaume souvent préférait dormir dans la barge. Pourtant, il avait un jardin, qu'il tenait bien encore, avec même une vigne de raisins blancs. Je n'en ai jamais mangé d'aussi amers, même à Bort-les-Orgues... Je pense que c'était la même espèce, peut-être celle dont autrefois on faisait le vin de messe sur le Plateau.

Pauvre Guillaume! On ne le voyait ni ne l'entendait plus guère. Il était vieux, malade. Plus le temps passait, plus il ressemblait à une vieille souche, branches coupées, racines mortes, avec la mousse qui l'eût mangée. On le retrouva mort, ou presque, sur une vieille gerbe battue, qui avait vomi tout son sang. Ce fut la Cécile qui porta secours, tout le secours qu'elle put, avec la Clarisse qu'on était venu chercher en hâte. Elles nettoyèrent ce qu'elles purent, et couchèrent le mort dans son lit. La Cécile trouva même moyen de fabriquer une couronne avec des feuillages verts et des fleurs de papier. Les filles vinrent, et l'une se plaignit qu'au lieu de couronne, on aurait dû lui mettre un oreiller... Tiens!... Il n'est pas facile de contenter le monde. La Maria vint aussi, la pauvre.

A l'enterrement, je les voyais toutes les deux, la Maria et la Cécile, debout devant l'église. La Cécile... décidément cet embonpoint... Quel curieux profil! Toutefois, si nous nous interrogeâmes, la Odette et moi, je me gardais encore ma réflexion secrète. Quelqu'un me présenta à la Maria.

– *Ieu ne vous ai pas recounue*, me dit-elle dans cette nouvelle langue qu'elle parlait maintenant, qui n'était plus son limousin, qui n'était pas le français, qui la faisait passer à Lyon pour une Piémontaise.

Mais, ne l'ai-je pas déjà dit? entre les dialectes piémontais et le limousin, la différence n'est pas si grande.

– Tu ne l'as pas reconnue! s'indignait sa sœur la Marie de Vergnas. Tu ne pouvais pas la connaître. Quand tu es partie, elle n'était pas née. Ses parents n'étaient même pas mariés!

C'est vrai. Dans ces temps que mes parents se mariaient, celui de la Veyssée se noya, la Maria quitta son mari, la Clarisse épousa le père Henri... Que de remous dans le voisinage!

Le temps passait tout doux. La guerre s'éternisait mais nous, dorénavant, nous nous tenions pour libres. On n'entendait plus claquer inopinément les armes de guerre. Les explosions s'espaçaient. Si quelque dépôt d'armes ou de munitions sautait encore, parfois, nous pensions que c'était sans danger comme sans victimes. Peu à peu les odeurs redevenaient par la campagne normales et saines. Et les rares avions qu'on entendait ronfler paisibles, s'ils avaient le ventre plein d'œufs de mort, ce n'était pas pour nous, nous n'en pouvions rien savoir. Je n'avais aucune nouvelle de ma demande comme maîtresse d'internat et ne m'en souciais guère. J'avais pris contact avec l'École d'arts décoratifs, et savais qu'il suffisait de m'y présenter dès la rentrée de janvier, avec quelques exemples de mon savoir-faire. Je m'attachai donc à préparer des aquarelles, quelques croquis... des choses qui me paraissaient à la fois intéressantes et neutres, illustrations ou paysages, bouquets de fleurs et portraits. Je continuais assidûment le latin, sous l'égide fraternelle de Maître Claude qui était rentrée à Brive, sans histoires. Sabine aussi était rentrée. Elle cultivait de plus en plus ses chères amies des années précédentes. Je ne sais si Maître Claude était déjà sa correspondante pour lui permettre de rares sorties.

J'avais installé la petite table ronde dans la cuisine, contre la fenêtre, afin d'y travailler à l'aise sans gêner personne ni être gênée. La cuisinière proche me donnait assez de chaleur, et la fenêtre sa lumière. C'est là que je fus surprise, une fin d'après-midi, par un beau militaire, le major Daniel, notre médecin dont nous n'avions plus de nouvelles depuis trois ans. Un choc, tout de même! Mes parents n'étaient pas là, les uns semant le blé à la Cime du Puy, les autres s'occupant des bêtes, je ne sais où. Il ne resta pas longtemps, dit qu'il avait passé tout ce temps au maquis, et même une fois qu'il avait eu bien du mal dans les Fayes avec une voiture en panne... Mais il n'avait pas voulu parler de nous à ses compagnons, dont il n'était pas sûr. Médecin du maquis, il était maintenant à l'hôpital militaire de Limoges, et ne sortait pas sans son chauffeur. Ces trois ans se marquaient sur son visage, où ils avaient gravé plus de rides que les trente années d'avant, mais il était toujours aussi élégant, aussi désinvolte, et j'imagine qu'il devait envoyer valser son calot avec autant de charme qu'autrefois son chapeau, levé si poliment dans la plus humble chambre de ferme.

Il s'en alla. Il reviendrait. Il revint mais je n'étais pas là. Je le revis cependant, et bien plus souvent que je n'aurais pensé. En effet, l'École d'arts décoratifs était un grand bâtiment derrière le musée Adrien-Dubouché. Or, l'école avait été réquisitionnée, et c'était là qu'on avait établi l'hôpital militaire. De telle façon que, certains jours, les heures de mes cours coïncidant avec ceux de ses visites, nous avions le temps de nous saluer, rarement d'échanger quelques mots. La porte s'ouvrait, il tournait à droite vers ce qui aurait dû être mon école, et moi j'entrais par la grande porte, au musée où plusieurs salles du haut nous étaient réservées.

Le mois de janvier avait été très froid, de neige et de gel et le charbon manquait toujours. Les écoles avaient pu effectuer la rentrée de Noël, on peut toujours écouter et lire, sinon écrire, avec les doigts gourds. On ne peut pas dessiner. Et notre école – les arts ne sont-ils pas un luxe peut-être négligeable? – notre école, non, n'avait pas dû avoir la priorité pour les attributions de combustible. Cela nous amena au début de février. Je débarquai donc à Limoges, en compagnie de mon père, par un beau jour de dégel grelottant. Nous nous mîmes en quête d'une chambre. Plusieurs hôtels se dirent complets. A l'hôtel des Beaux-Arts, au nom prédestiné, que mon grand-père connaissait autrefois et dont il disait le plus grand bien, un vieux bonhomme avachi me regarda de côté d'un air méfiant :

– Pas de femmes...

Pas si vieux, du reste, le bonhomme. Défraîchi. Traîne-la-patte, traîne-savate. Et même s'il ne fumait pas, il semblait aussi traîner un mégot au coin de sa bouche, molle et méprisante tout à la fois. Oui. Curieux bonhomme. Le mot qui venait aux lèvres : gargotier. L'hôtel des Beaux-Arts était donc devenu, en trente ans peut-être, une gargote... Nous continuâmes à chercher. Je ne voulais pas loger loin de l'école, et surtout pas chez les cousins de l'hôtel de Toulouse – Dieu m'en garde! –, ceux qui nous avaient si peu reçus quelques années plus tôt quand j'avais passé le concours pour l'École normale. Je serais allée volontiers chez les autres cousins, la Germaine du Larcy, pour quelques jours, en attendant de trouver autre chose, mais ces cousins-là ne tenaient pas hôtel, ils habitaient loin... Cette solution entrevue, nous continuâmes à chercher...

Que si l'hôtel des Beaux-Arts avait mal tourné, l'hôtel Barny n'avait guère mieux évolué. Je sus plus tard que la cousine Adèle y avait vécu, une trentaine d'années avant, avec son mari notre cousin Georges. A ce moment, l'hôtel était très propre, très vivant. Propre! Il le fallait, pour la cousine Adèle, qui était si minutieuse, stricte, agréable, modiste de son état, une de ces femmes charmantes, au cœur si bon, mais dont la vie s'épuise à poursuivre dans chaque recoin le moindre flocon de poussière. Je me plaisais à dire, lorsque je la connus bien dans ces années de guerre, qu'elle était le type même de la vieille demoiselle. Qu'elle fût l'épouse la plus dévouée pour le cousin Georges n'y changeait rien. Elle s'occupait de lui maternellement comme elle faisait de sa propre mère, qu'elle garda impotente six années durant. Il est vrai qu'ils n'avaient pas d'enfants. Il est vrai, aussi, que nos femmes mettaient quelque peu en doute ses talents de modiste. Pour moi qui n'ai jamais eu à apprécier son génie en la matière, je pense qu'au moins ses réalisations devaient être soigneuses et de bon goût. Pour la fantaisie, c'est autre chose.

Ce jour-là, à force de chercher autour du musée, nous étions donc tombés sur l'hôtel Barny. Je parle ici d'un endroit qui n'existe plus. Rue Montmailler, l'immeuble a été démoli pour abriter, je crois, certains services agricoles. C'est dommage. Combien dommage. Mais l'état des lieux eût découragé un rénovateur avisé au premier regard. Cependant nous fûmes bien reçus, et avec une simplicité familière qui ne me déplut pas, d'autant que je n'avais qu'à tourner deux coins de rue pour être à pied d'œuvre. La Patronne venait de la campagne proche, du côté de Saint-Junien. Cela se voyait et s'entendait. Bien que de taille et de corpulence très ordinaire, une maîtresse femme. Le Patron, souriant, plaisant, plus en graisse qu'en chair, tenait les fourneaux qui étaient noirs, vastes, profonds, occupant tout un côté de la vaste cuisine. En face, une longue table.

Un couloir, où s'amorçait l'escalier, traversait l'immeuble séparant la cuisine du bar, lequel était suivi de la salle à manger, une pièce longue et nue, dont les fenêtres s'ouvraient à gauche sur la cour. Une salle qui me rappelait, à peine plus poussiéreuse, nos salles de cours au collège de Brive. On n'aurait pas été surpris d'avoir à nourrir de petites souris mutines dans les trous du plancher, comme dans notre dortoir des lits apportés...

Bref, je n'étais pas dépaysée, pas trop. Ce qu'il y avait d'agréable, nous en pûmes juger dès l'abord, c'était la cuisine, très simple mais abondante, saine, qui tenait peut-être plus de l'ordinaire paysan que du raffinement des grandes tables – mais pensez donc! De la viande à tous les repas, et de véritables tranches. Du pain blanc, parfois réchauffé il est vrai, mais à volonté! Si bien que j'en pouvais prendre autant qu'il me plaisait, non seulement pour un goûter éventuel, mais encore pour effacer et corriger les dessins au fusain avec la mie. Tant de pain si blanc que c'en était un scandale, en ce temps où l'on ne trouvait encore dans la plupart des boulangeries qu'une maigre ration de pain de maïs, jaune, engageant à voir mais dur et d'un goût repoussant que la matière ne justifiait pas.

– J'en ai mangé, du pain de maïs, disait ma mère. Ton grand-père en avait rapporté d'Italie. C'était léger, délicieux.

Celui d'Italie, peut-être. Celui de Limoges, que non pas.

Il y eut quand même un petit problème, concernant la chambre. En fait, il ne restait pas de chambre à louer. La seule qui fût disponible, c'était celle de la bonne. Mais de bonne, on n'en avait justement pas. Il y avait bien la Marie, qui devait venir, qui avait promis de venir, mais quand se déciderait-elle?

– Et puis moi, je ne veux pas de son adjudant chez moi. Qu'elle vienne si elle veut, mais lui je ne le veux pas.

Si bien que j'eus la chambre de la Marie, la chambre de la bonne, en attendant qu'elle vînt, et aussi qu'un autre client partît, ce qu'il devait faire bientôt.

Cette chambre, à la vérité, n'était que la moitié d'une chambre. La cloison s'en allait dans l'angle rejoindre le milieu de la fenêtre dont je n'avais ainsi que la moitié. En revanche j'avais toute une porte, et même un lit tout entier, assez large et pas trop dur, une table de chevet et une autre petite table – tout le mobilier, qui ne valait pas cher, mais me permettait de dormir en paix. Je m'y installai dans une vague odeur de moisi et la crainte d'une attaque rangée de punaises... qui ne vint pas. Ne m'avait-on pas dit que la rue Montmailler regorgeait de parasites? Si ces bestioles avaient été massacrées, ou si elles n'aimèrent pas mon sang, je ne sais. Car j'aurais pu ne pas les sentir dans le sommeil de mes dix-neuf belles années, mais j'en aurais vu les suçons. Or, nulle trace rouge n'en piqueta ma fraîche peau, de tout le temps que je restai là. Après quelques jours, je n'y pensais même plus.

Pourtant, dès la première nuit, mon sommeil fut troublé : un vol de grues passa sur Limoges, et, peut-être dérouté par les exhalaisons de la ville, tourna longtemps juste au-dessus des toits. Je n'avais encore jamais entendu d'aussi près leur grande voix triste qui parlait de ciel, de nuages bas, d'espace incompatible avec nos gourbis, nos courtils, nos trous à rats, nos pauvres lits et l'enfilade invraisemblable d'écuries, de poulaillers, de clapiers et de porcheries que j'avais entrevus le soir par les cours en allant pisser...

C'est que l'hôtel avait des cours. On y accédait de la rue Montmailler par notre couloir, comme j'avais fait car les latrines étaient là, derrière un bac plein d'eau, à peine moins vétustes que les divers bâtiments, lesquels tombaient en ruines, mais avaient dû, aux veilles des beaux jours de foire d'avant la guerre, loger tout un lot de volailles, de porcs et de veaux, avec les beaux chevaux des attelages et les bœufs tandis que les tombereaux, les jardinières et les bétaillères attendaient dehors, dans le véritable caravansérail qui, de l'autre côté, par un étroit chemin, s'ouvrait sur la rue de la Fonderie, face à d'autres étables qui, en cette année 1945, abritaient encore les mêmes vaches laitières dont ma mère avait vu, trente-cinq ans plus tôt, vendre le lait tiré au bol dans les rues bourgeoises... Pour l'heure, les vaches restaient bien tranquilles derrière leurs murs de pierre ou de bois, et le caravansérail était occupé à demeure par force roulottes immobilisées. Tout un peuple, prétendu nomade peut-être, logeait là.

Je ne tardai pas à repérer trois ou quatre fort belles jeunes filles, brunes, et de noir vêtues, qui vendaient place de la Motte, sur la volige de leur étal trop grand, tout un maigre assortiment de couteaux, de ciseaux et d'objets ménagers encore introuvables. C'est à l'aube que je les bénissais de me réveiller avant l'heure avec leurs chansons :

Quand allons-nous nous marier
Nous marier, nous marier ?
Quand allons-nous nous marier
Mon cow-boy adoré...

Je vouais le cow-boy à tous les diables et les filles avec, malgré leur jolie voix, d'autant qu'elles ne semblaient connaître que cette chanson-là, et encore, pas tout entière !

Il y avait, au-dessus du bar et de la salle, une autre grande salle, poussiéreuse et nue, avec quelques tables, qui aurait pu servir pour noces et banquets. Mais en ces jours-là, les noces étaient rares, et les banquets bien plus. Cette salle servait cependant pour les bals, certains samedis. Les premiers temps, la Patronne m'autorisa à m'y installer pour peindre, ma chambre étant si exiguë. J'en avais donc partagé l'usage avec Chouquette, la petite chienne, et le jeune garçon du couple qui devait avoir tout à peine cinq ans. La chienne ne me gênait pas. On lui avait arrangé sa niche dans un coin, parce qu'elle avait fait quatre ou cinq petits, blancs et tachés comme elle, auxquels le patron, d'un coup de couteau, trancha la queue afin qu'ils eussent l'air d'authentiques ratiers. Le gamin, lui, m'importunait, non qu'il fût méchant ni désagréable, mais je cherchais la solitude, et lui, il voulait jouer.

Cela ne dura pas, d'ailleurs. Le client qui devait partir s'en alla, et la Marie vint. J'eus donc une chambre tout entière, assez grande, dont on avait tiré tout un seau de poussière et de toiles d'araignées, où l'on avait même changé la literie pour une moins sale. Le luxe, quoi. J'aurais pu y travailler. Je me souviens d'y avoir peint la cour, sur laquelle donnait ma fenêtre, avec ses lignes de linge lavé, de toutes vives couleurs, qui n'attendait qu'un souffle d'air pour claquer au vent. Mais, les beaux jours venus, il y avait des coins de rue avec des noisetiers en fleur, et partout des visages, des attitudes, des gens extraordinaires chacun dont j'avais à peine le temps de capter une bouche, le nez, un sourire, un mouvement du bras... Souvent, mon crayon n'avait pas même le temps de toucher le papier – la chose remarquable m'entrait dans la tête, et les doigts ne réagissaient pas. Certes! La coordination était meilleure que pour la musique, et du décalage, je ne m'apercevais pas toujours – pas souvent – et même on peut dire que je ne m'en apercevais pas. L'aurais-je reconnu que j'en éprouvais tout juste un peu d'impatience, rien d'important.

Je venais à peine de m'installer à l'hôtel, de me présenter aux professeurs, d'envisager l'emploi de mon temps, quand je reçus une lettre de mon père, à laquelle était jointe ma nomination de maîtresse d'internat à Aurillac. Aurillac!... C'eût été Brive, ou Tulle, ou Limoges, peut-être aurais-je accepté. Aurillac! C'est de ce jour que je décidai qu'Aurillac était un pays lointain, glacial, le pays des neiges éternelles. Non, certes, je n'irais pas, à Aurillac. Comment y aller, d'ailleurs? Est-ce que le train arrivait seulement dans ce pays-là? ... Et certes, à pied, en autobus, en train, et après combien de changements, ça ne devait pas être facile... Je n'ai jamais su ce qu'en avait d'abord dit ma mère. Mon père me laissait libre de décider. Je me précipitai à la poste où, entre deux officiels, je parvins à envoyer un télégramme de refus. C'en était fini d'une carrière quelconque dans l'enseignement. Sans l'ombre d'un regret. Je ne me souviens pas d'avoir seulement rédigé une lettre d'excuses ni d'explications.

Dans les premiers temps, la Marie ne fit que venir dans la journée et puis elle s'installa. L'adjudant ne tarda pas à suivre. De quoi se plaignait la Patronne? Au bar, cela fit un client. La Marie, je ne croyais pas que ce fût à ce point possible, elle avait la tête de l'emploi. Certainement une fille de la campagne.

Mais pas de la campagne profonde, des abords d'une petite ville. Limoges peut-être, ou Saint-Junien. Un assez joli visage rond, pas vraiment grossier, pas réellement fin. Tout à fait dépourvu, comme son corps, de cette fierté, à la fois élégante et solide, presque noble qui faisait le charme de mes camarades dans les villages autour de Germont, même des moins jolies. Au lieu de cela, des joues rouges, et un petit pli vaniteux de la lèvre, un regard soumis... Quant au militaire, il avait, disait-on, femme et enfants, ce qui ne le rendait pas plus sympathique. Autrement, il ne menait pas grand bruit. Plus d'une fois le soir, alors que j'étais allée chercher un broc d'eau pour ma toilette, j'avais rencontré Chapeau Vert sur le palier. En échangeant quelques paroles, nous nous amusions des tendres échos qui s'échappaient de la chambre de Marie.

Chapeau Vert faisait partie de la faune qui fréquentait chez nous. Je dis « chez nous », car ils ne s'arrêtaient que peu, ou pas du tout, au bar, ayant dès longtemps établi leur quartier général près du fourneau, dans la cuisine. C'est là que je prenais mon petit déjeuner lorsque l'heure m'en laissait le temps, et que je venais aussi me chauffer moi-même, lorsque j'étais lasse de courir les rues, au lieu de m'enfermer dans ma chambre glacée. Car le temps restait beau, maintenant, mais un traître petit vent parcourait le pays, par moments, et, parfois, les dimanches étaient longs...

Je serais volontiers revenue à Germont tous les dimanches, mais c'était toute une expédition. En effet, il ne suffisait pas de monter dans l'autobus, encore fallait-il prendre son billet, le samedi matin, et ce billet, on ne vous le donnait que s'il restait des places après que tous ceux qui étaient venus, et qui voulaient repartir, s'étaient assurés des leurs. Ainsi, le samedi, quand je souhaitais rentrer à la maison, je me trouvais boulevard de Corderie, au garage, dès les neuf heures, et j'attendais l'arrivée de l'autobus, qui tardait parfois presqu'à onze heures. Il s'arrêtait enfin, poussiéreux, poussif, plein comme un œuf. Les gens descendaient en bousculade, couraient au guichet... Comme enfin tous ne repartaient pas, j'avais mon précieux ticket. J'avais raté tout un cours non moins précieux de peinture à l'huile ou de composition.

Le lundi matin, en retour, je ratais aussi un cours, celui de broderie. Cela ne me privait pas, j'avais décidé de ne pas le suivre, car en effet je n'avais ni tissu, ni aiguilles, ni fil, comment aurais-je pu suivre ce cours? Quelques-unes de mes compagnes le faisaient. Je pouvais voir le déroulement de ces œuvres diverses, aussi minutieuses, aussi interminables les unes que les autres, que ce fût sur ruban, sur satin, sur tulle, ou par juxtaposition de tissus rapportés. La tête m'en tournait.

Plusieurs jours dans la semaine, les cours commençaient à neuf heures, et sauf les deux heures du déjeuner, ne s'achevaient qu'à vingt heures, dans le sous-sol après le modelage. Modelage, chaque soir de dix-huit à vingt heures, je n'y manquais guère. Il n'y avait ni grenouilles ni crapauds dans le bac à glaise comme le prétendaient les garçons pour agacer les filles. Dommage, sinon quelqu'un d'entre eux aurait pu recevoir en plein visage le baiser du batracien. Ma première tête de lion, bien léchée, avait de doux airs de chat... La tête qui suivit était plus grande que nature... et il devint évident que si j'avais un certain sens des proportions, je reproduisais toujours mon modèle en l'agrandissant. Cela devint encore plus visible avec le faune de Pierre-Henri. Pierre-Henri avait commencé un bas-relief, et puis, pour je ne sais quelle raison, il ne revint pas l'achever. Je l'accaparai, et après tout ce n'était pas si mal, mais les volutes de la barbe, des cornes, tout ce réseau complexe qui m'avait attirée, et même passionnée... débordait du tableau par tous les côtés.

Cependant, chacun choisissait un peu son travail. Il se fit un concours pour lequel certains avaient modelé un sujet en terre, un animal, un oiseau. Je ne me souviens pas d'avoir rien fait, mais j'étais de ceux qui emportèrent les objets, qu'on mit à cuire dans un four à porcelaine, si je ne m'abuse rue Bobillot. Le résultat fut catastrophique, avec toute la porcelaine abîmée. Il fallait s'y attendre.

Je ne sais plus lequel de nous reproduisait une tête de Christ qui était un pur cri de souffrance. Jacqueline modelait des petits corps de femme d'une sensualité à vous couper le souffle, tandis qu'un autre faisait son portrait à elle. Nicole s'activait au tour. Cela n'empêchait ni de parler, ni de jouer. De temps à autre quelqu'un récoltait un « gage ». Le « gage » le plus spectaculaire consistait à baiser quelque os du malheureux squelette enfermé debout dans sa cage, le long du mur. Des os, il lui en manquait pas mal. Mais le jeu le plus drôle, c'était lorsque Roger, qu'on appelait Charles, parce qu'il ressemblait à Charles Vanel, l'acteur, et son ami Christian jouaient la bataille aérienne autour d'une sellette, avec les avions qu'ils avaient modelés, les bombes, les grenades, la DCA. Et le bruitage que les garçons, Christian surtout, figuraient à la perfection. On s'y serait cru... C'était l'éclatement, en ce jeu dérisoire, dans ce sous-sol muré, de la guerre qui se poursuivait, loin de nous, semblait-il, si loin... Souvent, Nicole et moi, nous parlions longuement, à voix basse, délaissant la pâte qui, insidieusement, usait les ongles et collait aux doigts.

Nous n'avions eu qu'un pas à faire, le soir, pour descendre là, en sortant du cours d'émail que professait M. Issanchou un artiste plus appréciable sans doute pour ses talents de peintre que pour ses qualités pédagogiques. Lorsque nous arrivions, les uns après les autres, il ne manquait pas de s'incliner en nous serrant la main; mais qui fut bien étonné, sinon mes camarades lorsque, le premier jour, entrée là aussi stupide et ignorante qu'un lapin dans une parfumerie, le cher homme me montra les outils, le marteau et l'enclume et la plaque de cuivre, et que même il me fit voir comment poser la plaque sur l'enclume, et frapper pour lui donner forme. Car cette douce inclinaison des plaques vers les bords, c'est à coups de marteau qu'on peut l'obtenir, comme le forgeron bat le fer rouge, quoique moins fort... Hé! S'il me fit un tel honneur, cet homme, c'est que j'étais recommandée par son amie, Mme Parizet. Sinon, chacun se débrouillait, regardant ses erreurs avec celles des autres, piochant du bout de la spatule les couleurs parfois trompeuses au fond des bocaux, se fiant à son inspiration, au hasard des cuissons, à l'espoir de la réussite, à l'illusion de l'art...

Au trimestre d'avant, mes compagnons avaient peint de la porcelaine, aux mêmes conditions aléatoires. Au trimestre d'après, c'est le biscuit que nous avons gravé, au hasard, sans contrainte et sans consigne et presque sans outils.

Je l'ai dit, l'hôpital militaire occupait les locaux de l'école. C'est ainsi que parfois nous voyions passer des silhouettes devant nos fenêtres. Une fois qu'elles étaient ouvertes, tout un groupe de jeunes vint s'y encadrer, des Indochinois aux dents noires, au teint plus ou moins jaune, plus ou moins olivâtre, sauf un qui devait être métis, si l'on en croyait son teint plus clair, ses cheveux en brosse et ses dents blanches. Il nous parla longuement, dans un français très pur, et serait resté davantage si les autres ne l'avaient tiré, dans une autre langue, de ces considérations qui ne les intéressaient pas.

Les autres cours, nous les prenions comme j'ai dit dans les salles du haut à droite, éclairées par le plafond dans un rayonnement de serre qui fondait les contours des visages et des académies, si bien que, pour certains cours, c'est juste en haut de l'escalier que nous plantions les chevalets ou les chaises qui nous en tenaient lieu. Pour quelques autres, les porcelainiers nous envoyaient leurs décoratrices, ça faisait du monde dans les classes! Quelques-unes n'avaient guère passé douze ans, des enfants qui gagnaient leur vie comme fileteuses et n'avaient guère de chances de dépasser une telle qualification. Mais, parmi les élèves de mon cours, plusieurs travaillaient aussi, garçons ou filles, la plupart en atelier, et quelques-uns libres. Seulement, leurs aspirations, et leurs réalisations, s'appliquaient à la création artistique, tout au moins artisanale.

D'aucuns venaient seulement présenter aux professeurs leurs créations ou leurs projets définitifs, qui leur valaient critiques, conseils ou approbation. Quelques-uns ne faisaient que passer, tel ce Bernard salué comme un prince, que je ne connaissais pas mais dont on parlait, les professeurs plus encore que les élèves. Et ils parlaient aussi d'un certain Marceau, qui n'avait plus qu'une passion, le mime, un art pour lequel on pouvait assurer, au moins, qu'il était doué... Marceau, cependant, resta pour moi un mythe, jusqu'au temps où je pus le voir sur le petit écran. Il était doué, c'est le moins qu'on en puisse dire...

Que sont-ils devenus, les amis d'alors, les compagnons? Ceux qui partageaient l'un ou l'autre cours?... Nicole fait encore de la reliure. Christian et Roger, des émaux. Odette, dont les parents, déportés, ne sont jamais revenus des Républiques soviétiques, a cessé de répondre à mes lettres depuis l'Indochine où elle allait rejoindre son mari. Anne-Marie... Lucien... Michelle et Micheline... les deux Christiane... André... Pierre-Henri... Des visages sans nom plutôt que des noms sans visage. Je me noie dans les souvenirs.

Le soir, je courais jusqu'à ma tanière, dans la nuit déjà noire. Je ressortais même, parfois, pour quelque conférence. Je me souviens d'avoir ainsi suivi toute une série de sermons de carême à Saint-Michel des Lions, où j'allais aussi entendre la messe et les vêpres le dimanche. A la sortie de l'église, il fallait rentrer dans les rues sombres, où brillait de très loin quelque lampadaire aveuglant, qui semblait résorber toute forme dans son halo sans rien éclairer. A ces heures-là, les rues étaient vides, aucun bruit ne troublait le grand silence de la ville endormie, même le bar était désert. Dans mon lit, le sommeil n'attendait que moi.

C'est aux heures creuses de l'après-midi certains jours, ou bien après souper, que je me retrouvais à la cuisine où traînaient toujours quelques oisifs, des paumés la plupart, pas tout à fait clochards, pas tout à fait soulards, pas tout à fait indésirables. Souvent debout, les uns assis, ils buvaient au hasard, de temps à autre, pour rythmer le temps, du bon gros rouge à petits verres, petites lampées, ou des apéritifs de dame, quelquefois, des vins cuits. L'un ou l'autre essuyait la vaisselle, ou bien pelait quelque légume, des pommes de terre pour le potage. D'autres ne faisaient rien. Tous parlaient, et chacun racontait ses malheurs. Elles leur en avaient fait voir, les femmes! Ils ne s'en remettraient pas. Ils ne s'en étaient pas remis. Et c'est pour ça qu'ils traînaient là, vers cinq heures du soir, à sucer un vin cuit, à lécher du gros rouge, pour tuer l'ennui. Conjurer le malheur. Tuer le temps.

Chapeau Vert était là, le nez un peu rouge, l'œil un peu brillant, épluchant et parlant plus encore que tout autre. Si son chapeau, qu'il portait élégant, un peu de côté sur l'œil, avait été vert ou bien noir, comment le savoir? Vert à force de noir, ou noir d'avoir été vert? Qu'importe! Ils parlaient, j'écoutais – comment, parfois, s'empêcher de rire? Je ne m'en gardais pas. Lors ils se retournaient, me regardaient, pensifs. Ils ne m'avaient pas vue. Ils m'avaient oubliée. Tout surpris de me découvrir. Et alors celui qui parlait me prenait à témoin, recommençait pour moi toute l'histoire. Et qu'est-ce que je disais? Que pouvais-je dire, qui eût l'air de comprendre et de consoler? De choquer, peut-être? La conclusion m'était conseil :

– Mademoiselle, méfiez-vous des femmes...

Des femmes? Et moi, qu'est-ce que j'étais? Je riais. Ils me regardaient, le verre à hauteur de la bouche, qu'ils ne buvaient pas. Ils hochaient la tête.

– Méfiez-vous des femmes...

Certes. Je n'étais pas une femme. Pour eux, je n'étais pas une femme. Et même, sûr, je n'en deviendrais pas... Non. Jamais je ne participerais de la race adorable, perfide, abhorrée...

A la salle à manger, d'autorité la Patronne m'avait placée à la table des hôtes habituels, un qui ne disait presque rien, le grand Haller qui parlait pour deux, un Alsacien typographe à je ne sais quel journal, qui lisait toujours quelque vieux livre allemand, et quelques autres dont j'ai oublié le nom comme le visage. Le grand Haller prenait des gouttes Florides, ostensiblement « pour son retour d'âge ». De tout ce qu'il a pu conter, m'est resté le récit d'une tornade. Il était couvreur, il avait eu juste le temps de trouver quelque abri, le vent était arrivé arrachant la toiture et la roulant sur elle-même comme un cigare. Le typographe, qui était d'humeur plutôt sombre, avait souvent à raconter des histoires qui ne l'étaient pas moins.

C'est que, à cette époque, la Vienne rendait encore fréquemment son tribut de noyés, qui venaient d'on ne sait où, qu'on ne pouvait pas identifier, et dont personne, surtout pas la presse, non personne ne parlait. L'information arrivait, imprévue, après des jours – plutôt des nuits – où rien ne s'était passé. Et elle restait lettre morte. On n'imprime pas ces choses-là. On se demandait parfois si ces nouvelles étaient vraies, ou si le garçon n'avait pas tendance à les inventer, ou du moins à les grossir, pour faire l'intéressant. Après ce que nous venions de connaître dans cette région, j'y croyais volontiers, moi. Pourtant, je me gardais bien du moindre commentaire. Et quand j'y pense, ma propre réserve ne laisse pas que de m'étonner.

Je ne dis rien, non plus, et pourtant quel cri d'horreur n'ai-je pas gardé en moi, depuis ce jour que notre professeur de dessin avait raconté, sans frémir à peine, comment on avait puni un « milicien » en lui donnant à manger, rôtis, des biftecks découpés dans ses propres fesses. Non que je me sentisse solidaire des miliciens! Mais je savais qu'un tel soupçon, le moindre, suffisait à coûter la vie de gens qui n'avaient, ni n'auraient jamais appartenu à aucune « milice ». Ne courait-il pas aussi, par chez nous, des histoires de tombes creusées par les victimes – de têtes-cibles vivantes – voire de têtes-jeux de boules?... Était-ce la peine de figurer encore l'imagerie des horreurs de la guerre? Depuis mille et mille, et mille ans, depuis aussi loin que l'on puisse connaître, ou même imaginer l'histoire de l'homme, nous savons bien qu'il n'a pas changé.

Que chaque génération nouvelle oublie, occulte, prétend renier l'ignominie de la précédente, et, dès la moindre occasion et le moindre prétexte retourne aux mêmes jeux sordides de mort, de honte, de misère, qui ne sont, il est vrai, que le terrible jeu de sa misère, de sa honte profonde, de sa propre mort.

A la table voisine, toujours ensemble et qui parlaient beaucoup, deux jeunes gens qui travaillaient, je crois, à la SNCF, et qu'on ne voyait pas sans leurs boîtes d'outils, sauf le samedi quand ils allaient au bal. Après coup, j'ai trouvé curieux justement cette boîte à outils qui ne les quittait pas, ni l'un ni l'autre. Celui qui parlait le plus, qui avait un regard intelligent et des mains expressives, en quelque sorte me faisait face, et si j'entendais peu son compagnon que je voyais de dos, je dois dire que je l'écoutais plus volontiers que mes propres compères qui, sauf le grand Haller, n'avaient à dire que des banalités ou des balivernes. Les autres discutaient souvent de sujets scientifiques, et qu'ils les prissent dans *Science et Vie*, si cela leur ôtait de l'originalité, ne faisait qu'en authentifier l'intérêt, sinon à mes yeux, à mes oreilles. J'aurais volontiers abandonné ma compagnie pour la leur, je n'osais pas. Non point tant parce que c'eût été malséant, pour une jeune fille, de s'imposer à deux garçons, mais parce que, dans le cocon de mes « vieux », tant ceux de la salle à manger que ceux de la cuisine, je me sentais en sûreté. Hé! J'étais seule, dans la ville, il ne faut pas tenter le diable. Et c'est pourquoi je refusai aussi, plus tard, d'accompagner les jeunes gens au bal. Mon peu de goût pour la danse n'était-il pas la meilleure excuse?...

Une autre table était tout entière occupée par une famille juive. L'homme, qui pouvait avoir quarante ans, portait ostensiblement l'étoile de David en bijou sur la poitrine. Il y avait une femme, toute jeune et jolie, qui devait être sa femme et, souvent, tenait dans ses bras un tout petit enfant. Elle était pâle, et souriante. Je la croyais plus jeune que moi. Ils avaient un commis, jeune, pas beau, également juif je pense, qui traînait péniblement une énorme valise, longue, large, élimée de partout et – l'ai-je imaginé? – retenue fermée par une quelconque ficelle. On le croyait, l'homme, courtier en bijouterie. Va savoir!... Ils ne parlaient guère, à personne, et pas même entre eux.

Je ne dirai rien des clients de passage... Si ce n'est de ces gens qui venaient parfois souper, le père et la fille, je crois. Ils élevaient des chevaux, du côté de Texonnieras. J'avais quelquefois partagé leur table, ils étaient charmants. Si c'était eux que l'on voyait parfois, en panier d'osier tiré d'un joli cheval, parcourir les rues au grand trot, pourtant je n'en jurerais pas.

Les jours de foire, le tramway départemental qui prenait comme par jeu le virage au coin du Champ de Foire dans un bruit de ferraille assourdissant, à une vitesse défiant l'équilibre de sa vieille carcasse, déposait chez nous toute une faune paysanne au parler pointu, en sacs noirs, en bas noirs, en fichus, qui semblait sortir d'une vieille armoire, avec des odeurs de ferme et de pluie, tout un branle-bas qui semblait ravir nos hôtes. La Patronne avait une grande fille, qui était jolie, blonde, et qui répondait au nom charmant d'Églantine comme une héroïne de Giraudoux. Elle venait parfois, en compagnie de son fiancé, tellement myope qu'on ne le voyait qu'à peine. Ces deux-là ne menaient pas grand bruit.

N'en menait guère non plus la petite boiteuse, toute timide avec son sourire gentil, qu'on rencontrait quelquefois à la porte, hésitante et comme perdue, et que certains clients, au dire de la Patronne, hébergeaient pour quelque nuit. Ou quelques heures. Je la saluais, souvent, d'un signe de tête, mais je n'osais pas l'aborder. Quelle misère avait pu l'oublier là, comme un objet vide et qu'on aurait jeté? On ne pouvait se défendre devant elle ni de quelque honte, ni d'une indéfinissable pitié, dont elle n'avait que faire.

Vint ce temps que les convois militaires reprenaient le chemin des opérations de l'Est. Par la route de Bellac, ils remontaient lourdement la rue Montmailler, et beaucoup ne s'arrêtaient pas, ceux-là seulement qui arrivaient aux environs de midi ou de sept heures du soir. A plusieurs reprises, le restaurant fut plein de soldats qui se mêlèrent aux convives habituels. C'est ainsi que l'un d'eux me conta l'expédition de Chamberet contre le bon alcool de ce pauvre Monarque, dont les moustaches avaient dû claquer au vent devant le sacrilège... Bah! entre les horreurs de cette période, ça n'était qu'un incident bien mineur.

Je me rappelle aussi ce groupe, un soir, où l'on remarquait un tout jeune garçon, qui pouvait avoir seize ans, un enfant en armes que les autres maternaient affectueusement. Un grand bavard ne se lassait pas de raconter comment l'enfant avait perdu ses parents, toute sa famille, et comment son groupe de maquisards l'avait recueilli, et comment il était devenu leur mascotte, les suivant partout parce qu'il n'avait aucun endroit où aller. Le garçon ne semblait pas insensible à l'intérêt qu'il suscitait – les événements étaient déjà lointains, le récit qu'il savait qu'on en faisait le touchait sans doute moins que ses propres souvenirs, qu'il était bien obligé de dominer en lui... Tout cela lui faisait une contenance souriante, un peu crispée, un peu gênée, avec l'affectation d'une certaine suffisance, d'une vague indifférence... comme un masque sur ses bonnes joues rondes à la peau de jeune fille blonde.

Et il y avait aussi Moustique, un petit homme maigre – pas si petit, d'ailleurs – sautillant, souple, bondissant, accroupi, debout, assis, en haut, en bas, ici, partout, qui semblait suspendu à un fil élastique et qui, certes, n'avait pas volé son surnom.

Les prisonniers revenaient, de plus en plus nombreux, par trains entiers. Les volontaires qui s'étaient chargés de les recevoir à la gare n'étaient plus en force. Mes camarades avaient décidé de se joindre à eux, et nous avions formé des équipes... Je ne sais pourquoi, le tour de la mienne fut repoussé, et l'occasion ne se retrouva pas. J'en fus un peu soulagée, c'était loin pour aller seule à la gare en pleine nuit, mais plus déçue encore.

Ce retour ne fit pas que des heureux. Un matin de grand soleil, comme j'allais prendre mon petit bol de café au lait, je rencontrai la Patronne qui revenait du bar, les yeux tout larmoyants de rire.

– Allez-y, il vous racontera...

Je ne me rappelle pas le nom de cet homme, plutôt jeune, plutôt beau garçon, pas un ivrogne, non, mais qu'on voyait parfois au bar, et qui se joignait aussi, rarement, aux habitués de la cuisine. J'avais bien dû échanger quelques mots avec lui. Il était assis à une table, au fond du bar, comme on me l'avait dit. Dans quel état! Tout emmailloté de la tête et du bras...

– Mon Dieu ! Que vous est-il arrivé ?

J'allai m'asseoir en face, et il racontait. Oh oui, il racontait ! Il n'y avait pas besoin de le pousser pour qu'il racontât. Juste assez d'alcool qu'il avait dû avaler pour s'en remettre ne gâtait rien à l'euphorie qui le gagnait au récit de ses malheurs, et sa rancune finalement se résolvait en un sourire désabusé qu'on n'avait nulle peine à partager, aucun scrupule. Banale était l'histoire. Dérisoire, dirais-je aujourd'hui. Mais en est-il, et des plus tragiques, qui ne le soit ? Il avait connu cette femme, qui était seule, son mari prisonnier. Il l'avait aimée, elle ne le repoussait pas. Ils vivaient ensemble, ou presque, ou peu s'en faut. Par malheur, le mari revint. Il était revenu, tout juste. Et elle ne voulait plus le recevoir, lui, l'amant... Plus le voir. Quand il s'était présenté, elle l'avait lâché sur lui comme un chien, le mari. Et ils s'étaient jetés sur lui, tous les deux. Et voilà. La tête, le bras... Et voilà. *Plus d'amour, partout, plus de joie...*

– Ah ! mademoiselle ! Méfiez-vous des femmes...

J'eus bientôt un tout autre souci. On allait rénover l'hôtel. Le rénover, ou le démolir ? Peu importait. Il nous allait, nous, falloir déguerpir. Trouver une autre chambre. Une autre table. Une autre pension. Par chance, depuis quelque temps, je fréquentais la bibliothèque municipale. La manie des exposés avait gagné jusqu'à notre école, qui n'était pourtant pas celle de l'éloquence. Comme je connaissais le procédé, j'avais accepté d'en faire un, sur Pierre-Paul Rubens me semble-t-il. Toujours est-il qu'on m'avait promis les documents pour le préparer, qu'on avait oublié de me les transmettre, si bien que j'avais dû aller en chercher moi-même à la bibliothèque... Je pris l'habitude de m'y rendre pour d'autres sujets, et c'est là que j'avais rencontré Renée et Odette, des condisciples de l'année précédente. Justement, elles aussi cherchaient à se loger et me donnèrent diverses adresses qui ne leur convenaient pas, mais pourraient m'aider. Merci, demoiselles !

Je n'eus pas à chercher très loin. Rue Saint-Paul, plus près encore de l'école, je trouvai table d'hôtes. Malheureusement, on n'avait qu'une chambre à deux lits, c'était trop pour moi, et je dus aller dormir plus loin, chez des gens tout à fait charmants qui louaient une grande chambre, simple, agréable, dont la fenêtre ouvrait sur le plus beau magnolia blanc que j'aie jamais vu. On m'avait dit que Limoges était la ville des placards, qu'il y en avait dans toutes les maisons. C'était sans doute exagéré, mais j'aurais pu le croire, car aussi bien rue Saint-Paul, où ils entouraient la cheminée de leur boiserie peinte, que dans ma chambre où il y en avait un grand, dans lequel se cachait d'un côté le lavabo, de l'autre les nombreuses étagères, c'était le cas.

Ma chambre, j'en partais le matin, comme en ce 1er Mai où de jeunes garçons livraient le muguet par petits bouquets, ou par grosses touffes et corbeilles enrubannées, à la porte de maisons bourgeoises, qui les laissaient sonner et resonner... Le soleil emplissait le long Chemin du Mas Loubier et l'espace vide devant la gare des Charentes. J'aimais faire ce chemin, le matin mais aussi le soir, maintenant par grand jour, les premiers temps au crépuscule, la nuit à peine tombée. On n'y rencontrait jamais personne, sauf une jeune fille, parfois encore plus pressée que moi, qui courait presque. Elle me rappelait mon amie Denise, celle de la première année à Saint-Léonard. J'aurais pu l'arrêter et lui demander, mais elle avait tant de hâte!

Une autre fois, rond-point Margaine, je remarquai de loin une petite fille seule, désœuvrée – sans âge – vêtue, j'allais dire comme une vieille, mais non : vêtue comme une fillette au temps de ma toute petite enfance, avec un tablier gris croisé devant, propre et pauvre. Sans âge. Vêtue et coiffée comme la Manie qui était venue nous voir, un jour de ma prime enfance. Et qui lui ressemblait. Je n'eus pas à me détourner de mon chemin pour aller vers elle, avec un sourire. Elle me regardait venir, mais quand j'arrivai près d'elle, elle me tourna le dos, dans un mouvement si absolu, si brusque, que je pus croire qu'elle avait disparu. Je poursuivis ma route, décontenancée, sans me retourner sur cette fin de non-recevoir que je n'attendais pas.

Quelquefois, le soir, je frappais à la porte de mes propriétaires. On parlait. On chantait :

Ah le petit vin blanc!...

C'était toute une famille, avec les grands-parents, les parents, les petits-enfants qui, plus grands, occuperaient ma chambre. La grand-mère contait sa longue vie de couturière, et qu'elle avait de la chance, parce que son mari n'en abusait pas, mais comme il était difficile aux femmes d'ouvrier de joindre les deux bouts, quand l'homme apportait le plus gros de sa paye au café et, rentrant, laissait sa bonne humeur derrière la porte ! Elle me disait aussi ses inquiétudes, à propos du joli petit garçon aux boucles blondes, qui avait dix-huit mois et ne parlait pas encore. Aussi, ces deux-là – les parents – avaient eu bien tort de se marier ensemble, contre la volonté de tous leurs parents. Mais voilà. Ils avaient fait une fugue, laissant la famille dans de folles inquiétudes et quand ils avaient reparu, que faire, sinon les bénir civilement et religieusement ! Et voilà maintenant ce petit qui marchait à peine et qui ne parlait pas... C'est qu'ils étaient cousins germains, voyez-vous, et pas sans une certaine hérédité. La pauvre femme s'en serait rendue malade... Il me paraissait évident, moi, que le petit allait marcher bientôt, et son gazouillis, où l'on devinait quelques mots mal formés encore, n'était pas celui d'un enfant sourd. Mais que dire à cette grand-mère à jamais choquée de cet amour qui, de quelque façon, lui semblait avoir des relents d'inceste, d'interdit, et le goût condamnable de la transgression ? Cette punition qu'elle redoutait à mort, ne lui apparaissait-elle pas aussi comme une expiation nécessaire ? Elle racontait la chose, je pense, pour conjurer le sort, ou pour s'en décharger. Elle dit tout cela à ma mère, comme elle me l'avait dit, l'unique fois où elle la rencontra.

Il y avait entre nous, il est vrai, des liens véritables. Comme mes grands-mères, ma mère, ma tante, cette femme avait connu la guerre de quatorze, les frères au front, prisonniers ou tués, et, comme elles, chanté en pleurant, pour ceux qui restaient, pour ceux qui étaient partis... Et comme mon père, l'affaire Stavisky les avait ruinés...

C'ÉTAIT bien avant, alors que j'étais encore rue Montmailler, qu'un événement s'était produit, un de ceux que l'on n'oublie pas, qui faisait en quelque sorte pendant à un autre quatre ans plus tôt, qu'on n'avait pas oublié non plus. Honte à moi! Ni de la date de l'un, ni de celle de l'autre, je ne me souviens. Tant pis. Ce jour-là, de Gaulle vint à Limoges.

S'il y eut, comme pour l'autre, des arcs de triomphe, je ne m'en souviens pas. Je n'y ai pas travaillé, je n'en ai pas vu. Il y eut toutefois des écoles d'enfants et des petits drapeaux dans un soleil étincelant. Il y eut l'armée place du Champ-de-Foire, les AFAT en petit carré, et je pense que Lily devait en être, mais va reconnaître les gens ou les grains de café dans ces alignements! Je ne voulais rien perdre du spectacle, pourtant. Vue plongeante devant la mairie, du haut de la place Haute-Vienne, et sur le Champ de Foire depuis le jardin d'Orsay. Oh, ça avait de la gueule! J'avais même réussi à voir le grand homme de près, place Denis-Dussoubs, alors qu'il devait se rendre à la préfecture. Ce n'était pas difficile, d'ailleurs: la foule n'était pas importante, on ne se bousculait guère dans les rues presque vides, et les acclamations n'emportaient pas le cœur. Au jardin d'Orsay, où s'étaient amassés quelques curieux, on aurait pu les compter. En bas, d'où les gens ne devaient rien voir, montait tout de même un peu plus de chaleur humaine et des vivats.

Je rentrai, le soir, plutôt déprimée par ce peu d'enthousiasme. Eh quoi? Était-ce là le triomphe réservé à ce grand vainqueur?... L'homme lui-même, il est vrai, regardait haut et loin tel un échassier qui va prendre le large. Nous aurions bien pu être des chenilles sous ses pas. Oui, il me fit penser à quelque oiseau de mer, pressé de quitter ces terres, où quelle tornade l'aurait amené... Ce fut mon sentiment qu'on n'avait ici pour lui ni passion ni tendresse, et d'espérance en lui pas davantage. Et lui n'attendait rien non plus de cette ville, polie, tout juste polie.

La veille, de grands coups dans les portes m'avaient réveillée, des coups violents à poing fermé :

– Police!

Je m'étais levée. Il avait bien fallu ouvrir et montrer cette carte d'identité qui par chance ne me quittait pas. Le policier ressemblait comme un prototype à la figure de l'emploi : chapeau mou, imperméable à ceinture serrée, et le regard panoramique. Mais je n'avais pas de bombe à lui cacher. Les mains dans les poches, il s'en alla plus loin. Je n'entendis pas dire qu'on eût rien trouvé nulle part. Pas d'amour. Pas de haine non plus.

C'était dans le temps qu'on nous avait dit que nous devrions quitter l'hôtel. J'avais dû raconter mes difficultés à mes amies, car Mlle Mouton m'avait donné l'adresse d'une de ses amies, laquelle pourrait peut-être m'aider dans mes recherches... Elle lui avait aussi parlé de moi, et je me rendis chez la jeune femme, qui logeait alors dans une chambre de bonne qu'elle envisageait de quitter. J'étais en avance. En l'attendant chez elle – sa porte n'était pas fermée – j'avais feuilleté plusieurs ouvrages sur Oradour. L'horreur! Mais l'horreur journalistique, qui ne saurait ni sonner juste, ni dire vrai. L'horreur pire.

La jeune femme m'invita à dîner au Globe. L'ambiance feutrée. Le repas presque délicat. La musique. Voilà : la guerre était finie.

Ah! je regrettai quand même quelque chose. Le professeur était malade depuis quelques jours, et nous continuions nos petits travaux de modelage comme si de rien n'était, certes. Mais ce soir-là, justement ce soir-là, nous avions décidé qu'au lieu de nous enfermer dans notre sous-sol à pétrir de la glaise, nous irions jusqu'à Louyat – mais oui, au cimetière de Louyat –

pour voir les feux follets. Je ne sais qui, lequel de nous, avait parlé de ces feux follets. L'idée d'en aller voir ayant fait son chemin, nous étions décidés, nous irions ce jour-là, trois ou quatre garçons et autant de filles. Nous arriverions à la nuit, il suffirait d'attendre. Voyons! tous ensemble, nous n'aurions pas peur.

– Peur de quoi? avais-je dit, ayant souvent entendu parler des *eschantis* comme de flammes inoffensives, qu'on les considérât en tant qu'âmes des morts ou que gaz des marais.

Or j'avais dû me contenter d'une tout autre expérience. Le lendemain, gonflée de regrets autant que de curiosité, je m'informai de l'expédition. Tu parles! Il y étaient allés, deux ou trois des garçons. Ils étaient repartis la nuit à peine tombée, ils n'avaient rien vu. Cet échec ne fit qu'augmenter ma déception. Et puis, je dus déménager, et puis je n'y pensai plus. Je n'eus pas non plus l'occasion de revoir l'amie de Claude. Encore un regret...

J'avais, comme j'ai dit, pris l'habitude de revenir chez moi le dimanche, tous les quinze jours sinon toutes les semaines. Sans les difficultés du départ, et si je n'avais été tellement sensible au mal de la route, je l'aurais fait bien plus souvent. Mais rien que de sentir l'odeur des gaz, rien que d'entendre la trépidation du moteur, rien que d'avoir touché le marche-pied, d'insupportables nausées me serraient le cœur, me gonflaient la tête – j'étouffais, je mourais. A rien ne servait de vomir, même lorsque je devais m'y résoudre, haletante, folle, à la torture. Je souffrais le martyre une fois sur deux, et parfois davantage. Bien qu'il m'arrivât de faire tout le trajet guillerette et sans l'ombre d'un malaise, j'avais toujours peur de ces longues heures d'une souffrance à peine plus violente d'être ridicule. Car le sens du ridicule gêne-t-il les agonisants?...

Lorsque cela m'arrivait le soir, l'air pur du Pissechien, un souffle de ce vent qui passe là sans répit d'une vallée à l'autre, soit de la Loire à la Dordogne, soit des vallées vers le Plateau, et rarement plein sud, et quelquefois plein nord – parfum de sève, de neige ou de blé – trois pas et je me retrouvais, moi-même, en pleine fleur et jeune comme au premier jour. Si c'était le matin, je courais vite m'en remettre, assise dans la cathédrale où le silence, et parfois quelque écho d'un office à voix basse, évoquait des velours et des mousses et les taillis de châtaigniers où l'on marche l'automne parmi des éclats de soleil plus éclatants que ces lueurs tombées des vitraux sur les dalles, si beaux pourtant que j'osais à peine les recevoir sur moi. Je sortais par le portail Saint-Jean dans la rue du Maupas, les viscères me tremblaient encore, et le sang, jusque dans mes mains gourdes.

Aussi, je ne revenais pas souvent. La première fois, pourtant, mes parents m'avaient reçue avec une grande nouvelle qui, enfin, n'était pas une catastrophe. En fait, elle effaçait d'un coup toutes les catastrophes, la vie allait reprendre avec ses rires et ses joies, ses bavardages, ses médisances, ses commérages – la vie, quoi! Au reste, elle était là depuis longtemps, cachée, montante, comme la sève du printemps. Le grand jour l'éclairait maintenant de sa pleine lumière: la Cécile avait accouché d'une fille. On n'avait pas fini d'en parler. Les détails nous restaient à venir. On les aurait, bien sûr, ça passerait le temps. Ça passerait le temps longtemps. Personne ne songeait à plaindre la pauvre fille – encore une que le loup avait dévorée, celui-là sans doute dont on m'avait longtemps si chèrement gardée. Mais un enfant, quoi que l'on fasse et quoi que l'on dise, c'est toujours de la joie. Elle n'avait tué personne, la Cécile! Bien au contraire, elle donnait la vie. Elle avait conçu; l'enfant, elle l'avait gardé, elle allait le nourrir du lait de ses mamelles, ou du lait de la terre, de tous les sucs de cette terre à pleins bras travaillée. Je ne peux pas dire que je l'enviais, non, certes. Mais je sentais en moi pour elle plus qu'un respect, une sorte d'admiration. Tout ce qu'on pouvait dire autour, les moqueries et les plaisanteries, les circonstances avec les attendus, le vrai avec le faux, le touchant et le dérisoire, tout cela n'était que futile étalage de futilités.

Mais, autour de l'intime souffrance, de la profonde joie, mais qu'est-ce qui n'est pas tourbillon futile de futilités?

Peu de temps après, je revins pour les vacances du mardi gras. Avions-nous des vacances? Je me souviens, ou le mardi ou le dimanche, que j'étais là. Je descendis au fond des prés chercher de la salade. Il y avait là-bas, au bout du pré d'Étienne, contre la haie du pré du Charbon, une source à fleur de terre comme celle de notre Pré, mais plus forte, je crois, et beaucoup plus large, qui s'étalait sur ses cailloux comme un petit ruisseau. Il y avait cette salade verte, une valérianelle d'eau qu'on appelle raiponce chez nous, qui poussait dru comme du cresson. J'en eus vite tout un grand panier, dans les rires joyeux de cette eau coulante, et fraîche, et brûlante, un ravissement.

Après, il fallut remonter la côte, sous le soleil moite de l'avant-printemps, jusqu'au village qui semblait là, si près, dans ses pins entre deux arbres... Le pré s'étale en pente douce et d'une haie vers l'autre sans vallonnement... Cet espace, faussement plat sous l'herbe rase et le soleil, il n'en fallait pas plus, je me voyais insecte en plein désert, perdu au milieu de plaines jusqu'à l'horizon, de steppes infranchissables. La maison là-haut c'était un mirage, jamais je n'arriverais... J'arrivai en sueur, soufflant et riant. Un peu d'huile de noix, ou de la graisse d'oie, celle qui a fondu dans la viande rôtie, un filet de vinaigre, et parlez-moi d'un tel délice, qui ne vaudrait pas la traversée du désert!

Puis voilà qu'il fallut célébrer la victoire. Hiroshima, Nagasaki, on pourrait en parler plus tard. Au fait – quelqu'un avait-il parlé de la bombe atomique? Quelqu'un qui seulement sût prononcer le mot? Depuis les longues discussions que nous avions, Yvette et moi, en cet automne 1941, sachant alors que Joliot-Curie s'amusait à choquer les atomes entre eux, personne autour de moi qui eût parlé de cette chose, inimaginable et terrible, la rupture de la matière. Le peu de chimie qu'on nous enseignait n'avait pas dépassé les affres du moteur à explosion ou de la combustion du sucre... Bref, le TNT, c'était une formule écrite, et le plastic une pâte molle aux mains du maquis pour faire sauter les ponts. Bachelard se penchait bien sur les quantas, et moi sur son épaule, mais cette matière mouvante pour autant ne répondait pas à nos craintes d'adolescentes, elle n'éclatait pas en cet effet que nous n'aurions peut-être pas appelé « fission atomique », mais que nous imaginions terrible, incontrôlable.

Car nous avions rêvé la chose ainsi : que si un atome éclate –

un seul – il dégage une telle force que le plus proche éclate aussi, et ainsi de proche en proche en une chaîne ininterrompue qui serait exactement l'inverse de la création, la destruction totale du monde – tout au moins de la terre – en quelque sorte par contagion. Cette représentation, par son excès même, nous rassurait : il n'y avait aucune chance pour qu'une force fût jamais assez puissante dans un monde où les forces se neutralisaient dans l'équilibre, non aucune qui pût fendiller un seul atome comme on casse la vitre d'un coup de poing. Joliot-Curie, et les autres, ils pouvaient bien jouer à leurs bombardements ! Nous aurions dû nous méfier, mais nous n'avions pas pensé que les matières instables, composées de molécules instables, l'étaient peut-être aussi d'atomes instables... L'atome instable, pour nous, ça n'existait pas. Quel dommage ! Nous aurions inventé la bombe atomique ! Ça manquera toujours à notre gloire, voyez-vous.

Eh oui ! Qui, à quel moment, a parlé de la bombe atomique chez nous ? L'ai-je su à Limoges ?... Ou bien à la maison ? Je ne m'en souviens pas. Je revois le père Félix, le père du Mémé, lisant son journal à voix haute, avec un grand étonnement et une incompréhension manifeste :

– La bombe *atomatique*...

Je revois la page imprimée en très grosses lettres « La bombe atomique »... Hé ! Le premier acte d'appréhension n'est-il pas de ramener l'inconnu au connu ? Atomique, l'inconnu, automatique, le familier. Ça ne pouvait faire qu'un bon mariage. Ne protestez pas, on en vit bien d'autres ! Car on la chanta, la bombe ! On la dansa ! Plus d'une fille qui s'en souvienne. Mais pour la date de l'explosion – mais pour le jour que nous parvint la nouvelle, non, je ne m'en souviens pas. A la vérité, je crois que, d'une part, j'étais frappée d'hébétude à la pensée que la chose impossible était arrivée, la chose tellement impossible que j'en avais oublié jusqu'à l'imaginaire pourtant entrevu plus de trois ans plus tôt... Voilà qu'on l'avait fait craquer, l'atome, splitz ! comme un petit pois. Et qu'on avait pu maîtriser l'action. Le contrôle de la réaction en chaîne, notre puérile crainte d'adolescentes, on y était parvenu ! Comment ne pas y croire, maintenant ? Hélas, l'une après l'autre tomberaient toutes les lignes de notre naïveté. Du rêve à l'impossible, de l'impossible au réel, la balance n'est pas si grande, entre l'un et l'autre pouvoir, l'un et l'autre savoir. Il n'y a que la distance de la mort. Rien.

Oui, nouvelle illusion, je croyais maintenant qu'on pouvait contrôler la fission de l'atome, comme on avait su la provoquer. Et, de cette part, je restais bouche bée, admirative et bête. Mais, d'autre part, combien de temps me faudrait-il pour que parvienne à ma conscience l'horreur intrinsèque de l'événement? Certes, on commençait à s'y connaître en horreur, par chez nous! Peut-être que celle-ci les passait toutes, pourtant? Encore que l'horreur, après le sommet atteint d'une victime, sans doute peut se multiplier, à l'infini, mais non s'accroître. Peut-être que l'horreur est toute contenue dans le massacre d'un seul homme, chacun, fussent-ils par millions soumis à des atrocités semblables? Car d'une foule c'est chacun qui souffre, et que le nombre ne compte pas. N'empêche, tous ou chacun, cela mit bien du temps à m'arriver au cœur, des années peut-être. D'autant que nous, maintenant, c'est nous qu'elle avait délivrés, la bombe. Vive la joie et vive nous! Vive la bombe!

Les églises s'emplirent une dernière fois, comme aux beaux jours des sollicitations de grâces. Vive la France, et l'Angleterre, et la Russie, et même l'Amérique aussi! Sur ma porte flottait le plus beau drapeau rouge. Les gens, dans les rues, marchaient sans raison. *De profundis*, Hitler est mort! Mort ou vivant, qu'est-ce que ça peut nous foutre, et les millions de Juifs, de Japonais, de Russes? La pute avec nous! La police, avec nous! La belle en robe noire et talons hauts, les filles aux fenêtres dans la rue chaude, et nous qui braillons par les rues des chansons imbéciles, imbécilement. Ça te monte la rue du Clocher, ça s'assied sur le cul place de la République, ça entre à La Coupole où sont assis les bons bourgeois avec les jolies filles, il faut passer, faut que ça passe, et quelque chaise craque, et l'on est tiraillé, étiré, renversé... Christian improvise un discours grandiloquent et dérisoire :

– Cette jeunesse dépravée...!

On court. J'ai perdu les copains. Au hasard je revois des filles que j'ai connues à Saint-Léonard ou à Brive. Ne me reconnaissent pas. Ne veulent pas de moi... Ne me veulent pas...

– Pas de potaches!

Tiens? J'ai l'air de quoi? Plus de place pour moi dans la farandole. Mortifiée, mais il a raison. C'est vrai : qu'ai-je de commun avec tous ces cons? Il a raison, le grand connard qui maintenant dirige ses armées comme à la parade. Il sera général. Il sera ministre. Adjudant pour la vie. Me voilà sur la touche, et reprenant mon souffle, je devrais bien m'en tenir là. Bêtement, j'y retourne le soir. Quoique peu douée, il y a des jours, comme ça, où je suis attirée par les jeux grégaires. J'ai retrouvé mes pairs, quelques-uns. Charles, Christian, Nicole... Par les rues désertes, toute une bande, ils me raccompagnent, minuit passé. Je me sens sale, en sueur, je me lave. J'ai bu de l'eau, sous ce soleil, quelque part à une borne.

Je me réveille la gorge en feu. Je suis malade. Je ne peux me lever ni bouger. Je n'ai rien à manger ni à boire. Je finis par ramper jusqu'à la pharmacie, au coin de la rue prochaine. Les remèdes qu'on me refuse, je n'ai pas d'ordonnance. De l'aspirine... Je me recouche. Qui a prévenu mes parents? Je n'ai pas osé me risquer seule à l'expédition d'acheter un billet, sinon j'aurais pris l'autobus. Nous le prenons. Il me ramène au Pisse-chien, je retrouve mon lit, une fois encore, une fois de plus. Misère!

C'est ainsi que j'ai vu célébrer la Libération, la grande, la vraie, qui ne se contentait pas d'une ville, peut-être reprise demain et deux fois violée. Ainsi que je l'ai célébrée moi-même, la victoire de ma vie. Malade, allongée sur le dos je voyais des visages au plafond fissuré, des gens, des animaux, des êtres de cauchemar. Rien d'autre à voir. Rien d'autre à faire. La maîtresse des lieux, cependant, m'apportait à boire. Elle avait prévenu chez nous et même, elle m'avait apporté un bouquet de centaurées bleues, toute une touffe de bleuets dans un verre à confitures. Ils étaient gentils...

Je fus longue à m'en remettre. A Germont j'avais eu tout le printemps pour moi, tiédeur des jours, belle lumière, et les délices de la paresse dans tout le corps convalescent, comme une naissance nouvelle. Et c'est à chaque fois ainsi, je pense, mais si j'avais souvent joui de ce repos, de cette béatitude, de cette réincarnation lente et voluptueuse, peut-être ne fut-ce jamais aussi sereinement en aussi pleine insouciante conscience, que la rentrée, certes ne troubla en aucune façon.

C'était presque l'été, maintenant. Les copains, la plupart, étaient des amis, tout comme. Un bel après-midi nous étions partis ensemble peindre à la campagne. Une allée nous avait accueillis, dans la blondeur de ses feuillages jeunes, avec la gloire des ficaires en fleurs sous l'ombrage, un tapis tissé d'or et d'humus. Peindre?... Comment copier cela? Comment le dire? L'imiter? Le représenter? Le reproduire? Nous étions assis là, vaincus par l'attirance et le bonheur des choses. Et certes, on peut décrire et raconter. On peut dessiner des formes et trouver les couleurs. Mais cette profondeur de l'ombre, à la fois si légère et mouillée de senteurs, de la luisance des bourgeons qui vous collent aux doigts, de la tiède fraîcheur de l'air mouvant à peine... Comment le dire, ce mouvement? Et pour que tu le sentes, toi, l'enivrement léger de la lumière entre les branches, qui vient aussi d'un jeu sur les écorces, et de la sève sous l'écorce, et de la terre par-dessous, et du ciel par-dessus où fondent les nuages blancs, comment faire? Pour peindre avec les mots? Pour dire avec les formes?... Pour que moi qui suis là, et toi, toi qui écoutes, toi qui regardes, nous soyons ensemble chacun seul avec ces amis qui sont assis là, vaincus par l'attirance et le bonheur des choses?

Dans ma chambre, le soir, j'écrivais. De saines fumées flottaient sur la ville. Toutes les roses étaient fleuries, autour des fenêtres, dans les jardinets, les marronniers roses au jardin d'Orsay pleuvaient des grappes tout entières. Et ce n'était peut-être pas – sans doute pas – le même jour qu'on voyait les marronniers et les roses, ni ces pommiers à fleurs dans un square pointu, c'était le même soleil, midi ou sept heures du soir, et l'Angélus plongeant au cœur des rues ses grosses gouttes rondes comme des bulles de savon dont l'iris élargi sonnait mieux qu'un cristal. Il faisait chaud. J'écrivais de plus en plus. Je dessinais aussi, mais d'une illusion à l'autre, peut-être me semblait-il plus facile de dire que de peindre.

Je dessinais... J'avais entrepris un décor à l'encre de Chine sur une large feuille de papier Ingres. Je ne sais comment, l'encrier se renversa sur la feuille : ce n'était pas grave. Mais, l'encrier versé, j'en eus un tel choc que, le relevant d'un même geste, j'accrochai par l'autre bout la feuille qui se vida sur le tapis, un beau tapis aux couleurs chaudes dont la propriétaire avait habillé la simple table de bois blanc... J'appelai au secours la pauvre femme, qui n'en put mais... S'il existe toujours, le tapis, la tache y est encore. Pas seulement sur le tapis, d'ailleurs. C'est dans ma tête qu'elle marque, comme un péché sa laide face noire, ineffaçablement. Je dis par dérision « comme un péché », mais je pense « comme une tare » ou plus justement, comme le signe du destin, une humiliation profonde, un crachat sur toutes les innocences et toutes les pages blanches, et pas la mienne seulement.

Certes, je dessinais! Au jardin d'Orsay, il y avait des bancs, et, de là, je pouvais aussi surveiller l'arrivée des copains, et les rejoindre avant que ne s'ouvrît la porte. Autour de moi jouaient des volées d'enfants. Je faisais quelquefois des croquis de leurs jeux, de leurs gestes, ou même des portraits, ceux qui le voulaient bien et parfois s'arrêtaient de courir, pour garder la pose un moment. Ce n'était pas toujours les moins remuants. Il avait bien douze ans, ce jeune garçon au visage lisse, au sourire patient, dont les yeux n'étaient pas que brillance et peut-être déjà portaient le monde, à l'intérieur, secrètement, un monde déjà de soi-même conscient.

Trompeuses sont les apparences, pourtant. Une apparence en cache une autre, ou la révèle, ou la laisse entendre, nous le savons. C'est un jeu d'ombres et de transparences. On peut à l'infini le suivre sur le visage d'un enfant, mais on ne fait que se complaire au jeu de sa propre imagination. Du moins, c'est ce que j'ai cru comprendre de l'expérience que j'en ai. Certains, il est vrai, prétendent s'y connaître en hommes, et certes! assez pour agir sur eux, assez pour préjuger de leur comportement ou leur en imposer un. Ce n'est pas là connaître, non. Ce ne l'est pas non plus que de lire sur un visage toutes les subtilités fugaces des plus intimes mouvements. Encore moins serait-ce connaître que de croire au roman qui se pourrait imaginer autour de ce jeune homme, certainement beau, que l'on verrait venir de loin, qui passe et qui s'en va, fermé sur soi, qui ne regarde à droite ni à gauche, les paupières baissées, mais tendu, flèche empennée, vers quel but? qui tout entier l'occupe et qu'on ignore, à tout jamais. Parfois, assise dans l'abri du départemental, ou le dos appuyé aux grilles du musée, je regardais passer cet homme désinvolte et pressé, entouré d'une aura de silence, et qui semblait courir vers un destin de dieu. On ne pouvait pas croire, non, que ce fût quelque employé d'un quelconque bureau, un professeur peut-être. Et si c'était un prince, il n'était pas d'ici.

A la pension où maintenant je prenais mes repas de midi et du soir, deux dames s'occupaient de tout, Marthe, et Marie bien sûr, au moins Marie-Louise, deux belles-sœurs charmantes autour de leur frère et mari, qui faisait lui aussi de la peinture et de la sculpture. La maison était grande mais toute louée. Les propriétaires déjeunaient, souvent, dans la chambre du couple, dont le lit sculpté me parut une merveille, autant que le secrétaire Louis XV qu'ils avaient récupéré, me dirent-ils, à la campagne dans un poulailler... Leur propre salle à manger, où l'on s'asseyait sur d'admirables sellettes en bois, sorties semblait-il de quelque couvent, ne servait que pour les invitations exceptionnelles. La table d'hôtes occupait toute une autre pièce, assez longue et large où nous nous retrouvions peut-être douze ou quinze. La nourriture était abondante et propre. Je n'avais de problème que pour le pain, dont je me passais souvent, parce que je n'en trouvais qu'à l'autre bout de la ville, et pas toujours – un excellent pain cuit au bois, il est vrai. Il m'arrivait d'oublier d'en acheter, ou de le laisser dans ma chambre. A la pension, on ne nous le fournissait pas, à cause d'aléas semblables. Mais il y avait de la viande, des œufs, du poisson, des légumes... On n'y souffrait pas la faim.

Oh! certes! Il se trouvait bien une dame acariâtre pour tout critiquer, la préparation et la qualité et la monotonie du régime. Je revois cette femme, que l'on croyait juive, et qui jetait sur tout des regards féroces, injectés de sang, j'entends sa voix mordante et ses paroles aigres, que sa fille, parfois, une jeunette toute patiente et discrète, tentait de modérer, en pure perte... Au reste, si ce n'était pour en sourire, on ne l'écoutait pas.

Celui qu'on écoutait en revanche, c'était un vieux monsieur à cheveux blancs, autrefois roux, qui avait été notaire. Souriant et disert, mais sans inutile bavardage, il nous captivait parfois et nous intéressait toujours.

Un autre vieux monsieur, très digne, très pâle, avec un long nez blanc, mince et majestueux, qui ne semblait qu'attendre la prise, parlait beaucoup moins mais soutenait le dialogue de petits signes approbatifs comme des saluts, et par quelques paroles, pâles et mesurées, dignes à son image.

Nous avions aussi un joueur de flûte, mince et grand. Encore debout, du geste d'un violoniste qui place son instrument – je l'ai dit, pourtant c'est de la flûte qu'il jouait, dans un orchestre – il ajustait sa serviette au col et s'asseyait comme s'il eût été en scène.

Parce qu'il venait de sa campagne, et qu'on croyait le reconnaître encore à son teint bruni, à ses manières un peu pataudes qu'il essayait maladroitement de rendre précieuses comme il cherchait à polir son élocution – il en faisait trop, je crois – on souriait un peu du jeune technicien de la radio, qui s'intimidait plus encore de ce sourire, mais passait outre bravement, et retrouvant ainsi son naturel, me paraissait aussi charmant que touchant.

Un couple de personnes âgées ne menait pas grand bruit. Lui ne parlait guère, aussi n'ai-je point gardé grand souvenir de lui. Elle, grande, souriante, et le visage taché de son, prenait volontiers part à la conversation, encore que d'une manière aimable, mais non point familière.

Et je n'oublierai pas une amie de Marthe et Marie, petite femme courageuse et simple, que ces dames, en des temps mauvais, avaient tirée de la misère avec ses enfants et qui leur en gardait un attachement profond, humble, non pas servile, qui paraissait les combler, l'une et les autres, d'affection véritable. Il ne me semblait pas que la fille de cette dame partageât tout à fait ces sentiments simples. Je croyais sentir en elle quelque réticence, une certaine gêne de sa position un peu fausse dans la maison. Car elle avait tout près d'elle sa mère naturelle, mais aussi ces deux autres *mères*, dont elle se savait cohéritière, avec, je crois, deux autres enfants qui n'étaient pas ses frères, tout en étant notre commensale, payant la chambre et la table... C'était une assez jolie jeune femme, je crois qu'elle travaillait aux PTT, je crois qu'elle était déjà divorcée, ce qui, à l'époque, n'était pas si courant.

Il devait y avoir d'autres convives habituels qui ne m'ont laissé aucun souvenir. Et il y avait ceux de passage, des artistes venus pour le spectacle ou la radio. Qui étaient-ils, ces deux jolis jeunes gens, rieurs et beaux, qui bavardaient avec nous, amusés, semblait-il, de notre compagnie hétéroclite ? Ils ne restèrent que quelques jours. Qui était-elle, cette chanteuse au beau visage asiatique, à la bouche grande sur les belles dents, qui, ayant trouvé un malencontreux brin d'herbe dans sa salade, demandait à la cantonade :

– Vous aimez ce cresson-là ?

... Ci, madame. Ce cresson-ci... Ce n'était pas du poison, madame. Juste un tout petit bout de feuille de chiendent.

Cependant, la pensionnaire la plus étonnante ne venait pas à table prendre ses repas avec nous. Dieu sait pourtant la place qu'elle tenait, dans cette maison qu'elle croyait être la sienne, dont elle occupait une grande chambre près de la porte. Je l'avais aperçue là, au hasard de quelque visite qu'elle recevait assez régulièrement, car elle n'était pas abandonnée. Et c'est vrai qu'elle était mieux là qu'à l'hospice, en ces temps où les maisons de retraite n'existaient pas. Marthe et Marie étaient aux petits soins pour elle. Bien des questions pourtant s'imposaient à moi, et la première : était-ce ici la place de cette femme riche, orgueilleuse, autoritaire, qui appartenait à l'une des plus anciennes et des plus riches familles de la ville ?

On la voyait errer dans les couloirs, parfois lever sa jupe et faire ses besoins n'importe où. On la voyait. Au vu de tous ces pensionnaires de toute sorte, elle étalait la fatale dégénérescence sénile dans toute sa naïveté. Je me disais, moi, que l'indécence n'était pas pour elle, qui avait dû être tellement stricte et si sévère, mais la honte pour ceux qui l'avaient mise là – rejetée – séparée – reléguée. Certes ! On pouvait les comprendre.

Il m'arrivait, le soir, de rentrer tôt, et même avant tout le monde, le couvert n'étant pas encore mis. J'étais si près! Je m'étais procuré un petit recueil de poèmes de Gérard de Nerval, grand comme la main, mais qui contenait quand même, selon le titre, *Sylvie* et les *Poésies*. J'avais entrepris de l'illustrer et, avant le dîner, je profitais de la table pour m'installer avec mon petit crayon. Un soir que j'étais là, la vieille dame vint, très en colère contre celle qui devait être sa fille, ou plutôt sa bru :

– Nous avons quelqu'un à dîner?

Elle tournait sur elle-même, scrutant tous les coins d'un œil critique.

– Elle ne me l'a pas dit... Elle ne me dit jamais rien.

Quelle souffrance dans cette intelligence en ruine. Quelle hargne. Quelle insupportable exclusion. D'autres fois, elle se contentait d'ouvrir la porte, jeter un regard, hausser les épaules. Aurais-je dû lui parler?... Ces dames, quelquefois, la récupéraient dans le couloir, la ramenaient dans sa chambre en douceur – par quel miracle de persuasion... Je n'aurais rien su dire, moi. Je me faisais d'amères réflexions sur tout l'or du monde, qui n'achèterait pas une once d'amour. Mais, de l'amour, la vieille dame n'avait jamais dû en faire grand commerce. Du moins n'y paraissait-il pas.

Un autre homme, assez jeune encore, me faisait face. Je le tenais pour un grand bavard. Je ne me rappelle pas son métier, mais je me souviens qu'il était breton, parce que c'était un grand politicard, féru de communisme, et que sa grande crainte, lorsque le droit de vote, cette année-là, fut donné aux femmes, oui sa grande crainte était qu'elles cédassent aux injonctions de leur curé qui, à l'en croire, dans son pays breton de Bretagne, menait le monde, et surtout ces dames, bigotes à fond de cœur.

Bigote, je l'étais moi-même selon toute apparence : je fréquentais l'église et m'y plaisais, suivant la messe et les offices autant que je pouvais, surtout les dimanches quand je restais là. Ah! les belles vêpres que j'ai suivies à Saint-Michel, quand l'évêque montait de sa cathédrale, avec tant de clergé et de jeunes garçons en tunique blanche frappée de la croix de Malte rouge qui leur donnait l'air d'être déguisés en croisés – c'était ridicule et charmant. Les prières, les chants, les chœurs qui me semblaient exceptionnels... tout ce fleurissement de la foi, inutile et nécessaire, comme un pommier se couvre de ses fleurs, comme David qui danse devant l'arche – c'était cela aussi, le parfum et le bonheur des choses. Conférence ou sermon, j'appréciais l'éloquence de notre évêque, monseigneur Louis. Mais plus encore qu'au bon déroulement de son discours, et même qu'aux leçons édifiantes de sa pastorale, j'étais sensible au mouvement dramatique de sa parole. Car il faisait de longues périodes monocordes, pendant lesquelles plus d'une tête se penchait, soit sur quelque méditation profonde, ou sur quelque fervente prière, soit encore pour les douceurs de l'endormissement... Cela durait, la voix de l'orateur n'était plus que murmure, parole à peine audible, bourdonnement. Et soudain vlan! La voix qui s'enfle, s'enfle, et s'enfle encore, assenant en clameur des vérités irréfutables qu'on ne savait pas – qu'on n'avait pas imaginées – qu'on voyait tous les jours, peut-être, mais qu'on ne voyait plus à force de les voir... Ce qu'il disait?... je ne saurais le retrouver parmi les sédiments de la mémoire. Je dirais volontiers que je me souviens de l'air, mais que j'ai oublié les paroles. Un soir... Nous sortions, à nuit close. Monseigneur était là, debout au fond du transept non loin de la porte. De rares personnes passaient, quelques-unes s'étaient approchées pour vénérer l'anneau pastoral, quand l'évêque aperçut un petit groupe de jeunes qui se poussaient du coude :

– Hé! Toi aussi tu veux bien l'embrasser, dit-il sans façon, et les autres, alors, osèrent s'avancer, ou bien n'osèrent pas passer au large...

Bref, je fréquentais l'église. Mais je connaissais les Limousins. Je me connaissais moi-même. Que si la foi les mène au pied des autels mais aussi la convivialité, mais aussi l'amour des beaux rites, ce n'est pas pour suivre à la lettre une injonction politique, que le curé, d'ailleurs, se garderait bien de leur suggérer. « Monsieur le Recteur » n'est même pas, dans ce pays qui s'est voulu libre, et qui n'en crevait pas encore, devenu pour rire *monsur Ritou*... Je l'ai dit à plusieurs reprises : l'expérience me manquait peut-être, mais ce que je n'aurais pas bien analysé encore, je le sentais profondément. Aussi, quand notre commensal exprimait ses appréhensions, concernant l'influence du vote des femmes sur les succès de la gauche, je haussai les épaules, je lui ris au nez, sans plus que lui me soucier de la politesse, promettant et pariant, sans argent hélas! que Georges Guingouin, qui était candidat, serait élu maire, vote des femmes ou pas. J'aurais bien pu en parier, de l'argent! Je ne risquais pas grand-chose. Le cœur de Limoges était à gauche, et quand le grand libérateur frappe à la porte, on ne lui refuse pas l'entrée. Plus tard, bien sûr, les bienfaits s'oublient, beaucoup plus vite que les blessures, et chacun se retourne sur soi. C'est que la gloire passe vite, nous le savons mieux que personne, nous chrétiens, qui fêtons les Rameaux à la veille du vendredi saint.

On les fêta, les élections. Travail, Famille, Patrie, proclamaient de tout l'éclat des sauges et des héliotropes, naguère, les jardins publics. J'ai beau chercher dans ma tête, je ne retrouve pas le message que les mêmes fleurs aujourd'hui imposaient à nos réceptives rétines. Peut-être de simples dessins, abstraits dans leurs couleurs vives, leurs sombres feuillages, pourpres ou verts... Mais qu'est-ce qui maintenant pourrait effacer cette tache, à jamais indélébile – que dis-je! – cette rouille qui ronge, depuis, les paroles sacrées, et jusqu'aux fondements, jusques au cœur, jusqu'à la moelle! qui les dissout, qui les dégrade et les résorbe, le sang et les os... Qu'en est-il aujourd'hui, dites-moi, du travail? De la famille? De la patrie?... Attendrons-nous de ceux qui les ont tant salis qu'ils les relèvent? Ne s'accrochent-ils pas aux lambeaux qu'il en reste pour mieux les déchirer? Et les autres, qui n'osent pas! Qui ne font qu'accélérer la déchéance... Ainsi passe la gloire. Ainsi passent les mots...

Nous n'en étions pas là encore, non! Et même moi je ne parlais pas encore de décadence : je ne tarderais pas. Pour l'heure, nous étions en fête, nous allions voter. Cent ans, nous semblait-il, qu'on ne l'avait pas fait. Et les femmes depuis, oui peut-être depuis avant le tout premier commencement du monde, jamais! Oh! je ne le crois pas, que la femme ici-bas fût muette, et qu'elle n'avait pas son mot à dire depuis longtemps. Quand l'homme se levait, grand et même quelque peu solennel, vêtu des habits du dimanche, et qu'il allait, parfois de loin, déposer son bulletin dans l'urne, il n'avait pas pris tout seul sa décision à la légère. C'est sûr, il avait son opinion, son jugement sur les candidats, c'est lui qui choisirait, en dernier ressort, dans le secret de sa conscience. Mais cette conscience-là, justement, n'engageait pas que lui-même. Ce n'était pas *lui*, qui votait. Il le faisait au nom de la *famille* – que ce fut *pour* elle, ou *contre* elle. Et qui donc exprimait la volonté de la famille? Qui donc sinon l'épouse? Sinon la mère? Je suis persuadée, moi, que dans la réalité des choses, depuis bien longtemps les femmes votaient.

Ne croyez pas pour autant que je sois, que je fusse alors, contre le vote des femmes, que non! J'essaie seulement de comprendre, et de dire que, globalement, ce vote-là n'a pas dû modifier sensiblement l'opinion du peuple, au départ, encore que par le jeu des divers modes de scrutin, on ait pu en obtenir de notables différences dans la représentation. Encore que la modification des coutumes et de la conscience populaire en ait certainement été influencée. Mais je le dis, pour le moment, ce n'était pas notre affaire, on votait!

Non, je ne votais pas, moi, j'étais mineure encore, dix-neuf ans. Ce dimanche de beau temps, un peu frais, j'étais restée à Limoges. Une occasion! Je passai la plus grande part de l'après-midi dans les bureaux de vote. La mairie était ouverte, j'en profitai pour y entrer, sans que personne me demandât rien. Je revins rue des Anglais, dans l'école où j'avais passé, voici sept ans en ça, le concours des bourses. Les lieux n'avaient guère changé. Était-ce l'heure plus tardive? Était-ce d'un côté la solennité du monument, et de l'autre la familiarité des cours, il y avait plus d'animation rue des Anglais. J'y restai plus longtemps, j'y fis beaucoup de croquis et quelques portraits, arrachant les pages pour ceux qui voulaient poser un moment. Les gens n'étaient pas pressés, par groupes, ils parlaient, ils riaient, se saluaient joyeusement... Je ne crois pas avoir pensé, ce jour-là, que nombre d'entre eux s'étaient trouvés, à quelque moment, et certains ensemble, dans ces mêmes endroits en tablier rose et culotte courte, sur les petits bancs tout luisants du passage des culs, à tous les coins de cette cour tassée du frottement des pas.

Naturellement, je gagnai mon pari. Et l'on vit maintenant dans les vitrines, à l'endroit même sans doute où naguère trônait l'image d'un maréchal en uniforme, celle d'un colonel en civil. On n'a que les héros que l'on mérite, et certes celui-ci valait bien celui-là.

On ne votait pas tous les dimanches. Quand je ne rentrais pas à Germont, souvent j'allais passer l'après-midi, et parfois déjeuner chez mes cousins, la Germaine du Larcy dont j'ai parlé déjà. Une fois, nous allâmes marcher dans la ville, la cousine Odette et moi. Nous y rejoignîmes des amies qu'elle avait, qui elles aussi arpentaient les rues en famille, la mère et les deux filles, vraiment ces *Dames au chapeau vert*, telles que je les avais vues au cinéma trois ou quatre ans plus tôt. Droite, la mère, en chapeau et gantée, ruban noir autour du cou, adjudant-chef de grande classe, et les filles pareilles ou s'efforçant de l'être, car elles eussent été mignonnes, sans cet effort à se tenir droites et cette retenue de paroles dont ni ma cousine ni moi n'étions coutumières. L'errance nous mena jusqu'à la place de la République, dans une maison où ma cousine Odette avait une autre amie. Nous entrâmes, je crois, par la rue Saint-Martial... Invraisemblable! Nous dûmes suivre une sorte de large couloir poussiéreux, vaguement éclairé de gris par des fenêtres sales, avec des planches de-ci de-là, sous lesquelles, un moment après, l'amie nous raconta, en nous raccompagnant, que vivaient des rats qu'elle nourrissait comme, à Brive, nous le faisions pour les souris...

Dans ces jours-là, j'avais eu l'occasion de passer dans la ville derrière d'autres façades. Cité Victor Thuillat, où logeait une camarade, les appartements étaient d'une banalité correcte. Rue de la Terrasse, chez Anne-Marie, on confinait au luxe, avec de grands rideaux à l'entrée des couloirs, sans oublier le bouledogue couvert de prix qu'elle possédait elle-même, une horrible bestiole qui, chose étonnante, ne me mordit pas... Ce jour-là, la semelle en bois articulé de mes chaussures m'enfonçait dans la peau des pieds, à chaque pas, la pointe de ses clous, fine, comme autant d'aiguilles. Anne-Marie dut me prêter un marteau : ce n'était pas la première fois que je devais procéder à ce genre de rafistolage, ce ne serait pas la dernière...

Mais le plus curieux logement où je sois entrée, c'était celui de la petite Denise, dans ma rue un peu plus bas, où l'on devait franchir d'abord sur la pointe des pieds un couloir bien ciré, mouvant comme un pont suspendu – dont le souvenir me reste comme celui d'un pont suspendu sur le vide et même à ciel ouvert. Après ce passage, on parvenait à une grande pièce presque toute occupée par un métier de tapissier. Voilà pourquoi Denise avait un si joli sac en tapisserie, son père était tapissier et, me semble-t-il, *premier tapissier de France et de Belgique*, naufragé là par le grand vent des tempêtes guerrières.

La belle maison bourgeoise où je prenais mes repas, elle aussi portait ses blessures de guerre, sous les espèces de trous, bien ronds, dans la porte vitrée, qu'on n'avait pas réparée encore. Tiens! C'est que, passé le couloir qui ouvrait sur le jardin, au-delà de la merveilleuse rangée d'hortensias qui bordait le mur sombre, se campait un petit bâtiment bas qu'on aurait pu prendre pour un hangar, pour un garage, dans tout un angle du jardin. C'était la station radiophonique de Limoges. Je ne suis jamais entrée dans ce bâtiment qui devait servir de studio autant que d'émetteur, et dont l'antenne, à ce que je crus comprendre, était constituée par tout un réseau de fils enroulés aux cheminées environnantes. Oui, je ne suis jamais entrée là, et je le regrette, car c'était sûrement un lieu historique, et sans doute le témoin d'une aventure héroïque, celle de l'implantation de la TSF dans notre région.

N'était-ce pas d'ici que nous parvenaient les émissions grésillantes dont notre instituteur de Surdoux tentait de rompre notre isolement millénaire? N'était-ce point d'ici que des hommes obstinés, Jean Dorsannes, Gaston Charlet et les autres, avaient lancé à la distance, à l'espace, au temps, un défi qui, malgré tous les parasites, sonnait de partout comme un cri de victoire?... A cette époque, j'avoue que je n'y pensais pas... Je savais cependant qu'en temps de guerre, la station de radio est un nœud vital qui assure un pouvoir à qui la détient, et c'est la conquête de ce pouvoir-là qui expliquait les impacts de balles dans la porte de la maison.

Six mois après, maintenant, assis autour de cette table, à côté d'un bouquet d'hortensias somptueusement roses, violets et bleus, nous profitions de la musique et de la belle voix de la soprano, par la fenêtre ouverte. C'était bien la première fois que j'entendais vraiment de la vraie musique chantée par une vraie cantatrice, et quelle! Et encore, n'étions-nous pas sûrs que ce fût directement. Moi, du moins, je n'étais pas sûre. Et, vraiment, je n'osais pas, comme le faisaient certains, franchir le seuil de cet endroit peut-être magique et certainement sacré. Je n'en approchai qu'à peine, une ou deux fois, en compagnie de Marthe ou de Marie.

Dès les premiers temps, ces dames m'avaient accueillie avec chaleur. Sachant que j'habitais la campagne, un autre intérêt ajoutait encore à leurs marques d'amitié : elles ne tardèrent pas à m'accompagner, le samedi soir, pour passer le dimanche à la maison et rentrer le lundi matin chargées de tout un fardeau de victuailles, des lapins, des poules, des œufs, tout ce qu'elles avaient pu acheter chez moi et dans les fermes environnantes. Au reste, leur « trafic » se bornait à réapprovisionner largement leur table et la table d'hôtes, où la dame acariâtre se plaignait que les œufs à la coque fussent trop fréquents au menu. Que si elle avait dû se contenter de sa carte d'alimentation... La plus grande part de ce que nous mangions n'en provenait pas.

Hé! oui, les cartes d'alimentation, ce n'était pas fini. Pour les vêtements non plus, ni pour les chaussures. Jamais je n'avais été si mal vêtue, le deuil de ma grand-mère, qu'il m'eût fallu porter six mois, s'ajoutant à la pénurie. J'avais trouvé pourtant une paire de galoches montantes, jaunes, à semelles de bois comparables à celles de mon enfance, mais qui, par-dessus, arboraient un vague air de chaussures de ski. Je les portais sans vergogne dans les rues de Limoges, où ça sonnait d'étage en étage comme des sabots.

L'année scolaire tirait à sa fin. Nous avions fait le concours du Legs Masson. Je n'avais aucune chance de gagner ce prix, je n'avais même pas suivi les cours de peinture sur porcelaine, qui avaient précédé ceux d'émail au premier trimestre. Cependant, je voulus faire le concours, pour voir, et Mlle Laffitte m'y encouragea fortement. Je vins donc comme les autres dès le matin avec mon casse-croûte dans la serviette, car nous ne devions pas sortir, ni prendre contact avec personne, avant le soir. Je m'étais aperçue trop tard que j'avais oublié d'avertir Marthe et Marie – tant pis... Les ouvrières de la porcelaine étaient là aussi. Elles non plus n'avaient guère de chances, bien qu'elles fussent du métier.

Nous savions que le sujet serait un projet sur papier, à réaliser l'année suivante par les lauréats. Ce prix ne représentait plus guère d'argent, mais il s'y attachait une certaine gloire, et c'était un bon atout au départ de la vie professionnelle. Aussi ne manquait-il pas de susciter une certaine émulation parmi nous, et les premières heures furent-elles silencieuses, où chacun s'efforçait à donner le meilleur de soi, dans le plus grand sérieux. Il nous fallait décorer cinq carreaux de porcelaine sur couverte, une frise pour un dessus de porte. Je m'y appliquai comme les autres. Vers midi, chacun se mit à tourner un peu autour des tables pour regarder le projet des autres. Cela n'avait plus d'importance, il était trop tard pour nous voler nos « idées ». D'ailleurs personne ne tenait à voler les « idées » de qui que ce fût, car on ne peint pas avec des « idées », mais avec le talent, le tour de main, l'harmonie des couleurs, l'élégance du dessin, la profondeur de l'inspiration et la puissance de réalisation, tout ce faisceau de vouloir et de savoir qu'on appelle aujourd'hui « créativité », d'un terme vague qui ne signifie plus rien, sinon l'ambition d'atteindre sans travail à la perfection.

Vers midi, nous n'en étions plus là, la tension se relâchait, nous avions passé le stade potentiel depuis longtemps, la *création* de chacun prenait sa forme qui allait devenir définitive sur le papier, avant d'affronter, mais longtemps après le concours, l'épreuve suprême de la matière. Car nous faisions aujourd'hui de l'aquarelle, et nous le savions bien, soumise au feu pourtant modéré du four, il n'en resterait pas même des cendres. Autre chose était la suite de carreaux blancs sur lesquels compte devrait être tenu de la nuance et de ses réactions tout autres à la chaleur.

Je ne suis pas sûre de me rappeler s'il eut le prix, et je n'ai jamais su s'il avait réalisé son projet, mais j'avais comme tout le monde remarqué l'œuvre monochrome d'André, qui ne manquait ni de charme ni de « poésie ». Si ce garçon avait pu mettre le travail et la technique au service de sa « créativité », il aurait atteint le génie. Dommage que l'on ait tant de peine à acquérir l'une sans perdre l'autre. Au reste, je n'ai jamais su ce qu'il était advenu de ce jeune homme terriblement doué.

Oui, c'est là l'ambiguïté de l'art, que rien ne se réalise sans la plus haute perfection de la technique, et que la plus parfaite technique ne serve à rien. Que rien ne s'acquière qu'au prix d'un travail acharné, d'une passion féroce, cependant que tout est donné, à son heure, gratuitement.

Nous sommes descendus, il faisait grand soleil, tirant des sacs notre casse-croûte d'écoliers sages, là-bas sur le côté vers les hangars où s'abritaient de vagues planches, des fragments de sculpture et des choses anciennes... Deux militaires, près de nous, un grand Noir et un Blanc à corpulence de marin « faisaient » le mur, en grimpant par-dessus la porte à l'endroit des piliers, s'aidant de l'arbre dont une branche mère s'avançait là... L'après-midi, *alea jacta est*, quelques-uns prirent le temps de fignoler l'œuvre ou d'élaborer un autre projet. France, qui était juive, en avait commencé un, auquel nous nous mîmes à collaborer, quatre ou cinq imbéciles conscients de notre propre inanité – du moins en ce qui concernait précisément le travail de cette journée, car chacun d'entre nous certes, à l'ordinaire, se prenait pour la plus prometteuse graine de peintre que la terre eût jamais portée... Le résultat, reflet de ces quatre ou cinq personnalités juxtaposées, avait une drôle de tête, si j'ose dire. Quand on rendit les feuilles, le professeur n'en revenait pas, n'en finissait pas de ses commentaires, perplexe cependant au point de rester bouche bée, une bonne minute avant de s'y mettre... Oui, elle regardait ça, Mlle Laffitte, et plus elle regardait, plus ça l'étonnait de France, et qu'elle ait pu créer... ça.

– Pauvre France, où vas-tu!..., m'écriai-je une fois de plus.

C'était devenu mon cri de guerre, longtemps déjà avant de connaître ma compagne qui, maintenant, en faisait les frais.

J'aimais bien France. Je n'aurais pas eu l'idée, en d'autres temps, de préciser qu'elle était juive, et non plus de la petite Alice, que j'avais connue à Brive, où elle était élève en latin de Maître Claude, dans les petites classes, et que j'avais retrouvée à Limoges, externe au lycée. Comme c'était son chemin, je la rattrapais parfois aux abords du musée, et nous faisions volontiers un bout de chemin ensemble. A l'époque, on ne pouvait pas ignorer qu'une jeune fille était juive, même si cela n'avait aucune incidence sur l'amitié, l'indifférence ou la répulsion qu'on avait pour elle. Je le dis une fois de plus : j'ai eu plusieurs amies, plusieurs bonnes compagnes, juives. Je n'ai pas eu de bons rapports avec toutes les juives que j'ai rencontrées, tant s'en faut! A Limoges, il y avait France. Un jour, elle devait aller au tribunal de commerce, afin de rapporter des papiers à son père. Je l'accompagnai.

– Je voudrais des papiers de radiation.

– Pour quoi faire?

– Pour radier...

Elle était si visiblement ignorante et gauche, l'employé tellement austère et guindé, que j'éclatai de rire. Les regards furieux qu'il nous jetait, de l'une à l'autre, n'arrangeaient rien. Je crois qu'elle finit par s'expliquer, malgré le rire qui la gagnait aussi, mais obtint-elle les précieux papiers?

Miquette était juive aussi, je crois, mais c'est son amie Odette qui devint la mienne, et c'est elle que j'invitai cette année-là aux vacances de Noël. Je l'avais invitée, elle vint. Elle n'avait aucune nouvelles de ses parents, déportés, et sans doute « libérés » par les Russes. A ma connaissance, ils ne seraient jamais revenus, bien qu'une personne ait assuré qu'elle les avait rencontrés, beaucoup plus tard, en URSS. C'est cette Odette-là qui m'avait raconté comment, par une nuit glaciale, le train s'était arrêté en pleine campagne, et comment la chasse volante était passée par là. Il faisait si froid qu'elle avait eu une main gelée, qui, depuis, au froid devenait toute blanche, comme morte. Elle brodait une *Vierge à l'enfant*, au tambour, avec des fils de toutes les couleurs. Je ne sais pas si elle l'a jamais terminée.

J'avais de l'affection pour Odette; je la plaignais aussi au fond de moi-même de n'avoir plus ses parents, mais auprès d'elle sa nounou qui, maternellement, s'occupait d'elle. Je la plaignais sans le lui dire, naturellement. Je ne lui disais pas non plus que j'avais bien du mal à croire tout ce qu'elle racontait de sa vie. Que si elle inventait, ou si elle disait vrai, c'était un monde qui m'était fermé de toutes parts. Je n'avais aucune intention d'y entrer et elle ne m'y conviait pas. Mais alors, comment se faisait-il qu'elle entrât dans le mien, de plain-pied, semblait-il... ? Il est vrai que je me pose cette question aujourd'hui. Alors, je n'y songeais pas. Tout cela me semblait aussi naturel qu'à elle-même.

Ces vacances de Noël se trouvèrent fort plaisantes, au demeurant. Nous bavardions beaucoup. Je lui montrais les dessins que j'avais faits. Récemment, j'avais commencé une série d'illustrations, à l'encre de couleur pour *L'Enfant de volupté* que je venais de lire. Je ne sais plus qui m'avait prêté ce livre, où j'avais trouvé nombre de prétextes à toute une imagerie précieuse. Tout en regardant, nous parlions de nos petits camarades : Lucien, Michelle, Pierre-Henri... Le petit Farou, mon voisin, qui allait sur ses trois ans, nous écoutait comme font les enfants. Je lui montrais aussi les dessins, qu'au reste il m'avait souvent vu faire.

– Et ça, lui demandai-je, et ça, qu'est-ce que c'est?

L'enfant me regarda d'un air malin, à demi hésitant, à demi riant :

– Ça? C'est un Pierre-Henri...

Le dessin représentait un chien ou quelque chose de comparable, mais le gamin n'avait pas manqué de remarquer la distance – la distorsion – l'inadéquation de ce qu'exprimaient nos paroles avec ce qui occupait nos yeux. Depuis, je me méfie beaucoup de la prétendue naïveté des jeunes enfants. Il leur arrive seulement d'oser, parce qu'ils ne préjugent pas des conséquences, montrer des sentiments que les grandes personnes savent dissimuler.

Pendant qu'Odette était là, il y eut à Surdoux un événement : le préfet venait en visite – officielle ou privée, comment dire? – à l'école de Surdoux. L'instituteur, avec les enfants, avait préparé une fête : nous ne pouvions manquer d'y aller. Nous y allâmes, à pied toutes les deux, dans l'après-midi.

C'était dans la grande classe, celle où j'étais restée quatre ans. On avait construit une estrade, plus large que celle du bureau. Le tableau bornait d'un côté la coulisse, et de l'autre pendait quelque vague rideau. Nous nous assîmes sur des bancs, en rang derrière quatre chaises, où devaient venir ces messieurs. Les enfants chantèrent, peut-être un peu fort. Il y eut des saynètes, des mimes. Le préfet vint, issu des maquis, sur ses terres, applaudir les enfants. Nous étions assises juste derrière lui. D'ailleurs, c'était lui que nous voulions voir, à quoi il ressemblait. Mais le temps des maquis était révolu. Celui des préfets allait revenir, des préfets authentiques, qui ne vont guère rêver aux champs. Ultime salut à la terre de ceux qu'elle avait protégés trois ans.

On tira une loterie. Le tonnelier gagna le tonneau qu'il avait mis en jeu, la coquette eut la poudre avec le rouge à lèvres, et l'ivrogne emporta la bouteille de vin. Tout était beau, tout était bien. La petite Paulette pleurait toutes ses larmes, on ne sait pas pourquoi, défigurée, le visage rouge, tant de douleur qu'on l'aurait pu croire ébouillantée par en dedans. Dix-huit mois, c'est le drame, il vous perce des dents. Comment embrasser la « counine », avec tout ce chagrin?... Nous repartîmes fort légères, et chantant des sottises à pleine gorge dans la nuit... *Dans un amphithéâtre... Et l'on s'en fout*... pour ne citer que les moindres.

Mais, en passant par le puy de Bellegarde, aux Jalives vers le sommet, nous avions changé de registre. Très largement changé : nous avions repris un thème déjà effleuré au temps de l'école primaire, au retour par les mêmes chemins – du moins en ce qui me concerne, car Odette avait une autre école, et de tout autres chemins. La question n'était pas mince, c'est elle qui l'avait soulevée car elle ne croyait pas, dit-elle, à la virginité de la Vierge Marie. Je m'évertuai, moi, à lui démontrer que c'était un bien mince problème, car, demandai-je, croyait-elle en Dieu?

De croire ou de ne pas croire, c'est la véritable question, si intime et si passionnelle qu'elle ne pouvait concerner qu'elle-même, et Dieu.

– Que si tu crois en Dieu, tel qu'on dit qu'il a créé de rien le monde, la terre et les univers, quelque chose de tellement énorme que tu ne peux pas même l'imaginer, avec ce qu'il y a dedans et le petit détail, d'ailleurs très divers et complexe de la reproduction des espèces, comment peux-tu limiter sa puissance à la modification du petit détail? Lui qui, de chacune de ces pierres, pourrait, comme il est écrit, susciter des fils à

Israël, ou ordonner qu'elles deviennent des pains, sans que cela te choque, tu ne crois pas qu'il puisse, s'il lui plaît, trouver cette petite porte pour entrer dans sa création? Non! Si tu ne le crois pas capable de modifier sa créature, tu ne crois pas à la création. Si tu ne crois pas à la création, que parles-tu de Dieu? Un Dieu qui serait incapable autant qu'inutile, moi je n'en ai que faire, et je n'y crois pas. Que si tu ne crois pas, c'est une autre affaire, mais ne viens pas chipoter sur des conneries.

Je lui tins à peu près ce langage, en tout cas ce raisonnement, moins resserré sans doute, en marchant vite dans le petit vent acide qui, à son ordinaire, frisait la crête des puys. Une opinion que j'exprimais peut-être pour la première fois, du moins avec cette évidence; je n'en ai pas changé depuis, c'est sans doute pourquoi je m'en souviens, car elle me frappa comme une révélation.

J'ai appris depuis que toute porte s'ouvre avec une clef, que la mécanique la plus complexe ne tient qu'à une toute petite goupille, que la plus haute et puissante voûte repose sur une pierre infime, encore dite clef... Il peut sembler bien dérisoire qu'on entretienne la dispute autour d'une petite pierre ou d'un clou tordu, la querelle pourtant n'est pas aussi vaine qu'on pourrait le croire, puisqu'elle engage le mécanisme, la forteresse, sans doute la foi. J'ai appris!... Je le savais déjà, certes. Mais il faut apprendre sans cesse les choses que l'on sait.

Eh là! me voici passée à la fin de cette année 1945, d'un saut. Nous n'en étions qu'en juin tout à l'heure, mais je voulais déjà en finir, avec tous ces gens que, sans doute, je ne reverrais pas. Oh! j'espérais bien les revoir, je comptais bien rentrer. Ce n'était pas si loin, octobre. Nous avions échangé nos adresses, nous avions acheté deux cahiers, avec chacun sa liste, l'une que l'on prendrait en remontant, l'autre qu'il fallait suivre directement. Chacun le recevrait, écrirait quelques mots ou bien dessinerait, et l'enverrait à suivre au prochain. Un journal double, quoi, qui ferait le tour des inscrits, revenant à son point de départ... Je n'ai jamais reçu l'un ou l'autre de ces cahiers. A Noël, ou plus tard, Odette me dit qu'une de nos compagnes s'était suicidée. Si elle était réellement morte, et même si elle avait survécu, une telle circonstance explique l'arrêt du journal... De toute façon, ces beaux projets de relations continues en général ne durent pas longtemps.

Qu'importe! Riches furent ces derniers jours. Nous parlions davantage ensemble. Parfois nous marchions dans les rues, nous flânions au jardin d'Orsay. Il y eut un concert, salle Berlioz – un autre lieu qui n'existe plus. Nous restions quelquefois à dessiner dehors, et pendant huit jours dans les salles du musée, où manquaient encore des pièces maîtresses, cachées pendant l'Occupation.

– On nous a dit, en secret, de choisir les cinquante plus belles pièces. Cinquante! disait, avec un effarement rétrospectif non joué, Mlle Laffitte... Cinquante! Vous pensez...

Il restait des merveilles. Même cette statue de jeune fille couchée si blanche! Je m'étonnai à peine d'entendre une de nos camarades confier à voix basse à sa voisine qu'elle était passée par-dessous les barreaux pour l'embrasser sur la bouche, certain jour... Mais ce qui nous captivait vraiment, c'était les faïences hollandaises polychromes, c'était les Italiens, avec l'air de ne pas y toucher, mais par-dessus tout les Chinois authentiques, et les Japonais. Nous passions là des heures, à regarder, à recopier, à faire des croquis. Il y avait ceux qui centrent la ligne, sur le fond d'une assiette, comme un tondo. Et ceux qui ne tiennent pas compte de l'incurvation. Mais ceux qui savent jouer contre, ou même qui le tentent, ils ne sont pas nombreux...

Je revins à la maison. Le petit Farou, que j'avais vu naître, et qui pissait si bien sur les genoux de Mariette, deux ans plus tôt, maintenant courait de partout comme un lièvre, et c'est bien volontiers qu'il venait avec moi, me regarder peindre ou se promener. C'est l'hiver suivant que la Minou me dit, un soir :

– Notre Farou aura trois ans demain.

Ce fut un choc. Une sorte de frisson me parcourut l'échine. Quoi donc! Ce petit que j'entraînais avec moi dans mes courses à travers les chemins et les bois, dans les talus, au bord des mares, et que même, une fois, j'avais descendu dans la fontaine, jusque sur le sable en le tenant du bout des doigts – elle était tarie, la fontaine, il est vrai, mais rien qu'au souvenir de l'eau, qui n'aurait pas tremblé dans cet arbre creux, un trou noir dans le vert du pré? – oui! Il n'avait pas trois ans, le mioche! Était-ce possible? C'était bien vrai. Il venait avec moi lorsque j'allais cueillir du trèfle, ou de l'herbe, pour les lapins. Aux Buissons, il y avait, fleuries, les belles ombelles des carottes sauvages avec cette petite corolle rouge juste au milieu. Des papillons venaient y boire, des piérides et des citrons.

– Le papillon qui s'en a volé!

Il parlait comme un livre, le petit Farou. Je lui disais le nom des fleurs, et celui des insectes. Je le faisais compter sur ses cinq doigts. Robert venait aussi, son frère, mais moins souvent. Il aimait beaucoup la Génie, Robert, il allait chez elle, il lui ouvrait son coudert et lui rendait de menus services. Il aimait déjà la terre, Robert. C'était lui qui soignait la chienne, et même il éleva un porc. Chétif était le petit cochon, dès la naissance, il ne devait pas trouver beaucoup de lait dans sa tétine. Le père Léonétou voulait le tuer, mais Robert insista pour l'avoir, qu'on lui fît ce cadeau. Et il le fit téter, et il le fit manger, et quand le père Léonétou son grand-père se moquait de lui, ou de son cochon :

– *Ne's bon, ne's bon*, répliquait l'enfant. Il est bon, je vous dis qu'il est bon.

Si bien que le cochon grandit, survécut, devint aussi beau qu'un autre.

Mais Robert aussi venait avec moi. Était-ce cette année-là? Je les avais maquillés pour le carnaval, surtout Robert; Farou avait eu peur en voyant modifier son visage. Mais Robert eut du rouge et du noir et du blanc, un bandeau où pendaient des écorces de glands, et que sais-je! Nous rencontrâmes le père Étienne qui n'avait jamais tant ri, à l'entendre, et c'est vrai qu'il s'amusa bien. J'avais déguisé Robert d'autres fois, plus tôt ou plus tard, il se laissait faire.

Souvent, les petits me demandaient de dessiner les lapins ou les poules, ou les vaches, ou de faire leur portrait. C'était de beaux enfants. Je fis bien des fois leurs portraits, l'un et l'autre, cette année-là et les années suivantes. J'en ai gardé plusieurs, mais je n'ai pas Farou avec ses boucles blondes, qu'il porta longtemps jusque sur le cou. Il y tenait, à ses cheveux. On pouvait bien l'appeler «*Piaus blancs*» ou « Tête blanche », ça ne le vexait pas, et il avait raison. On finit par les lui couper, et il n'eut plus de boucles, mais il les portait tout de même un peu longs, souples qu'ils étaient, et toujours aussi blonds, ou presque... Le front haut, les yeux grands, une petite bouche en pulpe de cerise : un régal de peintre, un idéal d'ange florentin. Mais le visage plus classique de Robert présentait un intérêt tout autre, avec ce qu'il portait d'enfance à la fois et de maturité dans sa fraîcheur native... Oui, malgré le plaisir que j'avais à les peindre, ces deux gamins plus que toute chose me donnaient le sentiment que je ratais... quoi? L'essentiel – que je n'étais pas à la hauteur.

Est-ce cette année-là ? Nous partions ensemble à la quête des champignons, mais voilà qu'il m'avait pris l'envie d'une tomate – une tomate fraîche cueillie sur l'arbre, si j'ose dire – un parfum que l'on ne connaît presque plus. Ma première tomate, je ne l'avais peut-être pas cueillie moi-même, mais je l'avais mangée à Surdoux, à la croque au sel, de la production du père Pradeau. C'était frais, un peu amer, un peu acide. J'avais aimé cela. Le premier jour de la rentrée à Saint-Léonard, nous avions aussi mangé des tomates en vinaigrette, à la Boule d'Or. Et puis, mon père en avait semé, en avait planté, et comme elles venaient bien, alors ! Rondes et claires, sans aucune trace de dégénérescence ou de maladie. Je les mangeais telles quelles, maintenant, sans assaisonnement, sans sel... Nous allions donc partir, les enfants et moi, avec nos petits paniers, vers une cueillette problématique. Il faisait beau. Les petits s'impatientaient, mais moi, je voulais une tomate. Ils commençaient à piaffer :

– Allons ! Au départ !... Au départ des champignons !

– Oui, mais après la tomate !

Et les voilà chantant :

Au départ des champignons !
Après la tomate !

Je crois les revoir, la tête en arrière et criant leur chanson, allongeant la jambe comme de petits hommes, et du bout de la main balançant le panier.

Au départ des champignons!
Après la tomate!...

Parfois, nous rapportions des cèpes, quelques girolles, et même, ô merveille! parfois des oronges. Je n'ai jamais aimé les champignons, je veux dire pour les manger. Cette sensation de chair gluante et crue, dans les sauces ou les omelettes, je ne la supporte pas, c'est seulement très cuits, bien secs et croquants que je les apprécie – ce n'est pas une recette habituelle.

Trouver les champignons, c'est autre chose! Un cèpe brun ou blond, lisse comme satin ou mat comme velours, ah!... La girolle au parfum d'abricot et de mousse, à demi perdue sous les feuilles sèches!... Et l'oronge! L'oronge rare dans sa peau blanche, un œuf au miroir sur la terre sèche, et même toute ouverte dans ses fragiles dentelles d'hyacinthe et de linon blanc... ah, l'oronge! On ne cueillait pas d'autres champignons, chez nous, si ce n'est la barbe de capucin, quelquefois, jaune ou brune. Il n'en venait que dans un taillis de châtaigniers que nous traversions pour aller à Surdoux. Au temps de l'école, nous pouvions voir ces champignons plusieurs jours d'affilée, sans que personne n'y touchât. Mais n'en était-il pas de même pour les oronges, avant que je les eusse identifiées? Pourtant mes parents les reconnurent tout de suite et les mangèrent volontiers. Tu penses! L'amanite des Césars, le champignon royal, le plus beau et le meilleur! Par chez nous, nous restions bien les seuls à les cueillir.

Oui, souvent j'emmenais les enfants avec moi – tout l'été, tout l'automne. Et pourtant j'aimais mieux être seule à ces longues recherches, qui n'étaient pas seulement celles des champignons...

L'été cependant ne faisait que commencer. Tout était si calme! Plus d'Allemands et plus de maquis. Les cerisiers ployaient sous le poids des cerises. On pouvait les cueillir sans le risque d'entendre siffler les oiseaux sans bec dans les branches de l'arbre. J'en cueillis. J'en mangeai du matin au soir, par grosses poignées en soufflant les noyaux sans vergogne. J'en remplis une grosse barrique, deux cent cinquante litres environ, bien tassées, qu'on laissa fermenter la bonde ouverte, pour faire de l'eau de vie... Plus tard, il y eut aussi des prunes – les bleues du fond de la Buge, qui ne remplirent qu'un barricot.

Tous ces fruits s'en allèrent, au printemps suivant, parfumer le bourg de Surdoux et laver la route... sauf les mille degrés d'alcool auxquels nous avions droit comme bouilleur de cru, vingt litres de prune et de kirsch à cinquante degrés, dont le plus clair servit à désinfecter plaies et bosses, tant sur les humains que sur les animaux. Oh! bien sûr, on en parfumait aussi les salades de fruits, on en confectionna quelques grogs... De temps en temps, ma mère disait qu'on devrait en garder quelques bouteilles, pour l'avenir incertain. Elle avait raison. Mais au moindre choc, qui risquait de laisser un vilain bleu sur la cuisse ou le visage, chacun vidait abondamment le précieux liquide sur une compresse, l'efficacité du remède n'était plus à démontrer. Bah! la guerre était finie, il y aurait d'autres cerises, pourquoi économiser?

La guerre était finie – voire! Ce matin-là – on devait être le 9 ou le 10 juillet – Marthe et Marie étaient venues la veille. Elles devaient passer le dimanche et repartir au matin en emportant de ces provisions campagnardes qu'on était loin encore de trouver à Limoges autant qu'on voulait. Je leur avais laissé mon lit, et j'occupais dans la salle à manger mon lit pliant de pensionnaire. Il était déjà tard dans la matinée – je devais lire, ou écrire, ou peut-être rêvasser – boum! une explosion, tout droit vers Saint-Gilles, du côté de la fenêtre. Je sursautai. J'écoutai. Mon Dieu! Qu'était-ce encore? Oui, qu'est-ce que c'était? Un coup de fusil? Une bombe?... On n'entendait plus rien, et mon cœur retrouva son rythme. Je n'étais pas levée depuis longtemps quand les deux plus jeunes enfants du village de la Veyssée furent tout à coup dans la cour, Roger et René, tout transis les pauvres qui portaient la mauvaise nouvelle : le jeune Marcel, le frère du petit Roger avait été tué par l'explosion d'une grenade. Le bruit que j'avais entendu.

Nous sûmes un peu plus tard que ces gens-là avaient trouvé l'engin dans un champ, non pas une grenade, à vrai dire, une bombe antichar, probablement une « poupée ». Ils l'auraient rapportée et déposée sur une souche – la souche morte d'un cerisier – dans la cour, devant la porte. Pendant que la mère préparait le repas, Marcel aurait entrepris de démonter la chose, qui lui aurait explosé dans les mains. Telle fut du moins l'explication officielle, tout à fait vraisemblable. Je suis certaine que celle des enfants, quelques heures plut tôt, était un peu différente. En quoi?... Je ne suis pas parvenue à m'en souvenir parfaitement, mais je crois que, dans leur version, personne ne savait d'où venait la bombe, et le jeune homme n'y avait pas touché. Que voulez-vous! C'était des enfants.

Dans l'après-midi, nous allâmes donner l'eau bénite, la Mémé, ma mère et moi. Nous passâmes près de la souche, qui n'avait pas grand mal, si c'était celle-ci... Dans la chambre, l'enfant était là, tout emmailloté de bandelettes, la tête blessée sans doute mais le visage intact, son beau visage si fin, pâle comme neige. Ç'avait été mon compagnon de classe, comme son frère Raymond, un peu plus jeunes que moi tous deux... Pendant que nous étions dans la chambre, auprès de la mère que nous ne cherchions même pas à consoler, d'autres personnes vinrent, des hommes qui, non plus que nous, ne savaient que dire. L'un d'eux, cependant, celui que la Marraine appelait Quiribi, sans que j'aie jamais su s'il s'agissait d'un chafre ou d'une de ses inventions à elle, un petit homme gris de peau et de poil, avec un mauvais petit rire aigre, osa une oraison funèbre assez inattendue. Il ne parla ni de bombe ni de grenade, ni de hasard ni de malheur, ni même d'imprudence.

– Ce sont les langues, dit-il en ricanant. Ce sont les langues! Il en arrivera bien d'autre...

Il entendait clairement par là que l'accident du jeune garçon n'était pas fortuit, qu'il était victime d'une vengeance, parce que lui-même ou quelqu'un de la famille avait trop parlé. Hé! Je ne sais pas, moi, s'il en était ainsi. Ce que je sais, c'est que les paroles du bonhomme sonnèrent à nos oreilles comme une menace, du moins un avertissement. Aucun des présents, hommes ni femmes, ne répondit. La mère du défunt non plus. Ou plutôt, elle s'empressa de retenir l'individu pour lui demander un quelconque service, comme si elle n'avait rien entendu. Peut-être, dans sa douleur, n'avait-elle pas entendu.

J'avais entendu, moi. Nous avions compris. Nous ne nous attardâmes guère. Nous partîmes, je crois, sans avoir crié la prière. Ne l'avais-je fait, pourtant, quelques mois plus tôt, lorsque notre voisin François des Pratdenaut était mort, le père d'Aîmé et de la Yvou? J'avais rencontré la Yvou à Limoges, cet après-midi-là, alors que je voulais revenir chez moi. Elle était toute désemparée, parce qu'on l'avait avertie à son école que son père était très mal. Certes, nous le savions malade depuis longtemps. La pauvre, arrivée d'Objat par le train, devait prendre l'autobus. Je tâchai de la rassurer un peu en attendant, au moins de la divertir, et nous fîmes le chemin ensemble. Mais, en passant à La Croisille, sa tante monta dans l'autobus, déjà toute de noir vêtue, et nous sûmes que tout était fini. Ce fut moi cette fois qui portai la mauvaise nouvelle chez nous.

Et je suis sûre, en tout cas, d'avoir récité la prière à haute voix, en Combedarrière, quand le père Nanard mourut. Malgré le froid, et je crois même qu'il avait neigé, le père Nanard voulut à toute force partir à Surdoux faire aiguiser un soc. Il prit donc cette lourde pièce de fer dans une musette et se mit à grimper par le chemin des puys. La mère Anna se méfiait-elle? avait-elle remarqué chez lui quelque chose d'un peu anormal? Fut-ce le hasard? La pauvre femme, un peu après, crut l'entendre ou l'entendit crier, là-haut sur le puy de Bellegarde. Accourue, elle trouva son homme à terre dans la neige et gémissant sa mort. Comment, par quelle force réussit-elle à le ramener, à le coucher dans son lit? Misère! Et voilà qu'il était mort, rose et frais comme une pomme, souriant comme s'il allait rouvrir ses yeux bleus, en raconter une bien bonne et se mettre à chanter. Mais il était mort. Nous avions veillé un peu avec la mère Anna, auprès du feu, dans la nuit. Que faire d'autre?

Je l'ai dit déjà : il y a toujours une fois qui est la dernière, un jour qui est le dernier jour. Et ce jour-là, on ne sait pas du tout que c'est la dernière fois ni le dernier jour. Ainsi je ne me souviens pas d'avoir dit au revoir, ni adieu, à mes camarades des Arts décoratifs. Quelques jours avant, nous avions fait une promenade, Nicole, Michelle, Anne-Marie et moi, avec cette Christiane dont nous ne savons pas ce qu'elle est devenue. Au jardin d'Orsay, l'une de nous avait pris des photos, où je montre mes plantes de pieds, douloureuses dans les fameuses chaussures à semelles de bois articulées... Au jour dit, cependant, ayant pris mon billet d'autobus dès le matin, j'allai chez la cousine Germaine, leur demander de me prêter le charretou à bras qui servait au cousin et à elle-même pour transporter les marchandises et le reste. C'était un lourd chariot, avec des roues en fer, auquel je m'attelai à deux mains de tout mon cœur. Bradadibradadan, ça te brinquebalait en descendant l'avenue Garibaldi, à bonne allure, la rue déserte sonnait au passage, de tous ses échos. En remontant, par chance, il était vide. Et moi je pensais à la « bagnole » de mon enfance, sept ou huit ans plus tôt... Mais voilà, ce n'était plus un jeu.

Ce n'était plus un jeu?... N'en était-ce pas un, lorsque je m'engouffrais, le soir, dans l'autobus déjà bondé, riant, poussant, tirant ce carton à dessin gros comme un ventre contre lequel je restais calée?... Montaient en même temps une toute jeune fille et son père, en qui je reconnus un des professeurs de l'école, bien qu'il n'enseignât pas dans mon cours. La jeune fille s'amusait autant que moi de la situation, et nous échangeâmes quelques mots et quelques rires en nous écrasant mutuellement les pieds avec ceux d'autres inconnus qui malmenaient les nôtres... Mais le père se pencha sévèrement vers sa progéniture, et lui fit à voix assez haute des remontrances que je pris pour moi, si grossières et blessantes de la part du quidam que je baissai le nez sur ma courte honte. Je lui eusse volontiers laissé la place, mais je n'avais ni l'intention, ni la possibilité de bouger, ni même de tourner la tête. Si bien que je dus entrevoir encore deux ou trois fois la jeune fille qui me faisait des sourires confus, timides, désolés, et le faciès sévère du bonhomme par-dessus, lui-même resserré dans son quant-à-soi et dans la tourbe humaine comme une cacahuète dans un nougat. Une dizaine de kilomètres plus tard, deux ou trois personnes étant descendues, je pus enfin tourner de ce côté l'autre perspective de ma personne et libérer mes yeux. J'ai longuement médité, depuis, sur les bonnes manières et la politesse du cœur.

L'autobus cependant se vidait peu à peu, ballottant de plus en plus dans les virages une charge plus clairsemée de gens encore debout qui n'arrivaient plus à se caler l'un l'autre, et, projetés de l'un à l'autre bord se heurtaient imprévisiblement des genoux, des fesses ou des épaules... Je ne me souviens pas si j'étais assise en arrivant au Pissechien. Quoi qu'il en fût, je récupérai mes bagages avec le carton à dessin et le petit sac tricolore que je devais traîner encore longtemps de foire en fête comme un étendard. C'était les vacances. Je ne le savais pas encore : je ne cesserais plus désormais, jamais plus, d'être en vacances.

Un étonnement m'attendait chez moi. Mon père avait acheté un mouton. Une brebis, à vrai dire. Vieille ou jeune, on ne savait pas. On ne voulait pas savoir. D'ailleurs, elle allait bien crever. On riait de la pauvre bête et du marché de mon père. Je ne comprenais pas, moi qui pourtant recommençais à baigner dans l'atmosphère familiale que je n'avais pas tant quittée depuis un an... On m'expliqua.

C'était Maurice, le voisin, le père de Farou, qui était allé à quelque foire et en avait ramené une dizaine de brebis. Le père Léonétou, son beau-père, s'était fâché à grand bruit. Et non, et non! il ne laisserait pas entrer cette saloperie dans l'étable! Que l'étable fût vide ou pleine n'y changeait rien, le Maurice pouvait bien mettre son troupeau où il voulait, mais pas chez lui. Maurice s'empressa d'improviser un abri pour ses moutons. Ah, c'était bien vrai qu'il n'en avait pas grand besoin de ces bêtes... Mais la Minou pourrait les garder, ça lui ferait une occupation et un petit revenu. Et pourquoi pas? Le père Léonétou n'était pas contre le principe, enfin pas trop. Mais...

– Mais vous les avez vues, ces brebis? Vous les avez vues? Elles vont bien crever! Toutes crever! Et fussent-elles toutes crevées! Et vous avec! Que vous êtes plus bête que les brebis!

Le père Léonétou ne décolérait pas.

– Et celle-là? Vous l'avez vue? Si maigre qu'elle n'a plus que les quatre pattes! Et même sa laine est pourrie sur son dos!

Maurice ne répliquait guère. Mais si peu que ce fût – et peut-on se laisser manger, même si on a tort? – cela entretenait la colère du vieux, et le gendre n'eût-il rien dit que la seule vue de la pauvre bête eût suffi à ranimer de tels éclats de voix que nos femmes dirent :

– On ne veut plus entendre ça par les charrières. Allez-y, Paul, achetez-lui cette brebis, et qu'on n'en parle plus.

Il n'y tenait pas beaucoup, mon père. Il attendit encore un peu, mais comme le tintamarre reprenait de plus belle, il s'en alla mine de rien vers le jardin et dit *sotto vocce* à Maurice :

– Tu ne me la vendrais pas, cette brebis?...

L'autre content! Ils firent marché, pour un prix dérisoire. Mais quand mon père ramena la bête, ce fut un joli tollé!

– Mais vous m'avez dit de l'acheter...

– Mais pas si elle était si laide!... Si maigre!... Mais elle n'a que les montants! Et encore! Elle va tomber... Elle est pourrie sur place!

Comme transportée sur le dos pointu de la pauvre bête, la querelle avait changé de place... Elle avait cependant perdu de sa virulence, car le rire s'en mêlait déjà, avec les moqueries. Les moqueries, mon père les secouait d'un mouvement d'épaules, riant aussi, et la brebis s'en moquait bien. La décision fut vite prise : une paire de ciseaux déshabilla l'animal, mettant presque ses os à nu. La toison mitée, pleine de larves, d'insectes et de coquilles de nymphes vides, tomba par terre en lambeaux de misère, cependant que se préparait en cuisine une bonne écuellée de soupe que la brebis, d'abord, suça du bout des dents. Elle eut ensuite une litière fraîche. Et, après quelques jours de repos et de soupe chaude, son œil s'éclaircit, son dos se redressa. J'arrivai juste à temps pour sa promenade au long des routes et des chemins...

Le petit Farou venait avec moi souvent. Or, un jour que nous étions vers le Pissechien là où les deux cerisiers jumeaux laissaient pendre leurs branches vidées de fruits, nous remarquâmes le passage d'une auto, qui s'arrêta, d'où descendit un homme qui se mit, semblait-il, à chercher quelque chose dans le fossé. Puis il revint sur la route, se mit à courir en criant quelque chose qu'on ne comprit pas, et soudain, boum! une explosion nous fit sursauter, et aussitôt après nous étions accroupis le dos rond derrière le petit talus et le champ de blé.

Quoi? Qu'est-ce que c'était encore? Ce n'était rien de grave. Après un moment je compris : c'était le service de déminage. Comme en bien des endroits, la route avait été, au col du Pisse-chien, bourrée d'explosifs qui étaient restés là, inertes, depuis plus d'un an... N'aurait-on pas pu nous prévenir?... du moins avant l'explosion?... Je dus consoler l'enfant, mais par chance il n'était pas froussard, il lui suffit de me regarder rire en reprenant mes esprits, son émotion ne dura guère plus que la mienne, il cessa de trembler contre moi et je crois qu'il ne pleura même pas. Mais il raconta longtemps qu'on avait eu bien peur, en gardant la *oueille nègre, quand ça n'avait pété...* Et certes!

La *oueille nègre – la œlha negra* – cependant retrouvait ses formes, sa laine, sa joie de vivre, et bientôt on put remarquer que son ventre s'arrondissait au niveau de l'estomac : madame faisait du suif. Trop grasse! Bah! elle serait bonne quand même. Nous la gardâmes jusqu'aux battages. Je ne saurais dire si ce fut notre propre petite batteuse qui servit chez nous. Je le crois. Nous avions reçu des bons d'essence, que nous n'avions pas demandés, au grand étonnement jaloux de nos voisins. Cette attribution inattendue, pourtant, ne s'expliquait-elle pas par quelque livraison gratuite de grain au moulin des Buges, qui n'était destinée ni aux *vert-de-gris*, ni au marché noir? Hé! nous avions trouvé ce geste-là plus civique que de dénoncer le prochain pour quelque propos douteux. Bref, nous pûmes battre le seigle, et plus tard le blé noir, sans difficulté. Et même nous trouvâmes bien assez d'hommes valides et de jeunes gens pour nous aider.

Quant à la brebis, éternelle victime expiatoire, propitiatoire, incantatoire, elle paya de sa vie le sacrifice à la mère du blé, dégustée bouillie, rôtie et de toute façon au grand repas communautaire qui par trois ou quatre fois réunit en ce jour le ban et l'arrière-ban des voisins et des amis venus à la rescousse. Les enfants étaient du festin. On complimentait Maurice sur les beaux petits, comme ils étaient grands, bien élevés, et tout, et tout...

– Oui, dit Maurice. Je vais bientôt les marier.

Ce projet déplut aux enfants, surtout à Robert qui regarda son père, tout courroucé, en léchant quelque friandise :

– Tu mesureras ton nez, répliqua-t-il. Tu mesureras ton nez, s'il fait un centimètre...

A la vérité, nous avions pu faire les battages tous les ans, quelque terrible que fût l'époque. Chaque fois cette période de lourd travail avait été aussi un temps de fête, et il continua d'en être ainsi longtemps encore, même lorsque nous dûmes nous adresser à un entrepreneur de battage, parce que nous n'avions plus la force de vanner le blé nous-mêmes au tarare – tourner la manivelle en engageant de l'autre main le grain battu avec sa balle – vider les paillassons et recueillir la graine propre, blonde et parfumée comme fleur – porter les sacs et monter l'échelle jusqu'au tas du grenier...

Mais j'anticipe, une fois de plus.

Quel gouffre que la mémoire. Quelle plongée où stagnent, j'ai dit, les petits souvenirs actuels et frais, flèches de vif argent, poissons-lumière – fossilisés, pourrait-on croire, branches de pierre ou de corail – grouillantes larves – au madrépore de la mémoire... J'avais bien cru pouvoir, en ces temps que l'histoire grondait aux portes du pensionnat, d'une année après l'autre ressaisir un ordre, une certitude au déroulement logique des événements. Et certes! Ils sont restés gravés en moi, les faits, mes petits drames dérisoires et les chocs de l'histoire officielle et la grande douleur des personnes frappées sans qu'on sache pourquoi ni comment par le fléau tournant par-dessus les montagnes.

La guerre... Je me souviens! Était-elle, ou n'était-elle pas finie, la guerre? L'année avait encore un mois à vivre, un mois et trois jours, le 27 novembre; au retour de la foire deux hommes furent abattus par des armes de guerre, le fils et le père, non loin de la Croix du Chambon. Or tout le monde s'en souvient, et moi-même. C'était le 27 novembre, par un temps gris et plutôt froid. Ils revenaient de la foire de Lacelle. Les foires de Lacelle, qu'on croyait presque éternelles – *ça ne durera pas autant que les foires de Lacelle*, disait-on – les foires de Lacelle se tenaient le 27 du mois. On est sûr du 27. On est sûr de novembre. L'année? Demandez l'année! 1944... 45... 47.

Reparlons de l'assignation à résidence du Dr Daniel – en

quelle année? 1942... 39... 41... 43... Déportation du Dr Morange? 1943... 44... juillet... avril... mai... Incendie du Lonzac? Novembre 43... avril 44... juin 44... Explosion du château de La Ribérie? Avril 44... le jeudi saint... le vendredi saint... le 18 avril... le 17... le 7...

Et ce n'est pas de ma propre mémoire que je parle ici. Je la sais sujette à caution, et, soucieuse de ne pas trop m'égarer dans ses propositions pour des faits tragiques qui ne me concernaient pas directement moi-même, j'ai demandé leur témoignage à quelques-uns qui avaient été touchés de près. Telles furent les réponses, et je ne donne que quelques exemples. Au reste, je l'ai dit, je n'ai pas l'intention de faire œuvre d'historienne, encore moins de juger l'histoire ni ceux qui l'ont faite, qui l'ont écrite, suée ou saignée. Je ne fais que raconter mes souvenirs, et je n'ai pas choisi qu'ils fussent situés dans ces temps insensés de trouble et de misère, toute une adolescence dans la guerre, de quatorze à vingt ans.

C'était justement la veille, ou l'avant-veille, de mes vingt ans. Un vendredi. La palissade du Coudert, les arbres dedans sous un ciel tendre, et la lumière de ces jours que l'été finissant porte d'août à septembre... Quelqu'une de mes amies était-elle venue, cet été-là? ou Sabine, ou Gilberte? ou l'une ou l'autre, ou bien l'une après l'autre, toutes les deux... Je ne sais plus. L'une et l'autre vinrent et revinrent, plus tard... Cette année-là, je crois que non. Ni l'une, ni l'autre. Je lus. Je dessinai.

Ma mère avait agrandi son jardin, je crois, incluant par le bout un jeune cyprès argenté sous lequel, parfois, je trouvais refuge avec mon livre, ou mon carnet, ou bien ce cahier d'écolier, plié en deux dans ma poche avec son crayon, qui ne me quittait plus. Voilà, je dessinais, j'écrivais, je lisais... gardant les vaches, me promenant, souvent seule et parfois avec les enfants, de longues heures allongée à l'ombre et ne faisant rien, dans cette paresse bouillonnante d'images, de mots, de silence qui, peu à peu, me devenait chair, sève, et sang... Drogue?... non. On aurait pu le croire ainsi, mais ce n'était pas cela. C'était comme une puissance qui montait en moi, insidieusement, inexorablement peut-être, mais sans violence, sans regret ni remords eût-on dit, sans jouissance. Je ne me sentais même pas investie par toutes les forces chthoniennes des lieux qui lentement me devenaient moi, cet envoûtement que je portais déjà, sans le savoir ni m'en soucier, dans l'allégresse.

Car j'étais gaie ! Bienheureux fous rires, quelquefois, le dimanche, et les jours de foire, quand j'allais chez Odette, la sœur du Mémé, sur la place de Chamberet ! Ces jours de foire où nous nous retrouvions, avec son frère et le Marcel, son cousin, l'une ou l'autre de ses cousines, et la Marcelle, et la Hélène, et la Dédé... mes compagnes de l'école primaire... Bienheureux fous rires quand Odette venait, l'autre Odette, celle de Surdoux qu'on appelait Titi !... Rires pour rien, rires de rien... De rien parce qu'on ne sait plus ce qui les provoquait, les animait, les faisait rouler comme vagues de vent ou résonner comme clochettes. Bienheureux rires de tous les temps, depuis l'enfance à la vieillesse... Plaisanteries qui n'auront fait rire que nous, mais jusqu'à l'ivresse. Je chanterai le rire, ai-je dit. Oui, je le chanterai.

J'avais peint abondamment, cet été-là, à l'aquarelle, au lavis, à l'huile et même à l'essence. Des techniques que je ne maîtrisais pas, mais que je tentais d'apprivoiser, soit pour des compositions imaginaires, soit sur le motif, dehors ou dedans. De toiles, je n'en avais pas. On n'en trouvait pas, ou bien était-ce moi qui n'avais pas trouvé la filière... Tant pis, je découvrais d'autres supports – le carton de certains emballages, les planchettes de ma petite table, celle que m'avait fabriquée mon père pour mes devoirs... les couvercles de camembert... les vieilles enseignes de la pharmacie que me donnait Janine, la petite-fille de Cyprien... Et surtout le papier Canson, qu'on n'avait pas trop de mal à se procurer dans Limoges...

Ce jour-là, justement, j'avais partagé en deux une belle feuille blanche, cloué l'une des parts au carton avec des punaises, posé mon matériel, comme nous le faisions à l'école contre le dossier d'une chaise retournée. Les pinceaux, les couleurs, le torchon et l'essence, tout était prêt. Ne restait que moi, qui devais m'asseoir, par-devant sur un tabouret. C'était ce tabouret pliant que nous avions déjà sur la terrasse de Malplane, que Mme Parizet nous avait fait acheter, même, l'année d'avant. Ah ! il était toujours là, comme neuf, je ne m'en étais jamais tant servie. Je savais bien, pourtant, que les ressorts étaient cassés. Je le savais! Naturellement, je n'y pensai pas. Je m'assis, plaf! Ma robe s'était entortillée sous moi, je me relevai, passai la main pour l'arranger, ramenai du même coup le siège sans m'en apercevoir, me rassis, plouf! jusqu'à terre sur le tabouret qui se referma, me serrant les doigts dans cette tenaille que je pressais moi-même de tout mon poids. L'horreur.

Je réussis à me lever en me tournant sur le côté, je rouvris le siège avec l'autre main. Ça ne saignait pas, presque pas. L'ongle pendait au bout du doigt plus blanc que neige. Un tout petit bout de peau le retenait à peine. Je savais déjà que nous n'avions, pour étrange que cela fût, aucun désinfectant, pas même de l'eau oxygénée, pas même un peu d'eau de vie. Rien. J'entrai dans la maison :

– Je me suis arraché un ongle.

Les femmes me regardèrent effarées, bouche bée.

– Allez me chercher de l'eau de vie... de l'eau oxygénée... n'importe quoi.

Aucune ne répondit. Aucune ne bougea. Pétrifiées. Une paire de ciseaux traînait, je coupai le fragment de peau.

– Enfin, ne ferez-vous rien?

Silence. Alors je courus chez la voisine, au plus près, la mère Louise, en me cachant la main derrière le dos.

– Excusez-moi. Pourriez-vous me prêter un peu d'eau de vie?... de l'eau oxygénée?... du rhum?...

J'avais toujours la main derrière le dos. La Louise, ou la Minou, finit par comprendre, et l'une me donna de l'eau oxygénée. Ça moussait rose à la place de l'ongle emporté jusqu'au fond de la racine. Maintenant, la douleur montait. Je rencontrai ma mère au coin de la porte.

– Et si tu t'étais trouvée mal?

Elle venait juste de comprendre, elle m'avait suivie...

Trouvée mal? Pas de danger! Je m'enfuis en hurlant vers la maison avec ma compresse. La Marraine avait cherché, elle trouva des fleurs de lis précieusement gardées – depuis combien de temps? – dans l'eau de vie. J'en ficelai deux sur le bout de mon doigt avec de la gaze, puis du coton, puis un gros pansement de linge. La douleur se faisait plus sourde, mais ne s'apaisait pas, à lourdes saccades du sang... Pour l'oublier, je marchais. Je marchais en rond – devant moi – à grands pas. Je marchai trois heures. On gardait les vaches dans la Buge. Ma mère était venue avec moi, et aussi le Farou, qui me regardait avec tant d'inquiétude. Je marchais.

Tout de même, la nuit, je dormis. La douleur passa. Et l'ongle repartit, lentement... lentement... Au bout d'un mois, la peau refermée, il avait dépassé la racine, on le voyait, il allait reprendre sa place. Mais, aïe! que c'était sensible, au moindre choc, au moindre frôlement! Le temps de la rentrée était revenu. Comment ferais-je, maintenant, à ces cours de modelage où il fallait pétrir à deux mains la glaise mouillée? Ne valait-il pas mieux attendre? Les copains étaient rentrés. Rentrés mais pas contents. Ils faisaient grève... Que se passait-il réellement? Entre les cours non assurés et les élèves absents... je n'ai jamais bien su. Et ce que j'en ai su, je l'ai oublié.

L'automne passa, merveille des feuillages, encore plus beaux que ce que j'en avais pu voir à Brive, aux chênes demi-nus qui bordaient les ruisseaux. Avec le vent soufflant de tous ses cuivres, tous ses bois, ses flûtes et ses voix, tandis que je gardais, au pied du noyer nu, dans la Combe du Pré, à plein cœur dans ce vent comme une feuille morte... L'automne passa, bruines échevelées aux branches suspendues comme des brins de laine, toiles des araignées entre les ajoncs morts, petits voiles d'oubli sur l'atroce départ pour quelque désolante mort, silencieuse et lente. L'automne passa. Il vint l'hiver premier de l'arrière-saison, qui mord à blanches dents les passives semailles. Avec moi qui tremblais là-dedans sur le seuil jusqu'au soir, quand le feu vous endort à petite mémoire. Je parlais quelquefois de partir. Je l'aurais pu. La porte était ouverte.

L'automne s'en allait. Comme j'ai dit, à la Noël Odette vint. Elle s'en retourna un matin, dans le mouvement vague de la lanterne et son odeur puante de pétrole, vague des pas creusant le temps, l'ombre, la nuit qui se referme. Et l'on avance comme si l'on n'avançait pas, dans le petit froid accru d'avant l'aube. Adieu, Odette. Adieu. Je ne rentrerai pas.

Je l'ai dit bien souvent, petits hasards et petits choix suffisent à faire un destin. Petits pas, points d'aiguille. Petits coups de pinceau, traits de plume. Haleine retenue, souffle à souffle. Silence. Une respiration suffit à remplir l'espace. Ce fut ce vendredi-là, à la veille de mes vingt ans. Je m'assis sur ce tabouret, m'arrachant l'ongle de l'annulaire gauche. Je le sais maintenant : d'une façon certaine ce furent mes noces de sang.

Germont, le 15 avril 1993.

Cet ouvrage a été réalisé par la
SOCIÉTÉ NOUVELLE FIRMIN-DIDOT
Mesnil-sur-l'Estrée
pour le compte des Éditions Payot & Rivages
en février 1994

Imprimé en France
Dépôt légal : février 1994
N° d'impression : 26042
ISBN 2-228-88750-1